한국형 발전모델의
대외관계사

한국형 발전모델의 대외관계사

김병로 · 전재성 · 박인휘 지음

인간사랑

이 저서는 2014년 교육부 지원 한국학진흥사업(과제명: 한국형 발전모델의 70년사: 한국 발전 경험의 확장과 융합의 역사, 과제번호 AKS-2014-KSS-121003) 지원에 따른 것임

서문

'한국형 발전모델'은 사회과학적으로 엄격한 객관성과 기준을 가지고 있는가? 사회과학적 객관성은 대체로 보편타당한 원칙에 입각한 시간적 및 공간적 제약을 뛰어넘어 적용 가능한 이론을 가리킨다. 물론 개별 연구에 따라 불가피한 몇 가지 특수한 조건이 따를 수는 있지만, 이론은 특정 지역과 특정 공간에서만 제한적인 설명력을 가져서는 안 된다. 그런데 '한국형 발전모델'이라는 표현에는 이미 보편적인 발전모델이 아닌 '한국적 상황' 하에서 특수하게 적용되는 예외적인 분석틀이라는 전제가 깔려있다. 그렇다면 학문적 적실성에 천착하는 연구자들에게 주어진 문제의식은 의외로 간단할 수 있다. 1948년 이후 한국이 경험한 경제성장과 정치발전 그리고 외교안보 이익을 확보하는 과정에는 어떤 보편타당한 원칙과 또한 어떤 예외적 특수성이 작동하고 있는 것인가?

'한국형 발전모델 3권'은 이 질문에 대한 답변을 '대외관계사'적인 측면에서 접근해 보고자 한다. '한국형 발전모델' 1권, 2권의 경우가 상대적으로 국내정치적 역학관계와 그로 인한 대내적 제도화 및 적응과정에 대한 연구였다면, 3권은 1948년 이후 '한국이 경험한 남북관계의 역사', '동아시아 역내 국가로서 지역정책 변화에 대한 역사', 그리고 '글로벌 안보 환경 변화에 따른 국제안보 정책 변화의 역사', 이렇게 세 가지 영역으로 나눠서 접근하고 있다. 일제 강점기에서 독립한 이후 국제정치적 환경은 한반도 분단을 야기한 유력한 독립변수의 하나였다. 1948년 현대 정부 수립 이후 소위 한국형 발전모델은 대외 관계적 요소를 가장 중요한 고려사항으로 전제했다고 해도 과언은 아닐 것이다. 이러한 배경에서 '발전모델'이라는 연구주제와 '대외관계'라는 접근방법이 서로 조화를 이루지 못하는 것처럼 보이기도 하지만, 사실은 '한국형 발전모델'의 가장 중요한 설명변수이자 전제 조건은 대외환경에 대한 적응방식 즉 대외관계적 맥락이었다는 점을 깨닫게 된다.

'한국형 발전모델 3권'은 앞서 1권 및 2권이 선택한 연구방법을 상당 부분 수용하고 있다. 대표적으로 '강제적 동원과 자발적 참여'의 문제인데, 주지하는바 국가 주도의 발전 전략이 강제적 측면의 영역이라면, 동시에 또 다른 일정 부분은 한국 시민사회 내부에서 자발적으로 참여한 영역이 균형을 이루고 있다. 이러한 문제의식은 대외관계에서도 예외적이지 않다. 북한, 동아시아 지역 질서, 글로벌 안보 환경 등은 당연히 분단국인 한국의 입장에서 강제적인 성격을 가진다. 하지만 이러한 강제적 변수들에 어떻게 적응해 나갔느냐의 문제는 동시에 우리 스스로 그러한 환경을 개척하고 활용하고자 한 어떤 노력이 있었는지의 문제인 자발적 참여의 영역이 함께 공존하고 있다.

이 책에 참여한 세 명의 연구자는 이상의 문제의식을 효과적으로 공유했다. 먼저 김병노 교수는 1948년 이후 남북관계의 변천을 분석하고 있는데, 시간의 변화 및 특정 사건의 발생을 유기적으로 연계시키면서 한국이 때로는 주도한 때로는 반응적으로 접근한 대북정책의 주요 변화 과정을 성공적으로 설명하고 있다. 이를 통해 북한문제가 궁극적으로 한국형 발전모델을 정립하는 유의미한 배경으로 작동한 메커니즘의 대강을 파악할 수 있게 되었다. 두 번째 저자인 전재성 교수는 1948년 이후 한국이 동아시아 지역 안에서 어떤 외교안보적 지향성과 목표를 가지고 안착해 왔는지에 대해서 분석하고 있다. 사실 한국은 동아시아 역내 어떤 국가와도 비교할 수 없을 정도로 지역 안보질서 변화에 민감하게 반응한 특징을 보여 왔다. 그러한 민감성의 배경에는 강대국에 둘러싸인 불가피한 지정학적 요인에서 비롯된 측면도 있을 것이고, 동시에 분단이라는 외교안보적 제약을 적극적으로 타개해 보고자 하는 의지에서 비롯된 측면도 있을 것이다. 또한 냉전과 탈냉전 그리고 최근에 들어서는 중국의 부상이라는 심각한 변수들이 한국 사회 내에서 다양한 수용방식을 거쳐 지역대응전략을 모색하게 만들었는데, 이러한 설명이 잘 드러나고 있다. 마지막으로 박인휘는 남북한 분단 정부 수립의 순간부터 한반도에 영향을 미친 글로벌 안보환경의 변화를 추적하면서, 우리가 그러한 변화에 어떻게 반응했는지를 설명하고 있다. 냉전질서가 수립되는 과정은 한국의 국가정체성을 정립하는 과정과 상호작용하여 한미동맹을 핵심 외교안보 자산으로 확보하게 만들었고, 냉전이 종식되는 과정에도 새로운 안보 개념이 등장한 유럽 지역과는 달리 여전히 국가안보와 군사안보에 천착하여 안보가 가지는 공동체적 속성에 상대적으로 관심을 가지지 못한 현실이 잘 강조되고 있다. 한 마디로 글로벌 안보환경 변화에 대한 반응과 수용을 특정 이슈들을 통해 효과적으로 분석하고 있다.

세 명의 저자가 각자의 문제의식으로 효과적인 학문적 분업구조를 유지했다고 하더라도, 불가피하게 연구 영역이 서로 중첩되는 부분이 발생했다. 남북관계, 동아시아 지역질서, 그리고 글로벌 안보가 한국인들에게는 일정한 관성을 가지고 서로 맞물려 인식된 특징이 있었기 때문일 것이다. 이 책이 '한국형 발전모델'이 경험한 핵심 축의 하나인 대외관계 영역을 성공적으로 설명할 수 있다면, 그래서 '한국형 발전모델'이 사회과학적 객관성에 충실하면서도 동시에 한국적 상황의 특수성을 포괄하는 예외적 속성을 무리 없이 설명할 수 있다면 더 이상 바랄 바가 없겠다. 향후 제기되는 여러 가지 질문과 비판은 저자들의 다음 연구를 위한 문제의식 속에 잘 녹여들기를 진심을 기원한다. 세 명의 저자 모두 지금까지 연구자로 걸어온 긴 시간 속에서 알게 모르게 도움을 주신 많은 분들에게 거듭 감사의 말씀을 전한다.

2018년 5월

저자를 대표해서 박인휘 識

차례

1부 한국형 발전모델과 남북관계사

김병로(서울대학교)

I. 남북관계로 다시 보는 한국형 발전모델

한국형 발전모델은 분단이라는 특수한 환경 속에서 태동·형성되었다. 이데올로기 분단과 북한과의 대립 구조 속에서 남한은 안보위기와 전쟁위험을 상시석 변수로 안고 발전해 왔다. 북한의 '위협'에 절대적인 영향을 받아 왔고 휴전선이나 서해상에서의 무력시위, 핵·미사일 실험에 직접적인 타격을 받았다. 남한의 경제와 정치, 사회는 이처럼 안보위험에 매우 취약한 구조를 띠고 있다. 남북 분단 상황이 주는 리스크(risk) 때문에 한국의 자산가치가 실제보다 저평가되는 이른바 코리아디스카운트(Korea Discount) 현상은 바로 한국의 발전모델이 남북관계와 북한변수에 의해 심대한 영향을 받고 있음을 발해준다. 한빈도의 분단이라는 특수한 환경이 한국의 발전과정에 미친 영향은 다른 어떤 환경이나 조건보다 더 크다는 것이 특징이다.

이러한 분단환경 때문에 한국의 발전모델은 과도한 군사비용을 지불하는 독특한 형태를 유지하고 있다. 2014년 현재 남한은 63만 명, 북한은 120만 명의 병력을 보유하고 있고, 수천 대의 전차와 수백 척의 함정, 수백 기의 전투기를 운용하고 있다(국방부 2014, 239). 본국제변환센터(Bonn International Center for Conversion, BICC)가 발표하는 국가별 군사화 지수(Global Militarization Index, GMI)에 의하면, 대한민국은 2013년 7위를 기록하였고 북한은 정보부족으로 평가에서 제외되었지만 이런 기준을 적용하면 1위인 이스라엘과 비슷한 수준일 것으로 판단된다(Grebe 2014, 4). 남한은 2012년 정부예산 대비 국방비 지출이 14.8%로 GDP 대비 2.8%에 달한다. 병력을 유지하고 화력에 이처럼 많은 비용을 소비하는 이유는 북한과의 대립적 관계 때문임은 두말할 필요가 없다. 한국은 고도의 발전을 구가하면서도 과중한 안보비용을 지출하는 고비용 발전모델을 유지하고 있다.

한국은 냉전시기 이데올로기 대립의 최전선에 위치하여 공산주의에 대응하는 성공적 자본주의 모델로 주목받았다. 미국과 소련이 이끄는 강대국 간 첫 이데올로기 전쟁이 한반도에서 치러졌고 한국은 북한 공산주의를 따돌리고 자본주의 발전모델의 우월성을 선전하는 상징적 아이콘으로 자리 잡았다. 세계적 냉전체제 하에서 자본주의 체제에 편입된 남한은 '저발전의 발전'이 진행될 수 있는 전형적인 사례였으며, 북한은 반대로 세계체제로부터 단절하고 독자적인 발전을 추구해야만 성장할 수 있다는 종속이론의 대표적 성공사례로 손꼽혔다. 이런 점에서 한국의 발전모델은 세계적 차원에서 이목이 집중되었으며 이데올로기 대립과 경쟁의 전형적 사례로 간주되었다.

한국형 발전모델은 북한과의 대립관계에서 과중한 안보비용의 부담을 안은 가운데 고도의 긴장관리 장치를 내장한 모델이며, 전망적으로는 북한과의 통일을 통해 새로운 동력 창출의 기회가 함께 존재하는 모델이라 할 수 있다. 한국형 발전모델은 남북관계에서 고조되는 긴장과 갈등을 어떻게 관리하고 극복하면서 발전을 추구할 것인가 하는 문제가 상수로 되어 있다. 각 정부마다 북한발 긴장과 갈등을 관리하고 대처하는 일이 한국의 경제발전을 유지하는 데 어려운 과제였다. 체제와 제도의 이질성, 전쟁으로 인한 적대감정, 의사소통 능력의 부족 등 여러 요인들이 남북 간 갈등을 초래했다. 대화와 교류를 통해 이러한 긴장과 갈등을 해결하려고 노력하였으며 그러한 노력이 긴장완화에 도움을 주었을 뿐 아니라 협력을 통해 한국의 경제발전에 전망적 비전을 보여주기도 하였다. 한국형 발전모델을 남북관계의 역사와 잇대어 본다는 것은 바로 남북관계라는 한국이 안고 있는 특수한 조건과 상황이 발전과정에 어떤 영향을 주었는지 살펴보고자 하는 것이다.

다른 한편으로는 북한과 대립적 관계가 분단비용과 안보비용의 부담이라는 부정적 측면만이 아니라 역설적으로 한국의 경제발전에 동력을 주기도 했다. 북한으로부터의 위협, 공산주의 위협에 대한 대중적 각성 등이 한국인들에게 발전의 열망을 고취하는 동력이 되기도 했고 정부는 이를 시민동원의 명분으로 활용하기도 하였다. 발전초기에 남북분단과 미국식 제도 도입, 전쟁 이후 공산주의와의 체제경쟁에서 살아남기 위해 생존기제로서의 발전열망이 강하였다. 경세빌진에 필요한 정치사회적 안정을 위해 북한의 위협을 강조하며 시민사회와 노동운동을 통제하였고 안정적 발전을 도모할 수 있었다. 이런 점에서 남북관계의 환경과 조건이 한국의 발전과정에 심대한 영향을 주었다는 점은 분명하다.

그러나 최근까지 한국의 발전과정을 북한과의 경쟁 프레임으로 설명하는 학술적 공간이 극히 제약되었다. 제3세계와의 비교나 일본 등 선진국과의 비교연구는 많았으나 북한과의 비교 관점에서는 들여다보지 못했다. 냉전시기에는 더욱 남한의 자본주의 발전전략을 사회주의 발전전략과 비교하여 설명한다는 것이 금기시되거나 편향적으로 다루어졌다. 탈냉전 시기에도 분단 상황의 변화와 남북교류의 진전이 한국형 발전모델 형성에 어떤 영향을 미치고 있는가에 대한 연구는 매우 미흡한 편이었다. 박정희 정권이 권위주의 체제로 전환하고 반체제 인사들을 탄압을 함으로써 많은 사회적 비용을 지불했던 배경도 분단이라는 환경을 떠나서는 설명할 수 없다. 남북대화와 교류를 통해 한국의 발전전략이 직접적으로 영향을 받았을 뿐 아니라 북한의 사회주의 발전전략을 차용함으로써 변용하기도 하였다. 이러한 현상들은 남북관계를 들여다보지 않고서는 제대로 이해할 수 없는 내용들이다. 한국의 발전과정에서 제약을 받기도 하고 때로는 발전을 추동하는 동력이 되기도 한 한반도의 분단 상황과 구조를 빼놓고 한국형 발전전략과 모델을 논하는 것은 많은 한계가 있을 수밖에 없다.

북한과의 인적, 물적 왕래가 법제화되고 사회주의권과의 교류협력이 본격화되는 탈냉전 시기에 한국형 발전모델이 겪게 되는 내적 변화와 북한 및 사회주의권과의 교류가 한국형 발전모델의 외연을 확장하는데 미친 정치, 경제, 사회문화적 영향평가도 중요하다. 또한 향후 한반도 통일과 통합 과정에서 한국의 발전은 지속 가능한 발전모델로서 중대한 시험대에 놓이게 될 것이다. 분단체제 하에서 형성된 한국형 발전모델이 통일이라는 관문을 어떻게 통과할지 관심이 높다. 남북관계의 진전 여부에 따라 한국의 발전모델이 성공적인 한반도형 발전모델로 자리매김할 수 있을지 초미의 관심이 모아지고 있다. 이런 점에서 한반도의 통일과정에서 한국형 발전모델이 북한과의 통합으로 어떻게 변화되며 진화할 것인가를 살펴보는 일은 매우 중요하다.

한국형 발전모델을 북한과의 관계 내지 비교의 맥락에서 분석하면 한국 발전모델의 특성이 더 확연하게 드러난다. 남한의 급속한 경제발전에 대한 성공요인으로서 강력하고 권위적인 정부의 역할, 유교사상에 기초한 높은 교육열과 우수한 노동력 확보, 그리고 상대적으로 균등한 소득분배 등의 요인들이 주로 지적되었다. 그러나 남북한의 비교연구에서는 단순히 이런 요소들을 제시하는 것으로 충분히 설명되지 않는다. 왜냐하면 경제성장이 뒤져있는 북한이 더 강력한 정부를 갖고 있고 유교적인 전통에 철저하며 균등한 분배를 추구해 왔기 때문이다. 물론 이런 사실들이 남한의 성공적 발전의 주요인이 아니라고 주장하는 것은 아니나 그것만으로 한국의 발전을 설명하는 것은 충분치 못하다. 요지는 북한과의 비교를 통해서 그 내용들을 좀 더 정교화 할 필요가 있다는 것이다.

이러한 맥락에서 한반도의 분단과 이념대립체제가 한국형 발전모델을 어떻게 형성·심화시켰는가를 살펴볼 필요가 있다. 이러한 점에서 이 연구는 한국의 발전과정을 분단과 남북관계라는 맥락에서 재조명함으로써 한국형 발전모델의 성격과 특징을 업그레이드하고자 한다. 남북관계와 분단 상황이 한국의 발전과정에 끼친 영향 혹은 한국의 발전경험과 남북관계의 상호작용을 점검해볼 것이다. 남북한의 이념대결과 전쟁, 체제경쟁, 협력과 포용 등의 남북관계 요인이 한국의 발전 과정에 어떠한 영향을 미쳤으며 어떻게 한국 특유의 발전모델을 형성했는지 남북관계의 역사를 짚어보며 그 배경과 특징을 분석할 것이다.

방법론적으로는 도전과 응전, 동원과 참여라는 관점으로 한국형 발전모델을 살펴볼 것이다. 즉 국가적 차원에서 북한의 도전과 한국의 대응이라는 측면, 그리고 구체적인 법과 제도 및 정책을 어떻게 대비하였는가를 검토한다. 동시에 시민사회의 동원과 참여라는 측면에서 정부가 시민사회를 어떻게 추동하였고 시민들은 그에 대해 어떤 대응과 반응을 하였는가를 살펴본다. '발전'의 의미를 "보다 바람직하다고 판단되는 인간생활의 조건 또는 사회의 상태를 향한 의식적 변동의 과정"으로 보고 남북관계의 분석대상도 정치·군사는 물론 경제와 사회 전반을 다룰 것이다. 분석단위는 국가와 시민사회로 구분한다. 분석 대상의 시기는 크게 냉전과 탈냉전으로 구분하여 접근하며, 다루는 시기는 1945년 분단부터 2012년 이명박 정부 시기까지 포괄하고, 그 안에서 10년 단위로 세분화하여 살펴본다. 다루고자 하는 시기구분과 내용구성을 요약하면 다음의 〈표 1〉과 같다.

〈표 1〉 남북관계의 시기구분과 분석내용

시기구분		도전과 응전	동원과 참여
45–60 분단 체제 형성	45–49	분단, 미국식 자본주의 민주주의 제도 도입, 정부수립	좌우익 갈등과 이념적 대항체제
	50–60	한국전쟁과 정전협정, 일본과 중국의 개입, 한미상호방위조약, 안보·국방 강화	반공주의, 적대적 분단체제, 분단·전쟁 비용
61–87 분단 체제 발전	61–71	5·16군사정변, 한일협정, 무력도발과 안보위협, 1·21청와대습격사건, 울진·삼척무장공비침투	선건설 후통일, 남북군사정권과 체제경쟁

61-87 분단 체제 발전	72-79	데탕트와 남북대화, 7·4남북공동성명, 유신체제	발전전략 차용, 경쟁적 대중동원
	80-87	광주민주화항쟁, 아웅산 테러·KAL기 폭파, 대남수해물자지원, 이산가족고향방문·예술단교환방문, 대결과 대화 병행	신군부 신체제경쟁, 개혁·개방·자유화
88-12 분단국 체제	88-97	사회주의권 붕괴, 88서울올림픽, 7·7선언, 남북고위급회담, 남북기본합의서, 유엔가입, 서울불바다위협, 북미기본합의문, 북한붕괴위험과 급변사태대비, 대량난민대책	남북교류협력법, 남북탁구단일팀우승, 분단국체제, 시민사회 대북접촉, NGO대북지원
	98-07	1, 2차 남북정상회담, 대북포용정책, 남북철도연결·열차시범운행, 북한 1차 핵실험	대북사업·관광·방북 민간교류, 정주영 소떼방북, 금강산관광과 개성공단, 시드니올림픽남북공동입장, 6·15남북공동행사, 민화협, 대북지원NGO, 남남갈등
	08-12	북한 2차 핵실험과 안보위기, '비핵·개방·3천'과 남북관계정상화, 북한급변사태 대비	금강산관광중단, 개성공단답보, 안보불안과 대북인식변화, 분단비용과 효과

II. 분단·전쟁과 미국식 발전모델 이식(1945-1960)

1. 두 개의 코리아: 남한과 북한의 선택

한국발전의 초기조건이라 할 수 있는 분단과 전쟁 그리고 체제수호를 위한 미국식 발전모델 이식이 이 시기 발전 전략과 내용을 특징짓는다. 한국의 발전은 일제식민통치 유산과 38선 분단이라는 조건에서 시작되었다. 일제 식민통치로부터 해방된 한반도는 미국과 소련에 의해 38선으로 분단되었고 남한과 북한 지역에서 미군과 소련의 군사통치가 실시되었다. 1945-48년 3년간 실시된 미소 군정은 이후 남한 발전전략의 방향과 성격을 규정하는 결정적인 요인이 되었다. 남한은 미국식 자유민주주의와 자본주의를, 북한은 소련식 공산주의와 사회주의를 채택함으로써 전면적이고도 급진적인 발전전략이 수립되었다. 남한과 북한이 자유민주주의와 공산주의, 자본주의와 사회주의라는 극단적으로 대립된 서구의 이념과 제도를 도입함으로써 한국의 발전모델은 북한 공산주의·사회주의 발전모델과의 경쟁관계 속에서 출발하였다. 즉 이념적으로 공산주의와 대립된 제도와 전략으로서 자유민주주의와 자본주의를 한반도에 시도한 것이었다. 남북한의 상반된 제도와 전략은 미소 군정이라는 구조 속에 놓여있었으므로 당시 미국과 소련이 추구하는 이념과 제도를 답습할 수밖에 없었다.

한반도 분단이 자본주의와 공산주의 진영의 경쟁과 대립의 각축장이 된 역사적 배경은 당시 미국과 소련의 관계와 관련이 깊다. 1945년 8월 9일 소련군이 일본에 선전포고를 하며 참전하기 전까지는 한반도 분단이 논의되지 않았다. 1943년 12월, 카이로선언에서 '조선'의 독립을 보장한다고 결의했고 1945년 7월에 개최된 포츠담선언에서도 공식적으로 한반도 문제는 논의되지 않았다. 그러나 딘 러스크(D. Rusk)는 포츠담회담에서 미소 실무자 간에 한반도 분단에 대한 묵시적인 양해가 있었던 것으로 회고했다(《국방일보》 2013.4.23.). 소련이 1945년 8월 9일 대일전 참전을 선언하고 곧바로 한반도 영내로 진공하자 일본은 곧바로 항복의사를 표시했고, 소련군 제25군이 파죽지세로 남하해 오는 것을 저지하기 위해 미국은 38도선 분할을 제시했다. 몇 차례의 회의 끝에 최종적으로 8월 15일 미소 분계선으로 38도선이 확정되었다.

이로써 남북한은 공간적으로 분리되었다. 미국과 영국, 소련 3국 외상은 1945년 12월 모스크바에서 회동하고 한반도를 5년간 신탁통치할 것을 합의하였다. 이에 대해 남한은 반탁운동을, 북한은 찬탁으로 돌아섬으로써 정치적 혼란이 조성되었다. 이 문제를 해결하기 위해 두 차례 미소공동위원회가 개최되었으나 실패로 끝났고 1947년 11월 열린 유엔 총회에서 유엔 임시한국위원단을 구성하여 위원단의 감시 아래 남북한 총선거를 실시하기로 결의하였다. 그러나 북한을 점령하고 있던 소련군 사령관은 유엔위원단의 입북을 거절하여, 1948년 5월 10일 남한만의 선거가 치러졌고, 7월 17일 제정한 헌법절차에 따라 이승만이 대통령으로 선출되었으며, 8월 15일에는 대한민국(한국)이 수립되었다. 북한도 1948년 8월 25일 최고인민회의 선거를 치렀고 이어 북한헌법을 채택하였으며 9월 9일에는 김일성을 수상으로 하는 조선민주주의인민공화국(조선) 수립을 선포함으로써 한반도 분단은 체제의 분단으로 굳어졌다. 1948년 8월과 9월, 남북한 정권이 각각 '정부'를 수립함으로써 체제와 제도의 분단이 시작되었다. 체제의 분단은 남북한에 '한국'과 '조선'의 정치체제가 통치를 시작함으로써 형성된 제도의 분리를 의미한다. '한국'과 '조선'의 정치와 경제, 법, 문화 등 모든 부분에서 미국과 소련의 제도가 이식됨으로써 자본주의와 사회주의 체제가 형성되었다. 남과 북에 각각 단독정부가 수립된 뒤 남북의 갈등은 더 격화되었다.

미국과 소련의 지지를 얻어 정부를 수립한 남북한의 정치세력은 해방 이전 독립운동 과정과 밀접하게 연결되어 있었다. 북한지역에서는 연안파와 소련파, 국내파 등 몇 세력으로 나뉘어 있던 상황에서 해방직전 연해주에서 항일운동을 하던 김일성은 소련의 입장에서는 소련식 공산주의와 사회주의를 한반도에 실행할 수 있는 적임자로 간주되었다. 마찬가지로 이승만은 미국 프린스턴 대학 박사학위 소지자로 미국에서 독립활동을 한 경력을 갖고 있었고 상해 '임시정부'의 법통을 잇는 정치세력으로 정통성까지 갖추고 있어 미국식 자유민주주의와 자본주의를 한반도에 이식시킬 적합한 인물이었다. 사실 당시 이승만은 민족세력보다 국민적 지지를 많이 받지는 못했다. 1945년 12월 선구회라는 단체의 설문조사를 보면 이승만(20%)은 김구(18%)나 박헌영(17%)보다는 약간 높은 국민적 지지를 받았으나 여운형(36%)보다 크게 낮은 지지를 받는 정도였다(전국역사교사모임 2002, 170). 또한 당시 한국의 사회적 분위기는 공산주의 7%, 사회주의 70%를 포함하여 77%가 좌익이념을 선호하던 터여서 미국의 적극적인 선택이 아니고서는 이승만의 집권이 쉽지 않았다.[1]

해방공간에서 지배적인 여론은 분단이 아니었고 좌우합작을 통한 중도적인 통일정부의 수립이었다. 조선건국준비위원회와 4당 회담, 좌우합작위원회를 통해 통합역량을 모으고자 했던 여운형, 민·공 좌우합작 연립노선을 추구한 조만식, 남북합작에 입각한 민족통일국가를 수립하고자 했던 김규식, 중경임시정부의 법통으로 민족통일정부의 수립을 위해 노력한 김구 등 많은 지도자들의 이데올로기보다 민족과 통일정부 수립을 주장하였다. 그러나 소련의 지지를 받은 김일성 세력이 북한을 장악하고 미국의 후원을 얻은 이승만이 1946년 6월 3일 단독정부 수립을 천명함으로써 연합노선은 실행되지 못했다. 미군정은 한민당을 중심으로 '남조선과도입법위원회'를 구성하였고 북한에서도 소군정 하에서 1946년 2월 16일 북조선인민위원회가 설립되었다. 북한에서 민족지도자로

1 1946년 8월 미군정청 여론국이 실시한 8,453명에 대한 여론조사는 자본주의 14%(1,189), 사회주의 70%(6,037), 공산주의 7%(574), 모른다 8%(653)로 일반시민 77%가 좌익이념을 선호한 것으로 나타났다(《동아일보》 1946.8.13).

김일성보다 지지가 우세했던 조만식은 강제연금을 당하고 남한에서 여운형과 김구가 암살을 당하는 비극이 벌어져 중도적인 통일정부 수립은 실패하고 미국과 소련을 추종하는 남북 독자정부가 세워졌다.

한반도에 민족주의 세력을 비롯한 여러 정치사회 세력이 존재했었음에도 불구하고 이승만과 김일성이 남북한에서 권력을 장악하게 된 배경에는 미국과 소련이 그들을 선택했고 적극적인 지원을 해주었기 때문이다. 이데올로기 대립이 첨예했던 세계적 냉전 상황에서, 그리고 38선을 사이에 두고 마주하고 있는 대립공간에서 미국식 정치경제 제도와 소련식 제도를 가장 철저히 추종할 수 있는 '근본주의' 세력이 정치권력을 장악하게 된 것이다.

2. 이념적 대항체제로서의 미국식 발전모델 이식

한반도의 분단이라는 관점에서 보면 한국은 사회주의·공산주의에 효과적으로 대응하는 기제로 자유민주주의와 자본주의 발전전략을 전면에 내세웠다. 이 대립적인 정치경제체제는 정치와 경제를 포함한 사회의 모든 영역에 큰 영향을 미치며 제도와 가치를 확산하였다. 남한이 추구한 자유민주주의와 자본주의는 미국식 정치경제 이데올로기다. 정치적으로는 개인의 자유와 창의성을 바탕으로 하고 경제적으로는 자본주의 시장경제를 통해 최대한의 효율성을 확보하려는 이념이다. 반면, 북한이 추종한 소련식 공산주의와 사회주의는 계획경제를 통한 생산의 효율성을 추구하기 위해 정치적으로 공산당 독재를 허용하는 제도이다. 보이지 않는 손에 의해 움직이는 자본주의 시장경제를 계획과 통제로 따라잡을 수 있다는 신념을 갖고 그 목표를 실현하기 위해 정치적으로 강력한 통제를 실시한 것이다. 이데올로기란 사회나 국가의 변화를 목적으로 제시되는 철학과 사상, 이론 및 실천 방안을 담은 체계화된 논리의 형태를 말한다. 이런 점에서 남한과 북한은 적어도 이념적으로는 자유와 통제, 시장과 계획이라는 완전히 상반된 발전전략을 추구하였다.

이념적 대항체제의 수립은 1948년 제정된 헌법에 선명하게 드러난다. 헌법 제정과정에서 대립된 가장 큰 이슈는 민주주의의 정체성과 절차에 관한 문제였다. 북한은 '소비에트(인민위원회)의 원리'를 따라 인민의 완전한 의사표현과 구현을 목표로 상향적인 대표(인민위원)의 선발과 그 대표로 구성되는 인민회의가 최종적인 인민주권을 대표한다고 상정하였다. 반면, 남한은 '의회의 원리'를 따라 인민을 공간적인 '지역'으로 분할하고 선거에 의해 대표를 선발하며 선발된 대표가 국회를 구성한 후 국회에서 헌법기초위원을 선정하는 방식을 취했다. 즉 북한이 소비에트식 직접민주주의 원리를 따른 반면 남한은 미국식 간접민주주의 원리를 따랐다(김희경 2010, 39). 북한의 소련 모방은 "소련의 승인과 지지 하에 실현"되었고 "소련대표 슈티코프(Terenti Shtykov)가 사전에 북한 지도부와 의견을 조율한 후 관련 제안서가 모스크바에서 심의되고 최고위 수준에서 재가를 받"는 방식으로 이루어졌다(서희경 2010, 58; 와넌 유리 와실리비치 1994, 359). 남한의 미국 모방은 북한의 경우와는 달리 헌법제정과정에 직접 개입은 하지 않았지만 미군정이 남한 내에서 진행된 논의 과정에서 영향을 미치는 방식으로 진행되었다. 일례로 남조선과도입법의원이 제출한 「조선임시약헌」이 미군정에 의해 거부되고 유진오안과 미군정청 법전편찬위원회안 등을 절충한 헌법초안이 국회에 상정되었다.

권력구조의 구성에 대해서도 북한은 주권이 '인민'(people)에 있다고 본 반면, 남한은 '국민'(nation)에 있다고 보았다(박명규 2009b, 104-121, 166-175). 따라서 북한에서는 직접민주주의 방식에 따라 인민주권을 대표하는 최고인민회의 상임위원회가 대내외적으로 국가를 대표하는 지위에 있는 반면, 남한에서는 간접민주주의 방식에 따라 국민의 주권 일부를 대표에게 양도하고 그 대표자가 위임받아 통치를 한다. 북한이 인민주권과 절대주의의 원칙을 따른 반면, 남한은 국민주의와 상대주의의 원칙을 따른 것이다. 남한과 북한의 헌법은 각각 분리되어 제정되었지만 서로를 의식하고 경쟁하면서 탄생한 쌍생아적 성격을 지니고 있다(서희경 2010). 북한이 헌법제정 과정에서 당시 남한이 추진하고 있던 「조선임시약헌」에 민감하게 반응한 데서도 나타났다. "우리 인민은 소위 남조선 입법의원에서 채택한 조선임시약헌을 거부했다"는 김두봉의 발언(김희경 2010, 55)은 분단초기 남북의 정치적 정체성을 형성하는데 긴밀한 상호작용이 있었음을 보여준다.

남한과 북한의 이 같은 발전모델의 원형은 첫 헌법에 명시되어 있다. 남한은 '민주공화국'(헌법 제1조)으로서 자유민주주의와 사유재산권에 기반한 자본주의 제도를 명시하고 있는 반면, 북한은 '민주주의인민공화국'(헌법 제1조)으로서 생산수단과 토지, 대외무역 등을 국가나 협동단체가 소유하도록 하는 사회주의 제도를 규정하였다. 헌법 체계상으로 남한은 미국법보다 독일·프랑스 등 대륙법을 차용한 것으로 보이나 그 내용과 철학에 있어서 미국식 자유민주주의와 자본주의를 충실히 따르고 있다. 반면 북한은 공산당 일당체제로 운영하는 소련식 사회주의를 답습하고 있어서 공산당 당규와 강령이 헌법이나 법률보다 사실상 우선적인 효력을 갖는 체제를 채택하였다.

이념적으로 대립한 남북한의 체제는 군사력 건설 과정에서 가장 첨예하게 가시화되었다. 군사력은 남북한의 이념적 대립체제의 전초기지로 사회의 다른 어떤 영역보다 빠른 속도로 증강되었다. 북한은 소련군 제25군의 지도하에 군사력 증강에 박차를 가하여 1948년 10월 소련군이 철수할 무렵 4개 보병사단과 105기갑대대를 편성하였다. 1949년 3월 17일에는 소련과 조·소군사비밀협정을, 3월 18일에는 중공과 상호방위조약을 체결하여 중국공산군에 있던 조선군 2만5천 명을 북한에 넘겨주었다. 그 결과 10개 사단 13만 병력이 38선에 배치되었고 10만 명의 예비군도 후방에 편성되었다. 남한에서는 1946년 1월 미군정 산하에 있던 국방경비대와 해안경비대가 1948년 8월 정부 수립으로 각각 육군과 해군으로 개편되었고, 1949년 4월에는 해병대, 10월에는 공군이 편성되어 약 8개 사단 10만 병력을 갖추었다. 그러나 장비가 빈약하여 북한의 군사력에는 비할 수 없는 상태였고, 4개 사단은 38도선에 배치하지 못하고 공산게릴라 진압을 위해 후방에 배치되었다.

남북한 군대의 창설과정에서 미국과 소련의 정책차이가 명확하게 드러났다. 즉 미국은 남한에 치안유지를 위한 경비대를 창설과 남한 내부의 전복활동에 대처할 수 있는 무상력을 육성한데 반해, 소련은 북한에 혁명 수출을 위한 정규군 창설과 혁명의 수출기지 강화를 위한 무장력 육성에 치중하였다(한용원 2010, 163). 남한에서는 1945년 12월 미군이 군사간부 양성을 목적으로 군사영어학교를 설립하였으며 기존의 좌우익 군사단체들을 해산하고 경찰예비대를 창설(1946.1)하였다. 군사영어학교는 조선경비대훈련소로 개편(1946.5)되었으며 5만 명 규모로 핵심병력을 갖추었다. 북한에서는 소련이 1945년 10월, 기존의 무장단체들을 해산하고 각 도인민위원회에 보안대를 창설했다. 북한은 소련의 지원을 받아 핵심부대원들을 양성하는 보안간부훈련소(1946.6)를 만들고 군 초급간부 양성기관인 북조선중앙보안간부학교를 개교(1946.7)했으며, 보안간부훈련대대부를 설치(1946.8)했다. 이 보안간부훈련대대부는 1947년 5월 북조선인민집단군사령부로 개편되어 정규군 체계를 갖추었으며 1948년 2월 다시 조선인민군총사령부로 재편되었다.

분단정부 수립 이후 남북한 지도부는 본격적인 병력증강에 돌입했다. 남한의 경비대 병력은 1948년 2월부터 대대적인 확충이 이루어져 6월 말까지 6만2천 명으로 증원되었고 1949년 8월 중순에는 군 병력 10만 명을 돌파했다. 북한의 병력은 1949년 초반 4~5만 명, 8월에는 8만 명으로 증원되었으며 중국인민해방군 내 조선인 병사 2만여 명이 입북하면서 9월에는 9만7천 명으로 증강되었다. 치안을 담당하는 경찰병력도 1949년 8월 당시 남한은 5만 명, 북한은 4만1천 명으로 구성되었다. 이러한 군사력 증강은 무력분쟁으로 이어져 한국전쟁 이전 1949년 한 해 동안만도 남북 간에 크고 작은 교전이 발생하였다. 1948년까지는 남북 간 충돌에 경찰병력이 주로 동원된데 비해 1949년부터는 정규군이 동원되어 대규모 사망자·부상자가 발생하였고, 1950년 6월 전면전쟁으로 발전하였다.

한편, 미국과 소련의 발전모델이 가장 정교하게 내면화된 공간은 교육영역이었다. 남한의 학교제도는 민주적이고 개방적인 미국식 제도를 도입하였다. 교육기회를 균등하게 보장한다는 원칙을 기본으로 개인의 능력을 차별 없이 최대한 개발한다는 점에서 구상된 것이다. 단선형 구조로 되어 있고 의무교육기간이 짧아 개인차를 반영한 교육이 약하고 평생교육의 기회가 미비하다는 문제점이 있다. 반면, 북한은 기본학제를 소련의 것을 모방하여 복선형을 채택하였고 공산주의적 인간을 키운다는 목적을 내세웠다. 남한은 교육제도와 교육과정에서 자유민주주의 이념에 입각한 정책을 추진하였다. 물론 이러한 제도와 이념이 현장에서 실제로 얼마나 충실하게 교육되었는가 하는 것은 별개의 문제다. 초창기의 이러한 열정이 몇 해가 가지 않아 식어버리고 구태의연한 입시교육으로 환원되고 말았다는 비판이 있는 것이 사실이다(오천석 1975, 108). 그럼에도 분단초기 남한은 일본식 교육을 탈피하기 위해 존 듀이(John Dewey)의 교육이론과 진보주의 교육 등 미국식 교육제도를 많은 부분 도입하였다. 반면, 북한은 공산주의 이념과 스탈린 방식의 교육모델을 도입하며 소련식 교육제도를 적극 차용하였다(정근식 2016, 124-126). 신유교군주제에서 일본식민지를 거쳐 스탈린주의로 곧바로 진입함으로써 서구식 근대화에 접촉할 기회가 전혀 없었고 조선의 권위주의 전통문화의 특성이 강하여 소련보다 오히려 더 강력한 전체주의 제도가 정착되고 실행되었다(Armstrong 2003, 7; S. Kim 2016).

미국식 자본주의 발전모델이 남한에 들어서게 된 배경에는 이승만의 개인적 요인도 작용했다. 김구를 비롯한 조선의 독립운동가들이 지리적으로 가까운 중국과 소련에 거주했던 영향으로 사회주의에 많은 영향을 받은 반면, 이승만은 독립운동을 하면서 주로 미국에 머물렀던 탓에 미국식 자유민주주의와 자본주의 경제를 새 나라의 체제로 삼는데 호감을 갖게 되었다. 이승만은 미국체류 경험을 통해 미국식 민주주의의 자유로움과 자본주의의 풍요로움을 생생하게 목격했고, 그 경험을 바탕으로 자유민주주의와 사유재산권 인정을 기반으로 하는 자본주의 경제를 남한 정권과 체제의 토대로 삼았다. 이러한 사상과 이념을 확산하기 위한 문맹퇴치와 교육개혁은 필수적이었으며 농민이 대다수인 국민들의 삶의 기반을 다지기 위해 농지개혁도 필수 과정이었다.

3. 발전의 초기조건과 분단비용

한반도의 분단은 남한의 자본주의 발전과 북한 사회주의 발전의 초기 조건을 제공한다. 38선 분단으로 남한의 발전은 큰 타격을 받았다. 미소 군정이 통치를 시작한 분단초기 3년간은 공간의 분단이 시작된 시기이다. 공간의 분단은 사람의 자유로운 남북이동을 차단하였고 북쪽에 편중된 중공업 시설과 남쪽에 발달한 농업을 분리시킴으로써 산업시설과 경제를 일시에 마비시켰다. 38선으로 분단된 남한의 경제와 사회는 북한보다 훨씬 열악한 상황이었다. 그나마 활용하던 지하자원과 전력마저 대부분 북한지역에 위치하고 있어서 남한은 농업 이외에는 공업발전의 조건이 갖추어지지 않았다. 1인당 국민소득 통계가 1953년에 처음 나왔기 때문에 1945년 당시의 경제수준을 정확히 측정하기는 쉽지 않지만 1945년 8월 해방과 함께 분단된 남한의 경제는 1인당 국민소득 25~50달러로, 북한의 경제는 36달러로 추락하였다(B. Kim 1992, 67).

그렇지 않아도 열악한 일제 식민통치 시기의 경제상황이 하나의 경제권이 둘로 나뉨으로써 더욱 나빠졌다. 분단이 남한과 북한에 초래한 비용은 막대하였다.

8·15 당시 남북한의 산업배치는 '남농북공'(南農北工)으로 불릴 만큼 특징적으로 구분되어 있었다. 일제가 공업시설 대부분을 북한에 건설했기 때문에 북한지역은 상대적으로 풍부한 지하자원과 수력자원을 이용한 금속 화학공업 등이 배치되어 있었던 반면, 남한지역은 주로 농업지대로서 경인지역에 약간의 경공업시설이 분포되어 있었다. 남한의 경우는 북쪽의 전력 및 원료 공급원을 잃게 됨으로써 산업부문에서 큰 타격을 받게 되었다. 북쪽으로부터의 일방적인 송전중단으로 말미암아 경인공업지대에서는 소요 전력의 약 70%가 부족했다. 미군정을 책임지고 있던 존 하지(J. Hodge) 장군도 남북분단으로 "남북한 어느 지역도 '경제적 구조상' 독자적으로 지탱할 수 없다"는 사실을 인정한 바 있다(차상철 1995, 464; 이승현 2010, 223). 북한 쪽도 마찬가지였다. 북한지역 기업의 절대다수가 가동되지 않고 있고 재정체계는 혼란상태에 있으며 노동자 70만 명 중 실제 일하는 사람은 10만에 불과하였다(이지수 2001; 이승현 2010, 223). 북한은 직량 자급을 목표로 우전 먼저 부족한 경지의 확장에 주력하여야 하였다. 그리고 북한당국은 분단 직후부터 '쌀은 공산주의'라는 구호를 앞세우고 중장기 계획을 착수할 때마다 높은 알곡생산목표를 설정하였다. 북한은 이러한 남북 간 보완성 상실로 식량 증산에 대한 집착이 유달리 강해졌다.

경제제도와 정책의 측면에서 분단초기 한국의 발전은 일제로부터 물려받은 식민지 경제의 조건 때문에 완전히 다른 방향으로 추진되었다.

즉 일제식민지 경제는 완벽한 자본주의 경제체제는 아니었으나 자본주의 시장경제에 좀 더 유사한 체제였다고 할 수 있다. 따라서 자본주의 체제를 지향한 미국은 현상유지적인 경제정책을 실시한 데 반하여 사회주의 체제를 지향한 소련은 현상타파적인 경제정책을 실시하였다(이승현 2010, 제5장). 소유제와 관련하여 미국은 개인소유제를 기본으로 하였으나 소련은 국유화를 기본으로 하는 정책을 펼쳤으며 경제운용과 관련해서도 미국은 현상유지에 무게를 둔 반면 소련은 인민경제계획을 수립하여 계획경제를 실시하였다.

그러나 분단초기에는 남한이나 북한이나 자본주의·사회주의가 추구하는 전형적인 정책들을 실행하기 어려운 환경이어서 과도기적 전략을 견지하였다. 생산수단의 소유방식에서도 북한은 개인소유를 인정하였으며, 당시 생산수단으로 중요하게 간주된 토지도 초기에는 토지분배를 통해 개인소유 형식을 취하였다. 반대로 남한에서는 기본적으로 사유재산을 정당한 것으로 인정하고 있었으나, 토지문제는 워낙 휘발성이 강한 의제였던 터라 매우 신중하게 접근하였다. 더욱이 북한은 헌법제정논의 과정에서 초안에 "남한에서도 북한과 같은 토지개혁을 실시할 것을 규정"하였다고 주장함으로써 북한이 단독정부 수립이 아니라 전한반도를 대상으로 한 정치체를 준비했다는 점에서 남한정치에 파급력이 큰 이슈였다. 이에 대한 대응으로 남한은 헌법 제4조에 "대한민국의 영토는 한반도와 그 부속도서로 한다"라고 명시하였으나, 북한의 첫 헌법에는 주권영역을 명시하지 않았다. 아무튼 북한의 이러한 야심은 남한에서도 토지개혁을 적극적으로 실시하는 촉진제가 되었다. 북한과 같이 전면적인 형태는 아니었으나 남한의 토지개혁은 개혁대상 농지의 70%

가 실제로 재분배되었고 전체농민의 50%가 농지분배의 혜택을 받는 등 실질적인 성과를 도출하였다(박종철 2008, 85).

한국전쟁 이전까지는 미약하나마 남북 간 교류의 끈이 연결되어 있어서 남한에서 필요로 하는 전력과 중간재 들을 북한지역으로부터 공급받고 북한지역에서 부족한 식량은 남한지역에서 공급받는 등 일정한 정도로 교류가 이루어졌다. 그러나 전쟁이후 교류가 완전히 차단되고 그나마 남아 있던 시설마저 파괴되어 경제는 제로에서 시작해야 하는 상황이 되었다.

4. 한국전쟁의 충격

1950년 6월 25일 북한군의 기습남침으로 발발한 한국전쟁은 3년 동안 지속되면서 남북한 발전과정에 엄청난 충격을 주었다. 북한의 전면공격으로 일시에 점령을 당한 남한은 미국과 유엔연합군의 도움으로 한반도를 거의 탈환하였으나, 중국 인민군의 개입으로 전세가 다시 역전되어 원래의 분단 상태로 되돌려졌다. 남한에서는 6·25전쟁으로, 북한에서는 조국해방전쟁으로 부르는 한국전쟁은 남북 간 내전으로 촉발되기는 하였으나 미국과 소련, 중국의 참선한 국세진 성격을 띠었다(박태균 2005). 제2차 세계대전 이후 자유민주진영과 공산진영으로 대립한 세계 냉전갈등이 폭발한 첫 전쟁이었다. 오랜 논의 끝에 1953년 7월 27일 유엔군 측과 공산군 측 사이에 휴전협정이 체결되어 3년에 걸친 전쟁은 끝났다.[2] 유엔 측 대표로 당시 유엔군 총사령관이었던 클라크(Mark Clark)와 공산 측 대표로 중공인민지원군 사령관 펑더화이(彭德懷), 북한 인민군 최고사령관 김일성이 서명을 하였다. 이승만 대통령은 통일을 주장하며 끝까지 서명을 거부하여 정전협정은 실질적으로 미국과 중국, 북한 3자가 서명 당사국이 되었다.

3년 동안 진행된 한국전쟁은 남한에 심대한 피해를 주었을 뿐 아니라 사회 모든 분야에 전면적 변화를 초래하였다. 남북의 분단으로 산업구조의 불균형이 발생하여 남북한 모두 심각한 타격을 받은 데다 남아 있던 시설과 가옥이 폭격으로 파괴되어 한반도는 완전히 폐허가 되었다. 한반도 전체를 통틀어 공장과 도로, 교량을 비롯하여 학교, 교회, 사찰, 병원, 주택이 무수히 파괴되어 사회·경제적 기반이 철저히 붕괴되었다. 그야말로 대재난이었다. 남한은 900여 개의 공장이 파괴되었고 제재소와 제지공장 및 금속공장을 비롯한 작은 생산기업들은 거의 전부가 파괴되었다. 가옥도 60여만 채가 파괴되었으며 특히 교통 및 체신 시설이 막대한 손해를 입었다. 1949년 1년의 국민총생산에 맞먹는 재산상의 피해가 발생하였으며, 농업생산은 27%가 감소했고, 국민총생산은 14%가 감소되었다. 휴전 직후 집을 잃고 거리에서 방황하는 전재민의 수가 200만여 명에 이르렀고, 굶주림에 직면한 인구가 전체인구의 20−

2 휴전협정의 공식명칭은 '유엔군 총사령관을 일방으로 하고 조선인민군 최고사령관 및 중국인민지원군 사령원을 다른 일방으로 하는 한국 군사정전에 관한 협정'(Agreement between the Commander-in-Chief, United Nations Command, on the one hand, and the Supreme Commander of the Korean People's Army and the Commander of the Chinese People's volunteers, on the other hand, concerning a military armistice in Korea)이다.

25%나 되었다.

더 심각한 것은 인적 피해였다. 수많은 인명피해가 발생하였고 부상자들이 속출하여 경제를 복구해야 할 인적 자원이 부족하였다. 남한의 인적 피해규모에 대한 평가는 정확히 일치하지는 않지만, 사망자와 실종자가 군인 278,000명과 민간인 574,000명(월북자 포함)을 합하여 총 85만2천 명이며, 부상자는 군인 709,000명과 민간인 229,625명 등 총 111만5천 명으로 파악된다(유완식·김태서 1975, 137–138; 전쟁기념사업회 1990, 480). 당시 남한의 인구가 2천만 명이었으니 전쟁으로 인한 인적 손실은 전체인구의 4.2%에 해당하는 큰 규모다.

피해는 북한지역도 마찬가지였다. 전쟁으로 북한의 광업생산력은 80%가 감소했고 공업생산력의 60%, 농업생산력의 78%가 감소했다. 90만 6500에이커의 농지가 훼손되었으며 60만 채의 가옥과 5,000개의 학교, 1,000개의 병원이 파괴되었다. 재산피해액이 4천억 원에 달하는 막대한 손실을 입었다. 인적 피해도 120–130만 명으로 남한보다 더 큰 손실을 입었다(김병로 2000, 219–242).[3]

전쟁부터 휴전까지 3년 동안 남북한이 입은 손실도 컸지만 휴전이후 해결되지 않는 남북한의 대립과 갈등은 더 큰 문제였다. 1953년 8월 28일 유엔총회는 한반도에서 독립된 통일정부 수립이 궁극적 목표임을 재확인하고 휴전협정을 승인하였으며, 휴전협정에 합의한 대로 외국군 철

3 북한은 2014년 11월 「자체인권보고서」를 통해 한국전쟁 시기에 북한주민 123만 명이 목숨을 잃은 것으로 밝혔다. 북한의 『조선인권연구협회보고서』(2014.9.13.), p. 76.

수와 평화적 해결을 위한 고위정치회담을 3개월 안에 개최해야 했다. 그러나 1953년 10월 10일 개최된 회의에서도 본회담의 구성국 문제로 난항을 겪었고 이듬해 2월 18일 베를린에서 재개된 4개국 외상회의, 4월 26일에 열린 제네바회담에서도 합의점을 찾지 못해 결국 6월 15일 결렬되고 말았다. 38선 분단에 이어 전쟁과 휴전이 남한 발전모델의 성격을 규정하는 출발선이 된 것이다. 38선이 휴전선으로 바뀌어 비무장지대(DMZ)를 사이에 두고 치열한 대립과 대결의 남북관계가 다시 시작되었다.

휴전 이후 남북한의 첫 접촉은 1953년 12월 11일부터 1954년 3월 사이에 이루어진 이산가족 관련 회담이다. 휴전협정 제3조 제59항에 근거하여 '실향민간귀향협조위원회'를 구성하고 대화를 시작한 이래, 1954년 국제적십자위원회를 통해 이산가족 문제의 인도적 해결을 요청하였고 1957년 11월에는 생존자와 월남자 명단을 상호 교환하는 성과를 거두었다. 1962년 12월에는 동경올림픽 단일팀 구성을 위한 남북체육회담을 스위스 로잔과 홍콩에서 실무자회담으로 진행하였고, 1963년 1월과 4월 및 5월에도 실무회담을 진행하였으나 본회담은 결렬되었다.

한국전쟁으로 남북한이 입은 물적·인적 피해는 경제와 사회, 문화 모든 분야에 변화를 가져왔다. 한국전쟁의 물적 피해를 정확히 평가하기는 어렵지만 전쟁 이전 1인당 GDP 70달러 선에서 전쟁이 끝난 직후 60달러 선 대로 내려앉았다. 위에서 설명한 바와 같이 공장과 산업설비, 교통 및 체신 시설, 학교·병원·주택 등 국가기반시설이 심각하게 파괴되었고 농업생산이 감소하여 굶주리는 사람들이 많아졌다. 인적 피해는 노동력 감소와 경제력 약화로 나타났다. 또한 남북으로 흩어진 1천만 이산가족 문제는 심각한 사회문제가 되었고 남북 간 정치적 문제로 대두되었다.

5. 적대적 분단체제 형성

한국전쟁이 발전과정에 미친 또 하나의 영향은 적대적 분단체제가 형성된 것이다. 이념적 대항체제로 모습을 갖추기 시작한 한국의 발전모델은 전쟁을 치른 후 북한에 매우 적대적인 분단체제로 발전하였다. 전쟁을 통해 200만 명이라는 엄청난 살육을 체험한 사람들은 우선, 안보와 생존에 대한 불안을 갖게 되었다. 전쟁체험을 통해 안전과 안보에 대한 불안감이 커졌고 그 불안한 상황에서 생존방식의 집단적 학습이 심도 있게 이루어졌다. 안전과 안보에 대한 불안감은 상대에 대한 증오와 복수심으로 이어지고 상대를 철저히 배제하는 흑백논리와 적대의식을 강화하였다. 1950-53년의 전쟁을 치르면서 남한은 북한과 완전히 단절하는 심정적 분단이 형성되었다. 1945년 8월 38선 획정으로 공간적 분단이 이루어졌고, 1948년 8월과 9월 남북의 각 정부가 수립되어 체제의 분단이 이루어졌다면, 1950-53년까지 3년간의 치열한 전쟁으로 심리적 분단이 고착되었다. 공간과 체제, 심성의 3중적 분단으로 적대적 분단체제가 형성된 것이다. 한국의 발전모델이 한국적 특수성을 지녔다고 말할 때 그것은 주변국가들과 정상적인 관계를 맺고 있는 나라들과 달리 한국이 북한과 적대적으로 대립하는 분단체제에 놓여 있다는 구조적 특성을 지칭한다.

'반공주의'는 이러한 적대적 분단체제를 견인하는 주된 동력이었다. 정권 초기부터 '반공' 이념을 표출했던 이승만 정권은 주민들의 전쟁체험을 동원하여 '반공주의'를 확산해 나갔다. 북한과의 관계에서 당연히 북한의 공산주의와 사회주의를 철저히 배격하는 '반공주의'를 강하게 드러냈다. '반공주의'는 한국전쟁 이후에 더 심각하게 고착화된 요소이기는 하나, 남한에 단독정부가 수립된 이후 이승만 정권은 특히 공산주의와 타협을 하지 않는 반공주의를 표방하였다. 공산주의를 잔인한 체제, 비인간적 체제로 부각시키고 반공태세를 요구함으로써 공산주의와 대립·경쟁 체제로 세워진 대한민국의 국가정체성과 지지기반을 확대하였다.

그러한 반공주의는 '국가보안법' 제정으로 나타났다. 이승만 대통령은 1948년 12월 1일 국가보안법을 제정하여 좌익 정치세력을 불법화하고 '북진통일론'을 내세웠다. 국가보안법 제2조는 '반국가단체'에 대해 규정하고 있으며 북한을 반국가단체로 규정하고 북한에 동조하는 활동을 처벌하도록 한 것이다. 즉 국가보안법에서는 북한을 국가로 인정하지 않고 "정부를 참칭하는 반국가단체"로 간주함으로써 철저한 대립체제를 유지했다. 그에 따라 '반공'은 한국이 미국식 제도의 대의명분으로 앞세웠던 자유민주주의를 압도하는 가치가 되었다. 한국전쟁을 거치면서 냉전반공주의가 강력하게 자리를 잡게 된 것이다(이나미 2011, 217-259). 따라서 반공주의라는 이름 아래 오히려 권위주의가 용인되는 경향마저 나타났다. 이러한 분위기에 편승하여 이승만 대통령은 노골적인 반공주의 내세우며 정치적 지지기반을 구축하였다.

적대적 분단체제는 물리적인 군사력으로 뒷받침되었다. 한국전쟁이 끝난 직후 국방을 강화하기 위한 군사력 건설을 추진하여 전쟁에 대비한 강력한 체제를 구축하였다. 북한의 위협에 대응하기 위한 병력을 동원하고 화력증강을 추진했다. 전쟁 이전 약 10만을 유지했던 군 병력은 전쟁 직후 약 60만 명으로 증강했고 1957년 10월 72만으로 늘어났다가 1958년 11월 63만 명으로 감축하였다(국방군사연구소 1998, 161–162; 김진환 2009, 142). 재정능력이 부족한 상태에서 군사 장비를 구입하기는 어려운 일이었으므로 가장 손쉽게 군사력을 증강하는 방법은 병력의 동원이었다. 상대방의 군사적인 변화에 민감하게 대응해 왔다.

남한의 군사력 증강에는 미국의 지원이 결정적인 역할을 하였다. 1953년 7월 휴전협정 서명 당사자에서 보듯이 한국전쟁은 남북 양자가 대결의 주체가 아니라 북한과 '한미동맹'이었다. 그 이유는 이승만 정부가 전쟁발발 이후 1950년 7월 14일 국군 작전지휘권을 미군에게 이양했기 때문이었다.[4] 휴전협정에 반대한 한국은 미국의 거듭된 휴전요구에 협력하며 휴전 후 북한의 재침에 대비한 강력한 군사동맹을 요구하였다. 그 결과 한국이 외부로부터 무력공격에 의하여 위협받고 있다고 판단되는 상황에서는 언제든지 미국이 지원하도록 규정한 '한미상호방위조약'을 1953년 10월 1일 한미상호방위조약을 체결하였다. 이 조약은 한국이 외부로부터의 무력공격을 받을 때에만 미국이 원조의무를 지는 것

4 1948년 8월 24일 이승만 정부는 미군철수 완료시기까지 미국에 한국군의 작전지휘권을 이양하였다가 1949년 6월 29일 미군철수 완료로 작전지휘권을 회복했다. 그러나 전쟁이 발발하자 1950년 7월 14일자 서신을 통해 맥아더 유엔군 사령관에게 이양했다. 김진환 2009, 151.

으로 '양해사항'을 명시하여 한국의 선제공격에 의한 무력충돌을 억제하고자 하였다. 한미상호방위조약은 1954년 11월 18일에 발효되기에 앞서 1954년 11월 17일 유엔사령부가 국군의 작전통제권을 갖도록 합의하였다. 이 조약에 따라 1957년 7월 1일 주한미군사령부가 창설되어 국군의 통제권이 미국에 귀속되었다. 반면 북한은 1954년 9월부터 1958년 10월까지 중국인민군이 철수함으로써 군사부문에서 독자적 결정을 할 수 있는 여지를 마련하였다.

전쟁 이후 북한과의 관계는 철저히 적대적으로 변화하였다. 상호 대화를 단절한 것은 물론 외교적 고립을 추진하고 각종 도발을 시도하며 내부혼란을 야기하는 불신과 적대의 관계를 강화하였다. 대내적으로는 적대적 관계를 유지하기 위한 대중동원에 몰두하였다. 이승만 정부는 다양한 방식의 반공집회를 동원하였다. 한국전쟁이 진행 중이던 1950년 12월 16일 남한정부는 '국민방위군 설치법'을 제정하고 그에 따라 12월 17일 '제2국민병 소집령'을 내려 경찰과 군인을 제외한 장정들을 동원하였다. 17세 이상, 40세 미만의 장정으로 조직된 제2국민군으로 총 50만 명이 동원되었다. 그러나 예산 확보와 행정조처를 미리 마련하지 못한데다 고위간부들의 인원조작과 군수물자 횡령 비리가 이어져 1·4후퇴 때 1천 명 이상의 아사자가 발생하여 정치적 문제가 되었다. 또한 1951년 2월 10–11일 양일간 경상남도 거창군 신원면 일대에서 공비토벌 중이던 11사단 9연대 3대대가 양민 500여 명을 공비들과 내통했다 하여 집단 학살한 사건이 발생하였다. 거창양민학살 사건으로 불리는 이 사건은 '반공'이 남한의 국민들에게 얼마나 과도한 피해를 주었는지 보여준다.

이승만 정부는 반공주의를 정치적으로 야당을 탄압하는데 동원하였다. 1956년 대통령 선거에서 무소속의 조봉암 후보가 30% 이상을 득표한 후 진보당을 창당하자, 1958년 1월 북한의 통일 방안과 유사한 주장(평화통일)을 한다는 등의 구실로 진보당을 해산하고, 당의 간부를 구속하고 당수인 조봉암을 사형시켰다. 또한 1958년 12월에는 무술경관 300여 명을 동원해 국회의사당 문을 폐쇄시킨 가운데 야당과 언론 통제를 주 내용으로 하는 국가보안법 개정안을 자유당 의원들만이 참석한 가운데 통과시키기도 했다.

이승만 정부는 이처럼 반공주의를 동원하여 국민적 지지기반을 확대하고자 하였다. 이승만 정부는 '북진통일'을 주창하며 북한 공산주의를 무력으로 타도하고자 하였다. 북한도 마찬가지로 정권수립 이후부터 김일성은 대남무력통일을 지속적으로 소련에 타진하였다. 북한의 위협 앞에 공산주의 세력의 반정부 활동을 탄압하는 데만 집중하고 국가의 역량을 동원하여 경제건설을 추진하는 데는 실패하였다. 한국전쟁의 피해를 복구하고 사회경제를 재건하기 위한 정부의 노력이 가시적 성과를 거두지 못한 것은 미국의 제도와 정책을 한국적 토양에 맞도록 이식하지 못했기 때문이었다.

그럼에도 사회 저변에는 전쟁을 거치면서 형성된 생존 에너지가 분출하였다. 200여만이 살육을 당한 전쟁을 치르고 많은 사람들이 그것을 체험하는 과정에서 '전쟁으로 다져진 민첩성'이 생겨났다. 이렇게 다져진 민첩성은 전쟁 이후 사회 구성원들의 의식을 각성하도록 만들었다. 이러한 각성과 깨어난 의식, 생존에 대한 의지 등이 발동하여 경제적으로 우선 잘살아야 한다는 의식을 형성하였다. 북한이라는 위협을 마주하고 있는 남한으로서는 항상 각성하지 않으면 안 되는 상황이 되었다.

이러한 환경과 조건은 한국의 급속한 발전을 이루는 원동력이 되었다.

6. 분단·전쟁 경험을 장착한 한국형 발전

이런 점에서 분단과 전쟁은 한국형 발전의 독특한 특징을 구성한다. 즉 남한은 북한과 서로 다른 체제를 채택했지만 휴전선을 사이에 두고 적대적 공존을 추구하는 하나의 체계(system)로 발전한 것이다. 남한과 북한이 대립하는 가운데서도 서로를 필요로 하는 관계, 즉 적대적 공생관계가 고착된 것이다. 구조기능주의 이론의 설명에 의하면 체계(system)는 가장 두드러진 특징이 상호의존성이며, 두 번째 특징으로는 각 부분이 전체의 목적과 유지에 기여하고 있다는 것이다.[5] 체계의 특징은 체계의 유지를 위해서 균형 또는 평형(equilibrium)을 유지하려고 한다는 점이다. 이런 측면에서 남북한을 하나의 체계로 보고 그 체계가 대칭과 균형을 유지하려는 방향으로 상호 간에 변화를 주고받으며 발전하는 과정으로 파악할 수 있는 것이다. 이런 점에서 보면 남한과 북한이 독립적 혹은 자율적으로 존재하는 체제가 아니라, 서로 긴밀하게 영향을 주고받으며 상호의존적 형태로 존재하는 하나의 체제라 할 수 있다.

전쟁이 국가발전과 사회변화에 어떠한 영향을 미치는 가는 브루스 포터(B. Porter)가 잘 지적하였다(Porter 1994, 11–20). 즉 전쟁은 사회의 조직

5 T. Parsons, *The Social System* (New York: The Free Press, 1951).

을 생성하기도 하고 해체시키기도 하며 재구성하기도 한다. 전쟁은 중앙집권화와 관료주의 및 조세확장을 촉진시킴으로써 정부조직의 성장계기를 부여하며 강력한 지도력을 발휘할 수 있는 기회를 제공함으로써 정치지도력을 공고화한다. 그러나 그와는 반대로 전쟁을 통해 국가조직과 재정이 파괴되고 그 후유증으로 혁명이 발생하는 등 사회해체의 결과를 맞기도 한다. 대체로 전쟁은 사회구성원들을 사회화하며 국가의 대중적 기반을 구축하는 사회통합적 효과를 만들어 낸다. 나아가 계급간 차이를 무너뜨리면서 사회 평준화를 촉진하고 사회개혁의 동인을 제공하는 사회 재구성 효과 (Reformative Effect)도 갖고 있다. 이런 점에서 분단과 전쟁체험이라는 요소는 한국형 발전을 가능하게 한 중요한 원동력으로 작용했다.

남북한은 분단되어 두 국가가 되었으나 남북을 독립적인 두 체제로 작동하는 것이 아니라 정치, 군사, 경제, 문화 각 분야에서 상호 의존하는 하나의 체계, 즉 분단체제로 발전하였다. 분단체제란 남한과 북한이 완전한 하나의 국가가 아니라, 하나가 둘로 나뉘어 불완전한 국가, 상호간에 공존·대립하는 체제를 의미한다. 분단은 지리적, 정치적, 심리적 대립·경쟁체제를 고착화시켰다. 이러한 분단체제는 남북관계와 대북정책을 추진하는 기조가 되었다.

남북으로 분단된 각 체제는 그 정권의 형태나 정책 산출에 있어서 자기 내부에서 발생하는 동인 못지않게 체제 밖으로부터 오는 남북한의 상호 영향력이 꽤 컸다. 해방이후 분단으로 인해 독자적으로 세워졌던 상호 대항적인 남북한 정권도 내부의 구조적인 요인 못지않게 상대방 체제와의 대결구조에 의해 영향을 받는 경우가 많았기 때문이다. 두 체제

간의 갈등과 경쟁 내지는 외적 불안은 전쟁이라는 전면대결로 치달았고 휴전이후에는 상대방의 군사적인 변화에 민감하게 반응하는 대응체제를 형성하였다. 이른바 분단효과가 작동한 것이다. 일방의 행위가 상대방에게 대칭적인 반작용을 일으키고 또 그것이 상호 상승작용을 일으키는 효과가 생겨났다. "분단 상황 속에서 남북한이 상호 간에 경계심과 경쟁심, 또는 적대감을 유발함으로써 상대방의 체제에 반응을 일으키고 변화를 야기하는 현상"을 분단효과(division effect)로 규정한다면 분단의 효과는 대단히 컸다(Kim 1992, 35-36, 123-124, 198; 김병로 2013). 휴전선을 사이에 두고 마치 상대방을 거울처럼 들여다볼 수 있는 체제로, 일종의 거울영상효과(mirror image effect)라 할 수 있다(이종석 1998, 33-37). 정치, 경제, 사회문화, 군사 영역에서 상대의 행위에 민감하게 반응하는 대응체제가 형성되었다.

분단초기 남한이 도입한 미국식 자본주의 발전모델은 정체성이나 경제제도의 측면에서는 북한의 소련식 사회주의 발전모델과 확연한 차이를 보이는 면도 있지만, 경제정책이나 대중동원 등의 측면에서는 공통점도 갖고 있다. 이러한 특성은 남북한이 미국과 소련의 발전모델을 답습하는 과정에서 한반도의 현실을 도외시할 수 없었고 남북 간 상호견제와 주도권 쟁취를 위해 경쟁하는 과정에서 자연스럽게 형성되었다.

한반도의 분단과 전쟁을 거치면서 이념적으로 대항하는 정부수립과 대립적인 제도와 정책들이 남북한에서 동시에 시도되었다. 앞에서 살펴보았듯이 1945년 8월 15일 남한이 대한민국 정부 수립을 공포한 이후 3주 만에 9월 9일 조선민주주의인민공화국을 선포했다. 분단 직후 남북한의 토지개혁 시행 과정에서도 이러한 분단효과가 작용하였다. 1946년

3월부터 북한이 토지개혁을 실시하자 남한도 1947–49년 농지개혁을 시행하였다. 남한이 농지개혁법과 같은 진보적 법안과 사회개혁정책을 시행할 수 있었던 것은 북한의 토지개혁이 이미 진행되고 있었기 때문이었다. 한국전쟁 중에 시행했던 남한의 농지개혁도 북한이 남한 점령 기간 중에 실시하였던 인민위원회의 사회주의적 토지개혁의 경험이 있었기 때문에 손쉽게 추진할 수 있었다. 남북한의 초기제도와 정권수립 과정에서 비슷한 제도와 정책을 경쟁적으로 채택하고 시행한 것을 볼 수 있다.

III. 체제경쟁과 추격발전의 모색(1961–1971)

1. 남북군사정권과 체제경쟁

1960년대 남북관계의 상황변화는 남한으로부터 발생하였다. 한국전쟁이 끝나고 남북한은 한동안 전후복구 건설에 전력투구하며 생존을 위한 경쟁에 몰두하였으나 이승만 정부가 1960년 3·15부정선거로 물러나고 연이어 들어선 장면 과도정부는 혼란한 정국을 수습하지 못하였다. 이러한 과도기적 상황에서 '5·16군사정변'이 발생하였다. 1961년 5월 16일 등장한 군사정권은 '혁명'의 목적을 '반공'과 '경제발전'을 기치로 내걸었다. 군사혁명위원회가 발표한 6개 항의 혁명공약을 보면 북한 공산주의에 대응하고 북한을 뒤엎을 수 있는 역량을 구축하는 것을 '혁명'의 명분으로 앞세웠다. 혁명공약은 제1항으로 "반공을 국시의 제1의로 삼고 지금까지 형식과 구호에만 그쳤던 반공의 태세를 재정비 강화함으로써 외침의 위기에 대비"한다는 것이었고, 제5항도 "북한 공산세력을 뒤엎을 수 있는 국가의 실력을 배양함으로써 민족적 숙원인 국토통일을 이룩한다"고 천명하였다(양영식 1997, 150). 박정희 소장을 포함한 5·16군사정변 주도세력은 '5·16혁명'의 중요한 명분을 "반공과 공산세력 축출"에 두었음을 알 수 있다. 한국전쟁 이후 지속된 북한과의 적대적 관계가 5·16군사정변에 영향을 주었고 한국형 발전모델이 적대적 남북관계의 환경에서 태동했음을 말해준다.

반공을 혁명공약으로 내건 군사정권은 반공체제를 재정비 강화하는 작업에 착수했다. 좌익사범 혐의로 2천여 명을 체포하고 1961년 7월 3일 반공법을 제정·공포하였다. 반공법 제정 이전에도 이미 국가보안법이 존재하였고 1958년에는 '보안법 파동'을 겪으면서 한층 강화된 조항들이 삽입된 상황이었음에도 불구하고 군사정변 세력은 '혁명공약' 제1호를 강조하기 위해 법률 제643호로 반공법을 공포하였다. 반공법은 대부분 국가보안법과 겹치는 부분이 많았으나, 공산주의 활동에 관한 처벌을 위주로 되어 있어 국가보안법에 대한 특별법의 성격을 띠었다. 특히 제4조의 찬양·고무죄는 국가보안법 제7조와 마찬가지로 해석상의 모호함이 있어 반정부적 비판활동과 언론탄압에 악용될 소지가 컸다. 또 5·16군사정변 이전에 체포·구속된 사람들에 대하여 반공법을 소급적용함으로써 사법제세의 원칙인 소급입법 금지원칙이 훼손되었다. 이러한 법률적 문제점에도 불구하고 반공법은 5·16군사정권의 반공주의를 실행하는 강력한 수단이 되었다.[6]

'5·16군사정변'은 즉각 북한에 영향을 주어 남북관계는 새로운 국면으로 접어든다. 북한은 박정희 군사정권의 집권을 미국이 남한을 앞세워 북한을 군사적으로 압박하려는 기도로 판단하고 적극적인 군사대항체제를 구축한다. 북한은 남한의 군사정변을 심각한 군사적 위협으로 간주하고 두 달 후인 7월 소련 및 중국의 군사적 도움을 요청하였다. 1954년 체결된 '한미상호방위조약'을 주시하던 북한은 5·16군사정변에 의한 남한의 군사정권 등장을 심각한 군사적 도전과 위협으로 인식하여 소련 및 중국과 일종의 방위조약을 체결하기에 이른다. 1961년 7월 6일 김일성은 소련을 방문하여 소련과 '조·소(朝蘇) 우호협력 및 상호원조에 관한 조약'을 체결하는 한편, 11일에는 중국을 방문하여 중국과 '중·조(中朝)우호협조 및 상호원조에 관한 조약'을 체결했다. 한국전쟁 후 체결된 '한미상호방위조약'에도 불구하고 중국이나 소련과 군사동맹 문제를 논의하지 않던 북한이 5·16군사정변 직후 중국 및 소련과 정치군사동맹 조약을 체결한 것은 남한에서 발생한 군사정변을 심각한 위협으로 인식했다는 반증이 된다. 이 조약은 일방이 폐기 의사를 표시하지 않는 한 5년마다 자동으로 연장되도록 되어 현재까지도 유지되고 있다.

북한의 이러한 군사적 위기의식은 1961년 9월에 개최된 조선노동당 4차대회에서 김일성과 함께 무장투쟁을 했던 이른바 빨치산 군부세력이 대거 정치전면에 나서는 계기를 제공하였다. 1961년 9월 18일 소집된 당 중앙위원회의 새로 충원된 위원들과 선출된 간부들의 비중이 기존 30%에서 80%로 늘어난 것만 보아도 알 수 있다(전현준 1992, 34-42). 남한의

6 이 반공법은 1980년 12월 31일 신군부 세력이 주도한 국가보위입법회의에서 폐지되고 그 내용의 일부는 국가보안법으로 통합되었다.

군사정권에 대항하는 강력한 정치체제를 구축하려면 북한에서도 군사 경험을 가진 사람들이 정치일선에 나서야 한다는 논리를 동원했을 것이다. 김일성과 함께 항일운동을 전개했던 빨치산 그룹은 해방과 함께 북한에 들어온 이후 정치전면에 나서지 않고 정보 분야와 보안조직을 장악하며 몸을 낮추고 있었다. 그러던 중 남한에서 5·16군사정변이 발생하자 빨치산 세력들은 최고인민회의 대의원으로, 당과 정부의 각 기관으로 진출한 것이다. 이렇게 하여 남한 군사정권에 대항하는 또 다른 '군사정권'이 북한에 구축되었다(김병로 2013, 229).

남한에 1961년 군사정부가 들어선 시기와 맞물려 북한에서도 김일성 빨치산 '군사정권'이 들어섰다는 점은 매우 흥미롭다. 정치·군사 영역에서 남북 간 분단효과가 작용한 셈이다. 북한의 '군사정권'은 1960년대 후반 남한과 미국에 대해 공세적 무력도발을 감행함으로써 한반도의 안보불안을 심각하게 고조시켰다. 또한 남북한 군사정권 모두 1960년대 후반 권위주의 체제로 이행하여 1970년대 초 유신체제와 유일체제를 구축하는 결과를 낳았다. 이런 점에서 1960년대 형성된 남북한 군사정부는 냉전기 남북관계를 이해하는 핵심고리라 할 수 있다.

2. '선건설 후통일'

5·16군사정변에 의해 들어선 박정희 군사정권은 '경제개발 5개년계획'을 추진하였다. '군사혁명'의 명분을 '반공'과 '경제발전'에 두었던 박정

희 정부에 있어 경제개발은 정권의 사활적 문제였다. 이른바 '선건설 후통일'로 대변되는 경제건설 우선 추진은 박정희 정부가 추구한 국가운영 방향이었다. "통일의 길은 경제건설과 민주역량의 배양으로 우리의 경제, 우리의 민주주의가 북한으로 넘쳐흐를 때 그것이 곧 통일이다"라는 연설이 '선건설 후통일' 정책을 그대로 표현해 준다(국토통일원 1985, 453; 양영식 1997, 152). 사실 박정희 정부의 '선건설 후통일' 정책은 이전 장면 정부가 이미 추진해왔던 정책을 계승한 것이었다. 장면 정부는 이승만 정권의 무력북진통일을 폐기하고 유엔감시 하 남북한 자유총선거 통일방안을 고수하며 '선건설 후통일'을 주장하였다. 장면 정부는 "먼저 국민을 노예화하고 물질적 결핍 속에서 신음케 하는 공산세력을 능히 제압할 수 있는 주체적 역량이 확립되어야"하며, "따라서 현실적으로는 모든 여건이 단시일 내에는 통일의 가능성이 뚜렷하지 못한 만큼 우선 건설이 선행될 수밖에 없다"고 설파하였다(《서울신문》, 1961.2.24.).

'선건설 후통일' 의지는 김일성과의 경쟁에서 이겨야 한다는 박정희의 개인적 신념에서도 연유한다. 박정희의 개인적 경험 속에서도 김일성의 존재는 강력한 경쟁자였다. 일제식민지 시기 만주군관학교를 졸업한 박정희는 당시 중국의 동북지역에서 활동하던 김일성에 대해 익히 들어왔었고 공산주의자 토벌에도 참여하여 박정희와 김일성은 적이자 경쟁자로 인식하였다.

이처럼 국민들의 요구가 우선 경제발전에 있는 상황에서 박정희 정부는 정권의 정당성을 확보하고 자신의 물적 기반을 강화하고자 정부주도의 자본주의를 발전시켜 나갔다(김인걸 1998, 297). 그 결과 제1차 경제개발계획이 마무리된 1966년 국민총생산(GNP)은 연간 8.5%의 높은 성장률을 달성하였으며 1인당 GNP는 122.5달러로 1960년에 비해 40.8% 증가하였다. 그리고 제2차 경제개발 5개년계획 기간(1967–1971년) 동안 식량자급, 수출증대, 철강·화학공업의 기계화에 주력하여 연평균 9.6%의 경제성장을 이룩하였고 1인당 GNP는 1962년 239달러에서 437달러로 2배 이상 증가하였다(김성환·김정원 1984, 282–285).

경제개발5개년계획의 아이디어는 박정희 군사정권이 독창적으로 추진한 것은 아니었고 워낙 장면 과도내각이 세워놓았으나 집행하지 못한 경제개발계획을 새로 들어선 군사정권이 활용한 것이었다. 경제개발5개년계획의 아이디어가 어디에서 연유한 것인지 단정하기는 쉽지 않다. 박정희 정권의 장기계획이 일본으로부터 영향을 받았다는 부분에 대해서는 뒤에서 다시 설명하겠으나 일본의 경우 1956년 '경제자립5개년계획'을 추진한 바 있다. 5개년계획의 원조는 스탈린의 제1차 5개년계획(1928–1932)으로까지 거슬러 올라간다. 북한은 소련식 사회주의 발전모델을 이식하여 분단초기인 1947년부터 경제계획을 수립하였다. 전쟁이후에는 3개년계획(1954–56)을 추진했고 1957년부터는 5개년계획(1957–61)을 수립했으며, 계획보다 1년을 앞당겨 목표를 달성한 북한은 1960–67년 제1차 7개년계획이라는 장기목표를 수립하였다.

남한이 지속적인 '5계년계획'을 추진한 것은 일본의 영향을 받은 것인지, 북한의 영향을 받은 것인지 확실하지 않지만, 북한과의 체제경쟁을 하던 당시의 상황에서 경제개발에 대한 시급성만큼은 북한에 의해 자극을 받았을 가능성이 크다. 전후 천리마운동으로 급성장한 북한의 경제를 따라잡고 앞서기 위해서는 북한보다 더 빨리 경제성장을 이룩해야 한다는 조급함이 없었을 리 없다. 적어도 북한 쪽에서는 남한의 경제개발계획이 북한을 모방한 것으로 이해하였다. 김일성은 1961년 9월 4차당대회에서 남한이 북한을 모방하여 '경제개발 5개년계획'을 추진하려하고 있지만 이는 무모한 발상이라고 일축한다(김일성 1961, 631). 당시 남북관계의 상황은 비밀리에 상호 접촉이 진행되기도 하던 때여서 북한의 경제성장 관련 정보를 접할 수 있었을 것이다. 대표적 예로 박정희 전 대통령의 형인 박상희의 '절친'이자 박 전 대통령의 '멘토'로 알려진 황태성이 북한에서 밀사로 내려와 비밀리에 접촉을 하던 시기였다. 1961년 8월부터 서해 용매도와 황해도 해주에서 10여 차례 남북한 비밀정치회담이 있었다는 사실도 당시 육군첩보부대장 이철희의 발언을 통해 확인되기도 했다(《조선일보》 1992.6.21.). 황태성으로부터 공화당 창당 아이디어를 얻었다는 평가도 있다(김정원, 1975). 황태성의 행적을 비밀에 부쳤던 남한정부는 비밀이 폭로되면서 이를 더 이상 감출 수 없었고 여순반란 사건 이후 줄곧 공산주의자라는 의심을 받던 박정희 전 대통령은 이러한 오해를 풀기 위해 황태성을 전격적으로 사형에 처하기도 하였다. 이러한 정황으로 볼 때 국가 리더십 차원에서 남북한은 상대방에 대한 상당한 정보와 지식을 갖고 그에 대응하는 정책을 전개했던 것으로 판단된다.

3. 무력도발과 안보위험 고조

1961년 9월에 구축된 북한의 빨치산 군사정권은 북한을 군사 중심

체제로 완전히 바꾸었다. 1962년 12월 당중앙위원회 제4기 5차 전원회의에서 '4대군사노선'을 천명하고 전시대비 체제를 다시 강화하였다. 북한이 전시대비 체제를 강화하게 된 배경에는 1962년 10월에 발생한 쿠바 미사일 위기와 미소 간의 군사적 대립 격화가 어느 정도 작용한 것으로 볼 수 있지만, 이 상황을 해석하고 이끌어간 주체세력이 누군가 하는 부분이 더 중요하다. 국제정세나 한반도 정세를 안보 중심적으로 해석하고 국가운영제도를 군사체제로 바꾸어 놓은 주체는 바로 4차 당 대회 이후 등장한 빨치산 군부세력이었다. 새로 충원된 빨치산 '군부세력'은 국방에서의 자위 원칙을 천명하고 이를 실현하기 위한 군사전략으로 전민의 무장화, 전국토의 요새화, 전군의 간부화, 장비의 현대화라는 4대 군사노선을 제시하였다.

이 시기 북한의 군사력 증강과 대남 무력혁명의 전개는 매우 실제적인 것이었다. 이는 북한의 국가예산에서 국방비가 차지하는 비율이 5~10% 수준에서 1960년대 후반 30%로 대폭 증가한 데서도 여실히 드러난다. 1960년대 초반 1~3%에 불과하던 국방비 예산이 1964년부터 5.8%, 8.0%, 10.0%로 늘어나더니 1967년에 30.4%로 대폭 상승하였다. 그 후 1967–1971년에 국방비가 지속적으로 30% 이상 차지하였다(김진환 2009, 155). 1972년부터는 다시 10%대로 내려 왔고 그 후 현재까지 10%대를 유지하고 있다. 북한에 등장한 '군사정권'은 4대군사노선과 경제–국방 병진노선에 따라 본격적인 군사력 증강을 추진하였다.

북한의 이러한 군사적 움직임은 박정희 군사정부로 하여금 더 적극적인 대결과 대립 체제를 유지하도록 만들었다. 북한의 각종 군사적 도발이 이 시기에 집중적으로 발생한 것은 우연이 아니다. 1960년대에 남북 간에 물리적, 군사적 공격과 살상이 광범위하게 진행되었던 이유는 남북한에 실질적인 군사정부가 들어서면서 본격적인 체제경쟁이 시작되었기 때문이었다. 경제성장을 바탕으로 국가건설을 추구하는 자본주의/사회주의 체제경쟁이 시작된 것이다. 남북 간에 물리적 공격과 살상은 바로 북한이 군사비를 증강하던 1960년대 후반에 가장 치열하게 진행되었다. 1960년대부터 북한은 무장공비들을 침투시키기 시작하여 1967년에는 상당수의 무장간첩이 남한을 침투하여 경찰과 교전을 벌였다. 1967년 6월에만 전국 7곳에 3~8명이 조를 이룬 다수의 무장간첩이 경찰과 교전을 벌여 19명이 사살되고 3명이 생포되었으며 이 과정에서 민간인을 포함한 11명이 사망하고 9명이 부상을 당하였다. 1967년에는 8월까지 연 3백 명이 넘는 무장간첩이 출몰하였다고 보도되기도 하였다.

이듬해인 1968년 1월 21일에는 북한의 특수 부대원 31명이 청와대를 기습하여 박정희 대통령을 암살하려 한 '청와대습격사건'이 발생했다. 총격전 끝에 김신조는 생포되고 나머지 인원은 사살된 사건으로 북한에 의해 자행된 중대한 군사적 도발이었다. 청와대 습격사건 이후로도 남파되는 무장간첩의 수가 늘어났고 8월 21일에는 간첩선을 타고 서귀포에 침투하려던 무장간첩 14명이 사살되거나 생포되었다. 이러한 무장침투 사건은 1968년 1.21사건 이후 계속되어 그 해 8월까지만 해도 156명의 무장간첩이 사살되었다(《경향신문》 1968.8.30.). 그해 10월에는 최대 규모의 무력 침투사건인 '울진·삼척 무장공비 침투사건'이 발생했다. 1968년 10월 30일부터 11월 2일까지 3차례에 걸쳐 북한의 무장 공비 120명이 울진·삼척 지역에 침투하여 12월 28일 남한의 토벌대에 소탕되기까지 약 2개월간 게릴라전을 벌인 사건이다. 이는 한국전쟁 이후 최대 규모의 도발로, 침투한 무장공비 중 7명이 생포되고 113명이 사살되었으며, 남한도 민간인을 포함하여 40명이 넘게 사망하고 30명이 넘게 부상하는 등 피해를 입었다(임종일 1993, 87).

한편 미국에 대해서도 푸에블로호 나포사건, 정찰기 EC-121을 공격하는 도발적 사건들을 잇달아 감행하였다. 1968년 1월 23일 미국의 푸에블로호(USS Pueblo, AGER-2)가 북한에 나포되는 사건이 발생했다. 승무원 83명을 태우고 북한 해안 40km 거리의 동해상에서 업무를 수행하던 푸에블로호가 북한 초계정 4척과 미그기 2대의 위협을 받고 나포되어 1명이 사망하고 13명이 부상을 당한 사건이다. 미국은 1968년 12월 23일 북한 영해 침입과 첩보 행위를 인정하고 재발방지와 사과 문서에 서명하며 판문점을 통해 승무원 82명과 유해 1구를 돌려받았다(김성환·김정원 1984, 393). 이듬해인 1969년 4월 15일에는 미해군 전자정찰기 EC-121기가 북한 미그기 2대에 피격되어 추락한 사건이 발생하여 미군 31명이 사망하였다. 미국은 즉각 2개 항공모함 전투전단을 동해에 출동시키고 F-4 전폭기를 주한미군 기지에 긴급 배치하였다. 북한은 미국의 거듭된 핵공격 위협에도 불구하고 그 해 8월 17일 군사분계선 부근에서 미군 OH-23 헬리콥터를 격추, 미군 병사 세 명을 포로로 잡는 등 초강경 태도를 굽히지 않았다.

북한의 무력도발로 인한 안보위협은 1960년대 말에 고조되었으며 도발과 위협을 대하는 서로의 입장과 해석이 달라 악순환의 구조를 벗어나지 못하였다. 군사안보 대응체제에서 상대를 제압하려면 더 많은 병력과 화력을 유지해야 하고 군사력의 우위를 점유하기 위한 압박과 도발을 하게 된다. 이러한 대응구조 하에서는 어느 쪽이 먼저 도발했느냐를 따지기 쉽지 않다. 어느 일방이 도발을 행동으로 개시했지만 그 행동의 빌미를 제공한 드러나지 않는 도발도 있기 때문이다. 1960년대 군사적 도발은 주로 북한이 먼저 감행한 것으로 판단되지만, 북한은 푸에블로호사건 등 여러 사건을 미국이 전쟁을 일으키기 위해 긴장을 격화시킨 '계획적인 도발사건'으로 간주하여 이를 보복하기 위한 또 다른 도발을 감행하는 악순환이 이어진 경우도 있다(조선인권연구협회 2014, 74). 북한 '군사정권'의 이러한 상황인식과 군사모험주의 때문에 이 시기 남한의 안보는 심각한 위험에 처하였다.

4. 반공주의 동원제체

박정희 군사정부는 이승만 정부보다 더 조직적으로 '반공주의' 이념을 동원하였다. 5·16군사정변으로 정권을 잡은 박정희 군사정부는 '반공주의'를 군사정변의 목적 중 하나로 내걸고 공산주의에 동조하는 세력을 척결하기 위한 일련의 작업을 단행하였다. 그 중 대표적인 사례가 인민혁명당 사건이다. 박정희 군사정부는 정부에 반대하는 학생들의 시위가 거세지자 1964년 6월 비상계엄령을 선포하고 대대적인 검거령을 내렸다. 이런 상황에서 박정희 군사정부는 8월 14일 북한의 지령을 받아 국가변란을 기도했다는 명목으로 인민혁명당의 조직원을 체포하였다. 정치인과 언론인, 교수, 학생이 포함된 대규모 조직으로 "대한민국을 전복하라는 북한의 노선에 따라 각계각층의 인사들을 포섭, 당 조직을 확장하려다가 발각되어 체포"되었다고 발표했다(두산백과, 2016). 1974년 4월에도 또 다시 인민혁명당을 민청학련사건의 배후로 지목하며 간첩사건을 조작하는 사태가 발생했다. 2007년과 2008년 사법부의 재심에서 관련자 전원에게 무죄가 선고된 데서 볼 수 있듯이 당시 반공주의와 긴장된 분위기를 조성하기 위해 간첩사건으로 몰아갔다.

북한의 무력도발이 점증하던 1960년대 후반에는 보다 적극적이고 조직적으로 국민들을 동원하였다. 1968년 12월 9일 울진·삼척 해안으로 침투한 무장공비들의 만행을 반공주의 강화사업에 적극 동원하였다. "나는 공산당이 싫어요"라고 소리치며 저항했다는 현장발 기사가 특종기사로 보도되었고 이승복의 이야기는 1969년 국정교과서 '바른생활'에 실릴 정도였다. 정부가 이 시기에 국민들을 반공주의로 적극 동원한 목적은 정치적으로 약화된 박정희 정권을 유지하는데 유리한 분위기를 조성하려는 것이었다. 1968년 12월 사상체계의 동원을 의미하는 「국민교육헌장」도 선포되었다. 국민교육헌장에 반공주의가 직접적으로 표방된 것은 아니나 국민과 국가의 정체성을 명확히 함으로써 내부통합을 증진하고자 하였다. 북한 공산주의에 대항하는 진화된 국민동원 기제였다. 또한 1969년 이수근 간첩사건과 같은 사건을 만들어 공산주의 침투에 대한 경각심을 높이고 반정부 세력을 압박하는 동원정책을 전개하였다.

1968년에는 1·21 청와대 기습과 미국 푸에블로 호 납치 사건, 울진·삼척 무장공비 침투 등 북한의 무력도발이 이어지면서 남한은 이에 대응한 군사전략을 강화하였다. 1968년 4월 1일 250만 규모로 지역을 방위하기 위한 향토예비군을 창설하였으며 5월 29일 '향토예비군설치법'(법률 2017호)을 공포·시행하였다. 또한 북한의 군사적 공세에 보다 적극적으로 대응하기 위해 1968년 10월 정예 장교 육성을 목적으로 하는 육군3사관학교를 창설하였다. 뿐만 아니라 보다 직접적으로 북한의 청와대 습격사건에 대한 보복 및 대응 차원에서 더 공세적인 대북침투활동을 시작했다. 육군에 선갑도 부대, 해병대에 MIU, 공군에 684부대(실미도 부대) 등을 창설하는 등 육해공군에 특수부대를 증편하였다. 또한 '북파공작원'으로 불리는 특수요원들을 양성하여 대북 침투활동을 전개하였다. 증언에 따르면 북파 공작원 임무는 주요 관공서나 군부대에 잠입해 비밀문서를 빼오거나 요인을 납치해 오는 고급 공작과 휴전선 부근을 넘나들며 북한군을 교란하거나 북한군의 장비를 획득해 오는 일반공작으로 구분된다. 한 공작원의 증언에 의하면 1968년 6월 최초 북파, 사진촬영, 인민군 탄약고와 유류탱크 폭발, 옥수수 수거작업장에 부비트랩을 설치해 인민군 살해, 대남방송을 하는 인민군 스피커에 유탄발사, 인민군 내무반 폭파 같은 공작을 벌였다(조성곤 1999; 이정훈 2001; 김진환 2009, 153).

이처럼 1960년대 남북한은 군사정권이 들어섬으로써 군사적 대립과 충돌을 겪는다. 특히 군사정권의 성격을 지닌 북한으로부터 심각한 군사적 도발에 직면하였다. 남한의 군사적 변화에 대한 북한의 민감한 대응은 남북한 분단체제에서 자연스럽게 나오는 반응일 것이다. 남북으로 갈라져 대립하는 분단체제는 정권의 형태나 정책 산출에서 그 사회 내부 정치적 동인보다는 분단 상대의 움직임과 상황에 크게 영향을 받는다. 상호 대항적인 북한정권도 내부의 구조적인 요인 못지않게 남한체제와의 대결의 결과로 변화를 자초한 측면이 있다. 이러한 측면에서 북한사회체제 구축 과정을 남한 내부에서 발생하는 정치사회 변동에 적극적으로 대처하기 위한 과정으로 파악하는 작업은 대단히 유용하다. 남북한의 사회체제가 상호 간에 경계심과 경쟁심을 유발시키고 그로 인해 상대방의 체제에 변화를 일으키는 분단효과가 이 시기 북한의 군사적 대응에서도 나타났기 때문이다.

5. 일본·중국의 개입과 아시아적 발전모델

1960년대 한국의 발전에서 흥미로운 변화는 일본과의 협력이 시작되었다는 점이다. 일본으로부터 36년 식민통치의 치욕적 역사를 경험한 한국은 일본과의 협력이 쉬운 일은 아니었다. 일본에 대한 국민적 감정이 좋지 않은 터여서 일본과 정치외교적 관계를 개선한다는 것이 여간 어려운 일이 아니었다.

그러나 한국전쟁이 발발하자 일본은 한반도에 관여할 기회가 생겨났다. 일본은 전쟁이 시작된 지 6주 후인 1950년 8월 19일 한국전쟁에 대한 입장을 발표한다. 미국은 아시아에서 중국의 역할을 기대하였으나 중국이 공산화됨으로써 일본의 협력이 필요하였으며, 1950년 10월, 중공군의 개입으로 전황이 악화되면서 일본의 도움을 절대적으로 필요로 하였다. 한국이 일본의 협력을 바라지 않았기 때문에 일본이 직접적으로 개입하지는 않았으나 미일 간의 협력채널을 활용하여 유엔군을 지원한다는 명분으로 한국전쟁에 간접적으로 개입하였다(이종판, 2007). 일본의 유엔군에 대한 협력은 미군의 한국전쟁 대응과 전쟁지속에 커다란 역할을 하였다. 일본은 미국에 의존하는 안보, 경제부흥, 정치권의 강화, 이데올로기 해결 등 국내문제를 해결하는 천우의 기회로 한국전쟁을 활용하였다. 전쟁이라는 위태로운 시기여서 일본이 개입할 수 있는 공간이 생겨난 것이다.

1950년대 중반이후 냉전이 군사적 대치에서 정치경제전쟁으로 전환됨에 따라 지역통합전략의 완성과 지역의 중심축으로서 일본의 역할 강화를 시급한 문제로 인식하게 되었다(김인걸 1998, 272). 이러한 배경에서 미국은 1960년대에 들어 새로운 동아시아 전략의 일환으로 한일 간의 국교정상화 문제를 강력히 제기하고 나섰다. 당시 박정희 군사정부는 미국의 원조가 대폭 삭감된 상황에서 경제개발계획에 따른 대규모 투자재원의 확보가 필요했다(김삼웅 1994, 163). 1961년 10월 20일 제6차 한일회담이 재개되었고 합의사항을 둘러싼 한일 양국의 이견과 양국 내의 강렬한 반대투쟁이 있었으나 1965년 6월 22일 '한일기본조약'을 체결하게 되었다. 이로서 한·미일은 중국과 소련, 북한을 저지하는 대공산 삼각동맹을 완성하였다.

한일기본조약을 체결한 박정희 정권은 일본으로부터의 식민지 배상금을 경제협력자금 형식으로 받기 위해 1966년 '외자도입법'을 제정하였다. 명분은 "경제의 자립과 그 건전한 발전 및 국제수지의 개선에 기여하는 외자를 효과적으로 유치·보호하고 이들 외자를 적절히 활용·관리함을 목적"으로 하였으나, 실제로는 일본의 식민지 배상금을 받기 위한 것이었다. '외자도입법'은 외국자본에 대한 파격적인 특혜를 포함하였다. 소득세, 법인세, 부동산 건물 취득세, 재산세, 배당소득, 기술사용료에 대해 최초 5년간 전액을 면제해주고 그 다음 3년 동안에는 반액을 면제

해주었다. 관세, 물품세 등 수출입세도 면제 대상이었고 재투자 및 타 사업 출자 허용, 출입국 편의도모, 토지취득 우선권 부여, 공장부지 확보 등 각종 특혜조치도 포함되어 있었다. 1970년에는 '외국인 투자기업체의 노동조합 및 노동쟁의 조정에 관한 임시특례법'도 제정하여 일본기업의 한국진출을 적극 지원하였다.

미국과 소련의 서구모델이 남북한에 이식되었으나 1960년대를 거치면서 남북한은 일본과 중국의 발전전략에 영향을 받는 '아시아적 발전모델'로 전환된다. 그 배경에는 한국전쟁을 계기로 일본과 중국이 한반도에 들어오게 되고 남북한과 긴밀한 교류를 시작하는 역사적 맥락이 있다.

북한에 대한 중국의 개입은 보다 직접적이었다. 중국의 모택동은 1950년 10월 6·25전쟁에 참전하기 전부터 김일성·스탈린과 함께 전쟁 개전 과정에 개입했으며 병력을 지원했다. 또한 중국은 1950년 10월 전쟁 참여 후부터 1953년 7월 휴전에 이르기 까지 6·25전쟁의 전개과정과 종결에 결정적인 영향을 끼쳤다. 한국전쟁에 참전한 중국인민지원군의 규모는 정확하게 파악하지 못하고 있으나 연인원 60만 명이상으로 추정한다. 30만 명씩 3교대로 전투에 투입하여 연인원 100만 명에 이른다는 주장도 있다. 휴전이후 중국군대의 일부는 철수했으나 일부군대는 1958년까지 북한에 주둔하였다. 이 중 중국 조선족들의 역할이 매우 컸다. 1950년 6월 25일 한국전쟁이 발발하자 중국조선족들은 '항미원조 보가위국'(抗美援朝 保家衛國)의 기치아래 적극적으로 전쟁에 참가하였다. 또한 하얼빈시를 비롯한 흑룡강성, 그리고 연변의 조선족은 한국전쟁을 위해 당시의 화폐가격으로 3억5천7백만 위안과 97억 9천만 위안을 각각 헌납하기도 했다(김병호·오상순 2001, 76-77). 결과적으로 국공내전 과정에서 중공계열로 참군한 조선족 병사 6만 3천 명 중 전사한 3천5백 명과 중상자를 제외한 거의 대부분이 북한에 들어와 한국전쟁에 참전하였다. 특히 국공내전에 참가한 조선인민해방군 출신의 병사들은 1949-1950년에 걸쳐 집중적으로 부대단위로 입북하여 조선인민군의 핵심전력을 구성한 것으로 나타났다(조한범 2006, 249).

일본과 중국이 남북한의 발전모델 형성에 영향을 미친 보다 직접적인 동인은 박정희와 김일성의 개인적 배경과 관련이 있을 것이다. 박정희는 일본군이 운영하던 장춘의 만주군관학교(신경군관학교 2기생) 출신으로 일본과의 관계가 깊다. 일본이 1931년 9월 만주사변을 일으킨 후 만주국을 건설하고 장교양성을 위한 사관학교를 설립·운영하였는데 박정희는 그 사관학교 졸업생이다. 당연히 일본어와 일본문화에 익숙한 사람이라 할 수 있다.[7] 그러한 배경 때문에 집권이후 한일협정(1965년)과 외자도입법(1966년)을 추진하고 일본의 발전모델을 차용하는 발전전략을 채택하였다.

한국이 미국의 발전모델이 아닌 일본의 발전모델을 따라하게 된 데는 식민통치 경험이라는 역사적·구조적 측면도 작용하였다. 식민통치의 경험을 갖고 있던 많은 관료들이 일본어에 익숙한데다 메이지유신의 경제부흥을 익히 알고 있던 터여서 일본의 발전전략에 대해 더 호감을 갖고 있었다. 무엇보다 한국전쟁을 계기로 일본이 한반도에 다시 들어올 수 있게 된 것이 결정적인 계기가 되었다. 남한이 미국식 발전전략을 도

7 http://blog.ohmynews.com/jeongwh59/261159

입했으나 1960년대에 일본의 발전모델을 모방하는 전략을 추진함으로써 일본의 영향을 받았다.

사실, 이승만 정권 말기에 발전전략을 두고 상당한 갈등과 의견대립이 있었다. 미국의 수입대체산업화 요구에 한국은 수출수도형산업화 선호하였다. 일본의 근대화와 경제발전에 대한 경험을 잘 알고 있었던 터였고 식민지 과거청산이 이루어지지 않아 관료의 대부분이 일본어에도 익숙하여 일본식 발전전략을 선호하였다. 이러한 발전전략에 대한 의견차이가 이승만 정부와 미국 행정부 간에 발생하였다. 이승만 정부 내 강경파와 온건파의 발전전략의 차이가 바로 여기에서 생겨난 것이다(박종철 2008). 발전전략의 견해 차이로 갈등이 형성된 상황에서 한국전쟁을 계기로 한반도에 개입을 재개한 일본의 영향력이 커졌다.

남한은 자본주의 세계체제에 편입되어 선진공업국, 특히 일본을 추격하는 것을 발전의 최대 모토로 추진하였다(Kang 1989). 발전의 모체인 일본을 따라잡기 위해서 자본과 기술을 그대로 도입하여 복제·조립 등의 모방 기술로 그들보다 효율적으로 상품을 생산해내야 했다. "더 빨리, 더 값싸게"라는 슬로건을 내세웠다. '더 빨리' 생산하기 위해서는 공격적이고 비계획적인 작업방식을 추구할 수밖에 없었고 이는 한국인들의 두리뭉실 넘어가는 소위 '괜찮아요' 사고방식과 '일단 시작하고 어떻게 돌아가는가 보자'라는 주먹구구식의 공격적인 작업정신에 의해 강화되었다(Kang 1989, 12-23). 따라서 남한의 산업화는 미국 속의 일본화, 반공, 빨리빨리, 근대주의(자본주의), 성과주의, 물량주의 등으로 특징지을 수 있다. 일본을 추격하여 무조건 빨리 발전해야 한다는 모방발전을 추구한 결과 남한에는 철저한 계획 및 원칙 보다는 결과중심주의, 업적 중심주의의 문화풍토가 조성되었다. '추격모델'의 경제성장을 추진하는 과정에서 창조적 사고가 결여되었으며, 절차와 과정을 소홀히 함으로써 사회는 규범적 아노미 상태로 전락하였다. 이러한 사회병리현상은 1980년대 중반 이후 증폭되어 빈부격차, 과소비, 향락산업 비대, 사회무질서 등이 만연하게 되었으며 최근 들어 각종 부정부패, 비윤리적 범죄행위 등 사회적 병폐를 낳는 결과를 초래하였다.

비슷한 현상은 북한 쪽에서도 벌어졌다. 중국 인민군이 한국전쟁에 개입함으로써 중국과의 접촉면이 확대되었다. 중국은 1958년부터 노동력을 집중적으로 동원하여 산업화를 추진하는 대약진운동을 전개하였다. 마오쩌둥은 인민공사를 창설하고 철강산업과 같은 노동력 집중산업을 독려하는 대중적 생산증산운동을 전개하였다. 중국 내부적으로는 영국과 미국을 따라잡는다는 목표를 설정하고 원대한 경제부흥을 기대하였으나 농촌인구의 과도한 유출 등으로 큰 성과는 거두지 못하였다. 북한의 천리마운동이 중국의 대약진운동을 모방한 것인지, 아니면 중국이 북한의 정책을 모방한 것인지에 대한 논란은 여전히 있으나 북한이 중국의 대약진운동과 유사한 천리마운동을 대대적으로 전개했다는 점은 중국의 발전모델과 상통하는 측면이 있다. 북한이 소련과 같은 중공업 우선 정책을 채택하면서도 '농업-경공업 동시발전'을 구호로 내걸었던 데는 중국의 영향이라 할 수 있다(김병로 1992, 213-234).

북한이 전쟁 이후 중국의 영향을 받은 데는 김일성의 개인적 배경에 기인하는 측면도 있다. 김일성은 초등학교 시절 중국에서 몇 년을 보낸 적이 있고 중학교 때에는 길림에서 거주하였으며 1940년 연해주로 건너가기 전까지 주로 중국에서 독립운동을 전개하였다. 이러한 배경 때문에 김일성은 대화가 가능할 정도로 중국어에 익숙했으며 자유로운 의사소통을 기반으로 중국과 긴밀한 접촉을 유지하였다. 1955년 12월 김일성이 '주체'에 대해 처음 언급할 당시에도 소련의 방식을 그대로 모방하는 행태에 대해 비판하며 중국의 '정풍운동'이나 '5.4학생운동' 등을 본받아야 한다는 점을 강조하기도 하였다(김일성 1960, 325, 346). 이러한 여러 정황들 때문에 김일성은 소련보다는 중국의 발전에 더 관심을 갖게 되었다.

결국 분단초기 미국과 소련의 모델을 이식했던 남한과 북한은 한국전쟁을 계기로 한반도에 세력을 확장한 일본 및 중국의 영향을 결정적으로 받게 된다. 1960년대남한은 한일협정을 통해 일본과의 관계개선을 하고 식민지 배상금을 활용하면서 일본의 발전모델을 모방하는 정책변화를 추구하였다. 마찬가지로 북한도 소련모델 일변도에서 탈피하여 중국의 발전전략을 수용하는 변화와 탈바꿈이 있었다. 미국과 소련의 서구발전모델로 출발한 남북한이 한국전쟁을 통해 일본·중국과 접촉하고 1960년대를 거치면서 일본과 중국의 발전경험을 흡수해 새로운 발전전략을 추구했다는 점에서 남북한의 발전모델은 이 시기에 서구식 모델로부터 아시아 발전모델로 전환되었다고 볼 수 있다.

IV. 남북대화의 시작과 발전전략의 접변 (1972–1987)

1. 한반도 버전의 데탕트와 7·4남북공동성명

박정희 대통령은 1970년 8월 15일 광복절 경축사를 통해 한반도에 항구적인 평화를 구축하고 이를 바탕으로 조국의 평화통일 기반을 쌓아 올리기 위한 '평화통일 구상'을 내외에 선언하며 남북 간 선의의 경쟁을 촉구하였다. 그 배경에는 1969년 1월 등장한 미국의 닉슨 행정부가 그해 7월 25일 괌에서 발표한 이른바 '닉슨독트린'(Nixon Doctrine)이 있었다. 닉슨독트린은 미국이 동맹국들에 대해 핵우산 및 군사·경제 원조를 제공하지만, 핵공격 외의 방위는 당사국이 책임을 지도록 하였다. 닉슨행정부는 이러한 기조에 따라 1972년 2월 중국의 마오쩌둥(毛澤東)과

5월에는 소련의 브레즈네프(Leonid Brezhnev)와 각각 정상회담을 진행하였다. 한국의 안보는 한국이 독자적으로 책임을 져야한다는 닉슨독트린과 국제적 데탕트 분위기 속에서 한국도 보다 적극적으로 북한과의 관계를 개선할 필요가 생겨났다. 한반도 버전의 데탕트 무드가 조성된 것이다.

'8·15선언'에 따라 1971년 8월 12일 대한적십자사는 북한적십자사에 인도적 차원의 남북적십자회담을 제의했고 8월 14일 북한이 수락함으로써 본격적인 남북대화가 시작되었다. 분단 이후 남북한이 처음으로 대화의 기회를 갖게 된 것이다. 1954년 제네바 정치회담과 1963년 스위스 로잔과 홍콩에서 체육인 접촉이 있었지만 별 성과를 거두지 못했다. 서로의 체제를 적대시하던 냉전시기여서 남북 간에 진지한 대화나 접촉을 갖지 못하였다. 그러나 1971년의 접촉은 미중, 미소 간 화해를 계기로 형성된 데탕트 무드를 타고 남북한이 분단 후 최초로 적십자 간 접촉을 진행하였나. 박정희 대통령은 남북대화를 인도적 차원에 국한시킬 것이 아니라 정치적 차원에서도 추진할 필요가 있다는 판단 아래 1972년 5월 2일 이후락 중앙정보부장을 비밀리에 평양에 파견하여 김일성, 김영주 등과 일련의 회담을 갖게 하였으며, 그 결과 '7·4남북공동성명'이 발표되었다(통일부 1999, 108).

1972년 7월 4일의 '7·4남북공동성명'은 남북관계의 역사에서 전환점을 이룬다. 분단이후 처음으로 남북한이 대화를 시작함으로써 관계가 개선된 것이다. 대결에서 대화로 전환되었고 잠시나마 안보위기가 감소하였다. 남북한은 '조국통일원칙'에 합의하면서 한반도 긴장완화와 화해를 주도하였다. '7·4남북공동성명'에서 천명한 '통일3원칙'은 자주, 평화,

민족대단결로 그 내용은 다음과 같다. 첫째, 통일은 외세에 의존하거나 외세의 간섭을 받음이 없이 자주적으로 해결하여야 한다. 둘째, 통일은 서로 상대방을 반대하는 무력행사에 의거하지 않고 평화적 방법으로 실현해야 한다. 셋째, 사상과 이념, 제도의 차이를 초월하여 우선 하나의 민족으로서 민족적 대단결을 도모하여야 한다. 전쟁과 무력대결로 갈등이 극에 달했던 당시의 상황으로서는 남북한이 '통일3원칙'을 천명하며 화해무드를 조성했다는 사실이 그야말로 획기적이며 역사적 의미가 큰 사건이었다. 2016년 현재까지도 남북한 모두 통일의 대원칙으로 간주하고 있을 만큼 그 중요성과 의미는 크다.

그러나 1973년 6월 23일 박정희 대통령이 발표한 '평화통일 외교정책'을 계기로 남북대화는 교착상태에 빠지게 된다. 북한이 박 대통령이 제의한 남북한 동시유엔가입을 한반도 분단을 영구화하는 조치라고 비난하며 반발했기 때문이다. 그러던 중 1976년 8월 18일 판문점에서 북한군인이 미군을 살해하는 중대한 사건이 발생했다. 이른바 '판문점도끼살인사건'으로 불리는 이 사건은 판문점 인근 공동경비구역(JSA) 내에서 미루나무 가지치기 작업을 감독하던 미군 장교 2명이 북한 군인의 도끼에 맞아 즉사한 사건이다. 미루나무 가지치기 작업 중단을 요구한 북한의 요구를 거부하고 계속작업을 지시한 미군을 북한 군인이 공격·살해하였다. 판문점 도끼 만행 사건, 8·18 도끼 만행 등으로 불리는 이 사건으로 남북 간에 군사적 긴장은 최고조로 높아졌으며 미국은 이에 대한 무력보복 계획을 수립하고 데프콘3을 발동하는 등 남한과 미국이 준전시체제에 돌입하였다. 이에 맞서 북한도 준전시체제인 폭풍1호를 발동하여 전군완전무장에 돌입하는 등 한반도의 무력충돌 가능성이 고조되었다. 전쟁 일촉즉발로 치닫던 이 사건은 북한이 유감을 표명하는 선에서 마무리 되어 더 이상의 무력충돌로 비화되지는 않았다.

2. 유신체제: 안보위기에 대한 정치군사적 대응

이러한 남북교류와 접촉을 통해 크게 두 가지 측면에서 변화가 생겨났다. 하나는 정치체제의 변화고 다른 하나는 경제발전 전략의 차용이다. 먼저 정치영역의 변화로 남북 모두에서 권위주의로의 변화가 초래되었다. 1972년 10월 17일 박정희 대통령은 "급변하는 국제정세와 남북관계, 그리고 국내정치상황"에 효과적이고 능동적으로 대처하기 위해서는 일대개혁이 필요하며 이를 위해 2개월간 헌법 일부의 효력을 중시시키는 비상조치가 필요하다는 내용을 골사로 하는 '대통령 특별선언'을 발표하였다. 유신체제의 서막이었다. 구체적인 실천사항으로 국회를 해산하고 정당 및 정치활동을 금지하며 비상국무회의가 헌법기능을 담당하도록 하였다. 결국 헌법이 정치되고 대통령과 비상국무회의가 모든 것을 장악하였다. 비상계엄령이 선포되었고 모든 정치집회는 금지되었다. 특별선언이 발표된 지 열흘만인 10월 27일 비상국무회의는 새로운 헌법개정안을 의결하였고 이 개정안은 11월 21일 국민투표에 부쳐졌으며 국민투표에서 91.1%의 투표율과 91%의 찬성으로 '유신헌법'이 탄생하였다. 이 유신헌법에 근거하여 박정희는 12월 23일 장충체육관에서 제8대 대통령으로 선출되었고 12월 27일 대통령 취임식과 더불어 유신체제라고 불리는 강력한 독재체제가 공식적으로 출범하였다(임영태 1998, 22).

보다 근원적으로 권위주의 체제로의 전환은 1960년대에 남북한에 들어선 군사정권에 기인한다. 남북한에 들어선 군사정권은 그 속성상 상명하복과 지휘관에 대한 절대복종 및 충성 등 군사적 통치방식을 선호한다. 지도자는 영원히 모셔야 할 '각하'와 '수령'이 된다. 군사정권 하에서 만들어진 자연스러운 현상일 것이다. 북한은 1967년부터 북한의 지도자를 '영원한 수령'으로 모시기 위한 유일사상체계 확립 작업에 들어갔다. 1967년에 시작된 유일사상체계 확립 작업은 1974년 2월에 종결된 것으로 선언한다. 수령에 절대적으로 충성해야 한다는 수령론이 확립되고 이를 실천하기 위한 지침으로 '10대원칙'이 선포된다. 당연한 논리의 귀결이겠지만 이 시기에 이론화된 수령론은 군부정권이 군사적 위기를 명분으로 일사불란한 통치체계를 합리화한 권위적 독재이론에 다름 아니다. 지도자와 국민과의 관계를 수령과 전사라는 군사적 상하관계로 환원하면서 북한의 지도력은 일사불란한 단일지도체제를 갖춘 지도자상, 즉 수령이어야 한다는 전투적인 리더십, 군사적 리더십이 자리를 잡게 되었다. 1960년대 후반과 1970년대 초에 독재 권위주의 체제로 전환된 이유는 바로 남북한에 들어선 군사정권의 속성 때문이라 할 수 있다.

남한의 유신체제가 북한의 유일체제와 같은 시기에 등장했다는 점은 매우 흥미롭다. 5·16군사정변으로 권력을 장악한 군사정권은 1960년대 말 북한의 무력도발과 1970년대 초 남북대화 상황을 활용하여 권위주의 체제를 구상하였다. 1972년 12월 27일 남북한은 같은 날 최고지도자의 권력을 대폭 강화하는 권위주의 체제로의 헌법 개정을 단행하였다. 이 시기에 남북한이 서로 어떤 방식으로 정보를 주고받았으며 이러한 동시적 변화가 어떻게 가능했는가는 정확히 알 길이 없으나, 양 정부가 고급정보를 바탕으로 서로 대응하고 학습하는 상호작용이 있었을 것이다. 남한의 유신헌법은 1972년 10월 17일 선포되어 11월 22일 국민투표로 확정된 후 12월 27일에 공포하였으며, 북한도 12월 27일 사회주의 헌법을 발표하였다. 앞에서 살펴보았듯이 1960년대 남북 간에 전개된 무력도발과 안보위기는 매우 실제적인 것으로 이에 대한 대응으로 강력한 체제의 필요성이 나오게 된 것이다. 북한의 군사정권은 1967년부터 국방비 지출을 대폭 늘리고 남한 내 사회주의 혁명을 적극화하며 실제적인 무력도발을 수차례 감행하는 위협을 가하였다. 1960년대 남북 간에 진행된 군사도발과 충돌은 매우 실제적인 것이었다. 군사정권은 자기 정권을 공고화할 필요가 있었고 그것은 대통령과 주석에 절대권력을 부여하는 헌법개정을 단행하는 결과로 나타났다.

한편, 1970년대 남한의 권위주의 체제 등장을 정치경제의 맥락에서 설명하기도 한다. 1970년대의 이러한 경제정책에서의 새로운 변화는 정치와 사회의 안정을 필요로 하였고 이것은 군사적인 이유 못지않게 남북한에서 권위주의적인 정부가 들어서게 되는 또 다른 이유를 제공해 준다는 설명이다. 남한에서는 외자의 도입으로 점점 더 상승하는 경제를 유지시키기 위해서 경공업에서 중공업으로의 전환을 모색하였고 이를 위해서 외자의 안정된 공급이 지속되어야 했다. 점점 심화되는 발전은 사회의 안정을 요구했고 이는 강력하고 권위주의적인 정부의 출현을 가능케 한 중요한 요소였다(한상진 1983, 9–36). 당시의 경험을 분석하는 많은 이론들이 경제발전이 더 진전되고 이를 더 심화하기 위해 정치적 안정이 필요하며 따라서 권위주의 정치체제가 요청되었다는 이른바 관료적 권위주의 이론 혹은 개발독재에 관한 논의를 진행하였다. 안정된 정치체제의 필요라는 측면에서 남북한은 충분히 공감대가 형성되었다.

1970년대 남한의 권위주의 체제를 남한만 떼어 놓고 보면 이처럼 경제발전 심화에 따른 정치권력의 변화라는 일반이론으로 설명할 수 있겠으나, 북한과의 비교시각에서 조명하면 보다 포괄적인 설명이 가능해진다. 1971년부터 시작된 남북적십자 회담과 남북조절위원회 등 남북접촉과 교류가 남한의 정치경제 변화에 새로운 변수로 떠올랐다. 미중 간 정치적 화해가 진행되고 데탕트 무드가 형성되자 남한은 그러한 분위기를 타고 1971년 8월 이산가족상봉 등 인도적 문제를 다루는 적십자회담을 북한에 제의하였다. 동시에 보다 정치적이고 포괄적인 남북문제를 다루기 위한 고위급회담을 비밀리에 추진하여 회담은 남북조절위원회와 적십자회담으로 진행되었다. 이러한 변화된 환경에서 상대체제에 대응하고 압도하기 위해서는 강력한 리더십이 요구되었다. 새마을 운동이라는 대중동원의 방법을 전개하기 위해서는 북한의 사회주의 정부와 같은 강력한 지도력이 필요하였다. 북한도 남한식의 외자도입정책을 채택하여 지속적 발전을 추구하였는데 폐쇄적인 북한사회에 외국의 자본과 기술이 도입되면서 서구의 자본주의 사상이 침투하는 것을 막아야 했고 그러기 위해서는 이전보다 더욱 강력한 지도력과 사회의 안정이 필요하였던 것이다.

보다 직접적인 동기는 북한의 경제가 한국전쟁 이후 빠른 속도로 성장했다는데 대한 초조감이었다. 북한은 1954년부터 인민경제 복구발전계획을 수립하였고 제1차 7개년계획이 끝난 1970년 공업생산은 1946년의 71배 이상 증대하였으며 공업성장률은 1957년 이후 연 19.1%에 달하였다. 특히 기계제작공업이 획기적으로 발전하여 1969년에는 기계설비의 국내자급률이 98.2%에 달하였다. 농촌의 경우에도 농업협동화를 통해 제도적 기반을 다졌고 1970년에는 수리체계가 확립되어 인민생활이 크게 개선되었다는 데 적지 않은 도전을 받았을 것이다. 북한의 이러한 경제발전수준을 따라 잡으려면 북한과 같은 사회주의 방식으로 국가가 강력히 주도하여 경제발전의 성과를 단기간 내에 보여주어야 한다는 조급함이 있었을 것이다.

유신체제로의 전환은 두 체제 간의 상호불신과 위협의식에서 연유된 분단효과의 대표적인 사례로 간주된다. 이러한 변화는 1960년대 남북한에 군사정권이 등장한 이후 지도자에 대한 충성을 보이기 위해 독재체제를 구상한 결과이다. 이 과정에서 남북한 상호 간 상대의 행동을 지켜본 뒤 그에 대응하는 차원에서 정책을 집행했다고 짐작되며 이러한 면에서 남북 간에 분단효과가 유감없이 발휘되었다고 할 수 있다.[8] 남북한이 상호교류 과정에서 상대의 체제를 경쟁적으로 모방하는 계기가 있었던 것으로 보인다.

---

8 이러한 예는 남북 상호 간에 매우 즉각적으로 나타난 분단효과들이나, 그 효과가 빠른 시일 안에 나오지 않는 경우도 있다. 1979년 10월 박정희 대통령이 서거하고 1980년 남한에서 전두환 신군부가 등장하던 시기에 북한에서는 김정일이 최고 지도자로 부상하였다. 북한은 남한의 정치변화를 지켜보면서 새로운 세대의 군사정권이 등장했다고 판단하고 김정일은 '새로운 세대'에서 후계자가 나와야 한다는 북한식 세대교체론을 명분으로 사용하였다. 1980년 10월 10일 6차당대회를 통해 차기 지도자로 주민들에게 공개되었다. 이 시기의 남북 간 상호작용 과정을 명확히 검증하기는 쉽지 않지만 상대적으로 안정된 정치구조를 유지하고 있던 북한이 광주사건과 남한의 정세변화를 지켜본 후 이에 대응하는 정치일정을 전개했을 것으로 짐작된다.

3. 새마을운동과 발전전략의 차용

1970년대는 남북한이 처음으로 왕래와 교류를 함으로써 상호 간 학습효과를 극대화하는 과정을 겪는다. 남북한은 1971–73년 기간 동안 분단 이후 처음으로 상호방문을 하였고 발전상과 현실을 눈으로 목격할 수 있었다. 이 시기의 남북교류를 통해 남한과 북한이 얼마나 많은 충격을 받았는가는 여러 대화와 기록을 통해 충분히 발견된다. 남한대표단이 평양을 방문할 당시 북한은 이미 농촌지역에 '문화주택'을 건설하여 농촌의 초가집이 대부분 서너 가족이 거주하는 공동주택으로 개조되었다. 북한대표단도 마찬가지로 서울에 와서 차량이 많은 사실에 대해 놀라움을 표시했다. 북한의 한 기자가 "전국의 차량을 서울로 수배해 올리느라 고생이 많았겠다"고 말을 건네자, 우리 측 대표단이 "여기 있는 건물들도 전국에서 모두 수배하여 올려놓았다"고 응수한 에피소드가 있다. 남북한의 접촉이 전무한 상태에서 처음으로 상대의 발전상을 직접 목격함으로써 상호 간 충격을 받았음을 짐작할 수 있다.

한국형 발전모델의 성공 요인 중 하나로 꼽히는 '새마을운동'은 바로 이 남북대화를 앞둔 시점에 시작되었다. 새마을운동은 1970년 4월 22일 박정희 대통령이 주재한 장관회의에서 농촌의 수재민들을 구제하고 농촌을 재건할 대책마련을 지시하면서 발기된 것으로 기록에 나타난다. 같은 해 5월 6일에는 새마을운동추진방안이 마련되었고 이후 전국적 사업으로 발전하였다. 10월 1일에는 새마을가꾸기사업이 추진되었다. 11월에는 전국에 3만 3,267개의 촌락에 시멘트 335포대씩 무상으로 나눠주면서 본격적으로 시작되었다. 농어촌의 환경정비 사업을 첫 단계로 지붕개량, 주택개량, 농토개량, 마을도로 확충, 하천정비, 전기화 사업 등에서 가시적인 성과를 거두었다. 1972년부터 주민지도자를 발굴하고 훈련시킴으로써 낙후한 주민들의 정신을 계도해 나갔다. 농어촌의 소득 증대를 위해 많은 노력을 기울였고 10대 구심사업을 중심으로 도시 새마을운동을 전개하였으며 여기에 전국적으로 720만 명이 동원되었다.

남한에서는 1960년대 선거당시 박정희가 도시지역에서는 참패하고 농촌에서 지지를 얻자 정치적 안정을 위해 농촌동원이 느꼈다. 헌팅톤(S. Huntington)은 이점에 주목하면서 국민의 대부분이 농민인 제3세계에서는 농촌부문을 동원하는 것이 정치적인 안정과 경제적인 발전을 동시에 달성하는 방법으로 정치가들에게 상당히 매력적인 발전의 방법이었다고 설명하였다(Huntington 1968, 433−446). 북한은 토지개혁과 농업협동화를 통해서 농업에서의 비약적인 발전을 이룩했을 뿐 아니라 농민의 동원으로 북한의 정치가 대중적 지지기반을 확보함으로써 정치적인 안정에도 효과를 가져왔다. 새마을운동은 농촌경제의 성장과 소득분배에 커다란 성과를 가져왔을 뿐아니라 농촌의 지지기반을 확보하는 소기의 정치적 목적도 달성하였다.

북한은 한국의 외자도입정책을 차용하고 한국은 북한의 대중동원방식의 경제전략을 차용했다. 북한이 1970년대 초 추진했던 서방국가들과의 교역확대와 기술도입은 1960년대 후반 남한이 공업국가로 발돋움하는데 사용했던 외자도입정책에 자극받은 바 크다(김병로 1992b, 194−207). 반대로 남한의 새마을운동은 북한의 천리마운동 및 중국의 대약진운동과 같이 주민들을 동원하는 대중동원 수단이었다. 새마을운동이 본격화된 시점을 특정할 수는 없으나 북한에서 50년대와 1960년대에 성공적으로 실행되었던 경제개발계획과 농업개발계획, 대중동원정책에 자극받았을 가능성이 높으며 특히 천리마운동에 자극을 받았을 가능성이 크다.

천리마운동은 북한이 1958년부터 본격적으로 추진한 사회주의 대중동원운동으로 북한의 대표적인 발전전략이다. 1956년 12월에 열린 당전원회의의 발의에 의해 시작된 이 운동은 1958년 9월 평양에서 열린 '전국생산혁신자대회'를 계기로 북한 전체근로자의 노력경쟁운동으로 본격화되었다. 이후 1959년 3월 강선제강소(현재 천리마제강연합기업소)의 진응원이라는 사람이 천리마작업반운동을 발기함으로써 공장뿐 아니라, 기업체·농장·학교 등 전 분야에서 노력경쟁운동 형태로 확산되었다. 북한의 초기발전 경험을 군사정보 차원에서 잘 인지하고 있던 박정희 정권은 북한의 초기발전에 혁혁한 기여를 한 천리마운동을 차용했을 가능성이 높다(Kim 1992, 123). 즉 전쟁 이후 1950년대와 60년대에 성공적으로 사회주의 발전전략을 추진해 온 북한의 경제개발계획과 집단농업정책, 대중동원 정책 등을 잘 알고 있었다. 이 시기에 남북한은 분단 이후 처음으로 상호방문을 통해 발전 상황을 목격할 수 있었으며 이에 큰 충격을 받고 상대를 추격하기 위한 대책을 수립하는데 심혈을 기울였던 것으로 보인다.

당시 남한은 농산물 가격을 낮은 수준으로 유지하여 사회안정을 유지하고자 '이중곡가제'를 실시하였다. 1961년 '농산물가격유지법'을 시행하고, 1968년부터 '이중곡가제'를 시행했으며, 1970년 이후 양곡관리 특별회계 운용을 통해 고미가 정책을 유지하였다. 이러한 이중곡가제는 북한이 당시 농민들에게 쌀을 60전에 사들여 8전에 공급했던 양곡수매 사업과 비슷한 것이었다. 이러한 현상을 보더라도 남한이 북한의 초기정책들을 충분히 인지하고 있었으며, 북한에 대응하고 북한을 따라잡기 위한 적극적인 차용정책을 추진했던 것으로 보인다. 5·16군사정변을 주도한 세력이 '군사혁명'을 앞세웠던 이유도 바로 이러한 북한 공산주의 정권의 경제성장과 발전을 보면서 상대적으로 무기력한 남한의 경제를 일으키고자 했던 것으로 보인다. 당시 '군사혁명위원회'의 성명은 "반공을 제1의 국시로 삼고 반공체제를 재정비하겠다"고 했으며 "민생고를 해결하고 자주경제 재건에 총력을 경주하며 공산주의와 대결할 수 있는 실력배양에 진력하겠다"고 선언했다. 이러한 발언들을 보면 박정희 정부는 북한 사회주의 발전성과에 대해 잘 알고 있었고 천리마운동과 그 성과에 대해서도 충분히 인지하고 있었던 것으로 짐작된다. 새마을운동과 천리마운동의 직접적 연관성에 대해서는 아직까지 관련자의 구술이나 문서자료로 나온 것은 없다. 그러나 분단이후 남북한은 지속적으로 상대에 대응하는 정책을 펴왔으며 당시의 정황으로 보면 새마을운동은 북한의 천리마운동과 사회주의 발전전략에 자극을 받았을 개연성이 충분히 있다(김병로 1992; 우상렬 2013, 252–253).

한국전쟁 이후 남북한은 서로 대립하며 체제경쟁을 벌여 왔다. 북한은 전후 3년이라는 짧은 시간에 전쟁의 피해를 거의 복구하였으며 5개년계획을 수립하고 '천리마운동'을 일으켜 5개년계획을 1년 앞당겨 1960년에 목표를 완수하였다. 1960년대에는 장기개발전략인 제1차 7개년계획을 추진하여 이른바 '대동강의 기적'이라 불리는 눈부신 성과를 거두었다. 그러나 남한은 국민들을 결속하는데 실패하였고 정치 불안이 지속되어 기본적인 의식주도 해결하지 못하는 상황이었다. 5·16군사정권이 내건 혁명공약은 북한의 '천리마운동'과의 경쟁선언이기도 했다(우상렬 2013, 253). 박정희 대통령의 경제개발 5개년계획의 성공적 추진은 북한을 추격하는 계기가 되었으며, 새마을운동은 이 연장선 상에서 추진한 남한의 북한추격 전략이었다. 그 배경에는 박정희 대통령의 개인적 배경도 작용했다. 박정희 대통령은 1940년대 만주육군사관학교를 졸업하고 간도특설부대 소대장으로 항일빨치산 토벌에 나선 경력이 있으며, 김일성은 그때 바로 항일빨치산 제1로군 제1사 사단장으로 활약했다. 박정희와 김일성은 이때부터 서로를 라이벌로 여겼다. 이런 점에서 박정희 대통령이 경제개발을 추진하고 새마을운동을 진행할 때 후발주자로서 김일성을 의식하지 않을 수 없었을 것이다(우상렬 2013, 253).

한편, 북한은 남한의 외자도입정책을 수용하여 실행했으나 대실패로 끝났다. 천리마운동과 대안의 사업체계 등으로 혁혁한 경제성과를 이룩한 북한은 1971년 남한과 첫 교류와 접촉을 시도한다. 1972년 7월 '7·4 남북공동성명'으로 결실을 맺은 첫 남북교류를 계기로 북한은 남한의 경제성장에 대한 정보를 입수한다. 전쟁 이후 폐허로 전락했던 남한이 1965년 일본과 한일협정을 맺고 1966년 외자도입법을 제정하면서 일본으로부터 경제지원을 받아 빠른 시일에 경제를 성장시켰음을 접한다. 1972년 즈음까지 남한의 경제는 일본의 경제지원과 협력을 통해 급성장하였다. 남한의 이러한 급속한 성장을 전혀 예상치 못했던 북한은 남북회담 과정에서 그 발전상을 알게 됨에 따라 큰 충격을 받은 것으로 보인다. 남한의 발전 원인을 분석한 결과 외국의 자본과 기술도입 때문이라는 결론을 맺고 북한은 이 시기에 외국의 기술과 자본을 대대적으로 수입하였다. 북한은 1973년부터 서방국가들로부터 비료공장을 비롯한 현대적인 기술도입을 추진하고 교역확대를 시도하였다. 1960년대의 공업화 과정에서 이룩한 성과를 더욱 공고히 발전시키고 기술혁명을 더 높은 단계로 끌어올리기 위해 서구 자본주의 국가들로부터 각종 플랜트, 기술도입을 확대하였다.

그러나 불행히도 1974년 중동 오일쇼크로 불리는 세계적인 경제 불황과 1975년 대가뭄을 겪게 되면서 북한의 외자도입 정책은 직격탄을 맞게 된다. 외국에서 수입한 현대식 공장과 기술로 상품을 만들었으나 수출길이 막혀 북한 경제는 치명적인 손실을 입었다. 결국 들여온 차관을 갚지 못함으로써 1976년 이후 현재까지 서방세계로부터 지불유예라는 선고를 받고 국가부도 상태로 남아 있다.[9] 이에 대해 김일성은 1983년 "우리나라에서 자본주의 경제위기의 영향을 좀 받았다고 하면 그것은 일부 기계 설비를 다른 나라에서 사다 쓰다 보니 세계적으로 원유값이 올라갔을 때 기계설비 값이 올라 그 영향을 좀 받았을 뿐입니다." 라고 하여 서구자본과 기술도입을 통해 경제발전을 시도했던 1970년대 초 외자도입정책의 실패를 시인한 바 있다(김일성 1983, 100). 처음 시도한 개방정책의 실패로 "원유를 많이 쓰는 공업을 발전시키지 않고 자체공급이 가능한 원료에 의존하는 공업을 발전"시켜 나가자고 하는 등 북한의 정책노선은 다시 폐쇄적인 자급자족의 방향으로 치닫게 된다(김일성

9 그 때문에 북한은 100억 달러가량의 채무를 지고 있는데, 이 가운데 모건그랜펠(Morgan Grenfell)로부터 중기차관 2억5천만 달러, ANZ은행으로부터 단기차관 6억5천만 달러, 그리고 일본에 지고 있는 채무가 1970년대 초에 발생한 것이다(Far Eastern Economic Review 1988, 88).

1983, 100).

4. 군사화와 사회적 동원

박정희 정권은 1971년 12월 6일 "북괴의 남침야욕"에 대비한다는 안보논리를 내세워 국가비상사태를 선언하였고 이듬해 유신체제의 형성으로 시민사회도 적극적 동원체제로 변화하였다. 1960년에 폐지되었던 '학도호국단'을 다시 들여왔다. '학도호국단'은 원래 1949년 3월 8일 발족되었다가 1960년 5월 해체되었다. 그러다 '1.21청와대습격사건'이 발생하자 1969년 1월 10일 〈학생군사훈련세부계획〉이 시달되었고, 1969년 3월 고등학생과 대학생들에 대해 군사훈련을 재개하였다(이종석 1998, 204). 1970년 7월 28일부터는 여고생과 교육대학 여학생을 대상으로 구급법과 간호학 위주의 군사훈련을 실시하였다. 유신체제가 성립한 후 1975년 5월 21일 '학도호국단설치령'이 통과되어 이를 계기로 학생군사교육이 강화되었다. 1975년 10월 1일에는 대학 일반 군사교육이 강화되어 일반군사교육의 전 과정 이수가 졸업 조건이 되었다. 학도호국단은 1985년 폐지되기까지 권위주의 정권의 군사적 동원기구로 사용되었다.

남한의 이러한 움직임은 북한에도 영향을 주어 1970년 고등중학교 고학년을 대상으로 '붉은청년근위대' 결성을 촉발하였다. 북한은 1962년 4대 군사노선을 제창한 이래 군사훈련을 강화해 왔는데 1970년에 고등중학교 학생들을 대상으로 군사훈련을 실시한 것이다. 1969년 1월 남한에서 〈학생군사훈련세부계획〉이 발표되자 북한은 "당과 김일성의 명령지시 관철에 근위대 결사대가 되자"는 구호 아래 각종 단체들이 결의문을 작성하여 김일성에게 전달하였다. 1969년 4월 김일성의 지시로 학생조직인 붉은청년근위대 창설 준비가 착수되어 1970년 4월 창설되었다. 1976년부터는 야영훈련소에 입소하여 정규군과 함께 집단군사훈련을 2주 동안 실시하는 등 군사훈련을 강화하였다.

한편, 반상회는 유신체제하에서 주민통제 수단으로 동원된 대표적 기제였다. 사실 반상회는 일본이 1917년 조선을 통제하기 위해 도입한 조직이었다. 일제식민통치 시기에 사상주입을 통해 주민을 통제하려는 목적으로 반상회가 유지되다 해방 후 사상교육이나 주민사찰 요소는 사라져 중앙부처 지시를 전달하고 주민친목을 위한 목적으로 시도 조례에 의해 운영되어 왔다. 이 반상회 조직을 1976년 5월 정부 주도 아래 전면적으로 부활시킨 것이다. 1977년 내무부 발표에 따르면 반상회는 1976년 한해 동안 전국 25만 8,821개 반에 설치, 매달 평균 579만 1,600가구가 참석(참석율 85.8%)하였고, 총 42만 2,000건의 접수된 민원 중 28만 9,000건이 시책에 반영되어 건의사항의 68.5%가 해결되었다. 반상회는 행정 지시사항을 전달하고 주민건의로 받아 민원을 처리하는 등의 역할도 하지만, 실제로는 정부 시책을 홍보하거나 '보안 사범 색출 및 선도 기능'과 같이 지배체제의 유지·강화를 위해 활용된 것이 사실이다.

남한이 1976년에 반상회 제도를 부활한 것은 북한의 인민반 생활총화 제도에 자극을 받았을 가능성이 높다. 북한은 1974년 2월 '당의 유일사상체계 확립의 10대원칙'을 발표하며 생활총화를 시작하였다. 매우 토요일이나 일요일 혹은 주2회 생활총화제도를 통해 한 주간 자신의 잘

못과 다른 사람의 잘못을 성원들 앞에서 공개 비판하도록 하였다. 이를 통해 정치사상적으로 단련되고 당성·혁명성을 강화하고자 하였다. 북한의 생활총화가 1974년부터 전국적으로 시작되자 이에 대응하는 제도를 구축하려는 목적으로 1976년 반상회 모임을 전면화한 것으로 보인다. 군사정권이 유신체제에 협력하도록 홍보하고 북한에 동조하는 세력을 차단하기 위한 조치로 반상회 제도를 활용한 것이다.

이러한 사회적 동원은 가시적인 조직을 결성하는 데 그치지 않고 문화정책을 통해서도 진행되었다. 언어사용에 있어서 이념적 색채가 담겨있는 용어를 의도적으로 사용하지 않도록 하는 노력이 기울여졌다. 동무, 노동, 자본과 같이 언어들이 남한에서는 의도적으로 회피되었다. 이러한 언어는 우리나라에서 전통적으로 사용되어 온 말이었지만 북한에서 사회주의 이념의 특성을 담은 언어로 간주하여 남한에서 사용하기를 회피하였다. 대신 친구, 근로, 돈 등의 용어를 선택하여 사용하였다. 평화나 민족, 자주 같은 언어도 남북 간에 경쟁적 혹은 대립적으로 사용되어 왔다. 남북한은 '7·4남북공동선언'에 자주, 평화, 민족단결의 원칙을 천명하였음에도 불구하고 남한은 이후 자주, 평화, 민족이라는 언어를 의도적으로 회피하였다. 북한이 '평화통일'을 주장하며 평화라는 용어를 선점하자 남한은 이를 북한의 '평화공세'라며 '평화'라는 용어를 냉전기에 사용하지 않았으며, 자주와 민족이라는 언어도 북한이 적극적인데 비해 남한은 회피하는 태도로 임하고 있다. 통일의 구호에서는 북한은 국가의 통일을 강조한다는 점에서 '조국통일'을, 남한은 국가의 통일보다 실질적인 민족의 통일을 이루자는 의미에서 '민족통일'을 강조하고 있다.[10] 언어의 사용이 남북한이 처한 국제환경과 근대화의 차이 때문에 발생한 것도 있겠으나 남북한 정부가 의도적으로 상대방이 사용하는 언어를 회피하도록 함으로써 주민들을 사상적으로 동원하였다.

5. 신군부 등장과 신경쟁체제: 테러와 수해지원

1979년 1월 19일 박정희 대통령은 연두 기자회견을 통해 그 동안 중단되어 온 남북대화를 재개하기 위해 시기, 장소, 수준에 구애됨이 없이 남북한 당국 간 무조건 직접대화를 갖자고 제의하였다(국토통일원 1985, 333). 그 배경에는 남북 간에 진행되던 남북적십자회담과 조절위원회의 정치적 대화가 장기간 중단되던 상황에서 1976년 8월 18일 미루나무 사건과 1977년 3월 9일 미국 카터(Jimmy Carter) 대통령의 주한미군철수 계획 발표로 위태로워진 안보상황의 변화가 있었다. 주한미군 철수를 선거공약으로 내걸고 당선된 카터 대통령은 취임 즉시 3단계 주한미군 철수안을 발표하여 한반도의 안보불안이 고조되었다. 이 계획은 한국의 완강한 반발과 미 국방부의 반대로 1979년 6월 카터 대통령의 한국방문을 계기로 완전히 백지화되었다. 한반도의 이러한 정세변화를 고려하여 남북대화를 적극적으로 재개할 필요가 생겨난 것이다.

---

10 『겨레말큰사전』을 집필한 남북한 언어학자들에 의하면 남북한 언어는 약 23%가 뜻이 완전히 달라졌고 22%는 용어가 달라졌지만 의미를 짐작할 수 있는 것들이고 나머지 55%는 동일하다고 한다.

이에 대해 북한은 1979년 1월 23일 조국통일민주주의전선(조국전선) 중앙위 성명을 통해 각 정당·사회단체들의 '전민족대회' 소집을 제의했다. 그 결과 남북한은 판문점에서 1979년 2월과 3월 세 차례 회담을 가졌으나 합의점을 찾지 못했다. 또 1979년 2월과 3월에는 평양에서 개최되는 제35회 세계탁구선수권대회의 남북한 단일팀 구성을 위한 남북탁구협회 간 회의가 판문점에서 네 차례 진행되었으나, 이 역시 결렬되고 말았다. 1980년에 들어서자 북한은 '남북총리회담'을 제의했고 2월부터 8월까지 열 차례 진행되었으나 곧바로 중단되었다. 1983년 10월 버마 아웅산 테러사건으로 남북 간 긴장이 매우 고조된 상황에서 북한은 1984년 3월 남북체육회담을 제의하였다. 세 차례 회담이 진행되었으나 성과 없이 끝나고 말았다. 1985년 10월에도 스위스 로잔에서 서울올림픽 참가 및 공동주최 등의 주제로 남북체육회담이 개최되었다.

남한에서 10·26과 12·12를 거쳐 제5공화국이 등장하는 사이 북한에서는 1980년 10월 제6차 당대회를 치르며 새로운 남북관계를 요구하였다. 고려민주연방공화국 창립방안을 제시하며 적극적으로 공존과 평화를 주장하고 나섰다. 남한과 북한에 새로운 세대의 정부가 탄생한 것이고 군사정부의 성격을 지니고 있었다. 남한도 이에 대응하여 1981년 1월 12일 새해 국정연설을 통해 남북정상의 상호방문을 제의하고 이듬해인 1982년 1월 22일에는 대통령 국정연설을 통해 '민족민주화합통일방안'을 제의하고 2월 1일에는 통일원장관이 대북성명 형식으로 20개 시범실천사업을 제시하였다(양영식 1997, 189−198). 북한은 남한의 제의를 거부하고 1982년 2월 10일 돌연 '남북정치인 100인 연합회의'를 들고 나왔다. 남한의 '민족민주화합통일방안' 제의를 분열론으로 비난하면서 남한정부당국을 배제한 '남북정치인 연합회의'를 소집하자고 주장한 것이다(양영식 1997, 201).

남한의 신군부는 1980년 5월의 광주민주화항쟁을 북한과 연결시키며 공안정국을 조성하였다. 광주민주화항쟁을 진압했던 명분을 북한의 위협에서 찾았다. 광주항쟁을 북한 혹은 북한을 추종하는 세력이 개입하여 일으킨 것으로 간주하였다. 당시 이희성 계엄사령관의 발표(1980.5.31.)에 따르면 '광주폭동사태'의 배경에는 "첫째, 북괴의 고첩과 이에 협력하는 불순위해분자들의 책동"과 "둘째, 불순한 정치적 목적을 달성하기 위하여 학생소요사태를 배후 조종해 온 김대중"으로 결론을 내렸다. 1970년대 유신헌법 제정 이후 긴급조치를 시행한 것도 북한의 위협을 근거로 하였다. 이러한 모든 행위들은 북한과 이념적으로 대치하고 있는 남북관계의 상황으로 합리화하였다. 물론 앞에서 이미 언급한 대로 1960년대 후반에 집중된 무력도발처럼 북한의 실제적 위협이 없었던 것은 아니다. 그러나 1970년대의 야당정치인과 재야인사, 학생 등 민주화를 요구하는 사람들에 대한 탄압은 북한의 실제적 위협 때문이 아니라 그것을 명분으로 반대세력을 제거하기 위한 것이었다. 이런 점에서 분단 상황과 분단체제는 한국의 정치적 지형과 불가분의 관계를 갖고 있다.

1983년 6월에 있었던 KBS남북이산가족찾기는 남한사회에 분단으로 얼마나 많은 국민들이 아픔을 안고 있는지 보여주었다. 1983년 6월 30일 'KBS 특별생방송 이산가족을 찾습니다'라는 생방송 프로그램으로 시작된 KBS남북이산가족찾기는 그후 국민적 관심이 폭발하여 138일간 최고시청률 75%를 기록하는 대사건이었다. 이산가족찾기 신청 건수가

10만 건을 넘었고 1만 여명의 이산가족이 상봉하였다. 당시 KBS사옥 주변은 가족을 찾는 벽보로 뒤덮였고 세계 언론은 이 장면을 흥미롭게 보도하였다. 분단과 전쟁으로 헤어진 천만의 이산가족들은 엄혹한 냉전 시기에 드러내지 못하고 살던 차에 사회적으로 공론화된 장이 열리자 가족에 대한 그리움이 폭발적으로 분출되었다. 우리 사회에 분단과 전쟁으로 얼마나 많은 사람들이 고통과 아픔을 겪고 있는가를 온 국민이 가슴 저리게 느꼈던 순간이었다. 이러한 열망과 한을 풀어주기 위해 정부는 1985년 남북이산가족 찾기를 추진했다.

경제적 측면에서 북한의 열세와 침체가 지속되자 북한은 남한의 신군부에 대한 적극적인 도발을 시도하였다. 1981년 9월 30일 독일의 바덴바덴에서 국제올림픽위원회(IOC)가 1988년 서울올림픽 개최를 확정한 이후 북한은 서울올림픽 개최를 방해하기 위해 노골적인 납치와 테러를 감행하였다. 1983년 10월 9일 미얀마의 수도 랑군 소재 아웅산 묘역에서 북한공작원에 의한 테러사건이 발생하여 한국정부의 각료와 수행원 17명이 사망하는 참사가 발생하였다. 정부 관료가 이처럼 한꺼번에 몰살당한 테러는 전례 없는 일로 국가적으로 큰 충격에 빠졌다. 1987년 11월 29일에는 북한공작원 김현희 등에 의해 미얀마 해역 상공에서 대한항공 858기가 폭파된 이른바 KAL기 폭파사건이 발생했다. 승객과 승무원 115명 전원이 사망하는 끔찍한 테러를 자행하였다. 북한의 반인륜적 행위를 응징하기 위해 미국정부는 1988년 1월 21일 북한을 테러국가로 규정하여 미국비자발급 규제를 강화하고 1987년 3월 허용했던 북한 외교관 접촉 지침도 철회하였다.

북한은 1984년 3월 LA올림픽 단일팀 결성을 제의하는가 하면 9월 8

일에는 적십자사를 통해 서울·경기 일대에 내린 폭우로 발생한 수재민에게 수재물자 제공을 제의하였다. 남한정부는 고민 끝에 수락함으로써 9월 29일부터 10월4일 사이에 수재물자를 북한으로부터 인수하였다. 북한이 쌀 5만석, 천 50만 미터, 시멘트 10만 톤, 의약품을 보냄으로써 남북 간 화해무드가 다시 조성되었다. 1984년 11월에는 판문점에서 남북경제회담도 진행되었다. 1985년 5차 회담을 끝으로 중단되었지만 남북 간에 발전문제를 함께 논의하고 합의서를 작성했다는 점에서 상호 간 유익한 학습이 이루어졌고 본격적인 남북경제교류 진행 과정에서 이 시기 경제대화의 경험이 귀중하게 활용되었다. 1985년 8월 국회회담을 위한 실무접촉이 시작되어 1990년 1월까지 열 차례 대화가 진행되었으나, 팀스피리트 훈련 문제로 중단되었다. 북한은 1984년 9월 최고인민회의 명의로 합영법을 제정하고 다양한 분야에서 외국투자 유치를 필요로 하였다. 이 합영법은 중국의 중외합자경영기업법을 모방한 것으로 중국의 성공적인 경제개방정책을 활용하고자 하였다. 외국자본을 활용하면서 기술도 전수받을 수 있는 기회로 생각한 것이다.

북한의 대남수해지원과 함께 남북적십자 회의가 다시 재개되어 남북 간 이산가족상봉사업이 진행되었다. 1985년 9월 20–23일 평양에서 '남북이산가족 고향방문 및 예술공연단'의 교류가 성사된 것이다. 서울과 평양에서 동시에 진행된 이산가족 고향방문과 예술단 공연은 분단 40년 반에 처음으로 이산가족들이 직접 가족·친척들과 상봉하는 뜻깊은 행사였다. 남과 북에서 각 50명씩 100명의 이산가족 방문단 중 65명이 92명의 가족·친척들과 극적으로 상봉, 재회의 감격을 나누었다. 남한은 35명이 41명의 가족·친척과 북한 측은 30명이 51명과 상봉하였다. 예술공연단은 9월 21일과 22일 이틀에 걸쳐 서울예술단은 평양대극장에서, 평양예술단은 서울 국립극장에서 각기 2회 공연을 실시하였다(대한적십자사 2005, 54).

군사권위주의 체제는 남북한에서 1970년대까지는 유사하게 유지되었으나 1980년 이후 매우 상이한 결말로 이어진다. 1980년 남한에서 신군부가 등장하고 헌법 개정이 있었으며, 북한에서는 김정일이 최고 지도자로 부상하였다. 남한의 신군부 등장에 대응하여 북한은 새로운 세대인 김정일을 공식적으로 정치무대에 등장시켰다. 1981년 5월 최고인민회의 대의원에 출마한 김정일은 1982년 주체사상에 관한 논문 발표를 시작으로 본격적인 정치활동을 시작하였다. 김정일의 대국민 정치활동은 김정일의 지도자적 이미지 만들기와 병행하여 추진되었다. 남한에서는 민주화 운동이 분출되어 1987년 민주체제로의 전환점을 맞는 반면, 북한은 민주화를 경험하지 못한 상태에서 유럽 사회주의 체제가 붕괴함에 따라 극도로 안으로 움츠러드는 반응을 보인다.

6. 냉전기 자본주의 발전성과

이런 측면에서 냉전시기 한국의 발전전략은 기본적으로 북한 사회주의 발전전략에 경쟁적으로 대응하는 자본주의 발전전략의 성격을 갖고 있었다(박효종 1991, 217–307). 북한 사회주의 개발전략은 1960년대까지만 해도 외연적 성장(extensive growth)에 성공하였기 때문에 자립과 아우

타르키(Autarky)를 추구하며 진정한 발전을 구가하는 모델로 간주되었다. 그러나 1970년대 이후 북한이 내포적 성장(intensive growth)에 진입하지 못했을 뿐 아니라 주민의 기본생활도 충족시키지 못하는 비효율적 현상이 드러났다. 더욱이 유일사상체계와 같은 북한식 통치구조의 경직성 때문에 1980년대 이후에는 실패한 모델이 되었다. 한국의 자본주의 발전전략은 북한 사회주의 발전전략과의 비교시각에서 그 실패와 성공이 평가되었다. 한국의 발전모델이 권위주의 정치체제로부터 상당한 사회적 희생을 수반하였음에도 종속론자들까지도 성공한 발전모델로 호평했던 것은 주지의 사실이다.

일반적으로 사회주의와 자본주의는 매우 상극적인 발전전략과 원리를 견지하였다. 발전의 개념도 그렇고 발전을 추동하는 노동과 계급에 대한 관점이나 체제를 구성하는 정치·경제·사회·군사를 보는 시각도 달랐다(Horowitz 1972a). 그러한 세계관의 차이는 자본과 노동을 해석하는 이론에서부터 구체적인 정책에서까지 상반된 결과를 낳았다. 자본주의에서 서비스와 소비재의 생산이 강조되는 반면 사회주의에서는 생산재 특히 중공업 생산과 농업의 강조로 나타난다(Horowitz 1972a, 63–71). 그러나 사회주의가 이상적 모델을 강조한다고 하여 그것이 실제로 구현될 수 있는가의 문제와는 전혀 다르다. 주지하다시피 사회주의는 개인과 시장을 합리성을 비판하며 '계획'을 통해 자본주의 제도의 소모적인 측면과 모순된 구조를 해소한다는 목표를 세웠다(Przeworski 1991, 100–135). 그러나 문제는 사회주의 목표가 실현 가능성이 희박하고 현실과 괴리되어 있다는 점이다.

1945년부터 1987년까지 냉전시기를 거치면서 한국은 북한과 비교하여 여러 면에서 대조를 이루었다. 1960년 1차 산업 인구가 66%로 국민의 대다수가 농민이었던 전통사회로부터 인구의 80% 이상이 공업과 서비스 분야에, 그리고 국민의 20%만이 농업에 종사하는 산업사회로 변화했다. 도시인구는 1960년 28%에서 1986년 66%로 크게 증가하였다. 북한도 1950년대와 1960년대에 국가주도의 급속한 공업화를 추진한 결과 40%를 넘는 국민이 공업 분야에 종사하는 산업사회로 변모하였다. 그러나 북한은 농업·수산업·과수업 등 1차 산업 인구가 40%(1960년 62%→1988년 43%)나 되는 전근대적 사회가 병존하고 평양을 제외한 다른 도시들은 시골냄새를 풍기는 중소도시로 남아 있는 실정이다. 특히 북한은 사회주의 체제의 이념에 근거하여 대부분의 서비스 산업을 사회발전 지표에서 제외함으로써 산업화의 진척에도 불구하고 국민들의 문화생활 수준은 정체되는 현상이 발생했다. 남북한의 경제적 격차가 커지면서 전화, 컴퓨터 등 전자통신 매체와 각종 스포츠, 자동차, 편이시설 등 문화생활 면에서 남북 간에 현저한 차이가 벌어졌다.

문화적으로 남한은 이질문화와의 공존을 수용하는 반면, 북한은 사회의 폐쇄성과 유일사상 및 문화적 순수성을 강조하여 이질적 문화를 거부하고 타문화에 대한 적응력도 약하다. 남한은 해방이후 계속 이질적 문화와의 접촉을 통해 문화변용에 따른 급속한 변화를 경험하였다. 특히 매스미디어의 발달에 따라 외부사조의 유입이 빠르고 광범위하게 이루어져 왔다. 반면에 북한은 조선의 봉건사회, 일제하의 군국주의를 거쳐 곧바로 폐쇄적 공산정권을 경험하였기 때문에 타문화와의 접촉을 통한 변화가 제대로 일어나지 않았다. 이런 면에서 북한의 폐쇄적인 사회체제가 외래적인 문화요소에 대한 면역성을 결여하고 외부세계와의 교류에 소극적이었다.

이러한 발전전략의 차이와 그로 인한 경제사회적 격차로 남한 자본주의와 북한 사회주의는 서로 다른 세계관을 만들어냈다. 남한은 사회주의를 정치적 억압과 공포의 대상인 '인권의 사각지대'로 인식하며 경제적으로 낙후된 이미지를 떠올린다. 반면, 북한은 자본주의를 노동자를 착취하며 자본가들이 인위적인 소비욕구를 만들어 내고 그 욕구를 충족시키기 위해 사람들을 정신적·육체적 불구로 만드는 비인간적 방법을 서슴지 않는 비윤리적 제도로 생각한다. 자본주의를 '부익부 빈익빈' 사회로, 사회주의는 분배정의와 사회적 혜택을 보장받는 사회로 등식화 하면서 소위 '우리식 사회주의'에 대한 우월성을 강조한다.

자본주의/사회주의 체제경쟁은 남북한에 서로 다른 문화구조를 형성하였다. 남한에서는 바람직한 인간상이 뚜렷하게 명시되거나 강조되고 있지는 않으나, 도덕주의적 사고와 가치보다는 경제제일주의적 사고와 가치가 훨씬 지배적인 것이 사실이다. 반면 북한의 주체사상은 개별인격체가 아니라 사회와 집단속에서만 그 의미를 찾고 개인의 육체적 생명보다는 '사회정치적 생명'을 더욱 귀중히 여기며 사회와 집단을 위해서 자신을 헌신하도록 가르친다. 특히 "죽을 때 너절하게 죽으면 한평생 아무리 좋은 일을 많이 한 사람이라 하더라도 결국 너절한 사람이 되고 만다"라고 강조하면서 집단과 조직에 대한 혁명가적 희생까지도 요구한다.[11] 물론 현실은 이상과 달라 둘 사이에 큰 괴리가 존재하지만 지향하는 가치와 문화는 많이 달라졌다.

냉전기 남북한의 문화는 단순히 물리적인 수치만으로 비교하기 어려운 사회규범과 가치관의 영역이 크게 다르게 자리 잡았다. 전쟁의 혹독

한 경험을 바탕으로 심리적 불안의식이 넓게 깔려 있었다. 돌아보면 아직 식민의 신음이 채 가시기도 전에 분단으로 겪어야 했던 좌우익 사상 갈등과 '세상이 뒤바뀌는' 엄청난 전쟁체험은 남북한 국민들에게 커다란 사상·이념적 가치혼란을 유발하였다. 전쟁을 통한 폭력화의 과정에서 남북한 국민들은 사상·이념적 가치선택에 대한 물리적 강요와 심리적 불안 등으로 집단 정신분열증적 상태로 떨어졌으며, 이러한 사회상황은 남북한에 각각 정치적으로 반공주의와 반제국주의를, 경제적으로는 외부지향적 발전모델과 폐쇄적 자립모델을 극단적으로 선택함으로써 '추격문화'와 '폐쇄문화'가 형성되는 계기를 제공하였다.

11 이러한 북한의 문화적 가치에 대한 강조는 기독교 윤리와 흡사하다. 최근들어 북한은 사랑, 믿음, 영생, 속죄, 구원 등 기독교적 어휘를 광범위하게 구사하고 있다. 김병로, "북한의 사회통합 방식과 기독교의 유사성," 「민족통일을 준비하는 그리스도인」(서울: 두란노, 1995), pp. 105-132.

V. 냉전종식과 남북관계의 변화(1988–1997)

1. 사회주의권 붕괴, 서울올림픽과 '7·7선언'

1989년 유럽에서 촉발된 사회주의권 붕괴는 세계사의 흐름을 완전히 바꾸어 놓았으며 냉전의 최전선인 한반도에도 큰 변화를 가져왔다. 1985년 고르바초프의 페레스트로이카와 글라스노스트에 의해 시작된 사회주의 체제 개혁과 개방은 급기야 소련을 물론 동유럽 사회주의 전체의 붕괴를 초래하였다. 1989년에 이르러 폴란드(6월), 헝가리(10월)에 상륙한 사회주의 개혁·개방 움직임은 독일 베를린 장벽 붕괴(11월), 루마니아 차우체스쿠 처형(12월) 등 폭발적 혁명으로 이어졌고 1990년과 1991년에는 체코슬로바키아와 유고슬라비아의 해체로 전개되면서 사회주의권 붕괴라는 역사적 사건으로 기록되었다. 1989년 프랑스혁명이 일어난 지 200년 후인 1989년에 탈사회주의 혁명이라는 역사적 전환점을 맞이한 것이다.

세계적으로 진행된 사회주의 개혁과 개방의 흐름은 한반도에도 영향을 미쳤다. 그 첫 번째 변화의 계기는 1988년 9월에 개최된 서울올림픽이었다. 공산주의와 철저히 단절되어 있던 한국이 국제적으로 개방체제를 선포하고 세계로 발전해 나가는 전환적 사건이었기 때문이다(김병로, 2014). 올림픽을 계기로 한국을 세계에 알리고 선진국으로 도약할 수 있는 기회를 잡고자 했던 한국은 뜻하지 않게 국제올림픽이 강대국의 패권정치에 휘말리면서 난관에 부닥쳤다. 자본주의 국가들은 1979년 구소련이 아프가니스탄을 무력으로 침공한데 대한 보복으로 1980년 모스크바 올림픽 참가를 보이콧하였고, 이에 대한 보복으로 사회주의 국가들이 1984년 LA올림픽 참가를 거부하였다. 그 이전 1976년 몬트리올 올림픽에서는 인종차별 문제로 아프리카 국가들이 대거 불참하는 하는 사태 등 국제올림픽이 강대국들의 이념싸움이나 인종갈등으로 절름발이 신세를 면치 못했다. 그런데 공교롭게도 한국은 공산주의 국가와 외교관계가 전혀 없었고 미국의 동맹국으로서 그야말로 냉전의 최전선에 있던 국가였다.

이러한 상황에서 1988년 2월 출범한 노태우 정부는 올림픽을 선진국 도약의 발판으로 삼기 위해 과감한 결단을 내렸다. 1988년 7월 7일, 이른바 '7·7선언'으로 불리는 '민족자존과 통일번영을 위한 특별선언'을 발표하였다. 북한을 포함한 모든 공산국가에 문호를 개방하고 외교관계를 개선하겠다는 '북방정책'을 대내외에 천명한 것이다. 정부는 고르바초프 등장 이후 "전반적인 신데탕트 시대의 개막이 예견되는 가운데 88서울올림픽이 동서 간의 이념분쟁을 종식시키고 새로운 화해시대의 문을 열 결정적 계기"가 될 것으로 기대하였다(통일원 1990, 48). 이러한 배경을 바탕으로 정부는 남북상호교류와 자유왕래, 이산가족의 서신왕래와 상호방문, 남북한 교역 문호개방, 우방국의 북한교역 용인, 국제사회에서의 남북 간 협조, 북한과 우방(미일)과의 관계개선 협조 등 6개 항의 개방과 개선 의지를 표명하며 불신과 대결의 남북관계를 신뢰와 협력구조로 바꾸기 위한 정책전환을 시도하였다(통일원 1990, 52–56). 즉각 전향적 대북외교 시책을 발표(7.16)하고 대북 비난 방송을 중지(7.19)하는가 하면, 북한·공산권 자료개방(9.3)과 남북 간 교역을 허용하는 '대북경제개방조치'(10.7)를 단행하였다(통일원 1990, 56–63). 이어 1989년 6월 12일 '남북교류협력에 관한 기본지침'을 제정하고, 1989년 7월 21일에는 관련 '세부시행지침'을 마련하였다. 1990년 8월에는 '남북교류협력에 관한 법률'과 '남북교류협력에 관한 법률 시행령', '남북협력기금법' 등 일련의 관련 법령을 마련함으로써 남북교류협력이 법적 테두리 안에서 안정적으로 이루어질 수 있도록 제도적 기반을 구축하였다.

흥미롭게도 북한과 공산권에 대한 남한의 개방은 세계적 냉전종식의 결과로 취해진 수동적 행위가 아니라 올림픽을 성공적으로 치르기 위해 취해진 주도적이고 능동적인 행동이었다. 아니 오히려 서울올림픽이 동유럽과 세계적 탈냉전을 추동하는 사건이 되었다. 세계적 냉전이 아직 사라지기 전인 시점에서 한국이 북한을 포함한 공산국가와 교류를 허용하고 외교관계를 수립한다는 것은 당시 정황으로서는 거의 불가능한 일이었다. 공산주의에 대한 두려움이 오랫동안 지배했던 터여서 스포츠 이벤트가 아니고서는 자칫 이념갈등에 휘말릴 수도 있는 민감한 주제였다. 만약 스포츠 경기가 아니고 정치적 주제였다거나 다른 이슈였다면 국민들의 동의를 얻기 쉽지 않았을 것이다. 이듬해에 있었던 문익환 목사와 임수경 학생의 방북 사건에서 여실히 볼 수 있었듯이 종교인의 어떤 노력이나 대학생의 열정만으로는 분단의 벽을 넘지는 못하였다. 국가보안법이 서슬 퍼렇게 살아 있던 1988년 상황에서 북한과의 교류를 허용하고 북한의 대외관계 개선을 지원하며 공산주의 국가와 관계를 개선한다는 것은 쉽게 내릴 수 있는 결정은 아니었다. 그러나 올림픽이라는 스포츠 경기를 성공적으로 치르기 위해 정부가 그러한 결단을 내리는데 반대하는 사람들은 거의 없었다.

이 시기 정부가 북방정책을 적극적으로 추진했던 배경에는 1987년 6월 민주화 항쟁 이후 시민사회 저변에서 형성된 변화에 대한 요구도 있었다. 당시 군부독재에 대한 국민들의 비판이 거세게 일었고 지지기반이 취약한 노태우 정부가 시민사회의 민주화 요구를 수용한다는 입장에서 공산주의에 대한 개방과 통일논의를 허용한 측면도 있었다. 이러한 시민사회 요구 중 하나로 1988년 2월 29일 '민족의 통일과 평화에 대한 한국기독교회 선언'이 나왔는데, 이 선언은 정부의 북방정책과 남북교류 정책에 큰 영향을 미쳤다(이만열 2001, 413). 정부로서는 전 국민적 관심사로 부상한 올림픽을 성공적으로 치러 정권의 지지기반을 확고히 하려는 목적으로 시민사회의 요구를 수용할 필요가 있었다. 이러한 시대적 상황을 감안하더라도 '철의 장막', '죽의 장막'으로 베일에 가려져 있던 공산주의 국가에 선제적으로 문호를 개방한다는 발상은 당시 상황으로서는 가히 혁명적이었다. 결과적으로 올림픽이라는 문화스포츠 행사는 한국정부의 대북정책을 근본적으로 바꾸어 놓았으며 한국의 냉전적 통일담론 지형에 일대 변혁을 일으킨 계기였다.

올림픽 경기를 성공적으로 치른 한국은 약속한 대로 북방정책을 실천하기 위해 1989년 2월 북한에 고위급회담을 제안하고, 1989년 2월 헝가리와의 수교를 시작으로 그해 폴란드(11월), 유고슬라비아(12월)와, 이듬해 체코(3월), 불가리아(3월), 몽골(3월), 루마니아(9월) 등 사회주의 여러 나라들과 관계정상화를 추진하였다. 1990년 9월 구소련, 1992년 8월 중국과 수교를 하였다. 또한 북한과의 관계 개선 및 교류협력 허용을 위해 1989년 9월 남북교류협력에 관한 지침을 만들고 1990년 6월 법제정을 단행하였다. 또 1991년 9월 남한과 북한이 유엔에 동시에 가입하였고, 1991년 12월 24일에는 남북기본합의서를 채택하였다.

2. 남북고위급 회담과 남북기본합의서

이 시기 가장 획기적인 변화는 북한과 '기본합의서'를 체결한 것이었다. 1988년 12월 강영훈 국무총리는 북한의 연형묵 총리에게 남북 간 제 분야에서 상호 신뢰구축과 긴장완화 문제 등을 포괄적으로 협의·해결하기 위한 '남북총리회담' 개최를 제의하였다. 1989년 2월부터 1990년 7월까지 8차례의 예비회담과 2차례의 실무대표접촉을 가졌고 이를 토대로 1990년 9월 제1차 남북고위급회담이 개최되었다. 1992년 9월까지 8차에 이르는 회담을 진행하였으며 1991년 12월에 개최된 제5차 남북고위급회담에서 '남북 사이의 화해와 불가침 및 교류·협력에 관한 합의서'(남북기본합의서)와 '한반도 비핵화 공동선언'(비핵화공동선언)을 채택·서명하였다. 이를 기초로 이듬해 2월 제6차 회담에서 역사적인 '남북기본합의서'와 '비핵화공동선언'이 발효되었다.

남북기본합의서의 기본취지는 상대의 실체를 인정하고 존중하기로 한 바탕 위에서 남북한이 교류와 협력을 추진해 나가자는 것이었다. 남북기본합의서에서 남북은 "상대방의 체제를 인정하고 존중"(제1조)하며 "상대방의 내부문제에 간섭하지 아니"할 것(제2조)을 합의하였다. 헌법 조항과 형법, 국가보안법 등을 근거로 상대체제를 부정하던 기존의 남북관계의 성격은 근본적으로 달라졌다. 물론 남북기본합의서가 남북관계를 국가적 관계로 간주하지는 않지만, 남북이 지니는 국가적 성격을 무시하는 것은 아니다. 남북기본합의서의 서문에서 "쌍방 사이의 관계가 나라와 나라 사이의 관계가 아닌 통일을 지향하는 과정에서 잠정적으로 형성되는 특수관계"라는 점을 언급하면서 통일을 위해 노력할 것을 다짐하였다. 이는 남북관계에서 상대의 국가적 실체를 인정하되, 국제사회에서는 미래의 통일을 위해 불리할지도 모르기 때문에 가급적 민족관계를 강조해 나가자는 의미로 해석할 수 있다. 즉 국제사회에서 잠정적으로 국가 대 국가의 관계를 행사해야 함과 동시에 국제법상으로 분단국이라는 특수지위를 인정받아야 하는 상황에 놓여 있는 것이다.[12]

---

12 국제법상 분단국이란 하나였던 국가가 그 주민 다수의 의사에 반하여 두 개의 정치적 실체가 형성되었고, 그 결과 각 체제나 국제사회가 통일을 당연하다고 믿는 경우를 말한다. 유병화, "남북기본합의서의 법적 성격,"「고려대학교 법학논문집」 제27집, p. 68; 이해완, "남북기본합의서의 법적 성격,"「21세기 민족화해와 번영의 길」(서울: 크리스챤서적, 2000), p. 105.

냉전반공주의와 국가보안법체제에서는 북한을 반국가단체로 간주하여 대화의 파트너로 인정하지 않았는데, 기본합의서에서 상호 실체를 인정하고 대화의 상대로 받아들인다고 선언한 것이다. 이는 정전협정을 탈냉전 환경에 맞게 문서화 한 것이었다. "남과 북은 상대방을 파괴·전복하려는 일체 행위를 하지 아니한다"(제1조), "남과 북은 상대방에 대하여 무력을 사용하지 않으며 상대방을 무력으로 침략하지 아니한다"(제9조)고 명시하고, 나아가 이러한 군사적 문제를 해결하기 위해 합의서 발효 후 3개월 안에 '남북군사공동위원회'를 구성·운영하여 군사적 신뢰조성과 군축 문제를 협의(제12조)하고 직통전화를 설치(제13조)하는 등 상호 불가침에 관한 여러 약속을 하였다. 남북한은 1992년 5월 '남북군사공동위원회 구성 및 운영에 관한 합의서'를 채택하였다. 이 합의서는 사실제대로 지켜지지 않았으나 남북관계의 성격이 근본적으로 달라졌음을 인식하고 이를 남북 간 합의문 형태로 발표했다는 점에서 남북관계의 역사에서 매우 큰 의미를 지닌다.[13] 1972년 동서독 간에 체결된 '기본조약'에 비견할만한 역사적 가치가 있다.

세계적 탈사회주의 변화의 흐름을 타고 한국은 이처럼 분단체제의 적극적인 변화를 시도하였다. 오랜 분단체제를 극복하고 통일된 한반도를 만들기 위한 비전을 제시하였다. 1989년 노태우 정부는 남북한과 디

13 북한이 기본합의서 체결에 협력을 한 이유는 다른 데 있었다. 사회주의권이 붕괴되는 체제의 위기를 맞아 남한과 '불가침합의서'를 체결할 필요성을 느낀 북한이 교류협력을 원하는 남한의 주장을 적극 수용하여 기본합의서라는 형태로 타결한 것이다. 즉 북한이 필요로 하는 불가침에 관한 부분을 제2장에 넣고 남한이 주장하는 교류협력을 제3장으로 넣으면서 전체를 '남북기본합의서'라는 형태로 타협을 하였다.

아스포라 모든 한인이 하나의 민족공동체로 통일을 실현하자는 '한민족공동체통일방안'을 제안하였다. 이는 이미 1980년 북한이 제안한 '고려민주연방공화국 창립방안'에 대한 응답이기도 하였다. 김영삼 정부는 1993년 이것을 다시 '민족공동체통일방안'으로 정리하여 발표하였다. 1972년 7·4남북공동성명에서 천명한 '자주·평화·민족대단결'의 원칙을 '자주·평화·민주'로 통일원칙을 재정립하고, 화해협력→남북연합→통일국가로 이행하는 3단계 점진적 통일방안을 제시한 것이다. 민족공동체통일방안의 핵심은 남북연합(Korean Commonwealth)이라는 새로운 국가형태를 제안하였다는 점이다. '같이 번영하는 공동체'를 의미하는 남북연합은 유럽연합(European Union)을 염두에 둔 새로운 국가공동체라 할 수 있다(통일노력60년발간위원회 2005, 209–210). 남북연합 이후의 국가체제에 대해서는 지금 그 방향을 결정하는 것은 비생산적인 일이라 보고 차후 남북연합의 구성원들에 의해 결정하도록 했다는 점에서 민족공동체통일방안에서 제시한 남북연합을 잠정적 최종형태로서의 통일방안이라 해도 무방하다(김병로 2014, 24–27).

김영삼 정부는 이러한 성과를 바탕으로 남북교류협력을 확대해 나가기 위한 노력을 전개하였으며, 1993년 3월에는 인도적 차원에서 이인모 노인의 방북을 허용하며 남북 간 화해분위기를 조성하였다. 경제발전을 남북교류와 연계하기 위해 '신경제 5개년계획 남북경제교류협력부문계획'을 수립하는 등 남북교류협력 추진을 위한 중장기계획도 마련하였다. 그러나 북한이 1993년 3월 NPT(핵확산금지조약)를 탈퇴함으로써 긴장이 조성되었고 1994년 10월 북미 제네바합의로 북한 핵문제가 일단락되기까지 남북 간 경제협력은 중단되었다. 김영삼 정부는 1994년 이후 초기에 표방했던 민족공조의 입장에서 후퇴하여 북한이 붕괴할 것이라는 판단과 자유민주주의 이념에 입각한 통일을 표방하면서 북한에 대한 압박과 붕괴유도, 흡수통일의 시각에서 대북정책을 추진하였다.

3. 남북교류협력법과 유엔동시가입

남북 간 대화가 진행되는 동안 국내외적으로 두 가지 큰 변화가 일어났다. 국내적으로는 1990년 남북교류협력법의 시행으로 한반도가 국가보안법 시대에서 남북교류협력법 시대로 전환되었다. 남북교류협력법은 북한과의 상호교류협력을 촉진하고 한반도의 평화와 통일에 이바지하기 위한 것(제1조)으로 법의 목적으로 규정하였다. 주민 간 접촉과 상호방문, 교역, 수송장비 운행, 협력사업 등 인적, 물적 교류를 지원하는 내용을 담고 있다. 1994년 11월과 1998년 4월 남북 경협활성화 조치가 취해져 관련 규제와 절차가 간소화되었고 2005년 5월에는 남북 간 거래를 민족내부 거래로 규정하는 내용을 포함시켰다. 남북 간 교류와 접촉을 철저히 금지하였던 국가보안법의 효용성이 약화되고 교류협력을 촉진하는 남북교류협력법이 강화되었다.

남북교류협력법이 발효되자 북한을 방문하려는 요구는 급증하였다. 극도로 폐쇄되었던 북한에 대한 호기심이 있었고 공산주의 붕괴라는 세계적 흐름 속에서 한반도에서도 북한과 통일에 대한 관심이 폭발적으로 늘어났다. 대학가를 중심으로 이른바 '북한바로알기'가 전국적 열풍으로 진행되었다. 이러한 사회적 열풍은 북한자료의 개방과 언론매체의 보도 등으로 대단하였다. 대학에서도 북한관련 강좌의 수요가 폭증하였고 북한관련 학과를 신설하는 등의 변화가 이어졌다. 1990년대 들어서 국력의 상대적 우월성을 바탕으로 '세계화' 등 개방적인 문화정책을 추진하는 동시에 통일문화에 대한 관심이 증대되었다.

남북교류협력법이 적용된 1990년대에 북한방문자의 수가 늘기 시작하였다. 북한을 방문한 남한사람은 1990년 183명, 1991년 237명, 1992년 257명으로 늘었다. '서울불바다' 발언과 김일성 사망으로 남북관계가 경색되었던 1993년(18명)과 1994년(12명)을 제외하면 1995년(536명)부터 다시 증가하여 1997년에는 1,015명, 1998년 3,317명, 1999년 5,599명, 남북정상회담이 개최된 2000년에는 7,280명이 북한을 방문하였다. 그 후 지속적으로 늘어나 2002년(12,825)에는 1만 명 선을 넘어섰고 2006년(100,838명)에는 10만 명 선을 넘었다(통일부 2008, 14). 교류협력법에 제정되기 전까지는 분단이후 40여 년간 총 1,151명이 왕래한 데 그쳤으나 법제도가 정비된 1990년 이후 방북자는 매년 수천, 수만 명으로 증가하였다.

남북교류협력법이 적용되어 남북관계의 변화를 국민들이 피부로 느낄 수 있었던 대표적인 사건은 1991년 4월 29일 일본 지바에서 열린 제41회 세계탁구선수권대회였다. 남북한이 단일팀으로 출전하여 중국을 꺾고 세계선수권 금메달을 따낸 여자 탁구의 경기는 냉전을 막 벗어난 한반도에 '탁구로 통일이 이루어진 날'로 기억될 만큼 남북한 국민들의 마음에 큰 감동을 주었다. 이 사건은 2012년 '코리아'라는 영화로 제작되어 국민들의 많은 사랑을 받기도 하였다. 그만큼 냉전의 두려움에 사로잡혀 있던 남한국민들에게 북한이 동포요 민족으로 가까이 다가왔던 감격의 사건으로 기억되었다.

대외적인 큰 변화는 남북한이 유엔 회원국으로 가입한 결정이었다. 1991년 9월 17일 제46차 유엔 총회에서 남한과 북한은 회원국으로 가입하였다. 유엔 안전보장이사회는 1991년 8월 8일 결의 제702호로 남한(대한민국)과 북한(조선민주주의인민공화국)을 회원국으로 받아들이도록 유엔총회에 권고하였다. 1991년 9월 17일 유엔총회가 가입안을 통과시킴으로써 남한과 북한은 유엔의 공식 회원이 되었다. 남북한의 유엔 동시가입은 한반도에 두 개의 국가적 실체가 존재하는 현실을 인정한 조치라 할 수 있다.

냉전시기에는 남북한 유엔가입을 한반도의 영구분단을 초래한다는 북한의 주장이 어느 정도 통용되고 있었다. 1973년 6월 23일 박정희 대통령은 '평화통일 외교정책에 관한 특별선언'(6.23선언)에서 이미 남북한 동시유엔가입(제5항)한 바 있다. 북한은 '6.23선언'의 철회를 요구하며 대화를 중단하였다(양영식 1997, 179). 남북한 동시유엔가입은 한반도의 영구분단을 초래하는 반민족적 행위로 간주되었기 때문에 통일된 하나의 국가의석으로 남북한이 유엔에 가입해야 한다는 당위성이 공감되었다. 그러나 사회주의권이 붕괴된 탈냉전 시점에서는 남한 단독으로라도 유엔에 가입해야할 명분이 충분하였다. 한국정부는 1991년 연초부터 유엔 가입 의지를 거듭 표명하였다.[14] 북한도 1991년 5월 27일 외교부 성명을

14 노태우 대통령은 1991년 1월 8일 연두기자회견에서, 1월 24일 외무부의 업무 보고서에, 그리고 1991년 4월 19일에 개막된 유엔 아시아·태평양 경제사회이사회(ES-

통해 유엔 가입을 신청하겠다고 발표하며 "우리가 유엔에 가입하기로 한 것은 남조선 당국자들의 책동으로 불가피하게 취하게 된 조치이다"라고 주장했다. 북한의 유엔가입 동기가 한국의 단독가입 의지를 저지할 수 없었기 때문이라는 해석이다(문철순 1991, 15–18; 왕임동 1994, 7). 이러한 북한의 표면적인 이유가 어느 정도 타당한 것인가는 이견이 없지 않으나 결과적으로 북한은 생명처럼 주장하던 단일의석 유엔가입 정책을 철회했다는 것은 당시의 상황이 매우 급박했음을 보여주기에 충분하다.[15]

그런데 독립의석으로의 유엔가입은 남북한의 관계를 국가 대 국가의 관계로 인정하는 셈이어서 문제가 없는 것은 아니었다. 자칫 국제사회에서 통일의 명분이 약화될 우려가 있기 때문이다. 이러한 이유 때문에 남북한은 남북기본합의서에 '잠정적 특수관계'로 못을 박은 것이었다. 남한은 "남북한이 다함께 유엔에 가입하는 것은 통일이 될 때까지의 잠정적인 과도조치이다. 남북한은 서로 실체를 인정하는 바탕 위에서 통일지향적인 특수관계를 전제로 해 국제적으로 활약할 수 있을 것이다"라

CAP) 총회를 통해서 연내 가입 의사를 거듭 표명하였다(왕임동 1994, 7).

15 북한은 당시 걸프전이 임박하였고 걸프전이 끝난 이후 다음 타겟은 북한이라는 것은 거의 기정사실로 받아들였으며 이러한 부담 때문에 적극적인 대남, 대외정책을 모색하였다. 즉 미국과의 무력충돌이 불가피하다면 남한과 일본이 개입하지 못하도록 하는 사전조치가 필요했다. 그런 맥락에서 일본과는 1990년 국교정상화 회담을, 남한과는 고위급회담을 시작하였다. 남한과는 '불가침협정'을 맺어 유사시 남한이 북한을 공격하지 못하도록 차단하였다고 판단하였다. 1991년 신년사에서는 기존의 연방제를 수정하여 '느슨한 형태의 연방'을 제시하였다. 만일 미국의 군사적 공격이 감행되더라도 소련과 중국이 자국 내 사정으로 군사적 도움을 주지 못한다면, 오히려 유엔체제 안으로 들어가서 소련과 중국의 안보리 거부권 행사라는 정치적 지원을 받는 것이 더 현실성이 있다고 판단했을 가능성이 있다.

고 주장했다(국토통일원 1990a, 29; 제성호 1995, 22). 북한도 "민족내부문제인 우리나라의 통일문제를 두 국가 간의 문제로 보고 국가들 사이의 발전관계의 일반적 도식을 우리나라 통일문제에 그대로 적용하는 것이라든지, 서구라파식의 신뢰구축방안이나 동서독식의 통일과정을 모방하려는 것은 매우 비현실적인 것으로서 그것은 우리나라의 통일문제를 해결하는 것이 아니라 오히려 분열을 지속시킬 뿐입니다"라고 강조했다(국토통일원 1990b, 125; 제성호 1995, 23).

동시에 '분단국'으로서의 지위를 강조하였다. 분단국(divided state)이란 원래 하나의 국가가 역사적 계기로 둘 이상의 국가로 나눠진 나라를 의미하며 미래에 하나의 국가를 이루어야 한다는 민족적 열망이 존재한다는 특징을 지닌다(박명규 2009a, 15-18). 이런 점에서 분단국은 통일을 미래가치로 두고 있지 않은 다른 국가들과의 관계와는 다르다. 통일을 당장에 실현해야 하는 당면과제로 설정하지는 않더라도 민족의식에 근거하여 통일을 미래의 잠재적 가치로 공유하고 있는 잠정적인 국가관계라고 할 수 있을 것이다. 세계의 많은 나라들은 남북한이 유엔에 독립의석으로 가입했지만 '코리아'는 하나의 민족이 두 개의 국가로 나뉘어 언젠가는 통일을 해야 하는 나라로 인식하는 경향이 강하다. 이런 점에서 남북한의 분단국으로서의 지위를 강조해 나갈 필요가 있다.

남한과 북한의 유엔가입으로 남북관계는 이전과는 질적으로 다른 차원으로 발전하였다. 국제사회에서 남한과 북한이 독립적인 국가로 인정받는 계기가 되었을 뿐 아니라 한반도 주변국들도 남북한의 평화적 공존 가능성이 제도화되었다는 점에서 적극 지지하였다. 자칫 통일의 명분이 약해질 우려가 커진 것도 사실이나 분단국이라는 특수관계의 지위를 부각시킴으로써 국제사회에 통일의 당위성을 확보하려는 노력을 기울였다.

4. 북한의 '서울불바다' 위협과 북미기본합의문

냉전종식과 더불어 남북교류협력의 틀이 만들어지고 대화가 시작되었으나 한국의 발전 과정에 심각한 도전 하나가 새롭게 부상하였다. 그것은 북한의 핵개발 문제였다. 냉전시기 북한은 원자력에 대한 지대한 관심을 갖고 있었다. '경제–국방 병진노선'에 의해 한편으로는 에너지원을 확보하기 위해, 다른 한편으로는 군사력 증강을 목표로 핵개발에 심혈을 기울여 왔다. 1986년 10월부터 영변의 5MW 원자로를 본격적으로 가동하고 소련의 도움을 받아 10년 기간을 목표로 원자력 발전소 건설을 추진하기로 합의하여 1995년에 50MW 원자로를, 1996년에 200MW 원자로를 각각 완공할 목표로 건설을 시작했다. 이 같은 북한의 핵활동은 미국의 주목을 받아 1988년부터 북미접촉의 계기를 제공하였다(김병로 2016, 342). 북한은 사회주의권 붕괴시기에 군사적 열세를 만회하기 위해 플루토늄을 추출하여 무기화를 시도한 것으로 보인다. 더 심각했던 문제는 수년 내에 완공될 50MW, 200MW 원자로가 완공될 경우 그로부터 다량의 핵무기를 만들 위험성이 있었다. 이러한 미국의 우려가 제기되자 북한과 미국 간에 치열한 대립과 갈등이 조성되었다.

북한 핵문제는 남북 간 심각한 갈등을 야기하였다. 1994년 3월 19일 남북특사회담 실무접촉에서 남측이 "핵문제가 조속히 해결되지 않을 경우 어떤 결과가 초래될지 모른다"는 발언에 이어 팀스피리트훈련 재개를 거론하자 당시 박영수 북측 단장이 "우리는 대화에는 대화로, 전쟁에는 전쟁으로 대응할 만반의 준비가 돼 있다," "여기서 서울이 멀지 않다. 전쟁이 일어나면 불바다가 되고 만다"는 발언을 함으로써 처음으로 '서울 불바다' 발언을 직접 접하는 계기가 되었다(통일원 1994, 151). 북한 당국자가 결연한 표정으로 선전포고하는 발언을 방송으로 접한 시민들은 큰 충격에 휩싸였다. 당시 언론은 일제히 '서울 불바다' 발언을 1면 머리기사로 실었고 국민들은 당장 전쟁이 터질지 모른다는 불안감에 백화점 식품매장의 계산대에는 2시간씩 기다려야 할 정도로 파장을 일으켰다. 이러한 위기감은 1994년 6월 전쟁위기설로 극도로 고조되어 서울 증시의 주가는 25%로 떨어지고 사흘 동안 전국적으로 라면이 5,400만 개가 팔리는 등 라면·쌀 등의 사재기 소동이 벌어졌다.[16]

미국은 북한의 핵개발 시도를 차단하고 핵확산을 방지하기 위해 북한의 핵시설에 대한 외과수술적 폭격을 계획하였다. 이 시기 미국의 북한에 대한 군사적 공격이 어느 정도 실제적이었는지는 약간의 의문이 남아 있지만 미국이 상당한 의지를 갖고 북한 핵시설을 제거하기 위한

16 한승동, "1994년과 2002년 한반도,"《한겨레》, 2002.2.5. http://legacy.www.hani.co.kr/section-007000000/2002/02/007000000200202052027002.html (검색일: 2016.10.22.); "김연철의 냉전의 추억: 전쟁 문턱까지 갔던 94년 6월,"「한겨레21」, 2009.3.6. http://h21.hani.co.kr/arti/politics/politics_general/24455.html (검색일: 2016.10.22.)

대책을 세웠다는데 대해서는 대체로 이견이 없는 것 같다. 클린턴 대통령은 김영삼 대통령과의 전화통화에서 김대통령에게 지금이 북한의 핵문제를 해결할 수 있는 절호의 기회라며 대통령의 허가를 요구했다. 그러나 외과수술적인 대북공격으로 핵시설을 제거하는 데는 상당한 인적 희생이 수반되었다. 클린턴 행정부는 개전 24시간 안에 군인 20만 명을 포함해 150만 명의 사상자가 발생하고, 개전 1주일 이내에 남북한 군인과 미군을 포함해 군병력만 최소 100만 명이 사망할 것으로 예상했다(Oberdorfer 1997, 315, 324). 김 대통령은 클린턴 대통령에게 북폭을 자제하도록 요구하였고, 결국 북폭은 실행되지 못한 채 미완의 계획에 그치고 말았다.

이러한 경험을 통해 북한의 핵문제가 한국의 운명에 결정적인 영향을 미칠 파장이 대단히 파괴적이라는 점에 공감하였다. 만약 영변 핵시설에 대한 군사공격이 가해지고 한반도에서 전쟁이 발생한다면 성공적으로 발전해 온 한국은 치명적 손상을 입게 될 것이 분명하다. 위에서 언급한 인적 손실은 물론이고 그 동안 이룩한 산업시설과 문화문명이 하루아침에 잿더미가 될 것이며, 한국의 경제와 주민의 삶은 수십 년 전으로 떨어지고 말 것이다. 따라서 한국형 발전이 지속가능한 모델이 되기 위해서는 북핵이라는 위험요소를 어떻게 관리하고 다룰 것인가 하는 문제가 대단히 중요해졌다.

이러한 위기국면에서 미국의 카터 전 대통령이 평양에 특사로 파견되어 남북 간 정상회담을 주선하였다. 김일성 주석의 급작스런 사망(1994. 7)으로 김영삼 대통령과 예정되었던 남북정상회담은 취소되었으나, 북한과 미국 간 대화가 시작되어 1994년 10월 북미 간 '제네바합의'가 타결되었다. 제네바합의에 따라 북한의 핵시설을 동결하고 그 대가로 1,000MW 2기의 경수로를 제공하는 방안이 논의되었다. 이를 구체화하기 위해 1995년 3월 9일 한반도에너지개발기구(KEDO)를 설립하고 경수로 관련 재원조달 방안 등 관련 의제를 추진해 나갔다(통일원 1997, 115–131). 정부차원에서는 '경수로사업지원기획단'을 설립하여 지원하는 한편, 남북 간 경제협력을 촉진하기 위해 '남북경제협력 활성화조치'를 발표하였다. 1997년에 들어서 4자회담 및 대북식량지원을 위한 적십자회담이 개최되고, 8월에는 대북 경수로 사업이 착공되었으며, 교역규모도 처음으로 3억 달러를 돌파하게 되었다. 그러나 국내경제가 IMF 관리체제로 들어서면서 다시 남북경협은 위축되었다.

제1차 북핵 위기로 불리는 탈냉전 직후의 상황은 탈냉전의 국제질서가 남북관계에서 맞부딪히면서 생겨난 위기국면이었다. 냉전시기에는 북한의 물리적 도발이 한국에 심각한 안보불안과 위협 요소가 되었는데, 탈냉전 시기 들어 핵문제가 새롭게 불거졌다. 이 핵문제는 한국의 안보는 물론 경제와 국민의 생존 자체에 불안과 위험을 야기하는 심각한 도전으로 떠올랐다.

5. 북한의 식량난과 북한붕괴위험, 북한급변사태대비 대량난민 대책

한반도에 전쟁의 위기가 한 차례 지나간 바로 다음 찾아온 도전은 북한의 식량난이었다. 김일성 사망으로 심리적 충격에 빠진 북한은 1995년 8월 유례없는 엄청난 홍수피해로 많은 인명피해가 발생하였고 그로 인해 극심한 식량난을 겪었다. 이듬해인 1996년에도 다시 큰 홍수가 발생했고 1997년에는 가뭄으로 많은 사상자와 실종자 등 인명피해가 발생하였으며 막대한 재산피해도 입었다. 무엇보다 농경지의 침수와 대규모 이재민의 발생으로 극심한 식량난과 기근을 초래하였다. 1995년과 1996년의 홍수피해로 수백만 명의 이재민이 생겨나고 다음해 농사를 제대로 짓지 못하면서 엄청난 아사자를 내는 악순환이 시작된 것이다. '100년만의 홍수'로 보도된 사상초유의 자연재해로 농경지 36만 정보가 침수되고 200여만 톤의 곡물생산이 감소하였다. 식량난과 기근으로 인한 이 시기의 사회적 혼란은 김정일 위원장 자신이 당시의 상황을 '무정부상태'로 표현했을 정도로 심각한 것이었다. 김정일은 1996년 12월 김일성종합대학에서 당 간부들에게 "북한이 지금 식량 때문에 무정부상태가 되고 있다"고 질타한 사실은 널리 알려져 있다(《월간조선》 1997, 306-317). 식량난과 기근으로 수십만 주민이 사망한 과정에서 직장과 학교가 정상적으로 운영되지 못하였다.

북한은 대규모 식량난과 아사자의 발생으로 체제의 위기에 직면하여 '고난의 행군'이라는 캠페인을 전국적으로 전개하여 가까스로 붕괴를 모면하였다. 극심한 식량난으로 체제위기가 고조되자 '고난의 행군'과 '사회주의 강행군' 등을 전개하고 군사적 위기상황으로 몰아가며 사상의식을 강조함으로써 붕괴의 위기를 넘겼다. 그 과정에 주민들의 물질생활은 피폐해졌고 먹고사는데 급급한 상황에 처했다. 북한의 식량난과 기근이 단순한 자연재해만으로 초래된 것이 아니라 경직된 다락밭 정책과 취약한 보건의료제도, 중앙배급체계, 그리고 국가발전전략까지 여러 요인이 복합적으로 작용한 결과라는 점에서 문제는 매우 심각하였다(김병로 2013b, 285-319). 특히 다락밭 개간과 땔감 부족으로 인한 남벌은 호우 때마다 산사태와 토사유출을 유발하여 하천범람에 의한 상습적 수해의 발생 원인이 되었다. 보다 심각한 문제는 이처럼 부실한 농업정책을 개선할 수 없는 정치적 경직성이었다. 김일성·김정일의 지시를 교시로 받들고 있던 북한에서는 주체농법의 많은 문제점에도 불구하고 그것을 시정할 수 있는 여지가 없었다. 사회주의 제도의 비효율성과 정치제도의 경직성 때문에 북한경제는 회복불능의 지경에 이르렀다. 이런 상황에서 북한의 붕괴는 단순한 우려가 아닌 구체적 현실로 다가오는 것 같았다.

이런 점에서 북한의 식량난과 굶주림은 한국의 발전과정에 또 다른 중대한 도전으로 부상했다. 북한붕괴에 대한 고려가 필요해진 것이다. 동유럽에서처럼 북한이 붕괴하면 북한 내부의 정치사회적 혼란과 경제침체는 물론이거니와 그것이 남한경제에 미치는 악영향은 상상할 수 없을 정도다. 특히 대량난민이 쏟아져 나올 것이며 그 중 상당수는 남한으로 유입되어 남한의 경제사회적 대혼란이 야기될 것으로 예상되었다. 한 연구에 의하면 베를린 장벽이 무너진 후 2개월 동안 동독주민 18만 명이 서독으로 이동하였고 그 후 안정 추세로 돌아섰는데, 이러한 경험을 한반도에 그대로 적용한다면 남북한 통일 시에는 2-3개월의 단기간 동안 북한주민 26만 명이 남한 쪽으로 일시에 이동하여 큰 혼란을 일으킬 가능성이 있다.[17] 북한 사회주의 체제가 붕괴하는 급변사태 시에는 1-2개월 안에 '수십만 명'의 탈북민이 양산될 것으로 예상된다(김병로

1997, 245–297).

북한붕괴에 대한 논의는 김일성 사망(1994.7)을 계기로 시작되었다. 당시 국내 북한전문가들은 대부분 김일성의 사망으로 충격에 빠진 북한이 그리 오래지 않아 붕괴할 것으로 예상하였다. 이러한 '북한붕괴론'은 이후 2008년 2월 출범한 이명박 정부에서 다시 부활하여 통일·외교·안보 분야의 최고책임자들 모두 북한붕괴론에 근거하여 대북 압박정책을 시도하기도 하였다. 이러한 상황에서 정부는 통일부를 중심으로 북한의 '급변사태'에 대한 대비를 서둘렀다. 통일부와 정보부서는 북한붕괴 시 대응 마스터플랜을 마련하고 유엔난민고등판무관(UNHCR)의 지휘아래 북한대량난민 대책 관련 집중 워크숍을 개최하는 등 정책수립을 추진하였다. 정부 각 부처는 물론 시민단체까지 망라하여 만약에 있을지 모르는 북한의 급변사태와 대량난민사태에 대비하는 준비를 서둘렀다. 북한 급변사태를 대비한 한국정부의 계획은 외부로 공개되지 않은 채 진행된 것이어서 구체적인 자료를 제시할 수 없으나 이 계획에 참여한 관련 전문가들에 따르면 정부의 북한 급변사태 대응계획은 매년 업데이트되고 있는 것으로 알려졌다.

정부의 이러한 판단은 앞서 설명한 북미 간 제네바합의에 큰 영향을 미쳤다. 미국이 북한에 제공하겠다고 약속한 경수로 건설은 10년의 기한으로 되어 있는데 10년 이내에 북한이 붕괴하고 없어질 것이므로 합의이행을 심각하게 고려할 필요가 없었다는 것이다. 북한이 곧 붕괴된

---

17 박진, "Refugee management for Possible Emergency in North Korea," (미발표 논문).

것이므로 북한이 원하는 북미관계 개선과 경수로 건설을 합의해 줘도 별문제가 없을 것이고 경수로 건설 중 북한이 붕괴되면 어차피 남한 것이 될 것이므로 남한이 비용의 70%를 부담해야 한다는 논리가 나왔다. 2014년 미국 존스홉킨스대 국제관계대학원(SAIS) 주최로 열린 '제네바합의 20주년 세미나'에서 당시 협상을 이끌었던 인사들은 한결같이 미국이 북한붕괴론에 근거하여 북미합의를 했었음을 회고하였다(연합뉴스 2014.10.21.). 당시 미국 측 회담대표였던 갈루치(Robert Gallucci)는 "1994년에 우리는 북한에 대해 무지했고, 2014년 지금도 마찬가지"라는 의견을 피력했으며, 회담을 이끌었던 보즈워스(Stephen Bosworth) 미국 북핵특사도 "북한의 붕괴 가능성이라는 신화는 제네바합의와 관련해 다뤄야 할 유일한 신화였다"며 "지금도 북한을 이해하지 못하고 모르는 상황은 마찬가지"라고 회고하였다.

북한붕괴와 관련한 여러 이견에도 불구하고 한국은 발전과정에서 북한붕괴 변수를 중요하게 고려해야만 했다.[18] 통일독일의 경우에서 보듯 예기치 못한 환경변화로 인해 급격하게 통합이 진행될 수도 있기 때문이다. 탈냉전적 상황과 같은 국제적 환경변화가 조만간 다시 일어날 개연성은 매우 낮지만 적어도 한반도 상황에 중대한 변화요인이 나타남으로써 근본적인 질서재편의 국면으로 급격히 이동할 가능성은 존재한다. 특히 점차 확대되고 있던 북한체제의 여러 문제들, 예컨대 김정일의 건

18 물론 현재 북한의 붕괴가능성은 그리 크지 않다고 할 수 있다. 김정은에 대한 지지도가 58.1%에 이르고 주민들의 주체사상 자부심도 52%에 달한다. 30~35%의 주민들은 강한 자부심을 갖고 있는 것으로 조사되었다(정은미·김병로·박명규, 2014).

강문제, 공포정치로 인한 궁정 쿠데타, 북한 핵전략에 대한 전 세계적 비난과 비판, 지속적인 탈북행렬, 북한체제에 대한 국제적 지지철회와 고립화 등을 고려할 때 북한발 위기 내지 급변의 환경을 맞이할 가능성도 결코 무시할 수는 없었다.

이런 차원에서 예기치 못한 급변사태 시 남북한의 체제통합이나 주민유동성을 통일의 당위성이나 민족적 동질성만으로는 적절히 통제하는데 불충분하다. 통일을 지향하면서도 예기치 못한 상황에서 가장 적절하게 변화를 관리하고 통제하며 조율할 수 있는 논리도 제공할 수 있어야 한다. 예기치 못한 위기상황은 그 결과가 반드시 긍정적이라는 보장도 없고 의도적으로 추구할 일도 아니지만 이런 상황에 대응할 준비를 갖추는 것은 필요하고 다양한 차원의 속도조절과 유연한 관리가 가장 어렵고도 긴요한 과제로 부각되었다. 이런 점에서 탈냉전 시기 한국의 발전은 북한붕괴와 같은 위험에 대비해야 하고 관련 대응정책을 준비해야 할 긴박한 필요성이 생겨났다.

6. 대북지원NGO 활동과 시민참여

북한의 식량난이 미친 또 하나의 영향은 대북지원과 관련한 시민사회의 반응과 움직임이다. 식량난을 계기로 북한은 유엔에 지원 요청을 하였다. 홍수피해를 입은 북한은 1995년 8월 즉각 유엔에 지원을 요청하였다. 사회주의권 붕괴 이후 바짝 긴장하던 북한은 1991년 9월 유엔에 가입하였으나 유엔이나 자본주의 세계와의 교류가 거의 없었다. 좀처럼 외부세계에 자기를 드러내지 않던 북한이 유엔에 도움을 요청하면서 북한은 자연스럽게 자본주의 세계에 편입되는 기회가 형성되었다. 북한도 홍수피해 상황을 비교적 상세하게 유엔에 보고하였을 뿐 아니라 북한의 경제실정에 대해서도 비교적 정확하게 평가하여 보고하였다. 한 예로, 1997년 6월 북한이 유엔에 보고한 자체 경제평가에는 1989년 1인당 GNP 911달러를 정점으로 하강국면에 접어들어 1995년의 1인당 GNP가 239달러에 불과한 것으로 보고했다(통일원 1997, 16). 그 이전까지 1인당 국민소득을 2,600달러로 발표했던 관례에 비추어 보면 파격이라 아니할 수 없다. 북한이 외부의 원조를 받기 위해 피해상황을 부풀리고 경제사정이 어렵다는 것을 부각시키려고 의도적으로 낮게 보고했다는 의심을 받기도 하였다. 그럼에도 정보공개를 극도로 꺼리는 북한이 홍수정도, 수치, 지명, 특성까지 일일이 보도하고 있는 것은 이런 점에서 특이한 일이었다.[19] 북한이 공개하는 정보가 얼마나 정확한가, 혹시 외부의 식량지원을 받기 위해 정보외교를 하는 것은 아닌가라는 의구심은 여전히 남아 있으나, 대재난을 계기로 북한이 국제사회와 교류하기 위해 국제적 기준에 맞게 정보를 정확하게 평가하고 비교적 정확한 정보를 제공하게 된 것은 나름의 성과로 볼 수 있다.

유엔의 입장에서 북한의 지원요청을 받고 적극적으로 대북지원 캠페

19 2007년 여름 홍수로 평양이 모두 침수되었을 당시에도 7월 7일부터 18일까지 580mm의 비가 내렸고 강원도 지역에서는 집 처마 밑까지 잠길 정도로 피해를 입은 모습을 즉각 공개하였다.

인을 전개한 이유는 북한의 홍수피해 자체가 크고 심각했기 때문이었겠지만, 폐쇄적이고 극단적인 은둔을 고집했던 북한에 대한 호기심과 정치적 필요성도 있었을 것으로 생각된다. 당시 북한은 미국 및 서방세계와 핵문제로 갈등을 빚다가 1994년 10월 제네바합의로 대화 국면에 있었다. 유엔은 북한의 재난을 계기로 서방세계와 관계개선을 도모할 수 있다는 외교적 의도도 갖고 있었을 것이다. 북한으로서도 유엔가입 이후 첫 번째로 유엔과 관계를 맺는 사건이어서 북한의 유엔지원 요청은 은둔상태였던 북한이 '커밍아웃'을 결행한 계기라 할 수 있다. 북한당국의 이러한 정책변화로 유엔은 북한에 대한 관여(engage)를 시작하는 계기를 갖게 되었다.

국내적으로는 '남북교류협력법'의 시행으로 시민단체의 합법적인 대북활동 공간이 마련됨으로써 북한에 대한 시민사회 차원의 참여가 시작되었다. 1993년 4월 '남북나눔운동'의 창립을 시작으로 대북지원 비정부기구(NGO) 활동이 시작되었으며 본격적인 참여는 1995년 식량난 이후부터다. 1995년 여름 북한의 수해 피해가 발생한 이후 북한의 홍수피해 복구를 돕기 위한 차원에서 대북구호 필요성이 제기되었고 이러한 목적을 띤 대북NGO가 결성되었다. 우리민족서로돕기운동(1996.6)과 좋은벗들(1996.12), 한민족복지재단(1997.2), 유진벨재단(1997년), 기아대책기구(1998년), CCC젖염소보내기운동본부 등이 창립되었다. 우리민족서로돕기운동본부는 1996년 6월 북한동포 돕기운동의 역량을 집결하기 위해 불교, 개신교, 천주교, 원불교, 천도교, 유교 등 6개 종단과 시민단체, 학계를 망라한 조직으로 발족하였다.

그러나 당시의 상황을 되돌아보면 대북NGO의 창립이 본격화된 것은 유엔의 대북지원 캠페인이 중요한 계기가 되었다. 북한의 홍수피해가 극심했고 북한동포들에 대한 지원이 필요했음에도 불구하고 한국인들은 북한지원에 동참하지 못했다. 북한에 대한 일종의 두려움과 경계심을 갖고 있던 한국인들은 북한이 대규모 홍수피해를 입었다는 사실자체를 믿을 수 없었다. 혹시 북한의 전략이 아닌가 라는 의심을 갖기도 하고, 혹은 북한을 지원함으로써 북한이 다시 회복된다면 한국에 불리하게 되는 것이 아닌가 라는 우려를 갖기도 했다. 북한에 대한 경계심이 여전했고 국가보안법에 대한 두려움도 있었던 시기라 북한을 돕고 지원한다는데 국민들이 선뜻 나서지 못하였다. 그런 상황에서 한국인들의 마음을 움직인 것은 유엔의 대북지원 호소였다. 유엔차원에서 북한의 홍수피해를 돕자는 캠페인을 벌인다는 소식이 전해지자, 유엔도 돕는데 같은 민족이 가만히 있어서야 되겠는가 라는 명분을 앞세워 종교단체와 시민단체가 호응하며 대북지원을 본격적으로 추진할 수 있었다.

이 시기에 형성된 또 다른 대북NGO가 있는데 그것은 북한의 대홍수와 식량난으로 인해 대량으로 발생한 탈북자를 지원하는 NGO들이다. 1996년부터 중국의 연길지역으로 대량발생하기 시작한 탈북자들은 1998년까지 지속적으로 늘어나 30만 명 정도까지 급증했다. 이러한 탈북자들을 보호하고 지원하기 위한 구호활동을 목적으로 중소규모의 단체들이 많이 생겨났다. '좋은 벗들'과 '모퉁이돌선교회', '두리하나', '피난처'(1999.6) 등 시민단체가 결성되어 탈북자 보호 및 지원활동에 뛰어들었다. 1995년부터 북한이 거듭되는 홍수와 가뭄, 한파 등 이상기온으로 극심한 식량난을 겪으며 85여만 명이 아사하는 가운데 중국으로 탈출한 북한인들을 돕기 위한 관심이 높아졌다.

북한을 매개로 하여 시민단체가 성장한 것은 특기할만한 일이다. 민주화 이후 변화된 사회환경 속에서 경제정의실천연합(경실련), 참여연대 등 소수의 시민단체들이 성장하였는데, 북한의 식량난이 악화되고 인도주의 지원 필요성이 생겨나면서 대북지원과 탈북자 관련 시민단체가 급성장하였다. 2007년 4월 당시 통일부에 등록된 대북·통일NGO는 총 181개로 성장했고, 2016년 10월 현재 353개로 성장하였다.[20] 북한에 대한 인도적, 경제적 지원은 이후 한국이 ODA 수혜국에서 공여국으로 위상을 전환하는데도 중요한 기여를 하였다. 이러한 NGO의 성장은 사회발전 차원에서 큰 수확이라 할 수 있다.

7. 분단국체제와 대한민국 의식의 형성

냉전종식과 함께 한반도 분단체제는 협력적 공존의 성격을 띤 국가적 관계로 변화를 시작하였으며 세계적 탈냉전의 변동으로 국가성은 더 강화되었다. 남한과 북한은 1945년 분단 이후 서로 적대적 공존하는 체제를 유지해 왔으나 국제정세의 변화와 남북관계의 개선으로 분단체제의 성격도 달라졌다. 앞서도 언급하였지만 체제란 각 부분이 전체의 유지에 기여할 뿐만 아니라 서로가 서로의 유지를 위해 필요로 하는 상호의존적 관계의 상태를 말한다(Parsons 1951). 이런 점에서 남북관계를 오

20 http://www.unikorea.go.kr/kr/KCA/KCA0701L.jsp (검색일: 2016.10.10.)

랫동안 분단체제론의 관점에서 파악하였다. 분단체제론은 분단을 유기적 자기완결성을 갖는 체제라고 보고 한반도 분단으로 형성된 남북 간 상호작용과 그 형태를 분단체제로 규정하였다. 분단체제론의 대표적 제창자인 백낙청은 "한반도 남북전체를 망라하는 이 현실이 '체제'로서의 어떤 성격을 띠지 않았는지"를 성찰하면서 분단체제론을 내놓았다(백낙청 1994b, 15). 분단체제를 "세계체제의 하위체제이면서 일정한 독자성을 갖는 남북한체제의 독특한 결합"으로 보고 있는 것이다(손호철 1995, 294). 분단체제는 분단체제를 지속시키는 더 큰 세계체제에 편입되어 있으면서 남북 간에는 특수한 관계를 유지하고 있다. 이런 점에서 분단체제는 일정한 지속성, 즉 자기 재생산 능력을 지니고 있는 것으로 인식된다.

이러한 분단체제가 탈냉전 후 남한과 북한의 국가성이 강화되면서 달라지기 시작하였다. 앞에서 언급한 바와 같이 남북교류협력법 제정과 남북기본합의서 체결, 유엔가입 등 여러 면에서 남한과 북한의 국가적 성격은 달라졌다. 사실 남북한은 분단 초기부터 '조선'과 '한국' 국호를 사용하며 국가의 틀을 갖추었다. 비록 국민국가로서의 특질은 갖지 못했으나 정부(government), 국가(state)로서의 성격은 갖추었다. 분단체제는 국제환경적 요인과 남북관계, 그리고 남북한 체제 내적인 요소가 상호작용하지만 남북관계의 성격변화를 주목하지 않았다. 남북관계는 한국(남한)과 조선(북한)이라는 국가성이 강화되었고 탈냉전 이후 그러한 특성은 더욱 현저하게 나타났다. 이러한 변화를 분단국체제로 개념화해 볼 수 있을 것이다. 적대적 공존체제로 존재하던 남한과 북한이 한국과 조선으로서의 협력적 공존체제를 추구하기 시작했다. 이런 점에서 분단국체제는 남북관계의 상호작용 분석에서 매우 유용한 틀을 제공한다. 분단체제에서는 남북한의 국가적 성격을 다소 소홀히 다루었는데 분단국체제는 남북한이 국가적 성격을 지니고 있다는 측면을 중시하여 상호작용의 성격을 분석한다. 박명규(2009a)는 탈냉전 이후 남북관계의 이러한 변화된 특성을 '비대칭적 분단국체제'라는 개념으로 이론화 작업을 시도했다(박명규 2009a, 3-28). 남북관계가 적대성을 지속하면서도 탈냉전 이후 남북한의 국가성이 강화되고 관계의 비대칭성이 증대하고 있다는 사실에 유의하여 비대칭적 분단국체제를 개념적으로 정리한 것이다. 남북 간 국가성의 강화, 이질성과 비대칭성의 확대, 적대성의 잠재 등이 분단국체제에서 질적으로 달라진 상호작용의 특징들이다.

북한도 세계적인 탈사회주의 변화를 맞아 위기에 직면했다. 1990년대 들어 대남전략을 기존의 혁명전략에서 대화, 화해, 협력으로 전환하고 미군철수 등의 주장을 철회 또는 완화했다. 민주화되지 못한 북한의 군사정권은 탈냉전 이후 체제위기에 직면하여 '고난의 행군'을 선포하는 준전시체제에 돌입한다. 대부분의 사회주의 국가들과 마찬가지로 1992년 4월 헌법 개정을 통해 북한식 '집단지도체제'의 준비 작업을 서둘렀다. 국방위원회라는 새로운 제도를 만들어, 권력을 형식적으로나마 주석, 최고인민회의 상임위원회, 국방위원회의 세 기구로 분산시켰다. 김일성으로부터 김정일로의 권력이양을 위해 형식적인 집단지도체제를 갖춘 것이다. 권력을 이양 받은 김정일은 군대조직과 군사력에 체제의 운명을 맡기는 '선군정치'를 강화한다. 민주화의 방향으로 변화하는 것이 아니라 오히려 반대 방향으로 정치체제를 강화한 것이다.

물론 이러한 변화는 정책의 변화를 의미하는 것이고 지도부나 주민의 의식은 크게 변하지 않았다. 그렇지만 전략적으로 방향을 전환한 것은 그만큼 남북관계의 상황이 달라졌기 때문일 것이다. 뿐만 아니라, 1990년대 이후 한국(남한)과 조선(북한)의 민족의식은 점차 옅어지고 국가의식이 강해지고 있음은 부인할 수 없는 사실이다. 한국은 1988년 서울올림픽을 치르면서 '대한민국'의 국가의식이 성장했고 1990년대 민주화의 진전과 경제성장이 뒷받침된 한류의 흐름을 타고 한국의 국가의식이 형성되었다. 2002년 월드컵축구를 통해 대한민국 의식은 한층 강화되었다. 북한역시 탈냉전 이후 조선과 공화국이라는 국가의식을 강화하고 있다. 북한이 활용하고 있는 민족담론, 즉 조선민족이나 김일성민족에서도 실제로는 조선과 공화국이라는 북한의 국가의식을 강조한 것이다.

국제사회에서의 협력과 남북관계에서의 직접적인 교류협력이 이루어짐에 따라 분단체제 하에서의 체제경쟁 효과는 덜 작용한 것으로 보인다. 권위주의 시기에 선거철이면 빠지지 않고 활용되었던 '북풍'의 효과도 점차 줄었다. 그만큼 국민의 민주화 의식이 성숙했으며 남북관계가 달라졌다. 때문에 과거처럼 북한변수를 정치화하려는 시도는 자칫 잘못하면 오히려 역풍을 맞을 수도 있게 되었다. 물론 북한·통일 문제는 여전히 남한사회에 상당한 영향력으로 작용하고, 군사적 대응태세와 안보의식이 한국사회에 여전히 큰 영향을 미치며 정치와 군사, 문화 분야에서 북한과의 체제경쟁은 여선하나. 그러나 빈쪽의 나라가 분단체제로 존재하던 관념에서 벗어나 정상적 국가관계로 발전하였다.

국제사회에서 남북한이 독립된 국가로 규정되는 것을 우려하여 국가성의 강조를 회피하는 경향이 있으나 남북한은 한국과 조선이라는 국가적 실체를 갖고 있고 시간의 흐름에 따라 국가성은 점점 완결성을 갖게 되었다. 이런 점에서 1989년 이후에는 분단국체제로 완전히 자리 잡았다. 1991년 9월에는 유엔에 독립국으로 각각 가입하였으며 사회 내적으로도 국민의식이 형성되어 1980년대 후반에는 국민국가의 성격이 한층 강화되었고 2000년대에 이르면 국가의식은 최고조에 달한 것으로 보인다. 이런 점에서 남북한은 이러한 특수관계의 성격을 고려하여 남북관계에서는 국가적 성격을 인정하되 국제사회에서는 분단국의 지위를 갖는 분단국체제로 발전하였다.

분단국체제의 패러다임에 대한 보다 구체적인 구상이 필요하다. 분단국체제는 언어와 역사, 전통을 공유한 하나의 민족이 다른 국가체제를 형성하여 특수한 국가적 관계를 형성하고 있는 구조를 의미한다. 따라서 남북한을 국가적 관계로 본다고 하는 것은 중국이나 일본, 미국과의 관계처럼 민족관계가 전혀 없는 국가적 관계로 간주할 수는 없을 것이다. 분단국관계란 민족관계를 일정부분 유지하면서 국가적 관계를 동시에 지니고 있는 체제를 의미한다. 즉 분단국체제는 분단체제에서 남북연합통일국가로 이행하는 과정에서 잠정적으로 형성되는 남한(한국)과 북한(조선)의 느슨한 국가관계라고 말할 수 있다.

분단국 체제와 비슷한 남북국체제는 근대국가 형성 이전 통일신라와 발해 두 나라가 형성했던 관계로 한국사에 처음 기록되었다.[21] 역사적으로 형성되었던 신라와 발해의 관계는 전쟁을 치른 적대적 관계의 시기도 있었지만 점차 교류협력을 추진하면서 특별한 관계를 유지했다. 당시

21 유득공은 『발해고』에서 남북국시대를 논한다.

에는 근대 국가의식이 없었기 때문에 오늘날의 국가관계와는 달랐겠지만 신라와 발해가 그후 고려로 통일되기까지 잠정적인 특수관계를 유지하였던 것이다. 이러한 역사적 관계를 '남북국시대'라고 부른다면, 현재의 남북관계는 '신남북국시대'로 부를 수 있을 것이다. 신남북국시대에 형성된 분단국체제는 통일을 미래가치로 갖고 있는 한국과 조선의 국가관계로 규정지을 수 있다.

이처럼 탈냉전기 남북한은 대한민국(한국)과 조선민주주의인민공화국(조선)으로 분단국체제를 형성하고 있다. 국제사회에서의 국가적 위상도 달라졌고 남북 상호 간 인식도 달라졌다. 무엇보다 남북한의 민족의식은 한국과 조선을 아우르는 단일한 민족의 호칭을 공유하지 못한 채 국가의식은 한층 커졌다. 분단국체제 속에서 남북한은 국가 대 국가의 관계로 접근하면서 어떻게 공통적 민족의식을 함께 만들어 갈 수 있겠는가 하는 것이 과제로 제기되었다. 분단국체제의 발전 여하에 따라 남북관계와 대북정책은 양적, 질적 변화를 겪게 될 것이다.

냉전기 남북관계와 대북정책은 분단체제라는 관점에서 바라보는 시각이 지배적이었다. 분단체제 논리는 남한(한국)과 북한(조선)의 건국이 남북을 아우르는 통일국가로 수립되지 못하고 북한과 남한의 상대를 배제한 반쪽의 국가로 출발했다는 것이다. 때문에 통일은 언제나 완전한 근대 국민국가를 형성하기 위한 당연한 목표로 받아들여졌다. 남한과 북한의 보수진영에서 보면 대한민국과 조선민주주의인민공화국이 각자 한반도에서 유일한 합법적 정부이며 완전한 독립국임을 천명했기 때문에 상대체제를 전혀 인정하지 않았다. 상대는 불법집단이며 적성국이다. 상대를 국가로 인정하지 않으며 미수복지역을 회복함으로써 완전한 국민국가를 성취하게 되고 따라서 통일은 국가적 목표로 설정된다.

그러나 분단국 체제에서 냉전시기의 국가와 민족의식이 달라졌다. 냉전기에는 남과 북의 정권이 통일을 실현함으로써 진정한 근대 국민국가를 형성해야 한다고 생각하였다. 그러나 남한과 북한의 국가적 성격이 강화됨으로써 국가의식이 민족의식을 압도하는 현상이 진행되었다. 상대적으로 민족의식이 약화되면서 통일당위성도 약화되는 상황으로 바뀌었다. 과거에는 남한과 북한은 하나의 민족이 둘로 나뉘어 완전한 민족국가(Nation-State)를 이루지 못했다고 생각했으나, 이제는 남한과 북한이 아니라 한국(대한민국)과 조선이 완벽한 국가적 면모를 갖춘 것으로 인식하는 사람들이 많아진 것이다.

VI. 남북교류협력과 발전공간의 확장(1998–2007)

1. 대북포용정책과 남북정상회담, 6·15공동선언

1998년 2월 김대중 대통령의 '국민의 정부'가 출범하면서 남북관계는 새로운 전기를 맞았다. 김대중 정부는 남북협력의 적극적 추진을 대북정책 3대 원칙의 하나로 천명하면서 남북교류협력을 국정 100대 과제 중 중점 추진과제로 설정하였다. 김대중 정부는 평화를 파괴하는 일체의 무력도발을 용납하지 않고 북을 해치거나 흡수통일을 기도하지 않으며 북한이 개방과 변화의 길로 나올 수 있도록 남북 간 화해와 협력을 추진한다는 '대북정책 3원칙'을 천명하였다. 이러한 원칙과 기조 하에 '정경분리' 원칙에 입각한 남북 경제협력 활성화와 인도주의 대북지원을 적극 추진하였다. 1998년 4월 30일 '남북경협 활성화조치'를 발표하여 남북경협 절차 간소화, 대북 투자규모 제한 철폐, 투자분야의 완화, 대기업 총수의 북한방문 허용 등의 조치를 취하였다.

이른바 햇볕정책으로 불리는 대북포용정책이 시작된 것이다. 대북포용정책은 경제사회적 교류와 협력을 바탕으로 실질적인 화해와 평화를 구축하고 정치군사적 평화체제를 견인하여 궁극적으로 통일로 나아간다는 전략이었다. 수십 년간 단절된 대립과 갈등을 풀기 위해서는 당장 통일을 실현하는 데 주력하기보다는 평화정착과 공존부터 실현하는 것이 시급하고 적절하다는 판단을 한 것이다. 대북포용정책을 추진한 배경에는 한반도 주변정세가 이미 탈사회주의의 길로 들어섰고 북한도 변화하지 않을 수 없다는 현실적 대북인식이 깔려 있었다. "북한체제는 이미 실패했고 변화 없이는 회생이 불가능하지만 조만간 붕괴할 가능성이 희박"한데다 "대남혁명전략과 군사노선을 포기할 가능성이 매우 적다"는 판단아래 '평화와 화해협력을 통한 남북관계 개선'을 목표로 대북포용정책을 적극 추진하였다(통일부 2000, 제1장 2절 3절). 이러한 대북포용정책은 김대중 대통령이 이전부터 갖고 있던 한반도 통일에 대한 '공화국연합제' 통일비전과 독일 빌리 브란트 수상의 동방정책으로부터 받은 영향이 크게 작용하였다(황병덕·김학성·박형중 외 2000).

이러한 정책의 배경에는 기본적으로 기능주의적 사고가 깔려 있었다. 즉 남북 간 공동의 번영과 평화를 증진시키는 최선의 방법은 경제와 사회 분야에서 협력하는 것이라고 주장하는 것이다. 비정치적 분야에서 기능적인 협력이 발전되면 정치 분야의 협력까지 촉진할 수 있다는 확산효과(spillover effect)에 주목한다. 인도주의 사업에서 경제로, 경제에서 군사와 정치로 침투 확산 효과가 있다고 주장한다. 정치적으로 덜 민감하고 장기간에 걸쳐 추구할 수 있는 분야에서 신뢰와 협력을 쌓으면 이러한 효과들이 누적될 때 자연스럽게 정치 영역으로 옮아가는 확산의 과정을 중시하는 것이다(홍용표 2005, 274-275).

대북포용정책의 결실은 최초의 남북정상회담으로 맺어졌다. 2000년 6월의 남북정상회담은 분단 55년 만에 이루어진 역사적인 회담으로 남북관계에서 화해와 협력의 시대를 여는 중요한 계기가 되었다. 2000년 6월 13-15일 평양에서 김대중 대통령과 김정일 국방위원장의 회담이 진행되었다. 남북정상회담을 위해 2000년 3월 독일 베를린에서 북한에 대한 경제적 지원과 협력을 내용으로 하는 '베를린 선언'을 발표하였고 북한이 이에 호응하면서 2000년 3월 17일 중국 상하이에서 남북 간 접촉이 이루어졌다. 여러 차례 비공개 접촉과 5차례의 판문점 준비접촉을 바탕으로 분단 이후 남북 간 첫 정상회담이 성사되었다. 김대중 대통령은 민주주의·인권 개선과 함께 남북화해와 평화에 기여한 공로로 2000년 12월 10일 노벨평화상을 수상하였다.

남북의 지도자가 첫 정상회담에서 합의한 「6·15공동선언」은 남북관계를 획기적으로 바꾸어 놓았다. 공동선언은 통일문제의 자주적 해결 추진, 통일방안에 대한 공감, 이산가족·비전향장기수 등 인도적 문제 해결, 경제협력과 교류협력 활성화, 남북 당국회담 개최 등 5개 항에 합의하였다. '6·15공동선언'은 특히 2항에 통일방안에 관한 남북의 입장이 크게 다르지 않다는 점을 확인했다는 점에서 의의를 갖는다. 즉 "남과 북은 나라의 통일을 위한 남측의 연합제와 북측의 낮은 단계의 연방제안이 서로 공통성이 있다고 인정하고 앞으로 이 방향에서 통일을 지향시켜 나가기로" 선언하였다.[22] 북한이 연방제를 '낮은 단계'부터 시작하자고 제안한 것은 한국이 제안하는 연합제 방식으로 통일논의를 시작해보자는데 동의한 것으로 양측의 지도자가 진지하게 논의하면 연합제 통일이 가능할 수 있게 되었다는 점에서 남북관계에 새로운 도전을 주었다. 통일은 정치적으로 민감한 주제이며 남북 간에 의견 차이도 큰데, 이처럼 꺼내기 어려운 주제를 공론화했다는 점에서 의의가 있다.

남북정상회담은 북한과의 대립적 관계를 교류협력 체제로 전환하고 나아가 통합체제 구축을 비전으로 제시하며 한국형 발전을 심화하는 계기를 만들었다. 북한과의 화해협력과 교류증진을 바탕으로 한국형 발전의 새로운 동력을 창출할 수 있다는 가능성을 보여주었다. 김대중 정부가 통일을 명시적으로 추구하지는 않았지만 김영삼 정부 시기의 북한

22 남한은 궁극적으로 자유민주주의와 시장경제를 골간으로 한 중앙집권적인 통일민주공화국 수립을 목표로 하고 있는 반면, 북한은 두개의 체제가 공존하는 연방제형태를 목표로 하고 있다. 지금까지 남북한은 통일에 관한 시각차를 보여 왔다. 남한은 통일이전에 남북협력과 교류가 선행되어야 한다고 주장하고 있어서 점진적이고 단계적인 입장을 취하는 반면, 북한은 군사력 감축과 정치적 통일이 선행되어야 한다고 주장한다. 북한은 통일국가를 이룩하는 과정에서 중립국을 주장하는 반면, 남한은 그 과정에서 스스로 결정할 문제라고 주장한다. 북한은 불완전한 통일이야말로 남북한의 현 사회체제와 이념을 그대로 살릴 수 있기 때문에 가장 현실적이고 합리적인 통일방안이라고 주장한다. 한국이 표방하는 민족공동체통일방안은 중간단계로 남북연합을 제안하고 있다는 점에서 연합제라 할 수 있다. 연합제란 독립국가연합(CIS), 유럽연합(EU), 아세안(ASEAN)과 같은 조직처럼 참여 당사국이 국가의 독립성과 자율성을 그대로 유지하면서 서로 협력하는 협의체 기구를 말한다. 반면, 북한이 표방하는 고려민주연방공화국창립방안은 국가결합 형태로 연방제를 제안한다. 연방제가 되기 위해서는 최소한 외교권과 군사권을 중앙정부가 통제하는 시스템을 말한다. 이런 점에서 연방제는 연합제보다 중앙정부의 통제력이 강화된 형태의 체제결합을 의미한다. 북한은 연방제안을 1991년 1월 및 2000년 6월 김일성과 김정일에 의해 각각 느슨한 형태의 연방제 혹은 낮은 단계 연방제로 수정·제시하였다.

붕괴에 대한 우려를 불식시키고 오히려 북한과의 적극적인 교류협력을 통해 통일을 이룩할 수 있다는 비전을 주었다. 김대중 대통령은 자신이 평소에 주장해 오던 남북연합단계→연방단계→완전통일단계로 진행되는 '3단계 통일'을 적극적으로 설명하였다(아태평화재단 1995). 이러한 기본 개념을 바탕으로 대북포용정책의 비전을 설파하였다(동북아평화연구회 1999).

이 시기 남북관계가 급진전된 데에는 남한의 주도적 리더십이 중요한 역할을 하였지만 북한의 경제발전에 대한 의지가 다분히 작용하였다. 1998년 9월 공식 출범한 김정일 정권은 '고난의 행군' 동안 흐트러진 사회질서를 회복하고 경제를 활성화하기 위해 남한의 물적 지원이 필요하였다. 김대중 정부는 이산가족상봉 정책을 전면에 앞세우며 이산가족상봉에 호응하는 북한에 대해 적극적인 지원을 폈다. 김대중 정부의 지원을 받은 북한은 개혁에 대한 큰 기대를 품고 경제개혁을 단행하였다. 2001년부터 준비를 시작하여 2002년 7·1개혁으로 그 실체가 드러났다. 북한의 시장화 개혁이 중국과 미국의 견제로 난관에 봉착한 측면은 있지만 근본적으로는 사회주의 시스템의 한계 때문이었다(김병로 2016, 342–344). 2002년 북한의 경제개혁도 높은 물가 상승, 새로운 빈곤층 형성과 빈부격차 확대, 단기 실적 중심의 경제활동 등의 부작용 속출했다. 중국에 대한 경제적 의존도는 커지고 북한경제의 취약성은 갈수록 심화되는 경향이 나타났다. 북한이 한국의 발전에 새로운 동력이 될 가능성은 분명히 존재하나 북한의 취약한 경제상황은 한국의 미래에 심각한 장애물이 될 수도 있다.

통일문제는 한국의 미래에 심대한 위험요소이지 절호의 기회라는 두 측면을 갖고 있는 주제로 발전과정의 새로운 변수로 떠올랐다. 남북한을 순식간에 오가는 경험을 하면서 정치지도자의 의지에 따라 통일이 현실로 이루어질 수 있겠다는 생각을 갖게 되었다. 통일 혹은 북한과의 통합적 발전 가능성이 한국의 발전에 위기이자 기회라는 의식이 생겨난 것이다. 북한붕괴나 안보위기라는 한국형 발전이 내장하고 있는 위험요소와 더불어 통합과 발전공간의 확장이 만들어 낼 시너지 효과도 기대되었다.

2. 남북교류와 경제협력 증대

남북 간 최초의 정상회담은 한반도 분단지형에 지각변동을 일으켰다. 가시적인 변화는 남북 간에 제도적인 협력채널 마련으로 나타났다. 정치영역에서는 장관급회담과 적십자회담이 진행되었고 경제분야에서는 경제협력추진위원회(경추위)가 결성되었으며 사회문화분야에서는 남북사회문화협력추진위원회를 결성하기로 하였으나 제대로 작동되지 않고 겨레말큰사전공동편찬위원회(2007.2)와 체육, 문화예술 분야 등 각 영역별로 작은 협의체들이 마련되었다. 장관급회담의 경우에는 2007년 5월까지 21차에 걸쳐 진행되었으며 남북대화 전면 재개와 이산가족 문제의 해결을 위한 교류 및 협력사업 확대, 납북자·국군포로 문제의 해결을 위한 지속적인 노력을 경주 등을 논의하였다. 그러나 2004년 조문파동과 대량탈북자 사건 등 남북 간 긴장이 조성되어 정치대화는 부침이 심하였다. 경제분야에서는 상대적으로 남북경제협력추진위원회가 지속적으로 협력하여 남북 철도·도로 개통, 개성공단 건설 활성화, 한강하구 골재 채취 사업, 경공업 및 지하자원 개발협력, 열차 시험 운행 등 여러 사안들을 심도 있게 논의하였다. 사회문화 교류는 남북정상회담 이후 문화예술교류와 민족행사, 인도주의 협력 등 세 갈래 양상으로 발전하였다. 문화예술교류는 예술단 교환공연과 국제체육대회(시드니올림픽 공동입장, 부산아시안게임·대구유니버시아드대회) 참가 등 시범적, 일회적 행사로 진행되었으며, 민족행사는 민화협, 통일연대, 7대 종단이 연합하여 3·1민족대회, 6·15민족대회, 8·15민족대회, 10.3개천절민족공동행사 등의 4대 행사로 정례화된 것 같다. 근래에 들어서는 5월 1일 노동절행사도 남북 간 공동행사로 자리 잡았다.

이러한 대화와 협력의 제도를 바탕으로 남북 간 인적, 물적 교류가 급증하였다. 인적 왕래 규모만 보더라도 아래의 〈그림 1〉에서 볼 수 있듯이, 2000년 남북정상회담에서 교류협력 활성화를 합의한 이후 경제협력과 문화교류를 위한 사람들의 왕래가 활발해졌다. 김대중 정부 들어선 1998년 기존의 1,015명(1997년)에서 3,317명으로 3배가 늘어났고, 2000년에는 7,986명으로 늘어났으며 정상회담 이후 8,742명(2001년)으로 늘고 이듬해인 2002년에는 13,871명으로 1만 명 선을 넘어섰다. 2003년 16,303명, 2004년 26,534명으로 늘던 인적 왕래 규모는 2005년에 88,341명으로 대폭 증가하였으며, 2006년에는 101,708명으로 10만 명 선에 도달하였다. 2007년에는 159,214명, 2008년에는 186,775명으로 최고조에 도달했다.

〈그림 1〉 남북 간 인적 왕래 규모

단위: 명

*금강산, 개성 관광객 제외

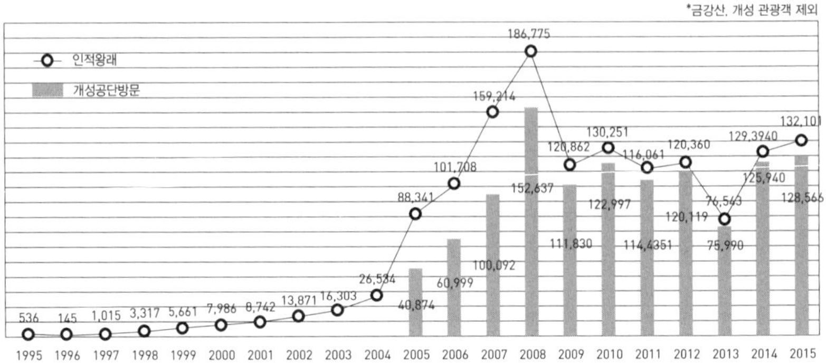

자료: http://www.unikorea.go.kr/content.do?cmsid=3099 (검색일: 2016.2.18.)

남북 간 경제교류는 아래의 〈그림 2〉에서 볼 수 있듯이 1998년 2억2천만 달러에서 2000년 4억2천만 달러로, 2002년 6억4천만 달러, 2005년 10억5천만 달러, 2007년 17억9천만 달러로 급증하였다. 1990년대 내내 늘어나지 않던 남북 간 교역이 김대중 정부 출범 이후 늘기 시작하여 2000년 남북정상회담을 계기로 가파르게 증가하였다. 2001년과 2004년에는 예외적으로 감소하였으나 2008년까지 증가추세는 이어졌다. 2001년에 남북 간 경제교류가 감소한 이유는 미국의 부시 행정부 등장과 함께 남북 당국자 간 회담이 제동이 걸리면서 남북관계가 경색되었기 때문이다. 기대했던 김정일 위원장의 답방이 불투명해진데다 2001년 3월 서울에서 개최하기로 예정되었던 5차 장관급회담이 무산됨으로써 대화와 교류 정국이 얼어붙어버렸다. 2004년에는 북한 핵문제로 6자회담 성과가 미약했고 김일성 사망 10주기(7.8) 조문파동, 북한 인권법 미 하원 통과(7.21), 베트남에서의 대규모 탈북자 입국(7.27–28) 등의 정치적 사건이 잇따라 발생하여 남북교역이 부진하였다.

〈그림 2〉 남북경제교류 현황 단위: 백만 달러

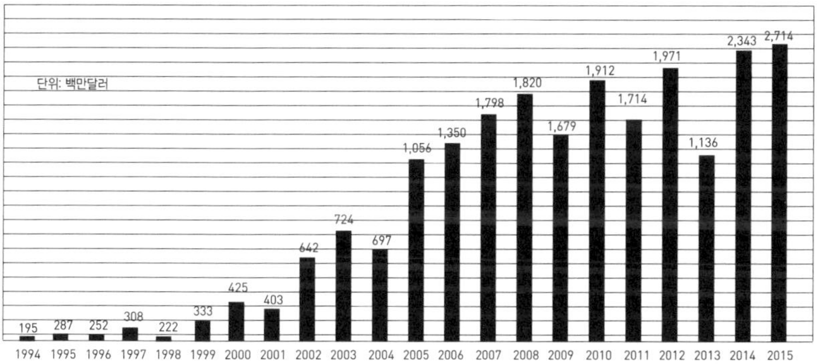

자료: http://www.unikorea.go.kr/content.do?cmsid=3099 (검색일: 2016.2.18.)

남북교역은 김대중·노무현 정부가 끝난 이후에도 대폭 줄지는 않았다. 2009년 5월 북한의 2차 핵실험과 2010년 천안함·연평도 사건으로 5.24조치가 취해져 이듬해인 2011년 교역이 줄었고 2013년 2월 북한의 3차 핵실험으로 그 해 내내 남북 간 거래와 교역이 얼어붙었다. 이러한 정치적 사건이 발생한 시기를 제외하고는 남북경제교류가 꾸준히 증가한 것을 볼 수 있다. 중대한 북한의 도발 사건을 만나 일시적으로 표류하기는 하였으나 경제교류는 정치대화나 사회문화 교류와는 달리 비교적 안정적인 거래를 진행하였다. 경제교류는 남북한 모두에게 실질적인 이익을 가져다주는 것이어서 한번 교류가 시작되면 줄어들기 어려운 성질을 갖고 있다. 때문에 남북의 정치적 대화의 중단과 인적 왕래의 단절에도 불구하고 경제교류는 일시적인 타격만 받았을 뿐 이듬해에 곧 원상으로 회복하였다. 경제교류는 이런 점에서 강한 복원력을 갖고 있다.

이 시기 남북한 경제협력분야는 금강산관광사업의 정상화, 개성공단 사업의 지속적 추진을 계기로 협력사업의 새로운 전기를 마련하였고, 당국자회담의 교착과 관계없이 교류협력 사업이 꾸준히 추진되었다는 점에서 정경분리원칙이 정착되었다. 2007년 남북 간의 교역은 14억4천만 달러의 규모로 성장했다. 2001년 4억 달러에서 2007년 14억 달러로 성장했으니 3.5배가 증가한 것이다. 아래의 〈표 2〉에서 경협사업은 개성공단사업, 금강산관광사업, 기타 경협사업을 의미하고, 비상업적 거래는 정부·민간 지원과 사회·문화 협력사업, 경수로 건설과 KEDO 중유제공 등을 포함한다. 상업적 거래와 비상업적 거래의 비중은 2001년 6:4에서 2007년 거의 8:2로 일반교역과 위탁가공교역, 경제협력사업과 같은 상업적 거래의 비중이 늘어났다. 상업적 거래의 급증은 광산물, 수산물을 중심으로 한 일반교역(49%)과 섬유류 등 개성공단 반입품(48%)의 급증 및 의류 등 위탁가공교역(22%)의 증가에 기인한 것이다. 비상업적 거래의 감소는 대북지원 쌀의 반출가격이 국내시장가격에서 국제시장가격으로 변경되는 등의 요인들이 작용하였다.

〈표 2〉 거래 유형별 남북경협 추이

단위: 100만 달러, %

	상업적 거래				비상업적 거래(비중)	합계
	일반교역	위탁가공	경협사업	소계(비중)		
2001	111	125	8	244(61)	159(39)	403
2002	171	171	13	355(55)	287(45)	642
2003	223	185	17	425(59)	299(41)	724
2004	171	176	90	437(63)	260(37)	697

2005	210	210	270	690(65)	366(35)	1,056
2006	304	252	372	928(69)	422(31)	1,350
2007.1–10	371	260	475	1,106(77)	344(23)	1,440

자료: 통일연구원, 「통일환경 및 남북한관계 전망: 2007-2008」. 서울: 통일연구원, 2007, p. 113.

경제협력사업은 개성공단사업, 금강산관광사업, 철도연결사업 등 3대 경협사업을 중심으로 진행되었으며, 전반적인 남북관계가 호전됨에 따라 경제회담과 이를 보장하는 군사회담이 개최되어 남북협력과 발전의 새로운 지평을 열었다. 남북 경제협력은 가깝게는 남한과 북한에 직접적으로 경제적 이익과 혜택을 가져다주는 가시적인 성과로 나타났다. 북한의 철광석이나 모래 등 천연자원이 한국으로 들어오고 남한의 상품과 생필품이 북한으로 들어가는 과정에서 남북의 국민들은 직접적인 경제적 이익과 혜택을 눈으로 볼 수 있게 되었다. 이처럼 경제협력을 통해 남북주민이 실제적인 이익을 얻는 인센티브가 주어져 남북협력에 대한 진지한 관심이 형성되었다.

남북 간의 이러한 경제협력은 북한의 자생력을 회복시켜 통일비용을 경감시키고 남한경제의 신성장동력을 창출하는 블루오션이 된다. 이미 국내 생산여건 악화로 어려움을 겪고 있는 남한의 중소기업에 남북경제협력은 새로운 활로를 제공한다. 중소기업체들의 해외공장들이 수지타산이 맞지 않아 국내로 철수해야 하는 상황에서 개성공단과 북한지역의 저렴한 임금과 양질의 노동력은 매력적인 대안으로 떠올랐다. 중장기적으로는 북한의 변화를 추동하고 군사적 긴장완화를 유도하며 한반도 상황의 안정적 관리에 기여하는 평화창출효과를 지닌다. 군사분계선을 뚫고 평화의 가교를 놓은 것도 바로 개성공단 건설과 금강산 관광사업이다. 남북경협은 상대방에 대한 이해를 높이고 불신과 적대감을 완화하는 소통과 접촉의 통로로서 유익한 기능을 한다. 남북 간 경제협력은 이처럼 한반도의 평화를 만들고 통일을 실현하는 가장 중요한 기제라고 할 수 있다.

요컨대, 한반도 경제공동체 형성은 통일을 실현하기 위한 경제 차원의 실질적이며 제도적인 과정이다. 남북 간 교류협력을 심화·발전시켜 나감으로써 한반도에 공고한 평화체제를 구축할 수 있게 되고, 남북공존과 번영의 기틀이 마련될 수 있다. 남북 간 경제협력을 통해 경제공동체를 형성함으로써 정치군사 및 사회·문화 분야의 공동체 형성을 선도적으로 추동해 나갈 수 있게 된다. 남북한은 개성공단 사업과 경의선·동해선 철도 연결을 통해 남북경제공동체를 단순한 구상이 아니라 가시화하는 단계로 발전시켰다. 남북 간에 경제협력을 진전시키면 남북은 '사실상의 통일'(de facto unification) 단계로 진입하게 된다. 남북경제공동체가 형성되면 6자회담의 비핵화 프로세스나 한반도 평화체제 구축은 가속화될 것이며 통일의 가능성도 내다볼 수 있게 된다. 이러한 관점에서 볼 때 남북 경제공동체를 형성하는 일은 매우 중요하다. 남한이 북한과 교류하고 협력하면 남북 모두에게 실제적인 이익을 가져다주고 공동체 구성원의 복지후생도 향상된다. 이런 점에서 남북경제공동체 형성은 다른 어떤 분야보다도 우선적이며 시급히 추진해야 할 부분이다.

남북의 화해와 협력으로 한국의 새로운 성장동력 마련 가능성을 열어주었다. 남북의 협력은 2000년 9월 호주 시드니 올림픽에 남북한이 공동으로 입장한 사건은 국제적으로 한반도의 화해와 평화의 의지를 과시한 특별한 사건이었다. KOREA라고 쓰인 플래카드와 한반도기를 들고 남북한 선수단이 함께 입장하며 '아리랑'을 불렀던 당시의 공동입장은 남한과 북한의 모든 국민들이 하나가 됨을 느끼는 순간이었다. 1991년 세계 탁구선수권 대회에서 처음으로 남북 단일팀으로 출전한 데 이어 올림픽에서의 남북한 공동입장은 남북한이 분단을 넘어 통합발전의 가능성을 열어주었다. 국민들의 마음속에 잠재해 있는 민족에너지를 통일한국의 새로운 성장동력으로 사용할 수 있음을 경험하였다. 이런 점에서 북한의 존재는 냉전시기 안보불안과 위기를 초래하는 요소를 넘어 한국의 발전에 새로운 기회와 가능성을 가져다주었다.

3. 금강산관광·개성공단과 남북협력 공간의 확장

남북경제협력의 구체적 사업으로 금강산관광과 개성공단 건설이 시작된 것은 남북협력을 기반으로 한 한국형 발전공간의 새로운 확장 가능성을 보여주었다. 정주영 현대그룹 회장이 북한으로부터 금강산관광 개발권을 받아 1998년 11월 금강산으로의 첫 여행이 시작되었다. 처음에는 해상관광으로 시작하여 2003년 9월부터는 육로관광으로 발전하였다. 1999년 14만 7천여 명, 2000년 21만3천여 명으로 증가하였고 2001년에는 사스(SARS) 여파로 관광이 잠시 중단된 데다 정부의 보조금 지급도 보류되어 관광객이 5만8천여 명, 2002년 8만7천여 명, 2003년에는 7만7천여 명으로 줄었다. 육로관광이 개시되면서 2004년부터 금강산관광은 활기를 띠어 연간 30~40만 명 수준으로 늘어났다.

금강산관광이 시작되기까지는 핵문제, 군사문제 등 여러 문제들이 있었으나 김대중 정부의 적극적인 지원으로 성사되었다. 1998년 6월에는 정주영 현대 명예회장이 북한을 방문하여 '조선아세아태평양평화위원회'(위원장 김용순)과 금강산관광문제를 협의하고 '금강산관광을 위한 계약서'를 체결함으로써 금강산관광사업이 가시화되었다. 남북한은 장관급회담과 국방장관회담, 군사실무회담, 경제협력추진위원회 회담, 경제실무회담, 적십자회담 등 분야별, 수준별 회담을 통해 남북관계 개선에 가시적인 성과를 거두었다. 철도 도로 연결, 금강산 관광, 개성공단 등 굵직한 사업들이 추진되었다.

금강산관광은 개성공단 건설과 함께 남북관계에서 중대한 변화와 발전을 가져왔다. 그동안 판문점이라는 특정 장소를 남북왕래의 관문으로 활용해 왔으나 금강산육로관광과 개성공단 건설로 비무장지대의 일정부분을 남북왕래의 통로로 사용하게 된 것이다. 휴전선 비무장지대를 사이에 두고 남측 출입경사무소에서 북측으로 건너가기 위해서는 비무장지대 4km 길이에 조성되어 있는 도로를 지나야 한다. 이 도로는 유엔사령부로부터 남한이 폭 200m 넓이의 회랑에 대한 법적 관할권을 이양받아 남북한이 함께 운영하고 있는 협력 공간이다. 이러한 구조는 금강산을 왕래하는 경우도 마찬가지다. 개성과 금강산 지역을 왕래할 때에는 개인이나 단체가 남측 차량으로 이동하도록 되어 있어서 개인들은 자기 차를 타고 들어갈 수 있도록 되어 있다.

개성공단은 기존의 남북한 분단과 경계의 개념을 완전히 바꾸어 놓았다(김병로·김병연·박명규 2015). 개성공단이 들어서기 전까지 남북 간의 경계는 비무장지대였다. 남북한은 비무장지대를 사이에 두고 철저하게 대결하고 대립하는 체제로 인식되었다. 실제로 DMZ를 지나 남북을 오가는 일 자체가 거의 불가능했다. 그러나 금강산관광과 개성공단 사업이 시작되면서 비무장지대가 개방되었다. 개성공단을 건설하기 위해서는 철저하게 차단되어 있던 비무장지대에 회랑을 만들고 남북한의 물자와 사람이 왕래할 수 있는 길을 만들어야 했다. 유엔사령부로부터 금강산으로 통하는 동해선과 개성공단으로 갈 수 있는 서해선 회랑의 법적 사용권을 이양 받고 남과 북이 공동으로 관리하는 운영권을 확보한 것이다. 대립과 단절의 비무장지대를 뚫고 길을 만들어 남북한이 함께 협력할 수 있는 공간을 만들었다는 작은 것 같지만 대단히 큰 변화라 할 수 있다. 4km 넓이의 DMZ를 사이에 두고 남한과 북한이 지리적, 물리적으로 철저히 단절되었던 시기와 비교하면 개성공단으로 통하는 회랑을 확보하고 철도와 도로를 남북으로 연결한 일은 과거와는 완전히 달라진 환경이다. 대결과 대립의 남북 간 경계는 협력과 협조의 지대로 바뀌었다. 크게 보면 남북한의 군사적 대립을 경제적 협력 공간으로 전환한 것이며 작게는 남한의 자본과 기술, 북한의 노동력과 토지를 결합하는 경제협력 공간이 창설된 것이다.

DMZ를 통과한다는 것은 유엔의 법적 관할권을 부분적으로 허가받는다는 점에서 유엔사령부의 개입을 필요로 하며, 정전협정의 당사국인 중국과 미국의 협의도 필요로 한다. DMZ와 관련된 사안은 정전협정당사자인 유엔과 중국, 북한이 합의하고 동의해야 하는 사항이므로 이들과의 사전 협의가 필요하다. 또 현실적 측면에서 DMZ안에 설치되어 있는 수백만 개의 지뢰제거 문제와 군사력의 해체와 재편이 필요한 일이다. 이를 위해서는 남북한 국방당국이 협력하지 않으면 안 되며 북한과 다양한 법적, 제도적인 합의가 필요하다. 뿐만 아니라 국내적으로도 환경보전과 지역개발, 토지분쟁 등의 문제를 포괄하는 특별법을 제정하고, 친환경적인 종합관리계획 및 자연환경보전종합계획의 수립이 필요하다.

개성공단만 놓고 보면, 이곳에서 생산된 가치가 한국의 GDP에 기여하는 비중은 0.012~0.043%로 미미하다. 2012년을 기준으로 보면 개성공단에서 생산되는 부가가치는 총 5.993억 달러에 달하며 이는 한국의 국민소득 1,377조 원의 0.043%에 이른다. 또 개성공단의 취업유발효과는 12,040명, 고용유발효과는 9,487명으로 추정된다(김병연 2015, 188). 개성공단의 크기와 생산액에 비해 남한경제 규모가 월등히 크기 때문에 남한경제에 미치는 효과는 현재로서는 크지 않다. 그러나 북한의 국민소득에 미치는 효과는 0.59%로 남한에 미치는 효과보다는 크다(김병연 2015, 189). 개성공단 운영으로 북한이 벌어들이는 인건비는 2012년을 기준으로 연 88,445,754달러이며 북한의 1인당 GDP를 607달러로 잡을 때 북한의 GDP는 149억 달러이며 GDP에의 기여율은 0.59%가 된다.

남한 경제성장에 기여하는 바는 크지 않으나 한국의 경제적 가치가 분단의 불안한 상황 때문에 실제가치보다 저평가되는 소위 '코리아 디스카운트'를 극복하는 사업이라는 점에서 개성공단이 한국형 발전에 함의하는 바는 대단히 크다. 그리고 앞으로의 발전가능성 측면에서도 한국형 발전모델에서 차지하는 의미는 적지 않다.

개성공단의 남북협력사업이 진행되면서 제기된 국제문제 가운데 하나는 북한에서 생산된 상품을 국제사회가 국내산으로 인정해 줄 것인가 하는 문제였다. 남북교류협력법은 "남한과 북한 간의 거래는 국가 간의 거래가 아닌 민족내부의 거래로 본다"(제12조 제2항)고 규정하고 있고 세계무역기구협정이행에 관한 특례법도 "남북 간의 거래는 민족내부거래로서 협정에 따른 국가 간의 거래로 보지 아니한다"(제5조)라고 규정하여 이를 근거로 개성공단 상품을 국내산으로 주장할 수 있다(이효원 2015, 143-145). 그러나 여전히 원산지표시나 전략물자통제 등 현실적으로 국제법적 측면의 장애를 해결하지 못하고 있는 실정이다.

개성공단은 단지 공업단지로 끝나는 것이 아니라 관광과 이산가족 상봉과 같은 남북협력을 도모하는 활동을 병행하여 시너지 효과를 만들어 내는 공간이다. 가장 기본적으로는 남북 간 경제협력을 통해 상호이익을 창출하는 목적으로 시작되었다. 그러나 개성공단은 단순한 제조업 공장이 밀집해 있는 지역이 아니라 남북경협을 위한 각종 전시장, 거래상담 창구, 노동자 교육 및 시장경제 교육, 기술교류의 장 등 남북경협의 거점으로 육성할 필요가 있다.[23] 뿐만 아니라 개성공단은 관광과 문화기능가지 포함한 복합단지 또는 복합공간으로서의 발전 잠재력을 갖고 있다. 개성은 역사의 고장으로 고려시대의 유물과 정신문화의 정수가 여러 곳에 남겨져 있어서 이러한 역사성을 활용하면 많은 관광자원으로 이용할 수 있다. 개성시에는 고려시기의 만월대와 성균관, 남대문, 선죽교 등 역사유물들이 보존되어 있어 역사학연구에 귀중한 자료가 되는 유물이 산존하고 있다. 또한 공단에 민속촌, 테마파크, 영상단지 등 문화시설을 건설한다면 평화와 협력의 공간으로 손색이 없을 것이

23 이석기, "개성공단 사업의 효율적 추진을 위한 과제," 『KDI북한경제리뷰』, p. 12.

며, 이산가족면회소 등 남북교류협력 기능을 담아낼 수 있는 유리하나 조건을 갖고 있다.[24] 이미 개성공단에는 2005년부터 10월부터 남북경제협력협의사무소가 운영 중이며 남북경제협력추진위원회 회의와 남북 기업인들의 투자상담 장소로 활용되고 있다. 개성공단은 자기 승용차로 DMZ를 통과하여 들어갈 수 있으며, 한국 측 인원은 광화문에서 개성으로 출퇴근하는 시대가 되었다. 20차에 걸친 장관급회담과 13차에 이르는 경추위회담으로 남북 간 교역은 연간 18억 달러에 이르고, 남북 간에 철도·도로가 연결되었다. 14차에 걸친 이산가족 상봉행사를 통해 14,471명의 가족이 상봉했고, 39,374명의 가족에 대한 생사확인의 성과를 거두었으며, 납북자·국군포로 문제를 남북 간에 논의하는 수준으로 진전되었다.[25]

4. 대북지원 논쟁과 '남남갈등'

북한의 식량난을 계기로 대북지원 문제가 자연스럽게 시작되었으나 쌀 지원이 있었던 1995년을 제외하면 대북지원의 규모는 미미하였다. 〈그림 3〉에서 볼 수 있듯이 2000년 남북정상회담을 계기로 북한에 대한 인도주의 지원이 전년의 562억 원에서 2,422억 원으로 대폭 증가했다.

---

24 이상준, "개성공단의 합리적 개발을 위한 과제," 『국토논단』, p. 112.

25 http://www.unikorea.go.kr/index.jsp(2007.5.9).

2001년에는 1,759억 원으로 줄었으나 2002년에 3,226억 원으로 늘어났고 2007년까지 4천억 원대로 늘어났다. 인도주의 대북지원은 이산가족 상봉의 대가로 연간 쌀 40만 톤, 비료 30만 톤, 옥수수 10만 톤 지원이 포함되어 있다. 인도주의 대북지원은 2007년까지 증가하다 2008년 이후 남북관계의 경색으로 완전히 위축되었다.

〈그림 3〉 남한의 대북 인도적 지원 현황

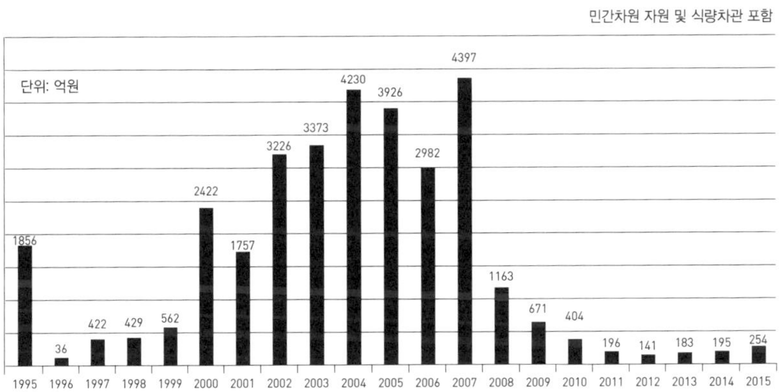

자료: http://www.unikorea.go.kr/content.do?cmsid=3099 (검색일: 2016.2.18.)

1995년부터 2016년 9월까지 남한이 북한에 제공한 지원내역을 보면 총 3조2,854억 원 중 정부차원에서 2조3,897억 원을, 민간차원에서 8,957억 원을 지원하여 정부와 민간이 72.5%, 27.5%를 각각 지원하였다. 정부가 제공한 2조3,897억 원은 당국차원의 무상지원, 민간단체기금 지원, 국제기구를 통한 지원 등 무상지원이 63.4%, 나머지 36.5%는 식량차관으로 지원하였다. 여기에 유엔과 미국, 유럽연합 등 국제사회의 지원도 25억 달러 정도가 된다. 북한이 홍수피해로 식량난을 겪은 1995

년 이후 한국과 국제사회의 지원을 합하면 약 55억 달러 정도로 북한의 경제규모를 감안하면 외부의 인도적 지원이 북한에 적지 않은 도움이 된 것으로 평가된다.

〈표 3〉 대북지원 현황

구분			'95	'96	'97	'98	'99	'00	'01	'02	'03	'04	'05	'06	'07	'08	'09	'10	'11	'12	'13	'14	'15	'16 9월	합계
정부차원	무상지원	당국 차원	1,854	-	-	-	339	944	684	832	811	949	1,221	2,000	1,432	-	-	183	-	-	-	-	-	-	11,249
		민간단체 기금지원	96	-	-	-	-	34	216	65	81	102	120	134	216	241	77	21	-	-	-	-	23	1	1,177
		국제기구 등을 통한 지원	-	24	240	154	-	-	229	243	205	262	19	139	335	197	217	-	65	23	133	141	117	-	2,743
		계	1,854	24	240	154	339	978	975	1,140	1,097	1,313	1,360	2,273	1,983	438	294	204	65	23	133	141	140	1	15,169
	식량차관							1057		1,510	1,510	1,359	1,787	-	1,505	-	-	-	-	-	-	-	-	-	8,728
	계		1,854	24	240	154	339	2,035	975	2,650	2,607	2,672	3,147	2,273	3,488	438	294	204	65	23	133	141	140	1	23,897
민간차원(무상)			2	12	182	275	223	387	782	576	766	1,558	779	709	909	725	377	200	131	118	51	54	114	28	8,957
총액			1,856	36	422	429	562	2,422	1,757	3,226	3,373	4,230	3,926	2,982	4,397	1,163	671	404	196	141	183	195	254	29	32,854
*양곡관리 특별회계			-	-	-	-	-	-	-	(6,518)	(6,644)	(1,444)	(6,726)	(1,522)	(2,252)	-	-	(45)	-	-	-		-	-	(25,151)

자료: http://www.unikorea.go.kr/content.do?cmsid=3099 (검색일: 2016.10.27.)

사실, 한 국가의 발전과정에 외부의 경제적 지원과 인도주의 지원은 긴밀히 연결되어 있다. 북한과 같이 실패한 국가들에서는 특히 인도적 차원에서 지원문제가 긴급 현안이 되어 있어서 인도적 지원과 남북협력, 발전의 문제는 불가분의 관계에 놓여 있다. 한국은 지원을 받는 국가에서 ODA 지원을 제공하는 국가로 발전하였는데 이러한 위상을 가진 한국이 인도주의 위기를 겪고 있는 북한에 경제적 지원을 제공해야 할 부담을 지고 있다. 북한에 대한 인도적 지원은 보편적인 인도주의 차원에서도 필요하지만, 한국의 성장에 안정적 환경을 제공하는 안보적 차원에서도 필요하다. 북한의 불안정은 한국의 발전에 중요한 장애물이다. 한국의 자산가치가 안보불안으로 저평가되는 이른바 코리아디스카운트

(Korea Discount) 현상도 북한이라는 변수 때문이다. 따라서 북한에 인도주의 지원을 제공하여 한반도의 안보를 안정적으로 관리하는 것은 한국의 발전을 위해 필수 조건이다.

이산가족상봉 문제는 남한이 북한에 대해 엄청난 양의 쌀과 경제적 지원을 하면서까지 심혈을 기울였던 인도주의 사안이다. 그만큼 인도적 견지에서 중요하다고 인식하고 있기 때문이다. 1983년 버마 아웅산 사건으로 북한에 좋지 않은 감정을 갖고 있던 남한은 1984년 9월 북한이 보낸 수재구호물자를 수용하면서 이산가족문제를 해결하고자 하였다(대한적십자사 2005, 42). 이를 계기로 남북적십자회담 본회담이 재개되었고 1985년 8월 이산가족의 고향방문과 예술공연단 교환이 성사되었다. 정부차원에서는 2000년부터 이산가족상봉 행사가 시작되어 2010년까지 총 18차례 이루어져 1만5천5백 명이 가족을 상봉하고 5만3천여 명이 생사를 확인하는 성과를 거두며 꾸준히 진행되었다.[26] 이후 2014년과 2015년에 이루어진 가족상봉에서 1,785명이 상봉했고 4,497명이 가족의 생사를 확인하였다. 최근에는 화상상봉도 시도되고 있는데 3차례 이루어진 화상상봉에서 3,748명의 가족이 만날 수 있었다. 2005년과 2008년에는 이산가족 1세대의 생전모습을 영상자료로 제작하는 사업을 정부차원에서 시행하였다.[27]

남북정상회담을 거치면서 남북관계는 대결과 반목이 아니라 상호 실

26 http://www.unikorea.go.kr/content.do?cmsid=3099 (검색일: 2016.10.12.).
27 이산가족정보통합시스템 (https://reunion.unikorea.go.kr/reunion/jsp/user/um/umf0201L) 참조. 2005년 한해만도 4012명이 참여하여 영상편지를 제작하였다.

체 인정을 기반으로 상호협상을 통해 평화적으로 문제를 해결하고자 하는 관계로 바뀌었다(박형중 2000; 권만학 2000). 남북 간에 진행된 공동사업이 비용이 많이 소모되고 다소 이벤트 위주의 행사에 치우쳤다는 비판이 제기되기도 하였다. 때문에 인적 왕래와 교류를 더 확대하고 제도화할 필요성도 요구되었다.

이 시기 민화협의 출범은 김대중 정부의 대북포용정책을 적극 지원하기 위한 동원적 성격이 강했다. 1998년 9월 3일 정당, 시민단체가 함께 모여 결성한 범국민적 통일운동 단체인 민족화해협력범국민협의회(민화협)이 출범하였다. 기존에 산발적으로 활동하던 대북활동 민간단체들이 정치인들까지 포괄하는 반관반민 기구를 창설한 것이다. 통일문제에 대한 국민적 합의를 이끌어내고 민족 화해와 평화, 공동번영을 이루어 나가기 위한 목표를 설정하였다. 이는 북한의 민족화해협의회(민화협) 결성에 호응하는 형식으로 진행되었다. 즉 1998년 6월 북한은 남북 및 해외 단체·인사들과 교류협력 강화를 목적으로 민간교류 협의체인 민화협을 결성하고 민족의 화해와 단합을 위한 대축전 개최를 남한에 제의하였다. 김대중 정부는 이 제안을 받아들여 1998년 7월 대축전 남측 본부를 결성하였다. 그러나 여기에 일부 보수 사회단체가 포함되지 않았다는 비판이 제기되어 진보와 보수 사회단체 및 정당을 모두 포괄하는 협의체 결성을 추진하게 되었다. 그 결과 1998년 9월 정당과 진보·보수 시민단체를 망라한 통일운동 상설협의체를 창설한 것이다. 이 민화협은 김대중·노무현 정부 시기 동안 6·15남북공동행사와 대부분의 남북민간교류를 주도하였다. 2008년 이명박 정부 출범 이후 민화협의 활동이 위축되었으나 2015년 민화협 회원단체는 모두 200여개로 대부분의 대북활동 민간단체는 민화협에 들어와 있다.

김대중 정부가 '햇볕정책'의 논리로 적극적인 대북포용정책을 추진하는 과정에서 이를 반대하는 여론이 형성되어 사회내부적으로 심각한 갈등을 불러일으켰다. 이른바 '남남갈등'으로 불리는 이념갈등이 대북정책을 두고 치열하게 전개되었다. 가장 쟁점이 되었던 부분은 '퍼주기' 논란과 북한에 대한 불신에서 연유하는 '분배투명성' 문제였다(김병로 2003). 북한은 남한에 대해 호의적 반응을 보이지 않는데도 남한은 아무런 소득도 없이 북한에 끌려 다니며 퍼주기만 한다는 것이었다. 더욱이 당시 남한은 IMF체제로 경제사정도 좋지 않은 상황에서 대규모의 지원사업에 대한 불안감이 컸고 남북정상회담 대가로 현금을 지불했다는 점도 비판의 대상이 되었다. 햇볕정책의 가치적 성과를 도출하기 위해 현대아산을 금강산관광사업에 끌어 들여 현대아산을 빈사상태에 빠뜨렸고 정몽헌 회장의 자살(2003.8.4.)을 자초하여 결과적으로 '퍼주기'는 붕괴하는 김정일 정권의 생명만 연장시켜주었다는 거센 비판에 직면했다.

노무현 정부는 햇볕정책에 대한 국민들의 비판을 의식하여 김대중 정부의 대북송금 사건을 수사하며 퍼주기 논란을 피하는 한편, 더 적극적인 대북포용정책을 추진하였다. 한국이 동북아의 중심국가로 발돋움하여 이 지역에서 균형자 역할을 할 수 있다는 비전을 제시하였다. 북한과의 협상도 6자회담의 다자간 틀에서 진행하며 2005년 '9·19공동성명'을 도출하는 성과를 거두었다. 북한이 모든 핵무기를 폐기하고 핵확산금지조약(NPT)과 국제원자력기구(IAEA)로 복귀한다는 약속을 하였으며 그 대가로 북미제네바합의에 의해 제공하기로 했던 1,000MW 2기에 해당하는 전력을 한국이 지원하기로 하였다. 그리고 북한의 단계적 비핵화와 대북 핵무기 불사용, 북미신뢰구축, 한반도 평화협정 등을 지속적으로 추진한다는 선언이었다.

그러나 이러한 약속에도 불구하고 북한은 2006년 7월 4일 대포동 미사일을 발사하고 2006년 10월 9일 1차 핵실험을 단행하여 대북포용정책은 결정적인 타격을 받았다. 기존의 교류협력 논의를 완전히 잠식하였고 그 동안 추진해 온 대북포용정책은 궁지에 몰렸다. 북한의 핵실험으로 인한 국민들의 안보불안감은 극도로 높아졌고 북한에 대한 비판인식이 형성되었다. 햇볕정책이 추진되는 2000년대 전반기에는 국민들의 대북인식이 매우 호의적이었다. 특히 2002년 한일월드컵축구대회를 기점으로 북한에 대한 호의적 인식이 형성된 데다 미선·효순의 미군장갑차에 의한 사망 사건으로 촉발된 반미감정이 반사작용을 하여 국민들의 대북선호도는 상승일로에 있었다. 특히 2000년대 전반기 '20·30세대'의 북한에 대한 호감도는 미국선호도를 추월하였다. 2003년 경우 20대는 미국을 가깝게 느끼는 비율이 30.2%인 반면, 북한을 선호하는 비율은 33.2%였으며 이러한 경향은 2004년과 2005년에도 지속되어 2004년에는 미국 29.1%, 북한 33.3%, 2005년에는 미국 33.5%, 북한 38.3%로 미국보다 북한을 더 선호하는 나라로 인식하였다. 30대의 경우에도 2003년에는 북한(37.0%)보다 미국(39.2%)을 선호했으나, 2004년에 미국(32.7%)보다 북한(42.1%)을, 2005년에도 미국(36.4%)보다 북한(39.3%)을 선호함으로써 2004년부터는 30대도 미국보다 북한을 더 가까운 나라로 인식하기 시작했다(김병로 2006). 그런데 이런 분위기를 일시에 반전시킨 사건이 바로 북한의 핵실험이었다. 북한의 핵실험이 감행된 다음부터 북한에 대한 호감도는 감소하고 미국에 대한 호감도가 증가하였다.

2005년 북한선호도는 29.9%에서 2007년 23.8%로, 2008년 20.3%, 2009년 15.9%, 2010년 14.8%로 지속적인 감소세로 돌아선 반면, 반면 미국 선호도는 2005년 50.1%에서 2007년 53.0%, 2008년 59.9%, 2009년 68.2%, 2010년 79.6%로 상승하였다.[28] 이처럼 북한의 1차 핵실험으로 한국사회의 남남갈등은 극도로 심화되었다.

사회 내부적으로는 반공과 통일, 북한인권·민주화와 남북화해·협력·평화 담론이 부딪히며 파열음을 내었고, 대외적으로는 주변 4국의 개입이 증대하였다. 주변 4국은 남북관계의 진전이 가져오게 될 북한의 붕괴 혹은 전쟁, 또는 통일의 상황을 진지하게 고민하면서 변화하는 한반도 정세에서 자국의 이익을 최대화하는 적극적인 개입을 시도하였다. 미국은 핵문제와 북한인권·탈북자문제를, 중국은 고구려사 문제와 경제협력을, 일본은 식민지배상금과 납치자 문제를, 러시아는 경제협력을 각각 부각시켰다. 대외적으로 2007년 2.13합의는 미국의 적극적인 개입의지를 보여준 것으로 미국의 기존 대북강경정책에서 상당히 선회한 것이었다. 이러한 상황에서 제2차 남북정상회담 개최는 6자회담의 비핵화 프로세스를 추동하고 한반도의 평화를 실현할 수 있는 중요한 계기를 만들고자 하였다.

제2차 남북정상회담은 북한의 핵실험으로 얼어붙은 정국을 돌파하는 방안으로 추진되었다. 2007년 10월 2-4일까지 평양에서 노무현 대통령과 김정일 국방위원장이 두 번째 남북정상회담을 진행하였다. 남북한은 이 정상회담에서 8개 항으로 된 '남북관계 발전과 평화번영을 위

28 서울대학교 통일평화연구원이 2007년 이후 매년 발간하는 '통일의식조사' 결과.

한 선언'('10·4선언')을 발표하였다. 이 선언에서는 남북 양측이 "군사적 적대관계를 종식시키고 한반도에서 긴장완화와 평화를 보장하기 위해 긴밀히 협력"(제3항)하기로 하는 한편, "현 정전체제를 종식시키고 항구적인 평화체제를 구축해 나가야 한다는 데 인식을 같이하고 직접 관련된 3자 또는 4자 정상들이 한반도지역에서 만나 종전을 선언하는 무제를 추진"(제4항)하기로 합의하였다. 경제협력과 사회문화교류를 넘어 남북 간 군사적 문제를 함께 풀어나가기로 합의했다는 점에서 진일보한 남북합의였다. 그러나 정권말기에 급하게 추진한 데다 북한의 핵실험으로 조성된 남북경색과 남남갈등을 넘어서기에는 역부족이었다.

5. 한국형 발전의 삼중주: 남북 정치리더십과 한국적 기업가 정신

한국의 발전공간을 북한으로 확장시키는데서 정치리더십과 기업인의 협력은 대단히 중요하였다. 남북관계 속에서 불확실성이 큰 북한과 협력하는 것은 위험감수(risk-taking)를 각오해야 하는 어려운 일이었다. 이러한 위험감수는 기업인으로부터 시작되었다. 고 현대 정주영 명예회장이 보여준 기업가 정신이다. 「남북교류협력법」이 채 제정되기도 전인 1989년 1월 24일 정주영 회장은 국내 경제인으로는 최초로 북한을 방문하였다. 당시 노태우 정부가 천명한 '7·7선언'의 분위기 속에서 북한의 정치국 서기이며 조국평화통일위원회 위원장인 허담의 초청으로 정 회장의 방북이 성사되었다. 정회장은 평양에서 남북경제협력의정서를 체결하고 금강산 공동개발과 시베리아 개발을 위한 조사 작업도 합의하였다. 이 방문에서 정주영 회장은 특히 자신의 고향인 강원도 통천군 송전면 아산리를 57년 만에 방문하여 고향 일대를 남북한이 공동 개발하는 데도 합의하였다. 정주영 회장은 1998년 6월과 10월 두 차례에 걸쳐 소떼 1000마리를 지원하며 금강산관광의 문을 열었다.[29]

개성공단구상도 정주영 회장이 대북 역점사업의 하나로 생각하고 있던 서해안공단개발계획을 구체화한 것으로, 정주영 회장이 1998년 12월과 1999년 2월에 방북하여 북한에 800만평 규모의 서해안공단개발계획을 제시하고 북한이 이에 호응함으로써 논의가 시작되었다(허련 2011, 518). 이른바 '소떼방북'은 북한으로부터 신뢰를 얻고 경제협력사업을 추진할 수 있게 된 계기가 되었다. 이후 현대 고 정몽헌 회장과 현대아산(주) 김윤규 사장의 김정일 국방위원장 면담을 거쳐 2000년 8월 22일 현대아산과 북한 간 「공업지구개발에 관한 합의서」를 체결함으로써 개성공단이 시작되었다.

북한과 공산주의에 대한 두려움이 강했던 1990년대의 상황에서 대북사업을 추진한다는 것은 많은 위험부담을 감수해야 하는 일이었다. 이 위험부담을 감수하고 대북사업을 추진할 수 있었던 요인은 전적으로 정주영 회장의 집념이며 북한에 대한 일종의 애착이라 할 수 있다. 정주영

29 현대그룹은 1980년대 말 대북사업을 시작할 당시 재일동포 2세인 요시다 다케시(吉田孟) 신니혼산교(新日本産業) 사장의 도움을 받았으며 이러한 인연으로 요시다 사장을 통해 남북정상회담을 주선하기도 하였다. 임동원 2008, 27.

회장과 현대의 이러한 특유의 사업방식은 어떤 의미에서 정주영 회장과 현대의 기업가 정신이라 할 수 있다. 정주영 회장의 기업가 정신은 현실 안주형 시장논리만으로는 상상할 수 없는 벤처정신 같은 것이다. 북한에 고향을 둔 한 기업인이 고향을 사랑하는 마음으로 자기가 일군 이익을 고향에 환원하겠다는 한국적 기업가 정신이 깃들어 있다. 정주영 개인의 선택이었다고 할 수도 있지만 창조적 도전의식과 불굴의 개척정신, 강인한 추진력은 시장과 경제 영역을 뛰어 넘는 특유의 '한국적 기업가 정신'이라 할 수 있다. 무엇보다도 1998년 84세의 고령에 전 세계인의 관심을 집중시킨 소떼몰이 방북을 성사시켜 남북 화해와 교류의 새로운 시대를 열었으며 수교 이전에 구소련과 중국을 방문하여 민간 외교관으로서 관계개선의 물꼬를 텄던 기업인이다.[30]

물론 정주영 회장의 비전을 가능케 한 데에는 앞에서도 지적했듯이 고 김대중 대통령의 남북화해와 교류에 대한 정치적 신념이 작동하였다. 김대중 대통령은 한반도의 분단이 외세에 의해 강요된 것으로 한국의 발전에 커다란 장애요인으로 생각하였다. 이러한 문제점을 인식하고 일찍이 1970년대부터 남북교류와 공산권 외교, 유엔동시가입과 교차승인을 주장했고 공화국연합제-남북국가연합-완전통일의 3단계 통일론을 주장하였다(김대중 1994). 자신 스스로 분단의 가장 큰 피해자였던 김대중 대통령은 한반도에서 분단을 극복하고 평화공존과 통일을 이루고자 한 신념은 누구보다 강하였다. 이처럼 강한 분단해체와 강한 통일의지를 가진 김대중 대통령의 정치적 신념이 없었다면 새로운 발전공간은

30 아산정주영뿌리연구회의 홈페이지(http://www.asanlove.com) 참조.

열리지 않았을 것이다. 김 대통령의 신념은 집권 3년차에 김정일 위원장과의 정상회담으로 결실을 맺었다.

남북협력 공간의 확장을 가능케 한 요인으로 2000년 6월 남북정상회담을 빼놓고는 설명할 수 없다. 제1차 남북정상회담에서 채택한 6·15 공동선언 제4항은 "남과 북은 경제협력을 통하여 민족 경제를 균형적으로 발전시키고··· 서로의 신뢰를 다져나가기로" 합의 하였으며, 이를 계기로 개성공단 사업은 급물살을 타고 진행되었다. 김대중 대통령은 2000년 8·15 경축사에서 "남한의 기술과 자본, 북한의 우수한 노동력과 자원이 합쳐지면 민족경제의 균형발전과 대도약을 실현할 수 있을 것"이라고 밝히면서 개성공단에 대한 의지를 피력하였다. 김정일 국방위원장도 2000년 8월12일 남측 언론사 사장단과의 면담에서 "남쪽 경제 기술과 북쪽 정신을 합작하면 강대국이 된다"라고 말했다. '고난의 행군'을 막 끝낸 김정일 위원장도 남한의 협력을 받아 시장화 발전에 대한 기대감을 갖고 있었다. 남북한 정상들은 남북협력의 새 지평을 여는 것이 양자 모두에게 경제적 이득을 가져다줄 것이라는 데에 이해를 같이 했다.

김대중 대통령의 분단극복과 통일에 대한 집념, 김정일 위원장의 경제발전에 대한 의지, 정주영 회장의 남다른 기업가 정신이 삼중주로 연주되면서 한국발전의 새로운 지평이 열리게 되었다. 황금의 삼각모형(golden triangle)과도 같았다. 김대중 대통령과 김정일 위원장은 남북협력을 통해 얻을 수 있는 정치적 계산을 했을 수 있다. 정주영 회장도 김대중 대통령의 남북교류에 대한 의지를 간파하고 김대중 정부의 지원 하에 대북사업을 성사시켜 보려는 정치적 계산을 깔고 있었을 가능성도 있다. 그렇지만 이러한 요인들을 감안한다 하더라도 남북협력과 대북사업에 대한 남북의 정치지도자와 정주영 회장의 비전과 집념이 없었다면 성공하지 못했을 것이다.

분단체제로 엄중한 군사적 대치 상황에서 이념 갈등이 심각한 한반도에서 남한과 북한이 경제적 협력을 시작한다는 것은 경제적 관점에서 보면 매우 위험하고 불합리한 일이다. 이러한 전쟁의 불안정성을 갖고 있는 남한의 경제를 저평가하는 코리아디스카운트 현상이 있는 것이 현실이다. 그런데 이러한 불안과 위험성을 안고 북한에 투자를 하고 협력사업을 추진한다는 것은 경제적 동기를 넘어서는 독특한 기업가 정신이 흐르고 있음을 의미한다. 삼성그룹이 대북사업에 참여하지 않은 것과는 대조적으로 현대그룹은 북한에 대한 투자와 교류를 적극 추진하였다. 이것은 아마도 북한에 고향을 둔 정주영 회장에게는 북한을 어떻게 보느냐 하는 의식이 달랐기 때문이었을 것이다. 정주영 회장에게는 북한은 공산주의 정권이 아닌 고향이었던 것이다. 북한사람을 공산주의자로 보는 대신 친근하고 살갑게 맞아주는 고향사람인 것이다. '고향'의 의미, 즉 "나의 살던 고향은 꽃피는 산골..."의 애틋한 기억의 공간이다. 이것이 남북한과 한민족이 공유할 수 있는 민족정서인 것이다. 경제적 이익을 위해서만이 아니라 고향을 위해, 민족을 위해 아낌없이 투자한 것이다. 경제적 가치를 소홀히 하는 것은 아니지만 고향과 민족에 대한 남다른 관심과 비전을 소중한 가치로 여기며 기업을 경영한 것이다.

정주영 회장의 기업가 정신은 매우 독특한 것으로 한국식 성장전략 모델의 일종이다. 기업가 정신이라는 것이 원래 어느 정도의 모험심을 담고 있어서 완전히 시장합리성으로만 설명할 수 있는 것은 아니지만 한국 기업가의 경우에는 더 독특한 기업가 정신이 있는 것 같다. 한국의 기업이 갖고 있는 이러한 독특한 기업가 정신은 'K-전략'으로 불리기도 한다(문휘창 2012). 즉 한국이 급격한 경제성장을 할 수 있었던 요인으로 A-B-C-D, 즉 Agility(민첩성)와 Benchmarking(벤치마킹), Convergence(융합), Dedication(전념)을 꼽는데 정주영 회장이 개성공단을 만들어낸 중요한 동력도 여기에 있지 않은가 생각된다. 통일은 이런 벤처정신, 기업가정신이 필요하다. 북한을 중대한 리스크로 보면 투자를 못한다. 그것이 기회라고 보아야 투자를 하게 된다. 따라서 통일 자체가 경제적 타산만으로 승산이 있는 게임은 아니다. 어느 정도 불확실성과 리스크가 따르는 투자다.

이런 점에서 남북경제협력은 남북한 지도자의 리더십과 한국적 기업가 정신이 발휘된 독특한 사례라 할 수 있다. 남북한의 경제협력을 통해 통일의 기반을 구축하겠다는 김대중 대통령의 정치적 신념과 정주영 회장의 한국적 기업가 정신이 잘 맞아 떨어진 결과로 협력사업이 추진될 수 있었다. 여기에 정치군사적 리스크를 감수하고 남북협력을 통해 경제개발을 하겠다는 김정일 위원장의 결단이 절묘하게 어우러져 창의적 작품이 만들어진 케이스다. 금강산과 개성공단이 통일의 실험장이라 하는 이유는 바로 이런 독특성 때문이다. 분단의 대립구조를 협력관계로 만들려면 현재의 경제적, 군사적 구조를 타파하고 변화를 추동해야 하며 여기에는 정치군사적 리스크가 따르기 마련이다.

VII. 북핵 위기 속의 한국형 발전(2008-2012)

1. '비핵·개방·3천'과 '남북관계정상화'

대북포용정책에 대한 비판과 퍼주기 논란으로 남남갈등이 심각했고, 1차 핵실험으로 북한에 대한 국민들의 불안감과 불신이 높아졌다. 이러한 상황에서 이명박 정부는 이전 10년의 정책을 비판하며 집권하였다. 2008년 2월 이명박 정부가 집권하면서 남북관계의 분위기는 크게 달라졌다. 정부는 공식적으로 북한이 비핵화와 개방을 실행하면 10년 내로 북한의 1인당 GDP를 3천 달러가 되도록 지원과 협력을 제공하겠다는 "비핵·개방·3천" 대북정책을 내놓았다. 이 정책은 몇 개월 후 조금 더 포괄적인 "상생·공영정책"으로 보완되었다. "상생·공영" 정책은 내용면에서는 당국대화, 경제협력, 인도적 문제 해결 등 기존의 것들과 크게 다르지 않지만, 기조만은 분명히 달라졌다. 기존의 남북관계는 남한이 북한을 일방적으로 지원하는 즉 '퍼주기'였고, 이를 추진하는 태도 역시 북한에 끌려 다니는 '저자세'였으며, 이러한 잘못된 관행을 바로 잡아야 한다는 것이 상생·공영 정책의 기조였다.

이처럼 기조가 달라진 배경에는 개성공단과 금강산 관광이 있었다. 이명박 정부가 막 들어선 2008년 3월 개성공단을 축소할 수 있고 문제가 생겼을 경우 엔테베 작전 같은 것을 통해 인질을 구출하겠다는 합참의장의 발언을 북한이 문제 삼아 남북 간 갈등이 고조되었다. 2008년 7월에는 금강산 관광객 피살사건이 발생하여 금강산관광이 중단되었다. 더 큰 맥락에서 보면 2006년 10월 단행한 북한의 핵실험이 한반도 안보지형을 완전히 바꾸어 놓았다는 구조적 측면이 기존의 대북정책에 대한 조정과 변화를 요청하고 있었다.

이명박 정부는 남북관계를 새로운 단계로 발전시키기 위해 실용과 생산성, 국민합의, 남북협력과 국제협력의 조화 등 대북협력의 몇 가지 원칙을 설정했다. 경제협력에 대해서도 비핵화의 진전, 사업타당성, 재원확보 가능성, 국민적 지지 등을 골자로 한 '경협4원칙'을 제시했다. 그러나 동시에 원칙에 충실하면서도 접근은 유연하게 한다는 입장을 견지하면서 북한의 거친 반응에 의연하게 대처했다. 이명박 대통령은 대북포용정책을 추진한 "지난 10년간의 기존 틀이 새로이 정립되는 조정 기간"으로 규정하고, 남북관계를 정상적 궤도에 올려놓으려면 "이제까지 해오던 방식의 협상자세를 바꿔야 한다"며 "제대로 된 근본적인 전략" 수립을 주문했다.[31]

이러한 정책기조 하에 김대중, 노무현 정부의 대북정책을 완전히 바꾸는 정책을 집행했다. 북핵 해결과 개성공단 확대를 연계시키는 정책을 시작으로 유엔인권위 대북결의안 제출, 대규모 방북 통제, 남북협력기금 집행 유보, 식량·비료지원 중단, 대북전단살포 허용·묵인, 통일·대북단체의 선별지원, 탈북자 해외활동 허용, 금강산관광 중단, 한미합동군사훈련 실시, PSI 전면 참여 선언 등 약 10여 가지의 정책변화를 단행했다. 이에 대해 많은 비판과 우려가 있었으나 이명박 정부는 크게 흔들리지 않고 원칙과 입장을 견지했다.

이에 대해 북한은 거칠게 반응하였다. 2008년 3월 29일 남북대화를 일방적으로 중단한 이후, 대남비난을 강화하였다. 2008년 12월 1일에는 남북교류협력을 위축시키는 조치를 강행하고 문산–봉동 간 열차운행 중지, 남북경제협력협의사무소 폐쇄, 개성관광 중단, 개성공단 및 금강산 지역 체류 및 방북인원 제한 등의 조치를 단행하였다. 2009년 1월 17일에는 북한군 총참모부 대변인 성명으로 전면대결태세 진입을 선언하고 NLL을 무시하고 북한이 정한 서해해상군사분계선을 고수하겠다고 천명했다. 1월 30일에는 조국평화통일위원회 성명으로 남북 간 정치·군사적 대결상태 해소 합의사항 무효화, 남북기본합의서 및 부속합의서의 서해해상경계선 조항 폐기를 일방적으로 선언하였다. 또 대북전단살포 등 남한정부가 북한에 대한 적대정책을 취하고 있다고 비난하며 정책전환을 요구하였다.

이명박 정부의 이러한 강경정책은 초반에 북한으로부터 격렬한 반발을 샀으나, 2009년 8월 이후부터는 상당한 변화를 가져왔다.[32] 북한이

31 《연합뉴스》 2008.4.13; 2009년 통일부의 대통령 업무보고(08.12.31).

김대중 전대통령의 조문단으로 서울에 와서 이명박 대통령에게 정상회담을 제의하고 현정은 현대아산 회장을 통해 이산가족상봉 회담을제안하기도 했다. 물론 이러한 변화가 미국과 대화를 위한 분위기 조성용으로 진행되었다고 하더라도 이처럼 변화된 북한의 태도는 전혀 예상치 못한 것이었다. 대북정책과 관련하여 이명박 정부의 최대성과는 아마도 남한이 북한에 "아니오"라고 해도 된다는 것을 학습했다는 것일 것이다. 북한의 거친 반응에 대해 아무런 대응을 하지 않고 있어도 북한이 협상을 해올 수도 있다는 학습효과를 얻은 것은 적지 않은 소득이다.

이명박 정부의 대북정책은 '남북관계의 정상화'를 목표로 원칙과 단호한 기조를 유지했음에도 불구하고, 남남갈등을 통합하지 못했으며 실효성 있는 정책대안을 제시하는 데도 역부족이었다. 햇볕정책의 문제점, 북한에 대한 비판적 여론, 핵문제 해결의 중요성 등을 환기시키는 데는 어느 정도 성과를 거두었다고 본다. 그러나 과거 정부의 과도한 지원 관행을 시정해야 한다는 데 지나치게 집착한 나머지, 대북정책을 둘러싼 남남갈등을 통합하지 못하고 실효성 있는 정책대안을 제시하지 못했다.

남북관계는 민간차원의 교류와 지원이 지속되었으나 정부 간 대화의 단절과 대립의 심화로 남북관계의 불안정성이 상당히 커졌다. 과도한 지

32 북한의 이러한 격렬한 반발은 가히 햇볕정책의 '금단현상'으로 부를 수 있을 만큼 통제 불가능한 듯 보였다. 2008년 3월말 통일부 장관의 개성발언을 문제 삼아 대통령 비난하는 것으로부터 시작하여 7월의 금강산 사건을 계기로 남한에 대한 기대를 완전히 접고 12월에는 개성관광 중단으로 맞대응했다. 2009년 1월 30일 '정치군사적 전면대결'을 선언하기에 이르렀고 2009년 3월 개성공단에서 유성진 씨를 체포, 개성공단의 토지임대료와 임금 인상을 요구하며 압박했다. 2009년 4월 5일에는 인공위성 발사, 5월 25일에는 2차 핵실험을 감행함으로써 긴장을 잔뜩 고조시켰다.

원과 교류의 급속한 확대로 인해 야기되었던 안보불안감은 상대적으로 줄어든 반면, 전쟁위기의식 고조 등 남북관계를 바라보는 국민들의 심리적 불안의식은 상당히 높아졌다.[33] 북한은 2010년 1월 15일 '보복성전'을 언급하며 대통령을 비난하고 한미연합 키리졸브 훈련(3월)에 대응하는 강력한 조치를 천명하였다. 이런 와중에 천안함 사건이 발생하여 한반도 안보위기는 매우 고조되었다. 천안함 사건에 대한 대응으로 정부는 2010년 '5.24' 대북 제재 조치를 발동하였다. 북한이 천안함 사건에 대한 사과를 하지 않으면 북한과의 교류를 추진하지 않는다는 조치인 것이다. 남북교역을 중단하고 대북지원을 원칙적으로 보류하며, 국민의 방북을 불허하고 대북 신규투자를 금지하는 등의 조치를 단행하였다.

2. 북한의 2차 핵실험과 안보위기

미국은 2005년 6자 간의 9·19공동성명으로 합의가 순조롭게 진행되는 것 같던 상황에서 2006년 7월 북한의 미사일 실험과 10월의 핵실험은 큰 충격을 주었다. 북한의 이러한 도발을 6자 회담국들은 미국과의 협상력을 높이기 위한 북한의 의지표현으로 받아들여 북한 핵실험의 충

33 남북관계의 안정성 지표로 국민들의 전쟁위기의식을 살펴보면, 2008년 9월 51%로 국민들의 불안감은 상당히 높은 것을 알 수 있음. 서울대 통일평화연구소 2008통일의식 조사 자료.

격을 의도적으로 약화시키고자 하였다. 이러한 분위기 때문에 북한의 1차 핵실험 이후 6자회담이 다시 재개되었다. 2007년 2·13합의, 10·3합의, 2008년의 북핵 불능화 진전 등으로 국제정세는 급변하는 듯 보였다. 2008년 들어 부시대통령이 보여준 정책전환의 과단성을 보면, 미국이 이 문제를 매우 시급한 사안으로 판단했던 것 같다. 영변 원자로 냉각탑 폭파로 북핵 불능화를 상징적으로 보여주었고, 그 대가로 50만 톤의 식량지원을 실시했다. 2008년 10월 11일에는 20년 동안 적용했던 테러지원국 지정해제를 단행했다. 당시 미국의 정책변화의 진정성은 여전히 남아 있지만 상당한 의지를 갖고 전략적 변화를 추구했던 것으로 보인다. 부시대통령은 미국의 민주당 승리, 이라크사태 불리한 상황에서 외교적 성과를 올리기 위한 전략적 선택을 했다. 중국이 빠른 속도로 부상하고 있어서 미국 편에서 보면 한반도 정책에서 미국이 주도권을 잡기 위해서는 시간이 많지 않다고 보았기 때문일 것이다.

핵실험에 대한 보복으로 대북경제제재가 발동되었으나 다른 한편으로는 2.13합의로 미국의 대북정책도 급물살을 탔다. 북한의 핵개발을 억제하기 위해 미국은 금융제재라는 채찍과 테러지원국 해제라는 당근을 제시하며 협상을 진행하였다. 미국은 북한과의 관계를 강화함과 동시에 4월 들어 한국과 FTA(자유무역협정)를 타결하였다. 미국으로서는 중국에 경도되는 한국경제를 더 끌어당길 필요가 있었고, 한반도의 급변사태를 내비하여 한국을 더 적극적으로 편입하는 조치를 취하였다고 볼 수 있다. 한국으로서는 한미 FTA 타결로 국가주의 보호막으로부터 완전히 독립하여 경쟁력을 갖추어야 하고 체질을 개선하지 않으면 경제가 살아남기 어렵게 되었다. 그러나 2009년 5월 북한의 2차 핵실험으로 정세는 급변하였다. 북한은 미국의 오바마 정부가 출범한 직후인 2009년 2월초 장거리 미사일 발사 실험을 감행하고, 5월에는 핵실험까지 감행하였다. 대북 강경정책을 추진하던 부시 행정부가 막을 내리고 새로 출범한 오바마 정부의 대북정책이 수정될 것이라는 기대감이 컸었다. 그러나 북한의 이러한 행태에 대해 미국은 매우 당혹스러움을 감추지 못했다.

2009년 북한의 핵실험은 한반도의 안보지형을 일시에 바꾸어 놓았다. 중국과 미국이 바짝 긴장하였다. 북한의 핵실험이 북한체제의 불안정과 관계된 것으로 인식하였다. 김정일 위원장의 심근경색으로 건강이 악화되어 정치적 불안정이 고조되었기 때문이다. 지도자 1인에게 모든 권력이 집중되어 있는 수령제 체제의 속성상 김정일 개인의 건강에 문제가 생겼다는 것은 북한의 불안정성 증대로 이어진다. 2009년 5월 북한이 2차 핵실험을 단행한 것도 지도자의 신변이 불안정한 상황에서 혹시나 있을지 모를 외부세계의 체제전복 기도를 차단하기 위해 오히려 강경한 정책으로 선제대응을 한 것이다. 중국이 2009년 7월에 북한에 대한 적극적인 개입정책을 결심하게 된 배경도 바로 김정일의 건강악화로 북한체제의 불안정성이 된 원인도 있다(ICG 2009).[34] 북한 김정일의 건강문제가 심각해졌고 지도력이 부재한 틈을 타 전격적인 2차 핵실험을 감행한 것이다.

2차 핵실험 이후 중국은 한반도 관여정책을 본격적으로 시도했다. 미

34 2008년 12월 세계금융위기의 발생으로 미국경제가 위기에 처하게 된 것도 중국의 대북 관여정책이 개시된 배경으로 설명한다(ICG 2009).

국이 북한에 대해 회유·압박 정책을 병행하는 동안 중국은 북한에 적극적으로 치고 들어갔다. 미국은 북핵문제 해결방식에 대해 대화 가능성을 내비치면서도 북한 인권문제에 대해서는 강경한 입장을 취하는 양면전략을 구사하였다. 그러나 중국은 대북 경제지원을 통해 북한을 안정화한다는 전략을 가시화하였다. 신의주특구와 단동과의 연계개발, 나선항에 대한 투자 및 훈춘·나진 간 도로 확장사업 투자, 평양 등 북한지역에 대한 투자를 확대하고, 동북3성 진흥전략 및 동북공정과 북한 개발과 연계하여 추진하였다.

2012년 북한의 김정은 정권이 들어서면서 북핵 위기는 더욱 심화되었다. 2011년 12월 김정일 위원장이 사망하고 젊은 지도자 김정은이 들어선 후 경제개발에 대한 의지를 과시하였다. 김정은 정권은 2010년 12월 김정일 위원장이 제기한 "자기 땅에 발을 붙이고 눈은 세계를 보라!"는 북한식 국제화 담론을 구체화하기 위한 의지를 피력하며 아파트와 공장, 공항 등 여러 시설들을 현대화하고 국제적 진출을 꾀하였다. 그러나 가장 큰 걸림돌이 된 것은 북한이 2012년 4월 개정헌법에 핵보유국임을 선언한 것이었다. 그동안 북한의 주장하던 비핵화의 명분은 사라지고 비핵화 실현 가능성이 이미 상실될 우려가 있기 때문이었다. 김정일 시대에는 9·19공동성명이나 2.13합의 등 비핵화를 위한 6자회담 등의 대화틀이 존재하였으나, 김정은이 집권한 2012년 이후 북한은 헌법에 핵보유국 지위를 명문화하고 2013년 3월 31일에는 '경제-핵 개발 병진로선'을 공식적으로 천명함으로써 비핵화 협상의 사다리를 걷어 차버렸기 때문이다. 물론 어느 주변국도 북한의 핵보유국 지위를 공식적으로 인정하지 않지만 북한의 핵개발 의지를 꺾을 수 있는 방법은 없는 상태가 되었다.

북한의 두 번째 핵실험과 김정은 정권의 핵개발 의지는 남북교류와 협력을 통해 발전역량을 확장하려던 한국에 심각한 도전이 되었다. 북핵 위기라는 돌발변수가 한국의 발전환경에 심각한 위기요인으로 등장하였다. 또한 북한에 대한 인권압박이 증대하여 북한체제의 불안정성은 점증하였다. 국내적으로 경제 불황이 해소되지 않고 핵문제와 인권문제 때문에 대북압박이 고조되고 있는 상황에서 한반도의 안보불안과 위험은 매우 높아졌다. 한국은 이러한 어려운 안보환경에서 경제발전을 도모해야 했다.

3. 안보불안과 대북인식의 변화

탈냉전 이후 북한과의 교류협력의 장이 확대됨에 따라 시민사회 구성원들은 어떻게 반응하고 있는지 살펴보자. 냉전시기에는 남북한이 적대와 경계, 경쟁의 상호작용을 위주로 하여 구성원들의 의식 속에 부정적 의식이 형성되었을 것으로 보이며, 탈냉전기에는 협력과 포용(지원) 의식이 생겨나고 있을 것으로 보인다. 서울대학교 통일평화연구원은 통일의식조사와 탈북자통일의식조사를 통해 남북한 주민들의 대북인식을 연례적으로 분석하고 있다. 이 조사에 의하면 한국인들의 대북의식이 상당한 변화를 보이고 있다. 냉전시기 자료가 없기 때문에 1990년대 중반부터 남한주민의 의식이 어떻게 바뀌었는지 살펴보면, 1990년대 중반에는 북한을 '경계'의 대상으로 보는 경향이 44% 정도로 강한 반면, 우리와 힘을 합쳐 '협력'해야 할 대상으로 보는 인식은 25% 정도였다.[35] 25% 정도로 낮았던 대북 '협력'인식은 2007년까지 지속적으로 증가하여 56.6%를 기록하고 2008년에도 57.6%를 기록했다. 그 후 계속 하락하여 2015년에 35.2%로 최저점을 찍은 후 2016년에 다시 상승하는 형국이다. 한편 90년대 중반 44%로 높았던 대북 '경계'의식은 이후 지속적으로 낮아져 2008년 11.3%를 기록한 후 20%대를 유지하고 있다. 북한을 남한의 안보를 위협하는 '적'으로 보는 인식은 2008년 5.3%로 낮아졌으나 이후 상승하여 2016년 현재 1990년대 중반과 비슷한 상황이다. 즉 북한을 '적'으로 바라보는 사람들은 정부의 대북포용정책과 남북교류의 진전으로 2000년대에 낮아졌으나 이명박 정부가 들어선 2008년 이후 북한의 도발적 행동과 남북관계의 악화로 적대의식이 해소되지 않고 있음을 보여준다.

2014년 7월의 의식조사에서 남한주민들의 안보불안이 최고로 상승하고 북핵에 대한 위협의식도 최대로 상승한 것을 보면 남북 간의 설전과 북한의 구두위협이 여전히 심리적 불안을 조성하고 있다고 보아야 할 것이다. 2014년 7월에 조사한 서울대 통일평화연구원의 '통일의식조사'는 남한주민 75%가 북한의 무력도발 가능성이 있다고 예상하고 있

35 1994년에 30.7%였던 '경계'인식은 김일성 사망 이후 1995년에는 43.7%로 상승하였고 1998년에는 40.6%를 기록했다. 김대중 정부가 들어선 이후 1999년부터 이러한 '경계'인식은 28.6%로 감소하였고 2008년에는 11.3%까지 낮아졌다가 2009년부터 다시 20.6%, 20.7%(10년), 17.2%(11년)를 유지하고 있다. 한편, 북한을 '협력'대상으로 보는 인식은 39.2%(94년), 25.2%(95년), 24.8%(98년)에서 1999년에 32.5%로 상승하였고 그 후 지속적으로 높아져 2008년에는 57.6%로 최고에 달했다.

고, 주민의 89%는 북한 핵무기로부터 '위협'을 느끼고 있다고 밝혔다.[36] 천안함과 연평도 사건의 여파로 2011년에는 북한의 무력도발에 대해 우려하는 여론이 78.3%에 달했다. 2008년 7월 금강산 관광객 피살 사건 이후 2009년 5월 북한의 2차 핵실험, 2013년 2월 3차 핵실험, 2013년 12월 장성택 부장 처형 사건, 그리고 남북 간에 오가는 설전과 구두위협 등으로 심각한 안보불안을 느끼는 것으로 조사되었다.

한편, 북한주민들도 남한으로부터의 '무력도발'에 대해 불안을 느끼고 있는 것은 마찬가지다. 2014년 북한주민 의식조사는 '남한의 무력도발 가능성'에 대해 '있다'는 응답이 63.7%, '없다'는 응답(36.3%)보다 2배가 높은 것으로 나타났다. 남한의 무력도발 가능성이 '있다'고 응답한 63.7% 중에는 '많이 있다'고 응답한 사람이 32.2%로 '약간 있다'고 응답한 31.5%보다 많아 북한주민들도 남한발 무력위협을 심각하게 느끼고 있음을 보여준다. 이러한 위기의식은 서울대 통일평화연구원의 북한주민 통일의식조사가 시작된 2008년 이후 가장 높은 수치로 북한주민들도 최근의 상황에 대해 불안과 위기를 심각하게 느끼고 있음을 알 수 있다.

남북주민의 안보불안 의식을 비교하면 흥미롭게도 남한주민들이 북한주민들보다 더 심각한 불안의식을 갖고 있는 것으로 나타난다. 남한주민들의 안보불안의식이 북한주민들보다 약 10~20% 가량 높게 나타난다. 이러한 결과가 남북한 주민들의 안보불안의 실제적 현실을 드러내

36 박명규·강원택·김병로 외, 『2014 통일의식조사』(서울: 서울대학교 통일평화연구원, 2014), pp. 86-87.

는 것인지, 아니면 남북한 주민들의 상호인식 프레임의 차이에서 오는 것인지 정확히 판단하기는 어렵다. 왜냐하면 남한주민들에게는 북한이 가장 심각한 위협요소인 반면, 북한주민들에게는 남한이 아닌 미국이 가장 위협적인 상대임을 감안하면 남북한 주민들이 갖고 있는 상호인식의 프레임이 다를 수 있기 때문이다.[37] 또 남북한 주민들의 안보불안이 비슷한 추세를 띠고 있다는 점도 흥미롭다. 상대가 무력으로 도발해 올 것이라는 안보불안 의식유형이 남북 간에 유사하게 형성되어 있다. 즉 남북 간 군사적 긴장이 고조되면 남한과 북한 모두 상대의 무력도발에 대한 불안감이 커지고 반대로 군사적 긴장이 완화되면 양측 모두 안정되는 경향이 있다는 것이다. 이러한 현상은 남한과 북한이 군사적으로 긴밀하게 대응 또는 반응하는 체제로 유지되고 있음을 선명하게 보여준다.

최근 들어 심각한 안보불안은 북한의 핵무기로부터의 위협과 불안에 기인한다. 핵에 대한 위기의식은 2011년 3월 11일 일본 원전사태 이후 민감해졌고 23개의 원전을 운영하고 있는 남한으로서는 북한의 핵무기를 더 민감하게 받아들일 수밖에 없다. 또 북한이라는 대상에 대한 불신이 핵과 연결되면서 그 불안감은 더 커진 것 같다. 남한주민들 중 북한의 핵무기 보유에 대해 위협의식을 느낀다는 사람은 2014년에 89.3%로 매우 높다. 북한의 3차 핵실험이 단행되었던 2013년 78.4% 보다 10.9% 포인트나 높은 수치로 2013년까지는 북한주민들이 자신들의 핵

37 송영훈·김병로·박명규, 『북한주민 통일의식 2008-2013: 북한이탈주민에게 묻다』 (서울: 서울대 통일평화연구원, 2014), pp. 109-111.

무기가 위협적이라는 데 대해 남한주민들보다 더 높은 반응을 보였으나 2014년 남한주민의 북핵 위협인식은 최고조에 달했다. 2006년 10월의 1차 핵실험은 국민들의 안보불안을 최고조로 끌어 올렸으며 8개월이 지난 시점에서 안보불안이 16.7%로 상승하였다. 그런데 2차 핵실험 당시에는 그 효과가 11% 정도로 떨어졌고 3차 핵실험은 그 미치는 영향력이 극히 미미하였다. 2014년 들어 북한의 김정은 정권이 미사일 발사 실험과 무인기 남파, 한미합동군사훈련에 대한 비난 등 지속적인 대남군사 위협으로 안보불안을 조성한데 영향을 받은 것으로 보인다.

한국인의 대북인식은 북한주민의 대남인식과 비교하면 매우 흥미롭다(정은미·김병로·박명규 외 2015). 한국인이 북한을 '협력'대상으로 보는 만큼 북한사람도 남한을 그렇게 보고 있고 '적대'대상이나 '경계'대상도 마찬가지다. 남북의 경제총량이나 교류의 규모 등 객관적 구조에서는 비대칭성이 심화되고 있으나 구성원들의 주관적 의식은 대칭적 구조를 강하게 유지하고 있다는 것이다. 이러한 상호인식의 수렴현상은 정보화가 진전될수록 더 촉진될 것으로 보인다. 공개된 정보를 바탕으로 시민사회가 상대의 의도와 행위를 정확하게 해석할 수 있는 공간이 가능하기 때문일 것이다.

한국이 지속가능한 발전을 구가하기 위해서는 한반도의 긴장을 완화하고 북한위험 변수를 관리해야 한다. 남북관계를 안정적으로 관리하는 것이 급선무이며 이를 바탕으로 북한과의 협력체계를 강화해 나가며 궁극적으로 남북통합을 준비해야 한다. 우선 긴장과 갈등이 고조되지 않도록 남북관계를 안정적으로 관리해야 한다.

4. 한국형 발전과 분단비용, 분단효과

한국형 발전모델의 문제점 중 하나가 바로 북한과 대립체제 속에 성장한 결과 과중한 군사비를 지출하고 있다는 점이다. 2014년 현재 남한은 63만 명, 북한은 120만 명의 병력을 보유하고 있고, 수천대의 전차와 수백 척의 함정, 수백기의 전투기를 운용하고 있다. 그 외에도 남한은 310만 명, 북한은 770만 명의 예비 병력의 동원 체제를 갖추고 있다(국방부 2014, 239). 남한의 2012년 국방비는 정부예산 대비 14.8%이며 북한은 예산대비 16.0%로 남북한 모두 국방비 지출비중이 크다. 2012년 1월 세종연구소가 통계청 의뢰로 작성한「통계로 보는 남북한 변화상 연구」보고서는 2010년 기준 남한의 국방비가 255억7천만 달러로 북한의 8억1천만 달러의 32배에 달하는 것으로 분석했다(연합뉴스 2012.1.9.). 2013년 1월 7일 국방부, 기획재정부 등에 따르면 작년에 한국의 국방비는 32조9천576억 원으로 명목 GDP(1천272조4천600억 원) 대비 2.59%에 달했다. 무기를 수입하고 병력을 유지하는데 어느 정도의 재정을 쏟아붓고 있는가를 기준으로 보면 남한과 북한 모두 군사화의 수준이 높아 무력충돌의 위험성이 매우 높다.

북한은 2013년에 군사비용으로 100억 달러를 지출, GDP대비 25.5%로 세계에서 가장 높은 '폭력비용'을 지출한 국가로 꼽혔다(Clements 2014). 남한도 무기생산과 수출 측면에서 아시아에서는 높은 '폭력비용'을 지불하고 있는 나라로 간주되었다. 국방비 지출이 자국의 입장에서는 방어적 목적으로 이루어지는 것으로 보겠지만 국방비 지출은 그만큼 무력을 증강한다는 의미일 것이고 무력증강은 곧 무력충돌 가능성을 높일 수 있다는 점에서 군사비 지출이나 무기 수출을 '폭력적' 혹은 '비평화적' 행위로 간주하고 있는 것이다. 이런 점에서 남북한 모두 국가 예산 대비 국방비 지출의 비중이 매우 높다는 것은 남북 간 무력충돌 가능성을 고조시킬 수 있고 그만큼 평화를 파괴할 가능성도 높다고 할 수 있다. 이는 한국이 안보의 고비용을 지출하는 발전모델을 유지하고 있음을 의미한다.

분단이 끼치고 있는 경제적 손실 또한 막대하다(신창민 2012, 47–68). 근대화 초기인 1960년–70년대에는 군대가 교육, 직업훈련 기능을 수행함으로써 근대화에 기여하였지만, 현재 남북한의 군대는 비효율성이 커졌다. 한국이 북한과의 분단으로 입고 있는 경제적 손실을 수치로 제시하기는 쉽지 않다. 북한의 광물자원과 저렴한 노동력을 활용하지 못함으로써 입는 손실, 중국·러시아 대륙과의 지리적 단절로 해상운송을 해야 하는 수송비용 등 막대한 경제적 비용을 지불하고 있다. 분단 상황 때문에 지불해야 하는 추가적인 군사비용도 연간 5조 원이며 노동력 측면에서는 연간 60억 달러 규모의 손실을 입고 있다.[38]

38 분단이 되지 않았다면 지불하지 않아도 되는 군사비와 노동력 평가는 다음과 같다. 분단이 해소된다면 한반도의 적정 군대규모를 30만–40만 명으로 보고 있는데, 남북의 180만 군대를 40만으로 축소할 경우, 즉 남한이 인구비례로 가정하여 27만 명의 병력을 유지할 경우, 국방비지출과 보유병력의 축소만을 통해 연간 평균 4–5조원 정도의 재정을 확보할 수 있게 된다(조동호 1997, 99). 남북한 총군사비 230억 달러 가운데 남한만 보더라도 40억 달러 이상의 재원을 절감하여 경제건설에 전환할 수 있다. 북한이 지불하는 비용까지 계산하면 남북한의 국방비가 44조원에서 29조 원으로 15조 원 가량 줄어들며, 여기에 남북 간 군사적 대치로 발생하는 경제사회적 비용도 연 5조 원 정도 줄일 수 있어서 한반도 안보 비용이 전체적으로 매년 21조

이처럼 수치로 환산할 수 있는 손실 외에 분단 때문에 받고 있는 유형, 무형의 피해는 가히 천문학적이라 할 수 있다. 분단이 초래한 지리적 폐쇄성으로부터 오는 폐해는 대단히 크다. 분단으로 말미암아 남한은 지리적 밀폐공간으로 전락하였고, 이러한 지리적인 밀폐성은 우리의 경제와 사회에 막대한 피해를 주고 있고, 의식과 가치관에도 막대한 영향을 주고 있다. 우리의 의식과 가치관은 지정학적 요인에 크게 영향을 받는데, 우리사회에 고착화된 배타주의와 폐쇄성은 분단의 지리적 밀폐성에 의해 강화·재생산되고 있다(조용관·김병로 2002, 76–78). 그런가하면, 분단이 끼친 사회적 폐해도 심각하다. 분단이 지속되면서 남북한은 극도의 적대와 불신 관계를 형성하였다. 남북한이 서로에 대한 '신뢰'를 완전히 상실한 것이다. 이러한 극도의 적대와 불신의 관계는 남북 간 사회 내부에 내재화되어, 그 속에 살고 있는 구성원들은 적대적 대립과 흑백논리를 학습하여, 극한 대결과 배타적 사회관계를 일상화·내면화하고 있다. 이것은 분단구조가 한반도 구성원들에게 끼치고 있는 최대의 폐해다. 프랜시스 후쿠야마(F. Fukuyama)의 주장처럼 신뢰(trust)는 사회적 자본(social capital)으로서 21세기 국가발전의 가장 중요한 자산(후쿠야마 1996)인데, 분단의 지속으로 한국의 사회적 자본은 파산상태라 할 수 있다.

3000억 원가량 줄어들게 된다(김병연 2014). 분단이 해소되면 얻을 수 있는 추가 편익 21조원을 낭비하고 있는 셈이다. 이는 서울과 신의주 고속도로를 연간 5개 건설할 수 있는 재정을 분단비용으로 쓰고 있다(연합뉴스 2000.5.24.). 또 북한에서 약 80만 명, 남한에서 약 40만 명의 청년들이 노동시장에 진입할 수 있게 된다. 취업률을 70% 정도로 보면 남한은 약 60억 달러, 북한은 약 6억 달러의 생산량을 증가시킬 수 있을 것으로 기대된다(김병연 2014).

지난 70년의 남북관계는 갖은 우여곡절을 겪으면서도 조금씩 진화해 왔다. 분단 이후 남북은 상대방을 정식으로 인정하지 않고 상대방의 부인으로부터 자신의 존재 정당성을 찾는 극단적 대결로부터 시작했다. 1948년의 정치적 분단은 단순히 한 민족이 두 정부를 구성했다는 것에 그치지 않고 급기야 1950년의 동족상잔으로까지 증폭되면서 남과 북은 서로를 적대하는 무차별적 대결관계를 형성하고 말았다. '국토'와 '체제'의 분단을 넘어 '민족'의 분단으로 확대된 것이다. 그리고 1953년 휴전 이후 남북의 분단은 공고화단계에 들어섰고 남북은 본격적인 체제경쟁에 돌입했다. 남한의 자본주의체제는 더욱 공고해졌고 북한 역시 사회주의 체제가 강화되었다. 남한은 반공국시에 입각한 권위주의 유신체제를 형성하여 주체사상에 입각한 북한의 유일체제에 맞섰다. 서로를 적대하면서 자기체제를 정당화하는 이른바 '적대적 의존관계'로 고착되었다.

1990년대 사회주의권 붕괴와 탈냉전 이후 남북의 체제경쟁이 무의미해지고 사실상 남한의 승리가 확정되면서 남북관계는 전환점을 맞게 된다. 탈냉전이라는 변화된 정세 속에서 남한은 북한과의 교류협력을 통한 남한 주도의 평화적 통일을 시도했다. 1998년 국민의 정부 출범 이후 이른바 '햇볕정책'이 지속적으로 추진되면서부터는 남북관계에서 적대와 대결보다 화해와 협력이 우위를 점하게 되었다. 그 결과 2000년 6월에는 역사적인 남북정상회담이 개최됨으로써 반세기 동안 지속되었던 남북 당국의 적대적 대결관계가 화해적 협력관계로 전환할 수 있게 되었다. 그러나 북한의 핵개발 시도로 한반도의 안보불안이 가중되었고 계속되는 북한의 도발로 남북관계의 실질적 진전은 제약되었다. 2차 남북정상회담을 통해 구조적 한계를 타파해보려 했고, 남북관계 정상화라는 화두로 대북압박정책을 구사하기도 하였으나 북핵문제를 넘어서지는 못하였다. 상대방을 흡수통일과 적화통일의 대상으로 간주하던 과거의 관계를 감안하면 탈냉전의 남북관계는 진일보한 토대가 마련되었다고 할 수 있으나, 평화공존과 안정적 환경을 마련하는 데는 여전히 부족한 면이 많다.

탈냉전기 남북관계는 분단체제로부터 남북한의 국가성이 한층 강화된 분단국체제로 발전하였다. 남북기본합의서에 의해 남북한이 서로의 국가적 실체를 인정하고 교류협력을 추진하면서 상호 간 대화와 교류협력 네트워크가 확대되고, 통합의 가능성도 모색한 시기다. 분단체제와 안보 긴장감을 동력으로 활용하는 것이 아니라, 북한과의 협력을 통해 발전의 새로운 동력을 만들 수 있다는 기대가 높아졌다. 때로는 분단 상황이 정치적으로 악용되었고 '종북논쟁'과 같은 불필요한 남남갈등의 비용을 지불하였으나 북한과의 대립구도 속에 놓여 있어 한국인들의 생존에 대한 열망과 사회결속에 긍정적으로 기여함으로써 한국의 발전을 역동적으로 추진해 나갔다. 사회의 여러 갈등적 요인들이 분단이라는 정치적 상황 때문에 폭발적으로 터지지 않고 자기절제와 통제를 통해 사회를 통합하는데 기여하였다. 분단에 따르는 비용도 많았지만 분단이 한국의 발전에 주는 효과도 있었다. 문제는 이러한 분단의 효과가 탈냉전 이후 교류협력 체제로 전환되면서 크게 반감되었고 앞으로 점점 커지고 있는 분단비용을 어떻게 해소하느냐 하는 것이다. 한국형 발전이 본질적으로 지니고 있는 분단의 비용과 효과를 전반적으로 검토하고, 통일을 향한 과정에서 형성된 탈분단과 교류협력 체제를 어떻게 지속적 발전으로 이어가느냐 하는 것이 관건이다.

VIII. 통일과 지속발전 전망

1. 남북관계사로 본 한국형 발전모델의 특징과 평가

한국은 북한발 안보위기와 체제 안으로 내재된 이념갈등의 도전을 받으며 환경과 조건에 따라 때로는 주도적으로, 때로는 피동적으로 변형되어 왔다. 분단직후 이념적으로 상반된 미국식 모델을 차용하면서 대립과 경쟁이 시작되었고 3년간의 한국전쟁은 그야말로 북한과 전면적으로 치르면서 가장 치열하게 북한을 경험하였다. 한국전쟁을 계기로 일본과의 관계가 다시 형성되어 일본을 추격하는 전략의 변화가 형성되었고 1970년대 남북대화를 계기로 북한의 경제전략을 차용하는 시도도 하였다. 냉전시기에는 북한과의 군사적 대립, 정치적 배제, 경제적 경쟁과 모방을 통해 '개발독재'의 한국형 발전모델이 정당화되고 강화되었다.

1988년 서울올림픽을 계기로 사회주의권에 문호를 개방하고 북한과 남북기본합의서 체결, 유엔가입 등 세계화 전략을 적극 추진하였다. 두 번의 남북정상회담을 바탕으로 교류협력을 추진하였으나 북한의 핵개발 변수를 만나 좌초위기를 맞고 있다.

한국의 발전모델은 분단체제 속에서 미국식 시장경제모델을 그대로 받아들여 냉전시기에 공산주의·사회주의의 확산을 막는 대항모델로 출발하였다. 이런 큰 흐름에서는 1990년대 논의된 '워싱턴컨센서스'의 유력한 모델로 간주되는데 어려움이 없다. 그러나 분단과 전쟁, 남북관계라는 특수한 환경에서 어느 나라보다 안보위험 변수를 상수로 갖고 있다는 점에서는 다른 특성을 지닌다. 북한이 중국식 사회주의 발전모델로부터 독자적 길을 걷고 있듯이, 한국도 이런 측면에서는 미국식과 일본식, 그리고 사회주의 혹은 권위주의 속성까지 융합한 독특한 한국형 발전모델을 추구해 왔다.

세계는 여전히 미국식·일본식 발전과 중국식·러시아식 발전모델이 경합하고 있다. 미국과 일본이 주도하는 '환태평양동반자협정'(Trans-Pacific Partnership)을 중심으로 아시아를 미국의 체제에 통합하려는 노력을 지속하고 있다. 반면 중국과 러시아는 아시아를 유럽과 통합하려는 노력으로 '유라시아통합'을 주장하며 그 기반이 되는 CICA, 아시아인프라투자은행(AIIB)의 운영을 강조한다.

남북관계의 역사로 볼 때 분단이 초래한 비용과 효과를 나름대로 따져 볼 수는 있겠으나 최근에 이를수록 분단이라는 조건이 한국의 발전을 가로막는 중대한 장애물로 작용할 가능성이 점차 커지고 있다. 세계화와 정보화의 진전으로 한국이 한 단계 높은 선진국으로 발전하려면 신뢰도, 안정도, 창의력, 네트워크, 문화적 상상력 등 근대화 초기와는 매우 다른 요소들이 결정적으로 중요해진다. 이러한 상황에 부딪칠수록 분단에서 오는 내부갈등, 전쟁위협, 신인도의 하락, 정치적 편향, 공간적 위축 등은 21세기형 발전에 큰 장애물이 된다. 무엇보다 북쪽으로의 공간이동이 가로막혀 있는 현재의 상태로는 해양과 대륙을 잇는 지정학적 이점을 살리지도 못한 채 오히려 미국과 중국의 두 패권국가 사이에서 발전의 동력이 위축될 가능성이 매우 높다. 한국의 발전수준이 높아지고 북한의 위기의식이 심해지면 질수록 그 기회비용과 위험부담은 더 커질 것이다. 남북한의 비대칭성이 커지고 북한의 핵문제가 쉽게 해결되지 않을 경우 한국은 정치적으로는 말할 것도 없고 경제적으로나 사회문화적으로도 전환의 동력이 마련되기 힘들다. 대외적 신인도를 높이고 사회통합을 진전시키며 불필요한 이념적, 정치적 기회비용을 최소화하기 위해서는 탈분단과 통일에 대한 진지한 고려가 필수적이다. 이런 점에서 분단의 극복과 통일의 문제를 한국사회의 장기적 발전전략과 연관시켜야 한다.

현재 통일은 헌법적 가치이고 모두가 동의하는 목표임에는 틀림없지만 단순히 남북한의 재결합이라는 차원을 넘어서 한반도의 남북이 지난 시기에 이룩한 모든 역사적 성취와 문명적 발전을 한 단계 더 높은 수준으로 끌어올릴 발전론으로 연결되어 있지는 못하다(박명규·이근관·전재성 외 2012, 15). 지난 시기 산업화와 민주화가 한국사회를 이끌어온 집합적 가치이자 국가전략의 원칙이 되었던 것처럼 통일이 21세기 미래의 발전구상에 어떻게 위치지울 수 있을까를 종합적으로 탐구하는 작업이 절실하게 요청된다.

지난 시기 한국사회가 힘써 이룩한 중요한 가치들에 대한 재확인과 함께 이를 더 나은 차원으로 고양시키는 전략으로서의 통일을 상정하려면 국민국가시대를 넘어서 지구시대의 한반도가 어떻게 안팎과 교류하면서 발전할 것인가에 대한 창조적이고 미래지향적인 구상이 있어야 한다. 정부정책의 근간을 이루는 국가전략 속에 통일정책이 유기적으로 통합되어 있어야 하고 다원화나 정보화, 개방화의 흐름이 강화되는 21세기적 가치와 한반도 통일이 유기적으로 결합되어야 한다(박명규·이근관·전재성 외, 2012, 16). 이를 위해서는 다면적인 변수설정이 필요하고 그런 변수들을 어떻게 관리할 것인지에 대한 종합적인 대응능력이 요구될 뿐 아니라 그 과정이 21세기 문명의 흐름과 합치되도록 해야 한다. 남북한의 통일은 결코 19세기적 공동체로 회귀하는 것이 아니며 미래로 열린 새로운 공동체의 창출 작업이기 때문이다.

한국이 지속가능한 발전을 구가하기 위해서는 분단 상황의 해소가 필수적이다. 분단 상황을 해소하지 않는 한 과도한 분단비용 때문에 지속적 성장과 발전을 이루는데 상당한 제약을 받을 것이다. 분단의 극복은 과거 적대와 대결의 남북관계에서 화해와 협력의 남북관계를 거쳐 결국은 통합의 남북관계로 가야 함을 의미한다. 이를 위해서는 보수 정부임에도 불구하고 지금까지 지속해온 화해협력의 남북관계가 계속되어야 하고 북핵문제의 존재에도 불구하고 남북관계가 유지되어야 한다. 진보정부에서 합의된 6·15와 10·4선언은 역사적으로는 7·4공동성명 이후 남북 간 합의들을 체현하고 있고 북한을 동반자로 규정한 7·7선언과 남북기본합의서에서 그 연원을 찾을 수 있다. 그동안 적대와 대결, 경쟁과 갈등을 거쳐 상호 인정과 화해협력으로 발전해온 남북관계를 복원하고 더욱 진전시켜 미래의 진정한 평화통일로 가는 시금석을 마련해야 할 필요가 절실하다.

통일 시점까지 북한이 어느 정도 발전을 구가할 수 있을지, 북한이 발전국가의 궤도에 오를 수 있도록 한국이 어떻게 그에 걸맞은 정책을 추진할 수 있을지에 따라 통일한국의 경제사회발전은 좌우될 것이다.[39] 사실 분단갈등 구조에서 남한경제는 북한의 '위협'에 결정적으로 영향을 받는 취약한 측면을 내포하고 있다. 때문에 한반도 경제공동체를 안정적으로 형성하려면 북한을 좋아하거나 싫어하는 감정적인 문제와는 상관없이 북한과 협력하지 않으면 안 되는 상황이다.

이와 같은 안보불안구조를 해소하지 않고서는 한국형 발전모델이 지속가능한 생명력을 갖기에 많은 어려움이 있을 것이다. 휴전선에 집결해 있는 남북의 180만 군병력을 그대로 두고서는 탄탄한 경제공동체를 만들 수 없다. 이런 점에서 남북경제공동체 형성을 통해 한반도의 평화무드를 조성하고 안정적 경제기반의 틀을 구축하는 일은 국가발전과 민족번영의 견지에서 볼 때 대단히 중요하다. 북한과의 경제협력을 강화하고

39 한국이 통일대안으로 갖고 있는 민족공동체통일방안은 벌써 26년이 지났다. 남북관계가 냉전시기와는 근본적으로 달라졌고 남한과 북한 사회 내부에도 심대한 변화가 발생하였다. 특히 북한은 경제사회적 불안정성이 증대하는 가운데 3대 권력세습이라는 초유의 실험이 진행 중이다. 남북교류협력법의 시행으로 북한과의 인적, 물적 교류가 늘어났고 금강산관광과 개성공단, 두 번의 정상회담과 21차례의 장관회담, 17차례의 이산가족 상봉, 해외에서의 학술·종교교류 등 관계의 네트워크가 확대되었다. 그러나 다른 한편으로 북한의 핵실험과 유엔제재, 천안함·연평도 사건 등으로 안보 불안이 증대되고 통일에 대한 부정적 인식이 강화되고 있다. 이러한 새로운 현상들은 민족공동체통일방안을 고안할 당시에는 예상하지 못했던 요인들로 이러한 변화를 적극적으로 반영, 수용하는 통일방안과 정책수립 필요성이 커지고 있는 상황이다.

경제공동체를 형성하는 것은 분단경제의 취약성을 극복하고 대한민국 경제의 분단비용을 줄임으로써 지속적이며 안정적으로 발전시켜 나갈 수 있는 가장 강력한 수단이며 전략이다.

치열한 군비경쟁으로 과도하게 지출하고 있는 군사비를 줄여 경제건설에 대한 투자로 전환한다면 남북경제협력 재정을 마련하는 것은 그리 어려운 일이 아닐 수 있다. 사실 국방비 지출과 병력규모의 축소로 발생하는 편익은 통일이 가져올 유형, 무형의 편익의 일부분에 불과하지만 군사비를 절감하여 직접적으로 얻을 수 있는 경제적 이익은 결코 무시할 수 없을 만큼 크다. 더욱이 북한은 남한보다 군사비 부담이 훨씬 크기 때문에 군비축소로 얻는 편익도 그만큼 더 클 것이다. 그리고 이러한 군비축소와 병력감축이 물가, 성장률, 국제수지, 이자율 등 남한과 북한의 경제전반에 미칠 영향을 고려한다면 군비 및 병력감축이 가져올 효과는 대단히 클 것이다. 독일경험을 참고해 보면 통일이후 한동안 동독의 재건과 통합에 많은 비용이 소모되었으나 일정한 시간이 경과한 다음에는 통합국가의 발전은 여러 측면에서 성과를 거두었다. 물론 통일에 따르는 사회갈등과 문제가 여전히 존재하지만 발전이라는 측면에서 전반적으로 평가할 때 독일은 통일이후 26년이 지난 2016년 현재 발전의 여러 지표들이 긍정적이다.

한반도의 통일이 한국의 국가발전에 어떤 결과를 가져올 것인가? 한국형 발전이 더 확장되고 지속가능한 모델이 되려면 분단의 문제를 해결해야 하며 북한과의 통합을 성공적으로 추진해야 한다. 통합과정에 수반하는 여러 사회위기와 갈등을 어떻게 풀어낼 것인가 하는 문제가 커다란 숙제다. 불평등의 문제, 이질화된 제도, 사회문화적 갈등, 적대의

식의 갈등을 과연 해결할 수 있는 역량이 있는지, 그러한 역량을 어떤 리더십이, 혹은 어떤 집단이 발휘할 수 있을지 걱정하지 않을 수 없다. 갈등을 통합할 수 있는 역량만 있다면, 통일이 가져올 이익은 대단히 크다. 인구의 측면에서 프랑스와 영국보다 더 큰 나라가 되고, 지하자원이 풍부한 나라가 된다. 이러한 유형의 이익 뿐 아니라 한반도가 분단시대보다 더 협력하고 평화로운 나라가 됨으로써 통일한국이 주는 프리미엄은 대단히 클 것이다.

2. 통일과 남북통합발전

통일이 되면 통일코리아의 모습은 크게 달라진다. 인구의 측면에서 보면 현재 남한의 인구는 5천20만 명으로 세계 25위, 북한은 2천4백70만 명으로 세계 49위다. 남북한을 통합한 인구는 7천4백90만 명으로 통일한국은 세계 19위의 인구대국이 된다. 국토면적으로는 땅이 크지는 않지만 국토도 2배로 늘어나 현재의 109위에서 세계 85위로 높아진다. 뿐만 아니라 자원이 풍부해진다. 북한에는 흑연, 철광, 아연, 구리, 세계 3위를 자랑하는 마그네사이트 등 광물이 세계적 규모로 매장되어 있어서 통일한국은 자원강국이 된다. 경제적 측면에서 통일코리아의 전반적인 국력은 신장된다. 경제력과 군사력, 인구 잠재력, 기술력을 합하여 종합국력이라고 하는데, 남북한이 통일이 되면, 현재를 기준으로 세계 10위가 되며 2030년에는 세계 6위, 2050년에는 세계 5위의 신흥 강대국이 된다. 2030년에 G7에 진입하고 2050년에 세계 5위의 강대국이 된다는 것은 지금 생각하면 꿈만 같은 일이다. 경제적으로는 남북한이 통합되면 내수시장이 7천만 명 이상으로 커져 우리 경제는 해외 의존도를 벗어나 자생적으로 성장할 수 있는 기반을 갖게 된다. 무역량도 크게 늘어날 것으로 기대되고 무엇보다, 군대규모를 축소시켜 산업인력으로 활용할 수 있게 된다.

이러한 꿈같은 통일을 현실로 만드는 데는 비용도 만만치 않을 것이다. 많은 사람들이 걱정하듯이 통일과정에는 남북 간의 빈부격차나 사상이념 대립, 탈북자 문제와 인구이동, 사회보장 문제 등 여러 난제들이 놓여 있다. 여기에 소요되는 비용도 적지 않을 것이다. 최근 통일부는 2030년에 통일이 된다고 가정하여 통일 전 20년간 남북 간 공동체 형성비용으로 79조 원(GDP 대비 0.14%)이 들어가고, 2040년까지 10년간 남북통합비용으로 734조6천억~2천757조2천억 원(GDP 대비 1.7%~6.76%) 등 총 813조~2천836조 원의 통일비용이 소요될 것으로 추산한 바 있다(연합뉴스 2011.10.7; 조한범·김규륜·김석진 외 2013, 391). 이러한 통일비용의 추계는 사실, 통일이 어떻게 진행되느냐, 즉 통일방식에 따라 천차만별로 달라지기 때문에 확정적이라고 말할 수는 없지만, 통일부의 기준을 따른다고 했을 때, 통일비용으로 소요되는 재정은 우리나라 연간 GDP의 1.7%~6.7%에 해당한다. 많게 잡아 대략 GDP의 7% 정도를 통일비용으로 투입하게 된다. 많다면 많고 적다면 적다할 수 있다.

그러나 통일비용만 들어가는 것이 아니라, 앞에서 설명한대로 통일에 따르는 이익이 있고, 그 혜택을 금액으로 치면 6,800조 원에 이를 것으로 예측된다. 통일비용을 넉넉히 잡아 2,800조 원이라고 하면, 통일에 따른 순 혜택이 4,000조 원을 넘는 셈이다. 물론 통일의 혜택이 당장 오는 것이 아닐 수 있어서 통일비용을 걱정할 수 있다, 그러나 통일비용 2,800조 원을 모두 정부가 부담하는 것이 아니라, 민간분야의 투자를 받아 충당하는 부분도 있어서, 실제 국민세금으로 정부가 지출해야 하는 비용은 900조원 이하로 줄어들게 된다. GDP의 2% 정도가 되는 것이다.

경제적 편익 외에 통일이 되면, 분단한국을 바라보는 외국인들의 부정적 인식도 크게 개선된다. 몇 년 전(2012.9) 외교통상부가 국내거주 외국인들을 대상으로 '바람직한 국가이미지 정립을 위한 에세이 공모'를 한 적이 있다. 이 공모에서 외국인들은 한국에 대한 부정적 인식을 불러일으키는 중요한 요소가 바로 북한이라고 평가했다. 기업이나 시장에서도 이른바 '코리아 디스카운트'라는 현상이 있는데, 코리아 디스카운트란 남북관계가 경색되어 한국기업의 시장가치가 여타 국가의 기업 가치에 비해 저평가되는 현상을 말한다. 통일이 되면 이러한 코리아 디스카운트 현상이 없어지고, 대신 코리아 프리미엄이 생겨난다. 현재의 경제강국, 기술강국이라는 국가 이미지에 평화와 화해의 이미지를 덧입힐 수 있기 때문에 코리아 프리미엄이 생겨나게 된다. 통일에 소요되는 경제적 비용이 통일을 가로막는 결정적인 문제가 아님을 알 수 있다.

한국이 처한 지리적 폐쇄성을 극복하고 북한 땅을 통과하여 중국과 러시아로 자유롭게 왕래하고 소통하는 길을 확보해야 한다. 하루속히 대륙으로 진출할 수 있는 동서해안 전용고속도로를 건설함으로써 평양을 지나, 중국으로, 러시아로, 유럽으로 자유롭게 왕래하는 길을 열어야 한다. 우리가 꿈꾸는 통일은 바로 남북의 생활공간을 하나로 연결하여 대륙으로 통하는 길을 확보하는 것으로부터 시작된다. 그 길을 지나다녀 봐야만 우리의 생각이 열리고 통일의 비전을 새롭게 볼 수 있게 될 것이다. 이러한 통일의 미래를 위해 지금부터 중국·러시아와 통행협상을 시작해야 한다.

북한과의 경제협력은 대륙으로 통하는 경제권을 형성하게 된다. 분단으로 인한 지리적 폐쇄성으로 막대한 경제적 피해를 입고 있는데, 북한과 경제협력을 추진함으로써 불안정한 구조를 획기적으로 개선할 수 있게 된다. 이를 통해 남한경제의 새로운 성장동력을 공급받을 수 있게 된다. 무엇보다도 대륙진출을 위한 SOC(사회간접자본) 건설은 대중국 및 대유럽 수송비 절감을 가져온다. 철도, 도로 등 사회간접자본 확충은 북한의 산업발전 뿐만 아니라 남한의 대륙진출 교두보를 확보한다는 점에서 남북모두에게 이득을 가져다 줄 것이다. 김일성도 사망 직전인 94년 6월 벨기에노동당 중앙위원장과의 담화에서 중국 쪽의 서해안철도를 중국 상품 수송루트로 활용하면 연간 4억 달러를 벌 수 있고, 동해안철도를 통해 러시아나 중국 동북3성의 물자를 운송해 줄 경우 연간 10억 달러의 수익을 올릴 수 있는 등 가만히 앉아서 한해에 15억 달러의 돈을 벌어들일 수 있다며 청사진을 제시한 적이 있다. 북한철도와 도로망의 개발, 그리고 대륙으로의 연결은 우리에게도 적지 않은 이익을 가져다줄 것이다. 중국과 유럽대륙으로 수송하는 기간을 단축함으로써 물류비를 30% 이상 절감할 수 있다. 개성공단과 금강산관광 같은 경제협력은 인민군을 후방으로 배치시켜 남북 간 군사적 긴장완화를 도모할 뿐 아니라, 북한을 통과하여 대륙으로 가는 길을 뚫은 것이다. 공동체 통일은 현실적으로 공간적 열림을 통해 시작되고 완성된다. 남북 간 경제공동체 형성도 상당 부분 공간과 함께 이루어진다. 따라서 개성공단과 금강산 같은 통일지향적 공간을 신의주, 남포, 백두산, 원산 등의 지역으로 확대하는 것은 한반도 경제공동체 형성에서 대단히 중요한 부분이다.

통일코리아의 비전은 분단현실에서 치르고 있는 지리적, 경제군사적, 사회적 비용을 줄이는 일로부터 시작해야 한다. 즉 분단비용과 고통을 해소하는 것만으로도 통일코리아의 비전은 충분하다. 대륙으로 통하는 자유로운 공간의 열림, 군비를 산업건설 투자로 전환하고 병력을 노동력으로 활용하는 효율과 평화의 어울림, 신뢰와 형제애의 회복이 바로 분단비용의 해소로부터 시작되기 때문이다. 통일코리아의 비전은 분단의 현실과 맞닿아 있고 분단현실에서 치르는 비용을 극복하는데서 출발해야만 통일대박으로 연결될 수 있을 것이다.

문제는 이러한 핑크빛 비전을 얼마나 안정적으로 실현할 수 있느냐 하는 것이다. 즉 통일과정에서 경제적 충격이라든가 정치군사적 갈등, 이념대립 등의 우려가 발생하지 않고 낙관적으로 전망하는 통일의 미래가 어떻게 달성될 수 있느냐 하는 것이다. 아무리 좋은 비전이라도 그것을 안정적으로 실현할 수단과 방법이 없다면 무익한 것이기 때문이다. 남북한의 경제현실과 통일환경의 어려움에도 불구하고 남북한은 경제협력을 통해 평화와 번영의 기회를 만들어낼 수 있는 가능성은 충분하다. 분단비용에 대한 심각성을 인식하고 경제교류와 협력을 통해 비용을 줄여야 한다는 의식을 바탕으로 한반도 경제공동체를 추진한다면 비전실현은 긍정적이다.

한국이 국가발전을 성공적으로 이끌어가려면 북한 사회주의 체제의 전환과 한반도 통일프로세스를 내실 있게 준비해야 한다. 정치적 통일 이후에는 정치와 경제, 교육, 복지 등 여러 분야에서 제도와 가치의 통합을 추진해야 한다. 통일이 어떤 방식으로 진행될지 알 수 없지만 남북의 체제와 제도를 그대로 두고 협의체로서의 중앙정부를 구성하는 남북연합의 방식으로 시작될 개연성이 가장 높다(김병로 2014). 남북연합정부를 구성하기 위해서는 북핵문제를 해결하고 남북 간 군사협상을 통한 긴장완화와 평화정착이 어느 정도 실현되어야 한다. 그와 동시에 남북 간 경제교류를 확대하여 경제협력을 바탕으로 외교군사적 협상을 진행하는 연방제 정부를 구성해야 한다. 그리고 이러한 작업을 기초로 남북은 정치통합의 단계로 들어갈 수 있을 것이다.

핵문제를 어떻게 해결할 것인가? 핵문제가 해결되지 않으면 한반도의 통일과 통합은 거의 불가능하다. 물론 전혀 가능성이 없다고 낙담할 것은 아니지만, 미국과 중국 등 국제적 핵비 확산 체제를 고려할 때 한반도가 핵무기를 보유한 채 통일을 이룰 수 있을 가능성은 매우 낮다. 북한이 경제–핵 개발 병진노선을 고수하고 있고 핵전략을 포기할 어떤 조짐도 보이지 않고 있는 상황에서 향후 북한 핵문제 해결은 쉽지 않을 것이다. 만약 그것이 가능하다 해도 한국의 비용부담은 매우 클 것으로 예상된다. 북한 핵문제를 풀려면 미국과의 관계정상화가 이루어져야 하며, 협상과정에서 미국의 경제제재 해제와 일본의 식민지 배상금 제공, 경수로 건설 재개와 같은 에너지 제공 등 조건들이 까다롭다. 시간이 흐를수록 미국과 중국 관계가 달라지고 그 사이에서 한국이 취할 수 있는 공간이 더 좁아질 것이다.

한반도 분단의 극복은 남북한의 경계를 넘어 지역질서 구축과 밀접하게 관련된다. 통일은 남북한 당사자의 민족문제이지만 탈분단과 평화는 당사자만으로 완전해지지 않기 때문이다. 정전협정체제를 평화협정체제로 바꾸는 국제정치적 문제만이 아니라 한반도 통일이 동북아시아의 역내평화와 소통과 긴밀하게 연계되는 구조가 창출되어야만 동북아의 탈냉전도 완료되며 통일과정이 평화와 연결될 수 있다. 남북관계의 개선과 한반도 평화체제로의 이행, 그리고 통일과정은 밀접하게 연관되지만 반드시 선순환적으로 연결되리라는 보장이 없는 상태에서 탈냉전이 한반도의 영구분단을 제도화하거나 남북 간의 갈등을 증대시키는 방향으로 이어질 수도 있다. 이런 부정적인 연계를 극복하기 위해서는 기능적인 교류협력이나 상호인정의 차원과 통일과정을 정교하게 연결시키려는 전략적 사고가 그 어느 때보다 필요한 시점이다.

참고문헌

구갑우. 2007.『비판적 평화연구와 한반도』. 서울: 후마니타스.

국방군사연구소. 1998.『건군50년사』. 서울: 국방군사연구소.

국방부. 2014.『2014 국방백서』. 서울: 국방부.

국토통일원. 1985.『남북대화 백서』. 서울: 국토통일원 남북대화사무국.

국토통일원. 1990a.『유엔 가입문제와 관련 남북한 실무대표접촉 회의록』. 서울: 국토통일원.

________. 1990b.『남북대화』 제51호. 서울: 국토통일원 남북대화사무국.

권만학. 2000.『분단과 통일의 변증법』. 서울: 도서출판 양지.

김규륜. 2007.『남북협력과 동북아협력 연계 추진방안』. 서울: 통일연구원.

______. 2007.『남북경협 거버넌스 활성화 방안』. 서울: 통일연구원.

김대중. 1994.『나의 길 나의 사상: 세계사의 대전환과 민족통일의 방략』. 서울: 한길사.

김병로, 1992a. "남북한 사회경제 발전모델의 비교(Ⅰ)."『北韓硏究』 제3권 제1호, 195-207.

______. 1992b. "남북한 사회경제 발전모델의 비교(Ⅱ)."『北韓硏究』 제3권 제2호, 194-207.

______. 1992c. "북한 사회주의 체제의 개혁과 전망."『사회과학』 제31권(통권35호), 213-234.

______. 1994. "남북한 사회경제 발전전략의 비교."『남북한 정치의 구조와 전망』. 시울: 한울.

______. 1997. "북한주민의 대량탈출 가능성 판단 및 우리의 대책방안."『정책연구』 가을호.

______. 2000. "한국전쟁의 인적 손실과 북한 계급정책의 변화."『통일정책연구』 제9권 1호, 219-242.

______. 2003. “남남갈등 해소를 위한 정부의 대북정책 방향.” 『통일정책연구』 제12권 2호.

______. 2006. “북한·통일 관련 세대·계층·지역별 의식”(KGSS 연례발표회).

______. 2012. “탈북자 면접조사를 통해 본 북한사회의 변화: 2008–2011.” 『현대북한연구』 제15권 1호.

______. 2013a. “분단효과와 비평화.” 서울대학교 평화인문학연구단 편. 『평화인문학이란 무엇인가?』. 서울: 아카넷.

______. 213b. “북한의 문화·생태적 상황.” 박명규·김성철·이찬수 외. 『녹색평화란 무엇인가?』. 서울: 아카넷.

______. 2014. “통일환경과 통일담론의 지형변화: 정부통일방안을 중심으로.” 『통일문제연구』 제26권 1호(통권 제61호, 상반기), 1–34.

김병연. 2014. “통일이 미래다 〈2〉 한반도의 르네상스.” 《조선일보》, 2014/1/2.

김병호·오상순. 2001. “중국 내에서의 조선족사회의 위치.” 김강일·허명철, 『문화우세와 발전전략』. 연길: 연변인민출판사.

김삼웅. 1994. 『책 한권으로 보는 해방후 정치사 100장면』. 서울: 가람기획.

김성환·김정원. 1984. 『1960년대』. 서울: 거름.

김승렬·신주백 외. 2005. 『분단의 두 얼굴』. 서울: 역사비평사.

김영윤. 2006. 『북한 경제개혁의 실태와 전망에 관한 연구』. 서울: 통일연구원.

김인걸 외. 1998. 『한국현대사 강의』. 서울: 돌베개.

김일성. 1960. 『김일성선집』. 제2판, 4권. 평양: 조선로동당출판사.

______. 1961. “우리나라의 정세와 몇 가지 군사과업에 대하여(조선로당당 인민군위원회 제2기 제2차 전원회의 확대회의에서 한 연설, 1961.12.25.).” 『김일성저작집 15』. 평양: 조선로동당출판사(1981).

______. 1983. “국가활동의 모든 분야에서 자주, 자립, 자위의 혁명정신을 더욱 철저히 구현하자.” 『김일성저작집』 제21권. 평양: 조선로동당출판사.

김진환. 2009. “남북 군사관계 60년.” 이화여자대학교 통일학연구원 편. 『남북관계사: 갈등과 화해의 60년』. 서울: 이화여자대학교출판부.

김학성, 2002.『남북한 관계의 제도적 발전: 이론과 실제』. 서울: 통일연구원.
남궁영. 2012.『분단 한반도의 정치경제』. 서울: 오름.
대한적십자사. 2005.『이산가족찾기 60년』. 서울: 대한적십자사.
동북아평화연구회. 1999.『국민의 정부 대북포용정책』. 서울: 밀레니엄북스.
문휘창. 2012.『K-전략: 한국식 성장전략모델』. 서울: 미래의창.
박명규. 2009a. "남북관계와 비대칭적 분단국체제론.『통일과평화』 창간호.
______. 2009b.『국민·인민·시민: 개념사로 본 한국의 정치주체』. 서울: 소화.
______ 외. 2011.『2011통일의식조사』. 서울: 서울대 통일평화연구원.
박명규·이근관·전재성 외. 2012.『연성복합통일론(개정판)』. 서울: 서울대 통일평화연구원.
박명림. 1997. "분단질서의 구조와 변화: 적대의 의존의 대쌍관계동학." 1945-1995"『국가전략』 제3권 1호(봄·여름호).
박종철. 2006.『2020 선진 한국의 국가전략(II): 경제전략』. 서울: 통일연구원.
______. 2008.『한국의 발전전략: 농지개혁, 수입대체산업화, 수출주도산업화, 중화학공업화』. 서울: 한국학술정보(주).
박형중. 2000.『정상회담 이후 남북관계의 안정과 지속을 위한 전략 구상』. 서울: 통일연구원.
박효종. 1991. "남북한 체제의 경쟁적 현대화." 이용필 편저.『남북분단과 사상적 갈등』. 고양: 인간사랑.
백낙청. 1994a. "분단시대의 최근 정세와 분단체제론."『창작과 비평』 제22권 제3호(가을).
______. 1994b.『분단체제 변혁의 공부길』. 서울: 창작과 비평사,
______. 1998.『흔들리는 분단체제』. 서울: 창작과비평사.
______. 2006.『한반도식 통일, 현재 진행형』. 서울: 창비.
백종국. 45(1) 발전모델.
서희경. 2010. "남북한 헌법 제정과정 비교: 1947-1948. 이철순.『남북한 정부수립과정 비교: 1945-48』. 고양: 인간사랑, 35-95.

손호철. 1995.『해방50년의 한국정치』. 서울: 새길.

______. 1995.『역사는 끝났는가』. 서울: 당대.

신창민. 2012.『통일은 대박이다』. 서울: 매일경제신문사.

아태평화재단. 1995.『김대중의 3단계 통일론: 남북연합을 중심으로』. 서울: 아태평화출판사.

양영식. 1997.『통일정책론: 이승만 정부로부터 김영삼 정부까지』. 서울: 박영사.

오천석. 1975.『외로운 성주』. 서울: 광명출판사.

와닌 유리 와실리비치. 1994. "러시아 대외정책문소보관소 소장 해방직후 한국관계 자료들."『역사비평』 제26호(봄).

왕임동. 1994. "동시유엔가입이 남북한관계에 미친 영향."『조선대 사회과학연구』 94-1. 1-13.

우상렬. 2013. "조선의 '천리마운동'과 한국의 '새마을운동' 비교연구시론: 중국의 '대약진운동'을 곁들여."『통일인문학논총』 제55집.

유완식·김태서. 1975.『북한30년사』. 서울: 현대경제일보사.

이나미. 2011.『한국의 보수와 수구』. 서울: 지성사.

이만열. 2001.『한국기독교와 민족통일운동』. 서울: 한국기독교역사연구소.

이서행·박홍기·강석승 외. 2009.『분단 재조명: 대립과 갈등을 넘어 통합·번영 방안』. 서울: 백산서당.

이석. 2006.『북한 경제의 대외의존성과 한국경제의 영향력』. 서울: 통일연구원.

이정훈. 2001. "남북첩보전쟁 반세기"『신동아』 1월호.

이종석. 1995.『현대북한의 이해: 사상 체제 지도자』. 서울: 역사비평사.

______. 1998.『분단시대의 통일학』. 서울: 한울아카데미.

이종판. 2007. "한국전쟁 당시 일본의 역할에 관한 연구: 일본의 대미협력활동을 중심으로."(한양대학교 박사학위 논문, 2007).

이지수. 2001. "북한체제 형성과 소련의 영향."『한국행정학회 2001년도 추계

학술대회 발표논문집』.
이지순. 2004.『남북한 경제의 이질성: 경제통합에 관한 함의』. 서울: 서울대학교출판부.
이창건. 2005.『KLO의 한국전 비사』. 서울: 지성사.
이철순. 2010.『남북한 정부 수립과정 비교: 1945-48』. 고양: 인간사랑.
이효원. 2015. "제3장 법제도적 공간으로서의 개성공단." 김병로·김병연·박명규 외.『개성공단: 공간평화의 기획과 한반도형 통일프로젝트』. 서울: 진인진.
임강택. 2008.『한반도 선진화를 위한 남북경제관계 발전방안 모색』. 서울: 통일연구원.
______. 2006.『한반도 경제통합 모형의 이론적 모색』. 서울: 통일연구원.
임동원. 2008.『피스메이커』. 서울: 중앙북스.
임영태. 1998.『대한민국 50년사』. 서울: 들녘.
임종일. 1993.『연표로 보는 제3공화국』. 서울: 영언문화사.
장달중 외. 1996.『분단 반세기 남북한의 정치와 경제』. 서울: 경남대학교극동문제연구소.
전국역사교사모임. 2002.『살아있는 한국사교과서』 2권. 서울: 휴머니스트.
전쟁기념사업회. 1990.『한국전쟁사』 제1권. 서울: 전쟁기념사업회.
전현준·안인해·이우영. 1992.『북한의 권력엘리트 연구』. 서울: 민족통일연구원.
정광민. 2012.『김일성과 박정희의 경제전쟁』. 서울: 꼬레아.
정근식. 2016. "북한에서의 소련형 대학의 이식과 희석화."『소련형 대학의 형성과 해체: 북한의 대학을 이해하는 하나의 시각』(서울대 아시아연구소·통일평화연구원 공동주최 학술회의, 2016.10.28., 서울대 호암교수회관).
정은미·김병로·박명규·송영훈. 2015.『북한주민 통일의식 2014』. 서울: 서울대학교 통일평화연구원.
제성호. 1995.『남북한 특수관계론』. 서울: 한울.

조성곤. 1999. "표지 이야기: 북파공작원 7726명이 사라졌다." 『한겨레21』 269호.

조선인권연구협회. 2014. 『조선인권연구협회보고서』(9.13.).

조한범. 2007. 『북한 사회개발 협력방안 연구』. 서울: 통일연구원.

조한범 외. 2006. 『해외자료로 본 북한체제의 형성과 발전』. 서울: 선인.

조동호. 1997. "통일의 경제적 비용과 편익." 『분단비용과 통일비용』(통일연구원·한국개발연구원 공동주최 학술회의 발표논문집, 6.5).

조한범·김규륜·김석진·김형기·양문수·이명진·임강택·정성철·황선재. 2013. 『정치·사회·경제 분야 통일 비용·편익 연구』. 서울: 통일연구원.

통일노력60년발간위원회. 2005. 『통일노력60년 하늘길 땅길 바닷길 열어 통일로』. 서울: 통일부.

통일부. 1999. 『통일부 30년사: 평화·화해·협력의 발자취, 1969–1999』. 서울: 통일부.

______. 2008. 『남북 인적교류』. 서울: 통일부, 11월.

______. 2015. 「한반도신뢰프로세스」.

http://www.unikorea.go.kr/content.do?cmsid=1592&mode=view&page=&cid=19757 (검색일: 2015년 4월 2일).

통일부 통일교육원. 2012. 『2012 북한이해』. 서울: 통일교육원.

통일연구원. 2006. 『남북경제공동체 형성전략』. 서울: 통일연구원.

통일원. 1990. 『1990 통일백서』. 서울: 통일원.

______. 1994. 『1994 통일백서』. 서울: 통일원.

______. 1997. 『1997 통일백서』. 서울: 통일원.

허련. 2011. "개성공단 개발사업의 성과와 함의." 『대한지리학회지』 제46권 제4호: 518.

홍용표. 2005. "남북정상회담과 남북관계." 이우영 외 지음. 『화해·협력과 평화번영, 그리고 통일』. 서울: 한울아카데미, 271–293.

황병덕·김학성·박형중·손기웅. 2000. 『신동방정책과 대북포용정책: 브란트와 김대중의 민족통일 대구상』. 서울: 두리.

후쿠야마, 프랜시스(Francis Fukuyama) 지음, 구승희 옮김. 1996. 『트러스트: 사회도덕과 번영의 창조』. 서울: 한국경제신문사.

Armstrong, Charles K. 2003. *The North Korean Revolution, 1945-1950*. Ithaca: Cornell University Press.

Clements, Kevin. "The Cost of Violence-The Benefits of Peace: Global and North–East Asian Perspectives." *Uniting for Peace: Building Sustainable Peace Through Universal Values* (25th General Conference of International Peace Research Association, August 11–15, 2014, Istanbul).

Clough, Ralph. 1987. *Embattled Korea: The Rivalry for International Support*. Bounder, CO: Westview Press.

Cummings, Bruce. 1984. *The Two Koreas*. Foreign Policy Association, No. 269. New York: Headline Series.

Far Eastern Economic Review. 1988. *Yearbook 1988*. Hong Kong: FEER.

Grebe, Jan, 2014. *Global Militarisation Index 2014*. BICC.

Horowitz, Irving L. 1972a. *Three Worlds of Development*. New York: Oxford University Press.

______. 1972b. *Foundations of Political Sociology*. New York: Harper & Row Publishers.

Huntington, S. P. 1968. *Political Order in Changing Societies*. New Haven: Yale University Press.

ICG(International Crisis Group). 2009. *The Shades of Red: China's Debate over North Korea*. Asia Report, No. 179 (November).

Kang, T. W. 1989. *Is Korea the Next Japan?* New York: The Free Press.

Khil, Young Hwan. 1984. *Politics and Policies in divided Korea: Regimes in Contest*. Boulder, CO: Westview Presss, 1984.

Kim, Joungwon Alexander. 1975. *Divided Korea: The Politics of development, 1945-1972*. Cambridge, Mass.: East Asian Research Center, Harvard University.

Kim, B. Philo. 1992. *Two Koreas in Development*. New Brunswick, NJ: Transaction Publishers.

Kim, Sun. 2016. "Education in the Two Koreas: Analysis of Educational Policy Transfer."(Ph. D. Dissertation in Oxford University).

Kim, Young C. 1977. *The Future of the Korean Peninsula*. New York: Praeger.

Kwak, Tae-Hwan. 1983. Wayne Patterson, and Edward A. Olsen. *The Two Koreas in World Politics.* Seoul: Institute for Far Eastern Studies, Kyungnam University.

Michell, Tony. 1988. *From a Developing to a Newly Industrialized Country: The Republic of Korea, 1961-1982*. Geneva: ILO.

Parsons, Talcott. 1951. *The Social System*. New York: The Free Press.

Polomka, Peter. 1986. *The Two Koreas: Catalyst for Conflict in East Asia*? London: IISS.

Porter, Bruce D. 1994. *War and the Rise of the State: The Military Foundations of Modern Politics*. New York: The Free Press.

Przeworski, Adam. *Democracy and the Market: Political and Economic Reforms in Eastern Europe and Latin America*. New York: Cambridge University Press.

Sullivan, John and Roberta Foss (Eds.). 1987. *Two Koreas: One Future?* Lanham, MD: University Press of America.

U.S. Central Intelligence Agency. 1978. Korea: *The Economic Race Between the North and the South* (ER 78-10008). Washington, D.C.: National Foreign Assessment Center of USCIA.

Wiles, P. J. D. 1977. *Economic Institutions Compared*. Oxford: Basil Blackwell.

기타

두산백과. 2016. "인민혁명당사건."

http://terms.naver.com/entry.nhn?docId=1136220&cid=40942&categoryId=31778

위키백과. 2015. "울진·삼척 무장 공비 침투 사건."

http://ko.wikipedia.org/wiki/%EC%9A%B8%EC%A7%84%C2%B7%EC%82%BC%EC%B2%99_%EB%AC%B4%EC%9E%A5_%EA%B3%B5%EB%B9%84_%EC%B9%A8%ED%88%AC_%EC%82%AC%EA%B1%B4 (검색일: 2015년 1월 16일).

《경향신문》 1968.8.30.

《연합뉴스》 2012.1.9.

《연합뉴스》 2000.5.24.

《국방일보》 2013.4.23. http://cafe.daum.net/googsamo/9gQH/283?q=%BE%E2%C5%B8%C8%B8%B4%E3%B0%FA%2038%B5%B5%BC%B1%20%BC%B3%C1%A4&re=1

〈백기인 군사편찬연구소 책임연구원〉

2부 한국형 발전모델과 지역안보전략의 역사

전재성(서울대학교)

I. 서론

2부에서는 해방 이후 한국전쟁을 거쳐 오늘날에 이르기까지 한국이 당면했던 동아시아의 외교환경 변화를 살펴보고 한국이 어떠한 주변국 전략과 지역외교전략을 펼쳐왔는지 살펴본다. 한국의 운명에 직접적인 영향을 미친 외교환경은 물론 미국, 두 개의 중국, 일본, 그리고 러시아, 북한으로 구성된 동북아시아이다. 그러나 주변 강대국들은 자신을 동북아 국가로 한정하지 않고, 국가에 따라 아시아 국가, 혹은 지구적 차원의 강대국으로 규정하여왔다. 따라서 이들 국가들이 어떠한 동북아시아, 혹은 동아시아 전략을 펼쳐왔는가가 한국의 외교에 막대한 영향을 미쳐왔다.

한국은 주변 강대국과의 관계에서 생존과 번영을 추구해왔다. 1953년 한미상호방위조약 체결 이후 한미동맹은 한국의 안보와 경제, 더 나아가 정체성에 영향을 미친 중요한 변수였다. 중국이 점차 강대국이 되면서, 특히 탈냉전기 미국과 동아시아에서 패권을 다투는 강대국의 위치로까지 부상하고 있다. 이러한 점에서 한중 관계는 중요한 한국 외교의 환경일 수밖에 없다. 한일 관계와 한러 관계 역시 매우 중요하다. 특히 냉전기에 구소련은 한반도의 운명에 영향을 미친 초강대국의 한 부분이었다.

한국의 외교전략은 약소국의 지위로부터 출발하여 현재 중견국의 지위에 오르기까지 변화하였다. 과거 약소국일 때에는 미국과 주변으로부터 경제지원을 받고, 안보위협을 받는 약한 국가였다. 한국은 냉전기 경제발전을 통해 국력을 모으고 군사력을 강화하여 자주적인 경제와 안보의 힘을 키우고자 노력하였다. 이 과정에서 발전국가 모델은 매우 효율적인 힘을 제공하였다. 한국은 냉전기 미국과 강한 동맹을 이루었고 미국은 한국에 경제지원을 하는 것은 물론 경제발전의 방향을 제시하기도 하였다. 한국은 미국으로부터 얻은 경제지원으로 자주적 경제발전의 기틀을 찾았고, 이때의 안보전략과 발전국가의 경제전략은 밀접한 관계를 가지게 된다. 현재 다양한 3세계 발전 전략이 있지만 한국이 추구했던 발전국가 모델은 냉전기 외교안보환경과 분리해서는 생각하기 어렵다.

한일 국교정상화 역시 한국 발전모델에 중요한 부분이었다. 박정희 대통령은 1965년 일본과 수교하여 경제발전 계획 실행에 필요한 자본을 충당하고자 시도했다. 한일 국교정상화는 한일 안보를 하나로 묶어 공산권에 대항하려는 미국의 동아시아 안보전략과 밀접한 관계를 가지고 있었고, 박대통령은 국내의 반발을 무릅쓰고 한일 국교정상화를 시도할 수 있었다.

약소국의 지위를 벗어나면서 한국은 새로운 발전 국가 모델을 창출하며 주변국 전략 및 냉전적 진영논리를 벗어나 좀더 광범위한 지역외교 전략을 추구하는 과제에 직면해 있다. 냉전의 환경은 종식되었고, 한국은 새로운 국제환경 속에서 중견국으로서 경제발전과 외교를 도모해야 하는 처지에 놓이게 되었다. 여기에서는 한국 외교가 걸어온 길을 되짚어 보고, 지역외교전략과 한국의 발전이 어떠한 관계를 가져왔는지 살펴보도록 한다.

II. 전후질서와 한국전쟁, 동북아 냉전질서의 시작

1. 분단과 한국 전쟁 전후 한국의 외교, 지역전략

1910년부터 35년간에 걸친 일본 식민지 상태로부터의 독립은 제2차 세계대전과 태평양 전쟁 등 동아시아의 지역정치 변화와 밀접한 관계를 가지면서 이루어졌다. 1943년 12월 1일, 미국, 영국, 중국 등 3개국은 카이로선언을 통하여 "한국 국민의 노예상태에 유의하고 적당한 시기에 한국을 해방시키고 자유, 독립시키기로 결의하였다"고 선언하였다. 1945년 7월, 미영소 3국은 포츠담회담에서 카이로선언을 재확인하였다. 1945년 12월에 모스크바에서 개최되었던 미영소 3국의 외상회의에서는 한반도에 대해서 향후 5년간 미영중소 4대국에 의한 신탁통치를 실시할 것, 한국인들로 구성되는 과도정부를 구성할 것, 미·소공동위원회는 한국의 독립달성방안을 마련하여 4대국의 신탁통치이사회에 건의할 것 등을 결정하였다.

신탁통치안이 알려지자 처음에는 공산주의자들을 포함한 민족 모두가 반대하였다. 그런데 1946년 1월에 들어서자 공산주의자들은 모스크바의 지령에 따라 신탁통치를 찬성함으로써 반탁의 우익세력과 찬탁의 좌익세력 간에 생사를 건 정치투쟁이 전개되었다. 당시 우리 민족이 결속하여 신탁통치를 반대하고 통일독립투쟁을 전개하였다면 통일독립이 가능하였을 수도 있었을 것이다. 1946년과 1947년에 두 차례 미소공동위원회가 개최되었으나 소련 측이 신탁통치를 반대하는 한국의 정당, 사회단체, 개인, 즉 우익세력들은 미소 공동위원회의 협의대상에서 제외시켜야 한다는 부당한 주장을 계속함으로써 아무 성과 없이 결렬되었다.

소련과의 합의를 통한 한반도 독립문제의 해결이 불가능하다고 판단한 미국은 1947년 9월 17일, 이 문제를 UN에 회부하였다. 즉, 연합국들 간의 전후처리문제로서 한반도 독립문제가 세계의 안전과 평화 유지 문제의 하나로 변화한 것이다. 1947년 11월 14일, UN 총회는 다음과 같은 내용의 결의안을 채택하였다. 1948년 3월까지 UN 감시 하에 토착인구비례에 따라 남북한 총선거를 실시하여 통일정부를 수립하고 90일 이내에 미·소 양군을 한반도로부터 철수시킬 것, 이 과업을 위하여 UN 한국감시위원단을 조직할 것 등이었다. 1948년 1월에 UN 감시위원단이 서울에 도착하였으나 소련과 북한공산주의자들이 위원단의 입북을 반대, 거부함으로써 북한지역에서는 선거가 실시되지 못하고 1948년 5월 10일에 남북지역에서만 UN 감시 하에 선거가 실시되었다. 1948년 8

월 15일에 대한민국 정부의 수립이 선포되었고, 같은 해 12월 12일, UN은 대한민국정부가 한반도에서 유일한 합법정부임을 확인하였다.

소련과 북한공산주의자들이 UN 감시 하에서의 자유선거를 통한 통일정부의 수립을 거부한 것은 이러한 선거를 통하여서는 당시 한반도 정치상황으로 보아 공산통일정부가 수립될 가능성이 없었을 뿐만 아니라 북한지역에서의 공산정부수립도 불가능할 것으로 판단하였기 때문이다. 대한민국정부의 수립이 선언된 직후인 9월 9일, 북한지역에서는 이미 1946년부터 활발히 준비되어 왔던 조선민주주의 인민공화국정부의 수립이 선언되었다. 이렇게 되어 일본군의 항복을 받기 위하여 순수히 군사목적으로 일시적으로 설정하였던 38도 분계선이 정치분단선으로 굳어졌고 우리 민족은 통일독립국가수립의 절호의 기회를 놓치고 분단국의 비운에 빠져들었다.

이때부터 한국의 대북, 외교전략은 통일을 지상의 목적으로 상정하였고, 냉전이라는 진영 논리 속에서 공산권과의 대결 자유진영과의 결속을 중요한 외교의 축으로 삼게 되었다. 한국 최초의 공식적인 통일방안 제의는 1948년 6월 12일 제헌국회의 결의이다. 제헌국회는 북한에서도 남한에서와 같이 자유선거를 실시하여 인구수에 비례한 의석수인 100석을 우리 국회에 보낼 것을 호소하였다. 8월 15일, 대한민국 정부의 수립을 선포하면서 한국은 통일과 관련하여 다음과 같은 입장을 천명하였다. 대한민국 정부가 한반도 전체에 대한 주권을 가진 유일한 합법정부이고, 선거가 보류된 북한에서 민주적 선거를 실시하여 국회에 공석으로 남겨둔 100석의 의석을 채울 것이며, 북한 수복은 북한동포들의 자발적 의사가 계속 봉쇄되는 경우 한국은 무력에 의해서라도 북한에 대한 주권을 회복할 권한도 있음을 천명한다는 것이었다.

당시 이승만 대통령은 북한정권과의 협상은 북한정권에 대한 묵시적인 승인을 뜻한다고 보았기 때문에 북한과의 어떠한 협상도 반대, 거부하였고 평화적 수단에 의한 통일문제의 교섭상대는 소련뿐이라고 주장하였다. 결국 한국전쟁 전까지 한국의 통일정책은 북한지역에서만의 자유선거와 북진통일 두 가지로 요약될 수 있는데 두 방안 모두가 실현성이 없는 것이었다. 소련과 북한이 북한지역은 물론, 한반도 전체에서의 자유선거에도 동의할 가능성이 전무하였고, 미국이 한국의 북진통일을 지지, 지원하기는커녕 견제, 반대하고 있는 상황에서 한국이 소련과 북한을 상대로 하여 무력으로 자유통일을 실현한다는 것은 하나의 구호나 이상은 될 수 있으나 정책은 될 수 없었기 때문이다. 한국의 북진통일론은 오히려 한국에 대한 미국인들의 의구심을 크게 만들어 한국에 대한 군사원조를 주저하게 만들고 후에 북한의 '북침설'에 악용되는 역효과를 가져왔다.

1950년 6월 25일 북한은 한국 전쟁을 도발했다. 남북한 정부가 수립된 지 2년이 못되는 시점에서 북한이 무력적화통일의 승산을 확신하고 전면남침을 감행한 배경과 동기로 대략 다음과 같은 것들을 들을 수 있다.

첫째, 8·15해방 직후부터 소련의 주도와 적극적인 지원 하에 그리고 중국의 지원 하에 북한의 군사력이 급속히 증강된데 반하여 한국의 군사력 증강은 미국의 극히 소극적인 지원정책으로 부진하였다.[1] 그 결과

1 1948년 말까지 소련군이 북한으로부터 철수하면서 모든 중장비를 북한군에 이양하

당시 남북 간의 군사력 균형이 남북 간 1 대 1의 전쟁에서는 북한이 승리를 확신할 수 있을 만큼 한국 측에 절대적으로 불리한 것이었다. 즉, 북한은 한국을 상대로 한 전쟁에서 승리를 확신하고 남침을 감행한 것이다.

둘째, 북한이 기습 남침을 감행하여 단시일 내에 한국을 패배시킬 경우 미국이 군사개입을 단행하지 않을 것으로 북한 및 중, 소가 판단하였기 때문이다. 공산 측의 이러한 판단은 당시 미국의 극히 소극적인 대한반도정책과 특히 미국의 트루먼 대통령과 애치슨 국무장관 등이 한반도를 포함한 아시아에서의 전쟁에 미국이 군사적으로 개입하지 않을 것임을 공공연히 선언한데 크게 연유한 것으로 보아야 할 것이다.[2]

셋째, 북한의 남침은 한국 내에서 그들의 공산화 통일노선에 동조, 호응하는 세력이 각지에서 봉기할 것으로 판단, 기대한 데에도 크게 연유하였다.[3] 1950년 초에 김일성이 스탈린에게 남침계획을 설명하고 동의

였고, 그 후에도 북한의 무력증강을 적극 지원하였다. 반면, 1947년 4월 미 합참에 제출된 "합동전략검토위원회"의 타국에 대한·미국원조 중요도 보고서에서 한국은 16개국 가운데 13번째였다.

2 1950. 1. 5, 트루먼, 대만 포기 선언. The U.S has no desire to obtain special rights or privileges or to establish military bases on Formosa at this time. Nor does it have any intention of utilizing armed forces to interfere in the present situation. Similarly, the U.S Government will not provide military aid or advice to Chinese forces in Formosa. 1950년 1월 12일, 미국의 극동방위선이 아류산열도로부터 일본, 류큐(琉球) 그리고 필리핀에 이른다는 애치슨 당시 미 국무장관의 선언. "So far as the military security of other areas in the Pacific is concerned, it must be clear that no person can guarantee these area against military attack. U.S defensive perimeter, limiting by a line from Aleutians through Japan and the Ryukus to the Philippine Islands."

3 북한은 한국 내에서의 이러한 동조, 호응세력을 30만 명 내지 50-60만 명까지 기대

를 받을 때 김일성은 한국의 내부 상황이 부푼 풍선과 같아서 포크로 한 번 찌르기만 하면 바로 터질 것 같은 것으로 설명하였다고 한다.

넷째, 1948년에 정부 수립 이후 한국이 강력한 반공정책과 방위태세를 강화함으로써 북한은 한국 내 그들의 동조세력이 괴멸되기 전에 무력남침을 서둘렀다고 볼 수 있다.[4]

다섯째, 국공 내진에서 중국 공산당이 승리하고 1949년 10월 1일에 북경 정부가 수립된 것은 북한으로 하여금 무력적화통일전략의 승산을 더욱 확신하고, 소련뿐만 아니라 중국의 효과적인 지원을 기대하도록 만들었다고 볼 수 있다.

여섯째, 소련이 1949년 10월 핵실험에 성공함에 따라 미국의 핵독점기가 종식되었다. 소련은 미국의 한반도 전쟁 개입을 두려워하였고, 소련의 핵개발이 미국과의 대결에서 미국의 개입을 막아줄 것으로 기대하였을 것이다.

한국 전쟁은 네 시기로 구분된다. 즉, 첫째 시기는 발발부터 인천상륙작전까지로 한국 전쟁이 국제전화되는 단계이다. 이때 중국은 대만해협에 대한 미국 개입 방지에 주력하였고, 만주지역에 군사력을 집중하였다. 한편, 소련은 UN에 복귀하고, 미국은 한국 주도 하의 통일계획을 세웠다. 미국은 아시아, 유럽 재무장에 박차를 가하였다. 둘째 시기는

하였다고 한다. 평양정권은 한때 남조선 공산주의자들에 의해 인민혁명이 1949년 8월 15일까지 완수될 것으로 기대하였으나 오래지 않아 가능성 없다고 판단하였다 한다.

4 1948년 12월 한국에서 국가보안법이 입법되었고, 1949년 10월 남로당에 대한 불법화 조치가 취해졌다.

유엔군의 반격기로 미국 동맹체제 내 균열 가능성이 증가하였다. 반면 유럽은 미국의 아시아 중시 전략을 경계하였고 미국은 서독 재무장을 위한 미국의 제안을 본격적으로 제기하였다. 이에 대한 소련의 방해 노력이 이어지는 시기이다. 세 번째 시기는 1951년 중반에서 7월 10일까지의 기간으로 중국을 침략자로 규정하고 UN 총회에서 제한적 제재를 단행하는 시기이다. 트루먼대통령은 맥아더 사령관을 해임하고, 만주 지역으로 확전되거나, 소련의 공군력 지원이 시작되는 상황을 경계하였다. 이후 휴전 논의가 시작되는 기간이다. 네 번째 시기는 이때로부터 휴전협정까지의 기간이다.

한국전쟁시기에 있어서 한국의 통일정책은 북진통일정책이었다. 1950년 7월 19일, 한국정부는 "UN군의 작전목표가 전전원상의 회복, 즉 38선의 진격정지에 그쳐서는 안되며, 북진통일을 완수해야한다"는 공식입장을 미국정부에 전달하였다. 휴전협상의 기운이 성숙해지던 1951년 5월 26일, 이 대통령은 성명서를 통하여 "이미 제거된 38선을 또다시 발생시키는 여하한 휴전도 이를 반대하며, 만약 UN군이 투지를 굽혀서 휴전협상을 개시하는 경우에는 실지를 회복할 때까지 단독적인 행동을 수행하겠다"는 강경한 태도를 표명하였다. 6월 5일, 국회도 "침략적 중공군의 침략행위 제지와 한국전역으로부터의 철퇴로 대한민국 주권 하에 한국의 완전자유통일을 선결조건으로 하는 이외의 어떠한 휴전에도 반대한다"는 결의안을 채택하였다.

북한의 전면무력남침과 3년여의 전쟁으로 국토가 초토화된 상태에서 제2의 한국전쟁의 위험을 해소하기 위해서라도 한국이 통일을 전쟁목적으로 삼은 것은 정당한 것이었다. 미국을 비롯한 UN참전국들이 한국의 정책을 지지, 지원하였다면 충분히 통일을 이룩할 수도 있었을 것이다. 그러나 한국의 이러한 북진통일정책은 미국을 포함한 UN참전국들의 지원을 받기가 어려웠다. 북한의 남침 후 인천상륙까지, 즉 UN군이 수세에 있는 동안 미국 및 UN의 전쟁목적은 38선 이남으로부터 적을 격퇴하고 북한을 철저히 파괴하여 한국을 방위하는 것이었다고 보아야 할 것이다. 인천상륙작전으로 북한이 거의 괴멸상태에 빠지고 또한 한국이 북진통일을 강력히 주장하고 실제로 한국군이 38선을 돌파하고 북진하자 맥아더 사령관도 북진을 주장하였고 트루먼 정부 역시 소극적으로나마 북진에 동의하였다. 그러나 트루먼 정부는 북한 지역에서의 지상군 작전에 소련군 및 중공군의 개입이 없을 때 그리고 한만국경지대에서 비한국군의 사용금지라는 제한을 가하였으며, 만주에 대한 해공군의 활동도 금지하였다.

1950년 10월, 중공군의 대규모 개입은 미국을 포함한 UN참전국들의 한반도에서 전쟁목적을 인천상륙 이선의 것으로 되돌려 놓았다. 왜냐하면, UN참전국들은 한국전쟁이 세계대전으로 확대되는 것을 두려워하였고 핵전쟁을 두려워하였기 때문이다. 결국, 1953년 7월 27일, 한국휴전협정으로 한반도에서의 전투는 종결되었고, UN은 한국전쟁 개입 당초의 전쟁목적을 달성한 셈이지만 한국은 존립은 유지하였으나 통일이라는 전쟁목적의 달성에는 실패하였다. 한국은 휴전에 동의하기를 거부하였고 휴전협정의 조인에 참가하지 않았다.

휴전 이후에도 한국은 북진통일론을 포기하지 않았으나 전쟁 이전과 다름없이 실현 불가능한 것이었다. 휴전 이후에도 UN군이 한반도에 계속 주둔하고 있었고, 1954년 11월에 한미방위조약이 발효되었으나 그것은 한국의 통일을 지원하기 위해서 보다 한반도에서 평화를 유지하고 한국의 방위를 지원하는 것을 기본목표로 하는 것이었다. 특히, 한미방위조약은 제3안에서 "각 당사국은 타 당사국의 행정지배 하에 있는 영토"에 대한 무력공격에 대처한다는 것을 명시함으로써 한국에 대한 미국의 방위지원범위를 분명히 하고 있다. 그리고 전쟁을 통하여 한국군이 대폭 증강된 반면 북한군은 크게 약화되었던 것이 사실이나 한국이 미국과 UN의 견제와 반대를 받으면서 소련과 중국을 배후지원 세력으로 하고 있는 북한을 상대로 무력통일을 성공적으로 추진한다는 것은 불가능한 것이었다.

한국은 북한지역에서만의 자유선거원칙을 계속 주장하면서도 1953년 가을부터 북한주민이 희망한다면 전국총선거도 받아들일 수 있다는 신축적인 태도를 보이기 시작하였다. 특히, 1954년 5월에 개최되었던 제네바정치회담에서 한국은 통일방안으로 한반도에서 UN 감시 하에 자유선거를 제의하였다. 한국의 이러한 통일방안은 물론 공산 측에 의하여 거부되었다. 제네바정치회담 이후에도 이 대통령은 북진통일주장을 포기하지 않았다. 예를 들어 제1 공화국이 종료되기 직전이었던 1959년 6월 6일, 이승만 대통령은 특별성명을 통하여 "우리는 기회만 주어진다면 미군 병력의 원조 없이도 그리고 대전을 유발하지 않고 북한으로부터 공산주의자들을 몰아내고 통일을 할 수 있다. 한국을 통일할 수 있는 유일한 길은 무력행사뿐이다."라고 천명하였다. 그러나 이러한 주장은 여전히 실현 불가능한 희망사항에 불과하였다.

한국전쟁을 계기로 미국과 소련 및 미국과 중국의 관계를 비롯하여 자유진영과 공산진영 간의 관계가 적대관계로 변화하고 특히 한국과 북한 간의 관계가 극도로 악화됨으로써 타협과 합의를 통한 한반도의 통일은 더욱 불가능해졌다. 휴전 이후 1950년대 말까지 북한은 각종 위장 평화공세를 전개하였으나 한국은 북한과의 일체의 대화나 교섭을 거부하였고 국민들의 비정부적 차원의 통일논의를 철저히 금지하였다.

한국 전쟁의 결과 300만 한국인이 사망하고, 부상, 행불의 국민이 발생했다. 전체 인구의 10%에 해당하는 막대한 손실이다. 또한 5백만은 피난민 혹은 이산가족이 되었다. 1954년 5월 제네바 회의 이후 한반도의 분단은 영속화되었다. 반면 한국은 미국과 군사동맹을 체결하여 이후 전쟁 방지의 성과를 거두었고, 미국의 한국 경제지원이 개시되었다.

중국은 전쟁 승리를 기화로 대만에 공세를 취하려했으나 불가능해졌다. 그러나 중국 국내적으로 마오의 힘을 강화하고, 개인적, 당의 정치력도 강화하는 성과를 거두었다, 소련으로부터 경제지원도 획득하였고, 이후 중국의 핵무기 개발을 소련이 지원하는 계기가 되었다. 중국의 국제적 위신도 강화되어, 소련과 대등한 외교적 지위까지 얻게 되었다. 소련으로서는 미중 연결을 막는 효과를 거둔 것이 사실이다. 그러나 장기적으로는 중소 대립을 가능하게 하는 중국의 성장을 초래하였다. 소련은 이후 경제적으로 악화되어 중국과의 경쟁에서 불리한 입장에 취하게 된다. 동구권에 대한 경제 개발을 지나치게 강요해, 동구권의 민주화를 촉진하는 결과를 낳기도 하였다. 소련으로서는 한국전쟁이 안 일어났거나 차라리 1950년 말 한국 주도 통일된 것이 더 나았을 것이라는 견해도 존재할 정도이다.

한편 미국은 나토를 강화하였고, 그리스, 터키의 나토 가입을 실현시켰다. 또한 서독-프랑스 협력의 기조도 마련 등의 성과를 거두었다.

2. 제1공화국의 외교전략

1) 대북, 통일전략

이승만 정부의 외교전략은 첫째, 북한과 공산권에 대한 강력한 대응전략, 둘째, 미국과의 동맹 관계 강화 및 미국의 원조 극대화, 셋째, 일본의 군국주의화 견제, 넷째, 동아시아 반공 협력 강화 등으로 요약할 수 있다.

이승만 대통령은 한국 전쟁 이전부터 북한에 대한 강력한 대응과 북진통일을 주장하고 있었다. 이후에도 이승만 대통령은 북진통일을 주장했지만, 1954년을 고비로 정책의 실효성이 떨어지고 국내정치적 수단으로 더 강하게 작용하게 된다. 또한 1956년 미소 간에 해빙무드가 강해지면서 국제정치 상황도 변화하게 된다. 이승만 대통령이 무리한 사사오입개헌을 추진하면서 국내정치적 정당성이 약화된 가운데 야당인 민주당도 1957년부터 통일정책으로 유엔감시 하의 남북한 총선을 주장하게 되고, 이승만 정부의 통일 정책은 전반적으로 약화되거나 정당성을 상실하게 된다.

이승만 대통령의 정책 의지는 연설문들에서 확인해 볼 수 있다. 1955년 3·1절 기념사를 보면, "공산침략자들이 우리를 칠 적에 우리는 맞아싸워서 우리가 참을 수 없는 고생을 당하면서 우리 동맹국들이 타협적 평화라도 하자는 의도를 표시할 적에 우리는 만구동성(萬口同聲)으로 더 큰 희생과 고통을 당하면서라도 완전한 승전을 하기까지 나가기를 주장했었고 지금도 그것만이 우리의 주장입니다. 지금에 와서는 새로운 파동이 생겨서 세계를 통해서 일어날 적에 우리의 소리는 여전히 우리의 용감력과 신념을 주장하고 나오는 바입니다. 세계전쟁 전선(前線)에 우리가 서서 우리는 공상적 안전인 중립 지위로나 또 침략자에게 양보해서 정하는 평화나 다 역사적으로 보면 패망의 첩경인 줄로 우리가 알고 이것은 거부하고 온 것입니다"라고 하여 강력하고 공세적인 북진 정책을 표방하고 있다. 또한 "우리는 승전할 것을 믿는 바이며 우리는 공산(共産)이 무엇인지 아노니 잠시라도 공산당의 야심은 담화로 감소시킬 수 없는 것입니다. 우리는 괴질병과 공존할 수는 없다는 것이며 또 우리가 주장하며 희망하는 바는 우리 한국의 정신이 진정으로 자유국가들의 보배로운 가치로 증명되기 바라며 우리는 강대한 나라가 아니며 우리는 소약(小弱)한 국가라는 명칭도 받지 않는 것입니다"라고 하면서 국력 강화를 통해 통일을 추구할 것을 기약하고 있다.

그 다음 해의 3·1절 기념사에서도 이러한 인식의 지속성을 볼 수 있다. 이승만 대통령은 "지금 이북에는 우리를 위협하는 세력이 있으며 또 한일 간에 문제를 해결하는데도 지금까지 조금도 진전이 없는 동시에 또 지금 우리가 이것을 바라기도 어려울 만치 되어 있는 것입니다"라고 논하고 있다.

2) 한미동맹 전략

한국은 한국 전쟁 종식 이후 한미동맹을 체결하고 이후 동맹에 기반한 대북 전략 및 동아시아 전략을 추진해 나간다. 한미동맹은 한국전쟁의 정전과 맞물려 논의되었고 이 과정에서 한국은 일종의 벼랑끝 전술로 미국의 방위약속을 받아내고자 노력하였다. 이승만 대통령은 미국의 정전 움직임에 대해 한국의 재통일, 국내 중공군의 전면 철수, 북한군 무장해제, 제3자의 한국 공산주의자들에 대한 무기제공 금지, 한국 주권의 확실한 보장 및 국제회의에서 한국의 의견 반영과 같은 다섯 가지 정전협정 동의 조건을 제시 했다. 이후 정전 반대에 대한 강력한 의지를 보이고 한국의 협상력을 강화하기 위해 이승만 대통령은 반공포로 석방을 단행한다. 이후 미국은 1953년 6월 25일 대통령 특사로 로버트슨 국무부차관보를 한국에 급파하여 세 가지의 내용을 전달했다. 첫째는 미국은 평화적 수단으로 한국을 통일하는데 계속 노력한다는 것이며, 둘째는 전후 한미방위조약을 체결한다는 것, 셋째는 장기적인 경제 원조를 제공할 것 등이었다. 결국 정전에 즈음하여 한국은 미국으로부터 다음의 약속을 받아낸다. 즉, 첫째, 정전 후 한미 양국은 상호방위조약을 체결한다; 둘째, 미국은 한국에 장기적인 경제 원조를 제공하며 1단계로 2억 달러를 제공한다; 셋째, 미국은 한국군의 20개 사단과 해공군력을 증강시킨다; 넷째, 양국은 휴전회담에 있어 90일이 경과되어도 정치회담에 성과가 없을 경우 이 회담에서 탈퇴하여 별도의 대책을 강구한다; 다섯째, 한미 양국은 정치회담을 개최하기 이전에 공동목적에 관하여 양국의 고위회담을 개최한다는 것 등이다.

정전 협정 체결 이후, 한국의 이승만 대통령은 아이젠하워 대통령과 1954년 8월 2일 정상회담을 개최하는데 그 내용을 보면 한국 전쟁 이후 한미 협력의 방향을 볼 수 있다. 한국은 한국군의 최대치를 육군 655,000명을 포함한 총 715,000명으로 하고 이들에 대한 군사훈련 및 장비 현대화를 지원하는 방안 등을 논의한다. 또한 38선 이북의 비무장지대 관리, 중립국감시위원회 활동 규제 문제, 미군 재배치, 상호방위조약 관련 사항 등이 한미의 중요한 협의 사항이었음을 알 수 있다. 여기서 이 대통령은 한반도 통일은 미국이 이를 위해 군사적인 조치를 심각하게 고려하고 있을 때만 가능하다는 결론에 도달했다고 하면서, 언제든지 미 정부가 이와 같은 방안이 필요하다고 생각한다면 이를 위한 자신의 계획을 밝힐 용의가 있다고 설명하고 있다.

이에 대해, 아이젠하워 대통령은 이 대통령이 가지고 있는 한국군에 대한 관심은 공격을 위한 목적에서 나온 것이 아니라는 점을 확신하고 있다고 말함으로써 한국의 북진통일을 견제하고 있다. 더불어 덜레스 국무장관은 한반도에서 일방에 의한 공세는 상대편의 적대적 행동을 초래할 수도 있다는 입장을 밝혀 한국의 공세적 태도를 견제하고 있다. 이 회담에서 양국은 유엔에 의한 자유선거가 유엔헌장 및 유엔총회 결의안 정신에 의거하여 통일된 민주독립국가 한국을 실현시키는 방안임을 재확인하고 있다. 또한 휴전협정에 규정된 한반도평화체제 구축을 위한 관계국 정치회의(1954년 4월 제네바에서 개최)가 실패하였으나, 한·미 양국은 공동목표 달성을 위해 향후 긴밀히 협력해 나갈 것임을 밝히고 있다.

한미동맹은 북한으로부터 한국을 보호하는 기능 뿐 아니라 한국의 독자적 행동을 제지하려는 미국의 전략도 반영하고 있다. 1954년 11월 17일 한미합의의사록이 교환되었다. 우선 공동성명서에서 미국은 한국에 대한 방위지원을 다시 확약하고 있다. "미국정부는 1955 회계년도에 있어서의 한국에 대한 경제원조 및 직접적인 군사원조에 관한 광범한 계획에 합의하였다. 동 각서에서는 또한 앞으로 양국 정부의 적절한 군사대표들에 의하여 이루어질 협정 하에서 미국이 대한민국의 군사력 강화를 지원하는데 관한 구체적인 방안이 명시되었다. 미국정부는 대한민국이 또다시 불법침공을 받는 경우 한미상호방위조약에 규정된 바와 같이 침략자에 대하여 그 군사력을 사용할 의사를 재확인하는 동시에 국회의 승인 하에서 한국의 부흥을 위한 경제계획을 추진할 의사를 또한 표명하였다."

그러나 동시에 한국의 통일 정책을 미국과 협의한다는 내용도 명시하고 있다. 즉, "대한민국 정부는 국제연합을 통한 가능한 노력을 포함한 국토 통일노력에 있어서 미국과 협조할 것에 동의하였다. 대한민국은 또한 경제적 안정과 부합하는 동원 가능한 자원의 한도 내에서의 국군 증강의 기준과 원칙에 합의하였다. 이에 있어서 대한민국은 국제연합군 사령부가 대한민국 방위의 책임을 계속 부담하는 동안은 별다른 합의가 없는 한 그 군사력을 동 사령부 작전 관리 하에 두는데 합의하였다."

더불어 "대한민국은 상호협의에 의하여 그렇게 하는 것이 상호이익에 가장 유리하기 때문에 변경하는 경우가 아니면, 유엔군 사령부가 대한민국의 방위를 책임지는 한 그 군대를 유엔군 사령부의 작전지휘권 하에 둔다"는 2조의 규정이 한국의 북진통일을 막으려는 미국의 생각을 반영하고 있다. 동시에 부속문서 B에서 미국은 한국이 총 72만 명의 병력과 10개 사단 규모의 예비군을 유지하도록 미국이 원조하며 7억 달러의 경제원조를 하도록 규정하고 있다. 이후 미국은 연 2억 달러에 달하는 경제 원조를 지속한다. 반면 한국은 북진을 포기해야 했고 한국군에 대한 작전지휘권을 상실하게 된다.

한국은 미국으로부터 군사지원 뿐 아니라 경제지원에 의존했다. 한국은 11월 17일 공동성명에서 향후 한국의 경제정책을 원조 효율성 증가와 연결하여 논의하고 있다. 즉, "확충된 미국의 경제원조계획에 관하여는 대한민국은 기업을 위한 개인투자를 장려하며 미국 군대에 대한 딸라 교환에 있어서 현실적인 교환율에 의한 새로운 절차를 수립하며 한국 경제에 최대한으로 공헌하기 위하여 원자물자 가격도 동일한 환산율에 의하여 정할 것을 포함하는 경제원조 계획을 효과적으로 수행하는데 필요한 조치를 취할 것에 동의하였다. 대한민국은 예산의 균형을 취하기 위하여 현실적인 노력을 할 것이며 인플레이션을 계속 억제할 의도를 가졌다는 것을 표명하는 바이다. 양국 정부는 원조계획에 의한 물자구입은 필요한 물자를 최선의 가격으로 구매할 수 있는 비공산주의 국가라면 어디서나 이를 구입할 것이지만 이 목적을 위해서는 가능한 회대한도로 한국 내에서 물자를 구입한다는 것을 또한 합의된 목적으로 한다"고 명시하고 있다.

이승만 대통령이 1954년 12월 8일 브릭스(Briggs) 주한 미국대사와 면담한 내용을 보면, 한국은 미측이 수교한 각서에서 나타난 바와 같이 원조물품의 시장거래가격 및 달러 경매 시 원화와 달러와의 공식 환율(180환:1달러)을 시행할 것을 요구하고 있다. 또한 유엔군 사령부 소속 한국인 고용원 및 계약자에게 지급해야 할 8억 환의 융자 요청 등도 요청하고 있다. 이를 보면 한국의 대미 경제 의존의 일면을 엿볼 수 있다.

한국은 제1공화국 시기 국민경제의 능력을 훨씬 능가하는 과도한 국방력을 유지할 필요가 있었다. 또한 악성 인플레이션이 지속되고 있었고 미국의 경제 원조는 인플레이션 완화 및 난민 구호에는 큰 도움을 주었으나 장기적인 경제성장과 산업화를 위한 기반을 마련하는 데에는 효과가 미미했던 것이 사실이다(구본호·이규억 1991, 162). 미국은 과도기와 재건기에 속한 한국 경제에 대한 보다 포괄적 이해 하에 경제원조를 했어야 했고, 한국은 미국의 대외 원조의 성격을 정확히 이해하고 경제발전의 장기적 계획을 세웠어야 해다. 그러나 전체적으로 양자 간의 이해는 부족했고, 대한 원조의 80% 이상이 비계획사업원조로서 주로 구호사업을 위한 소비재였다. 따라서 원조 수입실적은 새로운 생산시설의 확충보다는 인플레이션의 완화, 재정안정 및 구호사업을 위한 것이었다고 할 수 있다(구본호·이규억 1991, 165–166).

3) 대일전략

이승만 정부의 또 다른 외교정책의 흐름은 강력한 반일 정책이었다. 이승만 대통령은 개인적 차원에서도 강한 반일 노선을 가지고 있었고, 한국 전쟁 이후에도 일본 군국주의의 부활에 대해 강한 경계심을 가지고 있었다. 반면 미국은 1951년 이후 샌프란시스코 체제를 통해 일본을 동아시아 외교전략의 축으로 삼고 일본의 경제부흥과 역할 확대를 추구하였다. 한국은 미국의 대일 협력이 한국을 일본에 종속시키는 결과를 가져올 것을 두려워하고 있었고, 미국의 대한 경제 원조 역시 한국의 일본 상품 수입을 부추김으로써 대일 경제종속으로 이어질까봐 염려하고 있었다. 미국은 아이젠하워 정부에 들어서 소위 "뉴룩(New Look)" 전략을 실시하여 재정적 부담을 덜고자 하였기 때문에 일본의 경제적 부흥과 일본을 축으로 한 동아시아 질서의 개편에 호의적이었다. 따라서 이러한 국제정세의 흐름 속에서 한국의 대일 경계 흐름은 지속되었다.

1956년 3·1절 기념사에서도 이러한 반일 인식이 반영되고 있다. "일본은 지금도 한국을 저의 영지로 보고 있으며 제2차 세계대전 당시 잃어버린 땅을 다시 회복하려는 꿈을 꾸고 있는 것입니다. 지금 또 저의들이 부르짖고 일어나는 것은 저의들의 조그마한 섬나라에서는 도무지 살 수가 없다는 것을 호소하며 우리 지역을 향해서 욕심을 내고 있는 중인데 우리가 일본과 이런 문제를 잘 해결하기 위하여 여러 가지로 노력해 보았으나 아직까지는 그 반대만 받고 오는 중입니다"라고 일본을 비판하고 있다.

이러한 인식은 미국이 추진하는 한미일 동맹 네트워크 추진, 특히 일본에 대한 한국 경제의 종속에 대한 경계로 나타나 있다. 1957년 1월 1일 신년사를 보면, "이왕에 미국이 우리에게 원조 재정과 물자를 주던 것은 다 잠시 구제책에 지나지 않아서 고생하는 사람들에게 일본의 생산물품을 가져다가 임시 구제책으로 해오던 것인데 지금에 와서는 이것이 다 변경되어서 우리 공업을 새로 발전시켜 비로소 시멘트와 비료와 발전 등 모든 큰 공업의 기초를 각처에서 세우고 있으며 또 개량해서 나가고 있으니 이대로 계속해나가면 우리의 경제를 완수해서 종차로는 자급자족 하는 나라를 다시 회복할 수 있을 것"이라고 하여 우려와 기대를 동시에 보이고 있다.

4) 동아시아 자유국가 연대

이승만 대통령은 1949년 유럽에서 나토가 형성되는 것을 보고 아시아에서도 반공 연맹을 형성하고자 노력했다. 한편으로는 미국에 대해 동맹을 요청하지만 미국에 대한 불신을 여전히 가지고 있었던 이승만 대통령의 입장 때문이다. 1949년 3월 UN 필리핀 대사 카를로스 로물로(Carlos Peña Romulo)는 퀴리노(Elpidio R. Quirino) 대통령의 지시에 따라 아시아의 집단방위동맹의 필요성을 강조했고, 이승만 대통령은 태평양동맹을 본격적으로 추진하게 된다. 이는 미군 철수에 대한 대응책이기도 하였다. 이승만 대통령은 대통령 개인특사로 미국에 간 조병옥과 주미 한국대사 장면을 통해 미국과 태평양 동맹 체결에 관한 교섭을 하도록 지시한다. 그리고 1949년 5월 2일 트루먼 대통령에게 한미방위군사협정 체결과 함께 북대서양조약과 같은 태평양동맹을 요청하였다. 대만의 장개석 총재 역시 이에 적극 찬성하여 1949년 6월 12일에 필리핀을 방문하였고 이후 7월 6일에 방한하여 진해에서 이승만 대통령과 태평양동맹에 관해 논의했다. 여기서 이승만 대통령은 "우리가 태평양동맹을 체결하려는 것은 결코 위급에서 벗어나기 위한 것이 아니라 공산세력을 방어하기 위한 북대서양동맹 제국과 보조를 같이 하여 동양에서도 각국이 합심하여 방공투쟁을 하려는 것"이라고 말하면서 "태평양상의 어느 나라가 침략을 당했을 때 다른 동맹국이 이를 공동 방위하는 것이 아니면 의의가 없다는 것"이라고 주장하고 있다. 그러나 8월 6일 미국정부가 중국백서를 발표하여 대만 정부의 부패를 논하면서 장개석에 대한 지지를 철회함으로써 태평양 동맹에 대한 논의는 사실상 무산된다.

그러나 제1공화국을 통해 이승만 대통령은 계속 대만, 남베트남과의 안보협력을 추진한다. 1956년 1월 28일 주한 대만 왕(Wang) 대사와의 면 기록을 보면, 한국은 한국–대만 간 동맹조약 체결을 희망하고 있었다. 그러나 대만의 대일본, 대미 유화정책으로 현재는 곤란하다고 논하고 있다. 한국은 또한 대만, 남베트남 간 동맹 문제도 언급하고 있어 당시 동아시아 국가들 간의 연대에 관심이 있었음을 알 수 있다. 반면 대만은 중국과 일본 간 관계 강화를 염려하여 일본과 관계 강화를 추구하고 있었고, 한국과 일정한 입장 차이를 보이고 있었다.

III. 1960년대와 1970년대 냉전의 전개와 한국의 지역외교전략

1. 제2공화국의 대외전략

4·19혁명 이후 제2공화국이 성립되는데, 그 시기는 1960년 허정 과도정부가 성립되는 4월 27일과 이후 장면정부가 성립하는 8월 12일부터의 시기로 나뉜다. 1961년 5·16쿠데타가 발생하기까지 1년간 2공화국의 외교전략 및 지역전략은 1공화국과 큰 차이를 보이지는 않았다. 우선 냉전이라는 국제정세가 큰 변동을 일으키지 않았기 때문이다. 해빙의 무드가 있었지만 여전히 냉전이 지속되었고, 양대 진영 중심의 외교가 지속되고 있었다. 다만 한국 정부의 성격이 변화함에 따라 시민사회의 주장과 요구가 보다 직접적으로 정책에 반영된 면이 있다. 무엇보다 대북

관계에서 그간의 일률적인 견해를 벗어나 백가쟁명식 통일논의가 활발히 일기 시작하였다. 자유분방한 정치분위기, 혁신정당 및 사회단체의 분출, 북한의 적극적인 평화통일공세, 통일논의의 장기간 억제에 대한 반발 등이 중요한 원인이었다고 볼 수 있다. 주한미군의 철수, 남북 간의 각종 교류의 실시, 남북학생회담의 제의, 심지어 오스트리아식 중립화 통일론까지 다양한 논의가 개진되었다. 또한 민주당정부는 통일방안으로 UN 감시 하의 총선거를 유지하면서 북진통일정책을 공식적으로 포기하였다.

한국은 미국과의 동맹관계 유지에 지속성을 보였다. 아이젠하워 대통령은 1960년 한국을 방문하여 6월 20일 공동성명을 발표하였다. 이를 통해 양국 간 우의와 긴밀한 협조, 그리고 한국의 독립 보전에 대한 공약 이행의 재확인, 유엔 헌장의 제 원칙에 대한 양국의 전적인 지지, 한국의 통일 필요성에 대한 인식의 일치와 한국의 유엔 가입을 위한 공동노력 의지, 한국의 경제성장 및 자립을 위한 미국의 지원과 원조 합의 등을 천명하였다(이택휘 1994, 349). 특히 당시 한국은 경제 상황이 매우 악화되어 있었다. 1960년 1인당 국민소득은 81달러에 불과했고, 경제성장률은 1.0%였으며, 국가 예산의 반 정도를 미국에 의존하고 있었다. 수입이 수출의 10배에 달해 무역적자가 극심했고, 실업률은 23.7%에 달했다(이택휘 1994, 344).

한편 허정 과도정부는 제1공화국과는 달리 일본과의 관계 개선을 추구하는 기조를 가지고 있었다. 당시 문제가 되고 있던 재일 교포 북송 중지의 문제를 해결하려고 노력하는 한편, 일본 어선들의 평화선 침범 문제를 해결하고자 노력했다. 그러나 재일교포 북송 문제가 악화되고 민주당 정부가 들어서면서 대외정책이 표류하였다. 이어 장면 총리는 첫 시장 연설에서 외교분야 계획을 발표하는데, 9월에 개최되는 유엔 총회에서 한국 통일안과 한국의 유엔 가입에 대해 국제여론을 환기하겠다고 밝히고 있다. 또한 UN 자유 국가들의 노선과 일치하도록 UN 감시하에 남북을 통한 자유선거에 의해 통일을 달성한다고 표명하고 있다. 한일 양국 간의 외교 관계를 정상화하기 위해 양국 간 회담을 재개하고, 재일 교포의 경제적 지원 및 교육에 관한 지도도 적극화하겠다고 밝히면서 교포의 자본을 국내에 도입하는 길도 열겠다고 말하고 있다.[5]

이후에도 외교분야에서 장면 총리는 한일 관계의 정상화는 긴절한 문제이므로 과거 정권의 대일 감정외교를 지양하고 평등과 상호존중의 원칙하에 진지한 회담을 통해 현안 해결에 최선을 다하겠다고 말하고 있다. 외교정책은 당시에 급박한 경제문제와 밀접한 관계를 맺고 있었다. 장 총리는 무엇보다 경제 부문에서 급속한 경제성장을 도모하는 경제제일주의를 실천하려 한다고 말하고 있다. 이를 위해 과거 부패 정권의 관권 경제와 불균형한 산업 구조를 지양하는 것이 급선무이며, 국영 관리 기업체의 운영 합리화, 외국 원조 재원의 효율적 배분 운영, 외국 원조나 정부 보유불의 부정 관리와 은폐 보조, 이를 위한 환율의 현실화 등을 계획하고 있다. 또한 농어촌 중심의 투융자 계획을 증대하고, 소득 증가를 도모하여 위축된 중소기업의 건전한 운영, 균형적 산업구조의 형성을 촉진한다는 포부를 표명하고 있다.[6]

---

5 국무총리 국회에서의 시정방침연설 1. 1960년 8월 27일

6 국무총리 민의원에서의 시정연설 2. 1960년 9월 30일.

2. 박정희 정부의 등장과 제3공화국의 지역 외교전략

1) 발전국가 모델의 시작과 새로운 외교전략

1961년 5월, 5·16군사쿠데타가 일어나 박정희 소장을 수장으로 군부가 정권을 잡게 된다. 군사혁명위원회는 공약에서 반공을 국시의 제일로 삼아 반공태세를 강화한다는 것, 유엔헌장을 준수하고 국제협약을 충실히 이행할 것이며 미국을 위시한 자유 우방과의 유대를 더욱 공고히 한다는 것, 민생고를 시급히 해결하고 국가 자주경제 재건에 총력을 경주한다는 것, 민족의 숙원인 국토통일을 위하여 공산주의와 대결할 수 있는 실력배양에 전력을 기울인다는 것 등을 선언하였다. 또한 군사정부는 한국문제에 관한 UN의 기능과 권능을 존중한다고 선언하고, "우리는 무력에 의한 통일을 원하지 않으며 평화적 방법으로 통일을 추구하며 UN 감시하의 남북 총선거 실시책을 강조한다"고 천명하였다. 즉, 장래의 통일정책을 재확인한 것이다.

박정희 의장은 1961년 11월 케네디 대통령을 방문하여 혁명정부의 대표성을 인정받는 한편, 한국에 대한 외교적, 경제적 지원을 보장받고자 했다. 이후 한미 관계는 다시 원만하게 회복되었으나 1963년 민정이양을 둘러싸고 군부가 군정을 4년 연장한다고 발표함으로써 한미 관계가 다시 경색되었다. 케네디 대통령은 한국 정부에게 2천 5백만 달러 규모의 경제 원조를 중단함으로써 압박을 가하게 되고 결국 박정희 의장은 1963년 4월 군정 연장 결정을 철회하고 10월 대통령 선거에 출마하여 당선된다.

1963년 12월 17일에 민정이양에 따라 출범한 제3공화국 정부도 "UN 감시하의 토착인구비례에 따른 남북한 총선거"를 기본통일정책으로 하면서도 "선건설, 후통일" 정책을 강조하고 추진하였다. 4·19혁명 이후 한국의 정치·사회적 불안과 무분별하고 위험한 통일논의에 자극받고 고무된 북한은 1960년대 이후 한국을 상대로 연방제를 제의하는 등 평화공세를 강력히 전개하기 시작하였고, 한국 내에서 용공, 공산혁명을 적극적으로 기도하였다. 특히, 1960년대 후반에 북한은 한국 내에서 폭력혁명을 강력히 추구하였다. 그리고 1960년대 후반에 북한은 군사력에서뿐만 아니라 경제력에서도 한국에 비하여 우위를 유지하고 있는 것으로 평가되었다. 이러한 상황에서 한국은 통일보다 안보와 정치·사회적 안정과 발전 및 경제발전을 우선적으로 추진하려 하였다. 그리고 여건이 성숙되지 않았음을 이유로 통일논의를 철저히 억제하였다.

제3공화국 정부의 가장 중요한 목표는 경제발전과 확고한 대북 정책이었다. 5·16 군사정부는 민주당 정권이 계획해 놓은 경제개발 5개년 계획을 토대로 1961년 7월 종합 경제재건 5개년 계획을 발표하고, 1962년 1월 제1차 경제개발 5개년 계획을 시작하게 된다. 1차 계획의 목표로서 농업 생산력 증대, 전력·석탄 등의 에너지 공급원 확충, 기간산업 확충과 사회간접자본 충족, 유휴자원 활용, 수출증대로 국제수지 개선, 기술진흥 등. 정유·비료·화학·전기기계 등의 기간산업과 사회간접자본의 확충을 목표로 설정하였다. 문제는 초기 투자 재원을 확보하는 것이었다. 박정희 대통령은 이를 위해 한일 국교정상화를 본격적으로 추진하는 한편, 베트남 파병을 통한 경제 부흥을 동시에 추구하였다.

민정 이양 이후 1964년 연두교서에서 박정희 대통령은 "자주와 자립과 번영을 지표로 시급한 민생문제부터 해결"하는 것이 급선무라고 논하고 있다. 또한 "공산주의 침략과 대결하여 민주주의의 승리를 기하여 조국의 통일을 성취시키는" 것이 다른 축이라고 말하고 있다. 박정희 대통령의 국제정세 인식을 보면 "미 양대국 간에 이른바 핵실험 금지조약이 체결되어 다소간 동서 간의 긴장이 완화되었다 해서 이것으로 영원한 인류의 평화가 약속된 것"이 아니며, "극동 기타 지역에 있어서는 공산세력의 침략과 위협이 오히려 가중되고 있으며, 그 위에 우리 국토의 휴전선상에서는 더욱 빈번한 침범사건으로부터 일층의 불안을 조성"되고 있다고 보고 있다. 따라서 "국가안전보장체제의 강화를 기하고 적극외교로 국제적 지위를 더욱 향상시키며, 실력배양에 의하여 대공방위의 기반을 마련"하는 것이 급선무라고 강조하고 있다. 이를 위해 "대공국방정책에 있어서 자유우방 특히 미국과의 군사적 유대를 공고히 하여, 집단안전보장체제를 가일층 강화하고 군의 현대화로써 평시 방위력의 향상 에 최선을 다하여 무엇보다도 먼저 북한괴뢰에 우월하는 군사력의 유지"가 핵심이라는 인식을 보이고 있다. 특히 "미국과 우리와의 관계는 우방중의 우방으로 공동운명체적 불가분의 관계에 놓여 있으므로 한의 유대강화와 일층의 우호증진에 최선을 다할 것"이라고 약속하고 있다. 이러한 인식은 같은 해 박정희 대통령의 국회연설에서도 반복되고 있다. 즉, "대공 국방정책에 있어서 자유우방 특히 미국과의 군사적 유대를 공고히 하며 안정보장 체제를 강화하고 군의 현대화로써 평시방위적인 것에 최선을 다하여 무엇보다도 먼저 북한 괴뢰에 우월한 군사력의 유지"하겠다는 것이다.

같은 맥락에서 통일정책과 기본방침은 박정희대통령의 다음과 같은 말에 잘 나타나 있다. 1966년 연두교서에서 박대통령은 "우리의 지상명제는 바로 조국의 통일이다 … 우리가 지향하는 조국 근대화야말로 남북통일을 위한 대전제요 중간목표이다. 통일의 길이 근대화에 있고 근대화의 길이 경제자립에 있는 것이라면 자립은 통일의 첫 단계가 된다"고 강조하였다. 박대통령은 한국의 경제력이 북한을 압도하고 한국의 민주체제가 안정·발전할 때 통일문제에 있어서 북한의 우위에 설 수 있고 자유통일이 가능할 것이라고 믿고 주장하였다. 1969년 3월 1일에 국토통일원이 발족하였는데 이것은 통일에 대비하여 정책과 이론적 기초를 준비하기 위한 것이라는 면에서 의미가 컸다고 본다.

2) 한일 국교정상화와 베트남 파병 외교

박정희 대통령의 근대화, 경제건설의 목표는 필연적으로 한일 국교정상화로 이어지고 있다. 1964년 국회연설에서 박대통령은 "한일관계에 있어서는 극동에 있어서의 자유진영 상호 간의 결속의 강화로써 극동의 안정과 평화안정에 기여한다는 대국적 경제에 입각하여 동시에 양국 간의 선린관계의 수립이 상호 간 번영의 터전을 마련할 뿐만 아니라 현재 국제상황의 현실적인 요청임을 감안하며 정부는 현재 진행 중에 있는 한일회담을 조속히 타결하고자 초당적인 외교를 표준토록 할 것"이라고 하여 한일 관계 정상화 의지를 밝히고 있다. 현안으로 "어업문제에 관해서는 한국 연안에 있어서의 어업자원보호와 한국어민의 권익보호, 어업기술의 현대화를 꾀하는 방향으로 계속적인 노력"한다고 밝히고 있다.

한일 국교정상화는 한국 정부가 경제개발을 하는데 필요한 자금, 기술의 필요성 증가, 그리고 미국의 요청이 중요한 동기로 작동하였다. 미국은 한국에 대한 직접 지원보다 경제자립을 하도록 유도하는 정책을 펴면서 원조를 줄이고 있었다. 1957년 3억 3천만 달러로 최고치에 달했던 원조액은 이후 격감하여 1961년에 이르러 1억 9천만 달러로 줄어들게 된다. 원조의 형태도 무상원조에서 유상차관으로 바뀌며 경제발전과 자조경제를 촉구하는 쪽으로 변화한다(전재성 2004, 69). 미국은 한국에 대해 국방지원을 경제발전으로 이전하고, 한국의 경제발전 방향을 더욱 적극적으로 감소하고, 미국군의 역할을 감소할 것 등을 계획하고 있었다. 또한 개발원조를 다른 선진국과 공동 분담하는 것을 목표로 하여 케네디 행정부가 겪고 있는 재정사정 악화의 문제를 해결하고자 하였다.

한국은 한일 청구권 문제를 경제협력방식에 의해 해결하고자 하였고, 미국은 경제개발지원의 부담을 일본과 분담하려고 하였기 때문에 이 과정에서 한일 국교정상화가 시작된 것이다. 1964년 1월 29일 러스크 미 국무장관은 박정희 대통령과의 공동성명에서 미측은 한일 국교정상화와 관계없이 계속 대한 원조를 지속하며 한국 방위를 위해 적절한 수준의 주한 미군을 주둔할 것이라고 약속하고 있다. 브라운 주한미대사와 라이샤워 주일 미 대사는 협력하여 한일국교 정상화를 이루려는 의지를 굳게 가지고 있었다. 이후 1965년 5월 박정희-존슨 정상회담에서 한일 국교정상화를 둘러싼 최종의 합의가 이루어진다. 한국의 반공정권을 안정시키고 원조 부담을 줄이고자 했던 미국의 의도와, 급격히 성장한 독점자본의 해외진출을 시도하고 있던 일본의 욕구, 그리고 박정희 정권의 조국 근대화 전략이 이해관계를 같이 하면서 결국 한일 국교 정상화가 이루어진다.

박정희 대통령은 1965년 6월 23일 한일회담 타결에 즈음한 특별 담화문에서 "오늘의 국제정세는 우리로 하여금 과거 어느 때보다도 일본과의 국교정상화를 강력히 요구하고 있다"고 전제하고 우선 "공산주의와 싸워 이기기 위하여서는 우리와 손잡을 수 있고 벗이 될 수 있다면 누구하고라도 손을 잡아야"한다고 주장하고 있다. 일본과의 국교정상화에서 주된 이슈는 "호혜평등, 협동, 전진의 앞날을 다짐하는 기본관계의 설정이었고, 다음으로는 대일평화조약에 규정된 청구권문제, 한국연안의 어족자원보호와 100만어민의 장래를 보장하는 어업협정문제, 일본땅에 버려진 채 정당한 대우를 받지 못하고 있는 60만의 재일교포의 처우문제, 그리고 우리의 귀중한 문화재를 돌려받는 문제"였다고 설명하고 있다.

이 시기 한국의 외교정책의 주요 이슈 중의 하나는 베트남 파병이었다. 미국은 1961년 들어 1만 2천 명의 미군을 베트남에 파병하기 시작하여 결국 1973년에 이르기까지 베트남 전쟁에 개입하게 된다. 1964년 즈음하여 존슨 대통령은 많은 국가들의 참여를 독려하는 정책을 세우게 되고 동남아의 SEATO국가들과 한국, 대만의 참여를 촉구하게 된다. 한국은 1964년 11월 한국의 전투부대 파병의사를 전달한 바 있다. 그러나 미국은 비전투부대 파병만을 요구하다가 결국 동아시아의 안보를 하나의 단위로 보고 한국전투부대의 파병을 요구하게 된다. 1965년 5월 박정희-존슨 정상회담에서 한국군의 파병을 최종적으로 합의하게 된다. 한국은 표면적으로는 동아시아에서 공산 세력과 함께 싸운다는 명분을 내세웠지만, 주한 미군의 베트남 진출을 막아 한반도의 군사 공백을 방지하고, 한일 관계 정상화에서 약화될 수도 있는 한국의 입지를 강화하며, 미국의 경제지원을 계속 얻어가면서 베트남 파병에서 얻을 수 있는 경제적 이익도 극대화하려고 노력하였다.

박정희 대통령은 1965년 10월 12일 맹호부대 환송식 유시에서 "자유월남에서 공산침략을 막지 못한다면 우리는 멀지않은 장래에 동남아세아전체를 상실하게 될 것이며, 나아가서 우리 대한민국의 안전보장도 기약할 수 없다"고 전제하고, "월남전선과 우리의 휴전선이 직결되어 있다"고 주장하고 있다. 또한 1965년 10월 19일 1966년도 예산안 제출에 즈음한 시정연설문을 통해 "국제정세하에서 우리는 자유우방과의 정치적 경제적 유대를 강화하여 우선 우리 자신의 안전을 보장하여야 할 것"이라고 전제하고, "오늘날에 있어서 집단안전보장의 유지 없이는 개개국가의 안전보장을 기할 수 가 없는 것"이며, "우리는 대공투쟁을 계속하고 있는 월남을 지원하기 위해 우리의 국군을 파병하는 것이며, 이로써 월남의 안전보장과 자유를 회복하고, 나아가서 아세아제국의 반공결속과 세계평화를 유지하는 데 크게 기여할 것으로 확신하는 바"라고 논하고 있다.

3) 지역 다자외교 노력

1960년대 중반을 거치면서 이외에 중요한 외교전략으로 다자안보협력을 강화하고자 했던 노력을 들 수 있다. 한국 정부는 1966년 6월 21일 아시아·태평양지역 각료회의(ASPAC)를 서울에서 개최한다. 자유민주주의의 이념을 같이 하는 아시아, 태평양제국이 상호 유대와 협력을 위한 최초의 포괄적인 모임으로 설정하고, 궁극적인 목적은 호혜평등의 원칙에 입각하여 공동운명체적 의식을 가진 항구적인 협력기구를 설립이라고 밝히고 있다. 한국은 남베트남 국민의 자유와 독립을 수호하기 위한 노력을 지지하고 아시아의 안전과 평화를 위하여 우리가 월남에 국군을 파병하였고, 남베트남에서의 우리의 정책이 자유아시아 국가만이 아니라 세계 모든 나라와 여론에 의해 충분히 이해되고 지지될 수 있도록 계속 노력해야 될 것이라고 밝히고 있다. 또한 한국과 자유아시아의 안전을 위협하는 중국의 침략적 야망에 대한 경계를 더욱 철저히 하여야 함은 물론, UN을 비롯한 제반 국제기구에 있어서의 우리의 지위를 향상시키면서, 중립국가 또는 비동맹 국가들이 주동이 된 회의에서도 우리의 입장이 강화되도록 노력하여야 할 것이라고 하고 있다.

이러한 한국 정부의 노력은 동아시아에서 다자 안보기구가 없는 상황에서 미국에만 의존하는 안보구조를 보완하기 위해 이루어진 것이라고 볼 수 있다. 냉전이 지속되고 있었지만 베트남 전쟁이 격화되고 유럽 역시 양대 진영의 결속력이 약화되는 등 다양한 변화가 일어나고 있었다. 과거 이승만 대통령이 추구했던 태평양동맹은 좌절된 역사가 있고, 박정희 대통령은 악화되는 아시아 안보 환경에 대처하기 위해 이러나 노력을 기울인 것이다. 아시아 태평양 지역 각료회의에는 일본, 호주, 뉴질랜드, 태국, 대만, 필리핀, 말레이시아, 월남 등 9개국이 참여하고 라오스가 옵서버로 참여하고 있었는데, 결국 이 기구의 미래를 둘러싼 의견 차이로 약화되기에 이른다. 일본은 강력한 군사 기능을 보유하는 것을 반대한 반면, 미국의 닉슨 대통령은 군사적 기능이 더욱 강화된 다자기구를 원하고 있었기 때문이다(이상현 2010).

이후 한국은 1968년 11월 태평양에서도 NATO와 같은 집단 방위기구가 필요하다는 인식 하에 아시아태평양조약기구(APATO)의 신설을 제안하기에 이른다. 특히 1968년에 발생한 청와대 게릴라 습격사건과 푸에블로호 사건을 경험하면서 한국은 미국의 상이한 반응을 목격한 바 있고, 한국이 미국에 의존하지만 독자적인 방위 기제를 더욱 많이 가져야 함을 절감한 것이 중요한 동기로 작용했다. 1969년 박정희 대통령과 남베트남의 티우 대통령 간 정상회담 이후 공동성명서를 보면, "아시아 공산주의자들이 팽창주의와 침략 기도가 아시아, 태평양 지역의 평화와 안전 및 번영을 크게 위협하고 있다는 점"을 강조하면서, "이에 대처하기 위하여 양국의 반공 노력을 강화할 필요성을 강조하고, 자유아시아 국가가 그들의 공동 목적을 달성하기 위하여 결속을 더욱 강화함이 필요함을 강조"하고 있다. 또한 티우 대통령은 "아시아, 태평양 국가 간의 더욱 긴밀한 경제적, 사회적 및 문화적 협력을 증진시키기 위한 매우 건설적인 기구로 발진한 〈아스팍〉의 창설에 있어 박 대통령 각하가 취한 주도적 역할을 찬양"하면서 "양국 대통령은 긴밀한 지역 협력을 통하여 이와 같은 목표를 달성함에 있어서 〈아스팍〉의 활동이 강화되어야 한다는 데에 합의"한다고 언급하고 있다.

박정희 대통령은 일본과 대만이 참여한 상태에서 군사적 기능을 가진 기구를 만들고자 했지만, 미국이 점차 신중한 자세를 보임으로써 실현은 불가능해진다. 특히 미국은 일본과 오키나와 반환 협상을 벌이고 있던 때에서 일본에 압력을 가하는 것이 악영향을 미칠 것을 우려하고 있었다.

3. 동아시아 데탕트의 전개와 제4공화국의 지역외교전략

1) 동아시아 데탕트의 충격

1968년 미국에서 닉슨대통령이 당선되면서 동아시아는 지역질서에 큰 변화를 겪게 된다. 1969년 7월 25일 괌에서 새로운 아시아 전략을 발표하는데 이를 괌 독트린이라고 한다. 그 내용을 살펴보면, 첫째, 향후 미국은 베트남 전쟁과 같은 해외 군사적 개입을 금할 것, 둘째, 아시아 국가들과 조약에 명시된 미국의 의무를 지키지만 이들 국가가 강대국의 핵 위협을 받을 경우를 제외하고는 내란, 외부로부터의 침략에 대해 아시아 국가들 스스로 협력하여 대처해야 한다는 것, 셋째, 미국은 태평양 국가로서 지역에 중요한 역할을 지속할 것이지만, 군사적이며 직접적인 과잉 개입을 하지 않고, 아시아 국가들의 자주적인 정책을 지지할 것, 넷째, 아시아 국가들에 대한 원조는 경제적 원조를 중심으로 해나가며 다자협력을 강화하여 미국의 부담을 줄일 것, 다섯째, 아시아 국가들이 향후 5–10년 내에 상호안보를 위한 군사기구를 만들 것을 기대한다는 것 등이다.

이러한 변화는 지구정치와 동아시아 정치에 대한 닉슨 행정부의 시각에 기반한 것이었다. 1960년대 후반에 접어들면서 각 지역과 지구 전체에 걸쳐 냉전의 양상과 구조가 변화를 겪게 된다. 소련에 대한 미국의 압도적 우위가 점차 사라지게 되는데 군사적 측면을 보면 중요한 장거리 무기인 핵과 미사일 능력에서 소련에 대한 우위를 잃게 된다. 경제적 측면에서 미국의 세계 총생산 비중은 1960년 25.9%에서 1970년 23.0%로 감소하고, 금 보유고 역시 1950년 68%에서 1973년 27%로 급속히 줄어들게 된다. 구조적으로 1944년 성립되어 미국 패권체제를 뒷받침해 온 브레튼우즈 체제가 1970년대 초 소위 닉슨 쇼크와 함께 심각히 타격을 받게 된 것이다(전재성 2015, 12).

데탕트는 지구적 차원에서 유럽에서 먼저 시작되었다. 1960년대에 접어들면서 양 진영 간의 접근과 화해의 움직임이 있었는데, 무엇보다 프랑스의 드골 대통령은 공산진영에 접근하여 관계 발전을 도모하였다. 서독의 브란트 수상 역시 소위 동방정책을 추진하는 가운데 미국도 유럽의 데탕트 경향을 따를 수밖에 없게 되었다. 미국은 1956년의 수에즈 운하 사건을 겪으면서 동맹국인 영국, 프랑스와 이해관계로 충돌하는 모습을 보였다. 또한 드골이 이끄는 프랑스의 나토 탈퇴 등 유럽 동맹국들에 대한 지도력을 부분적으로 상실하게 되었다.

닉슨 행정부에 이르러 미국은 소위 "평화의 구조" 전략을 채택하여 새로운 국면에 대처하기 시작한다. 과거 미국과 소련이 양분하던 지구 정세가 미소 간 핵균형이 이루어지고, 동맹유지에 어려움이 점차 많아지는 한편, 3세계 정책에서 미국이 실패하고, 경제력도 약화됨에 따라 국제정세가 변화한 것이다. 소련과 중국은 중소 분쟁이 격화됨에 따라 관계가 악화되고, 북한 역시 중소 양국과 번갈아 갈등을 겪는 등 동맹국들과의 관계 악화를 경험하게 된다. 결국 세계는 미소 양대 체제에서 변화하여 5대 체제로 개편되는데, 중국, 일본, 유럽을 미소 양국의 중심 체제로 재편된다. 미국의 키신저는 1970년대의 세계체제가 다극체제로 변화되어 간다는 인식 하에 공산주의의 위협에 대처하는 것이 유일한 미국의 목적이 아니며 보다 복잡한 위협에 대응해야 한다고 생각하였다. 3세계의 갈등도 양대 진영 논리와는 다른 복잡한 양상을 띠어가고 있고, 공산권과의 대결이 군사적 대결을 넘어 다양한 이슈에서 다변화되어 가고 있다는 사실을 인식하였다(전재성 2005).

지구적 차원과 동아시아 차원의 변화는 같은 궤도에서 이루어지고 있었다. 유럽에서 시작된 데탕트가 동아시아에도 영향을 미치게 되는데, 동아시아의 경우는 미중소의 3각 구도가 형성되면서 유럽과 부분적 차이를 보였다. 미국은 중소대립이 가시화되고, 베트남에서 미국의 패퇴하는 상황 등에 접하면서 중국과의 관계 개선이 자국의 이익에 유리하다는 판단을 내리게 된다. 이에 미국은 아시아의 안보를 아시아인의 손에 맡긴다는 소위 "괌 독트린"을 발표하게 된 것이다. 이를 통해 아시아에서의 군사적 개입을 약화시키면서 미중화해를 추진해 나간다. 물론 기존의 동맹 관계를 수호하고 핵우산을 제공하는 공약을 제시했지만 핵공격이 아닌 상황에서의 아시아 국가 방어는 당사국에게 맡긴다는 전략을 내세웠다. 중국 역시 악화되고 있는 중소분쟁을 경험하면서 소련과의 대결국면에 대처해야 할 필요성에 접해있었다. 소위 "원교근공" 정책으로 문화대혁명으로 야기된 외교적 고립을 탈피하고 소련을 견제하기 위해 미국과 관계 개선을 추구하는 것이 불가피하다고 보았는데, 이는 소위 3개 세계론으로 연결된다(마상윤 2015; 이동률 2015).

2) 닉슨행정부의 새로운 동아시아 전략과 한국의 지역외교전략

한국은 새로운 미국의 동아시아 지역전략에 적응해야 할 난관에 부닺히게 된다. 우선 당면하게 된 문제는 미국의 오키나와 반환에서 비롯된 한미일 안보협력의 변화였다. 태평양 전쟁 종식 이후 미국은 오키나와에 대한 배타적 주권을 가지고 있었다. 1927년 반환할 때까지 27년간 일본의 영토를 소유한 것이며 1960년대 중반 이후부터 일본 내에서는 오키나와 반환을 둘러싼 강한 움직임이 있었다. 오키나와는 미국의 동아시아 군사전략의 핵심 지역이므로 반환교섭이 동아시아 안보에 어떠한 영향을 미칠 것인지가 중요한 문제였다. 특히 1969년 11월 닉슨-사토 정상회담까지의 시기 속에서 한국 안전보장에 어떠한 영향을 미치는지가 핵심과제였다.

미국은 1969년 4월 30일 NSC에서 일본정부의 주장대로 오키나와를 일본에 반환하며 핵무기 철수를 단행하기로 결정한다(윤덕민 1992, 123). 미국은 평화의 구조 전략, 혹은 데탕트 전략 하에서 아시아 냉전구조를 변화시키기로 결정한 바 있으며, 베트남 전쟁을 조기 종결하기로 마음먹었다. 오키나와 기지가 동아시아에서 중요한 요충지인 것은 사실이지만 한편으로는 일본과의 전략적 관계를 계속 유지할 필요가 있었고, 다른 한편으로는 베트남 전쟁이 종결되는 마당에 오키나와 기지의 사용에 집착할 필요가 줄어든 것이다. 또한 중국과의 화해를 모색하는 과정에서 중국과의 전면전 가능성이 줄어들었고, 대중국 견제기지로서의 오키나와의 의미도 상당히 감소한 것이었다.

일본의 사토정권은 1965년 등장 이래 오키나와 반환에 정권의 사활을 걸 정도로 이 문제를 중시하고 있었고, 일본 사회의 요구도 매우 강하게 진행되었다. 또한 1968년 11월 오키나와 첫 주석 선거에서 반환을 요구한 야당 후보가 승리하면서 여론은 더욱 반환으로 향하게 된다.

1970년 미일 안보조약의 연장을 앞두고 있던 닉슨 정권은 오키나와 반환을 본격적으로 고려하게 된 것이다.

오키나와 반환은 한국의 안보에 매우 중요한 변화를 가져올 수 있었다. 한미일 3국이 한국 유사시 어떠한 안보협력을 하게 될 것인가와 밀접한 관계를 가진 문제였기 때문이다. 애초 아이젠하워 정부는 미일안보조약이 개정되면서 미국의 행동이 제한될 것을 예상하였고 본토에서 주일지상군 철수를 추구하면서 해병대 1개 사단을 오키나와에 배치하고 동시에 중거리 탄도 미사일 기지를 건설하였다. 1960년 6월 신안보조약을 만들면서 미일 양국은 주일 미군의 자유행동을 제한하고 핵무기 배치, 부대 변경, 주일미군 작전 등에 관해 일본정부와 사전협의를 명시하게 되었다. 이후 오키나와의 주일미군은 한반도 유사시 한국을 지원하는 가장 중요한 기지가 된 것이다(윤덕민 1992, 127). 결국 오키나와 반환 이후 주일미군의 한국 지원은 미국과 일본의 협의결과에 따라 좌우되는 중요한 변화를 맞게 된 것이다. 만약 일본 내 한국 여론이 악화되어 주일미군의 한국 지원을 일본이 반대할 경우 한국으로서는 대북 억제력이 약화되는 어려움을 안게 되는 것이었다.

한국은 오키나와 기지가 한국 방어를 위해 원활히 사용될 수 있도록 보장 받고 미일 간 사전 협의에서 일본의 적극적 자세를 확보하는 것이 중요한 문제였다. 일본의 정책 결정과 상관없이 오키나와 기지의 병력과 물자를 공급받아야만 유사시 한국의 안보가 확보되기 때문이다. 미국은 푸에블로호 사건과 EC-121 격추사건을 거치면서 미국의 활동 자유에 대한 고려를 하기 시작하였고 일본과의 사전협의가 일본의 거부권을 보장하는 것이 되어서는 안 된다는 사실을 생각하게 된다. 닉슨-사토

정상회담에서 미일 양국은 오키나와 반환에 대한 문제를 해결하게 되는데 한국의 이익에 핵심부분은 소위 한국 조항이다. 사토 수상은 "한국의 안전은 일본 자신의 안전에 있어 긴요(essential)하다"고 명시한다. 또한 내셔널 프레스클럽 연설에서 한국이 공격받을 경우, 사전협의에 즈음하여 신속하고 전향적으로 태도를 정할 것이라고 약속하여 구체적 태도를 밝히게 된다(윤덕민 1992, 133).

일본은 한반도 유사시 가능하면 개입을 자제하고 자국의 안전을 보호하는 정책을 취해오고 있었다. 그러나 북한의 공격을 억제해야 할 필요성도 느끼고 있었다. 일본의 한국조항은 북한을 억제하면서도 오키나와를 반환받는 이중의 이익을 줄 수 있었기 때문에 일본을 위해서도 유익한 결정이었다고 할 수 있다. 한국은 데탕트 국면에서 주일미군의 즉각적 지지를 확보하고 오키나와 기지의 자유로운 운용을 위해 외교적 노력을 기울였다.

박정희 대통령은 미국의 괌 독트린 선언 이후 미국을 방문하여 충격을 최소화하는 노력을 기울였다. 방미 시 닉슨 대통령 주최 만찬회 답사(1969. 8. 21)에도 이러한 노력이 드러나 있다. 박대통령은 "닉슨 대통령께서 주창하신 새로운 아시아 정책은, 바로 이러한 아시아의 자립정신을 강조하신 것"이라고 전제사면서 "아시아는 아시아의 손으로, 그러나 미국은 아시아를 저버리지 않으며, 아시아, 태평양 지역의 열강으로서 이 지역에 머물러 지역 자체의 자주적 노력에 협조하고, 아시아제국에 대한 공약을 계속 지켜나가겠다는 각하의 이념에, 본인은 전폭적인 공명과 지지를 드리는 바"라고 하여 미국의 지속적 관여를 간접적으로 강조하고 있다. 또한 "각하의 이 이념은, 아시아인이 할 자체적 임무와 미국이 담당할 지역적 협조를 강조한 것으로 생각하며, 이것이 아시아의 자립을 촉구하고, 차원 높은 협조로서 새로운 지역적 복지를 이룩할 수 있을 것을 확신"하며 "아시아의 자체적 임무와 협조가 지역 사정에 알맞은 균형 잡힌 발휘를 하게 될 때, 아시아는 안정과 발전을 이룩할 것이며, 그렇지 못하고 균형을 잃은 그 어느 한 쪽의 부족한 노력은, 아시아의 새로운 불안과 위협을 초래케 되리라는 것을, 우리 아시아인과 미국인은 깊이 명심해야" 한다고 함으로써 역시 미국의 정책에 대한 생각의 일단을 보이고 있다. 특히 균형 잡힌 발휘라는 어구에서 아시아인의 노력과 미국의 새로운 정책 간의 조화가 중요함을 강조하고 있다. 박대통령은 또한 "솔직히 말해서, 본인은 경험으로서는 공산주의자들에게 있어서 진정한 의미의 평화란 존재하지 않으며, 그들의 평화란 항상 보다 큰 침략을 준비하기 위한 가장된 평화에 불과한 것"이라고 주장하며 "공산주의자들에 대해서는, 오직 우월한 힘의 과시로서 그들 스스로가 무익한 침략을 단념하도록 하는 것만이, 평화를 되찾는 첩경"이라고 하면서 미국의 인식을 새롭게 요구하고 있다.

결국 1969년 8월 22일 한미 정상은 공동성명서를 발표한다. 여기서 양국은 "아시아의 대부분의 나라들의 국력이 증강되고 번영도가 높아져 가고 있는 것이 현저한 새로운 시대가 아시아에 전개되고 있다는데 의견을 같이"하면서, "지역 내에 현존하는 아주·태평양 지역 협력 기구와 조직을 강화시키는 것이 소망스럽다는데 합의"하게 된다. 대북 전략에 관해서는 "한·미 상호 방위 조약에 의거하여 대한민국에 대한 무력 공격에 대응할 양국 정부의 굳은 결의를 재확인"한다고 명시하였다. 또한 미국은 "대한민국의 과학과 공업의 가일층 발전을 위하여 미국 정부는 한국에 대한 기술 협력을 계속 제공할 용의가 있음을 확인"하고, "양국 대통령은 미국의 대한 민간 투자와 한미 양국의 기업 간의 합작 투자가 상호 간에 이로운 것임을 확인"함으로써 미국의 경제 지원도 강화하고자 노력하였다. 박대통령은 베트남 전쟁에서 한국의 역할을 강조하여 미국과의 안보협력을 재조명하고자 했으며, "월남전에서 다져진 양국 간의 깊은 상호 우의를 유지하여 감에 있어서, 양국 정부 간의 관계를 특정 지었던 긴밀한 협력을 앞으로도 계속하여 나갈 것을 상호 다짐"하여 양국 간 협력을 지속하고자 노력하고 있다.

이 시기 박정희 대통령의 상황인식은 매우 긴박하였다는 것을 알 수 있다. 박대통령은 1969년 6월 22일 재미교포 조찬회 연설에서 "내년 즉 70년, 그리고 71년 소위 우리가 말하는 70년대 전반기에는 비단 한국뿐만 아니라, 아시아 전체에 있어서도 여러 가지 정세의 변화가 올 것"이라고 예상하면서, 특히 "우리나라 입장에 있어서는 이 70년대 초엽은 대단히 중요한 시기이며, 우리가 대치하고 있는 북한 공산주의자들이 70년대의 초기를 남한에 대한 무력 통일의 시기로 결정하고, 지난 10여 년 동안 전쟁 준비를 하고 있다는 것"을 강조하고 있다.

3) 미중 데탕트와 한국 외교전략

미국의 동아시아 전략 변화는 미중 데탕트로 직접적인 변화를 가져왔다. 그간 미국의 적성국이던 중국과의 화해는 북한의 위협에 접하고 있던 한국으로서는 큰 위협으로 다가왔다. 더욱이 미중 화해 속에서 남북 간의 화해, 협력을 요구하는 양국의 정책 변화에 접해 한국은 매우 당혹스러운 처지에 놓이게 된다. 미국은 중소 갈등이 심화되는 가운데 중국과의 화해를 통해 소련을 견제하고 소련과는 전략무기 협정 등 군사적 균형을 도모하고자 하였다. 중국 역시 중소 분쟁 속에서 원교근공의 정책으로 미국과의 관계 개선을 도모하는 한편, 문화대혁명의 문제를 해결하고 마오쩌둥의 국내정권을 강화하기 위해 데탕트 국면을 활용하고자 했다.

미중 양국은 1970년 1월 20일과 2월 20일 두 차례에 걸쳐 대사급 회담을 바르샤바에서 개최하여 고위급 특사 파견에 합의하게 된다. 이후 1971년 7월 9일 키신저가 특사자격으로 중국을 비밀리에 방중하여 7월 9일 6시간이 넘는 회담을 주은래와 하게 된다. 여기서 키신저는 중국이 미국의 핵심이익을 해치지 않으며 넓은 시각에서 강대국 관계를 재설정하고자 하는 메시지를 전달하게 된다. 키신저는 7개 회담을 주제를 제안하는데 이는 대만 문제, 인도차이나문제, 소련·일본 등 주요국과의 관계, 남아시아문제, 양국 간 연락채널 확보, 군비통제, 그리고 기타 중국이 원하는 주제였다(마상윤 2014, 325).

여기서 중국의 최대 관심사는 대만으로 미국이 중국을 유일한 정부로 인정하고 미국–대만 1954년 방위조약도 인정할 수 없으며, 미국이 대만과 대만해협으로부터 군병력 및 군장비, 시설을 철수시킬 것을 요구하였다. 키신저는 베트남 전쟁 종결 이후 대만 방위에 필요한 병력 2/3만 남기고 철수하며 중국 승인을 약속하였다. 또한 주은래는 동아시아에서 미군이 철수한 이후 일본의 재무장에 대해 염려하고 있는데 키신저는 미일 동맹이 이를 막는 역할을 할 것이라고 논의하고 있다. 한국문제에 관해서는 한미 양국의 공격 가능성에 불안을 느끼고 있는 북한의 입장을 대변하면서 주한미군 철수에 관한 키신저의 견해를 확인하고자 하였다. 키신저는 주한미군 철수의 가능성을 논하면서 군사적 공백을 일본이 메우지 않을 것이라는 확신을 주은래에게 전달하였다. 키신저는 10월 20일부터 26일까지 다시 베이징을 방문하여 대만, 인도차이나, 한국, 일본, 남아시아, 미소관계 등 6가지 주제로 회담하였다.

이러한 상황은 한반도의 분단구조에도 직접적인 영향을 미치게 된다. 미중은 한반도에서 남북한을 상호 자제시키기로 합의하고, 남북대화가 지속되도록 하며, 한반도에서의 화해를 후원한다고 합의하였다. 또한 미국은 주한미군의 대부분을 철수시킬 의사가 있음을 표명하고 일본에 의해 한국 안보를 대체하지 않겠다고 약속하였다. 그러나 주한미군이 철수 규모, 한미일 군사훈련 중지, 대한 무기제공 금지 등에 대해 미국이 반대의사를 표명하였고, 통일방안에서도 미국은 한국의 점진적 방안을 지지한 반면, 중국은 북한의 자주, 연방제 통일안을 논의하였다(조동준 2015).

이후 1972년 2월 21일 닉슨 대통령이 베이징을 방문하여 마오와 정상회담을 하게 된다. 여기서 소련에 대한 경계심, 대만 문제 해결 가능성, 베트남전 종식 및 인도차이나에서 미군 철수, 일본 문제 등이 논의되었다. 결국 하나의 중국 원칙을 받아들이는 대신 대만 문제의 해결은 미루는 논의로 귀결되었고, 1972년 2월 27일 상하이 커뮤니케가 발표되었다. 여기서 미중 간 관계정상화, 군사적 분쟁 위험 감소, 패권 불추구 등이 명시되었다.

한국으로서는 이러한 미중 관계 변화가 큰 위협으로 다가왔다. 한국은 이 시기 북한의 위협을 더욱 강하게 느끼고 있었다. 닉슨 대통령은 주한 미군 7사단의 철수를 공표하였고, 6만 1천 명에 달하는 미군 중 2만 명이 철수하게 된다. 박대통령의 상황인식을 보면, 북한은 "70년대 초반을 무력 적화 통일의 결정적 시기로 삼고 전쟁준비에 광분해 온 그들은, 최근에 와서 주한 미군의 감축 문제가 거론되기 시작하자, 이를 부채질함으로써 대한민국의 방위력의 약화를 꾀하고, 나아가서는 무력 남침의 기회를 포착"하고자 한다고 보고 있었다(1970.10.1. 국군의 날 연설). 이러한 상황에서 한국은 자주국방역량 강화를 주된 과제로 보고 있다. 박대통령은 방위 산업의 육성, 군 편제의 개편, 동원 체제의 재정비, 국군의 장비 현대화 등의 노력에 주력하였다. 더불어 외교면에서도 다변외교의 발판 확장에 주력하였다. 1960년대 초 17개였던 공관이 1970년에 들어 65개로 증가하고 유럽, 미주, 중동, 아프리카, 남미, 동남아시아 지역으로 외교망을 확대하는데 노력한 것이다. 외교의 내용 역시 경제 외교 또는 실리 외교, 통일 외교 기반 구축 외교 등으로 다양화하고자 하였다(1971.1.11. 박정희 대통령 연두 기자회견).

데탕트에 대한 한국의 위기의식은 1972년에 접어들면서 더욱 가중되고 있다. 박대통령은 "확실히 지금 국제적으로는 평화니 긴장 완화니 하는 이러한 바람이 불고 있는 것만은 사실"이지만, "우리가 여기에서 경계를 해야 될 것은, 국제 사회에 있어서 어떤 새로운 조류, 또는 이런 바람이 불 때에는 흔히 그 어떠한 사각적인 한 모퉁이에 있어서는, 예기치 않던 국지풍이 부는 수"가 있으며, "최근에만 하더라도 인도, 파키스탄의 전쟁 같은 것에서도 우리는 직접 보고 있는 것"이라고 강조하고 있다(1972.1.11. 연두 기자회견).

그러나 미중 화해라는 변화는 남북 간의 7·4공동성명을 이끄는 주된 동인이 된다. 1972년 7월 4일 남북은 자주, 평화, 민족대단결을 통일의 3대 원칙으로 천명하는 공동성명을 발표한다. 한국의 이후락 중앙정보부장과 박성철 부수상은 두 차례에 걸쳐 회의를 열고 남북조절위원회 설치, 기타 위원회, 합의내용의 공개 문제 등을 협의하고 향후 남북대화를 열어가기로 한다.

이러한 움직임은 이전부터 미미하게나마 존재하였다. 1970년 8월 15일, 박정희대통령은 광복절 제25주년 경축사에서 "더 이상 북한동포의 민생을 희생시키는 전쟁준비에 광분하는 죄악을 범하지 말고 보다 선의의 경쟁, 즉 민주주의와 공산독재의 그 어느 체제가 국민을 더 잘 살게 할 수 있으며, 더 잘 살 수 있는 여건을 가진 사회인가를 입증하는 개발과 건설과 창조의 경쟁에 나설 용의가 없는가 하는 것을 묻고 싶다"고 북한에 제의하였다. 즉, 한국이 북한에 대하여 개발과 건설과 창조의 경쟁을 공식적으로 제의한 것은 북한을 대화와 교섭과 공존과 통일논의 및 합의의 상대로 받아들인다는 것을 천명한 것으로 한국의 통일정책의 일정한 변화를 의미하였다.

그러나 7·4남북공동성명이 한국의 대북 경계심을 완전히 늦춘 것은 아니었다. 한국은 여전히 북한의 남침 가능성을 경계하고 있었고 남북회담을 한국 국방의 내실화 시기로 인식하고 있었다. 박정희 대통령은 "국내 정세에도 국제 정세 못지않은 큰 변화"가 있었다고 보면서, "변화의 본질은 한 마디로 7·4남북공동성명과 남북 적십자 본회담을 계기로 남북 간에 대화의 길을 틈으로써 새로운 민족사의 서장을 마련하는 것이었고, 이 남북 대화를 더욱 폭넓게 추진하기 위한 우리 체제의 내실화를 이룩하는 것"이었다고 규정하고 있다. 핵심은 "이러한 내실화 작업의 일환으로 북한 공산주의자들이 어떠한 형태의 공격을 가해 오더라도 이를 단호히 물리칠 수 있는 자주 국방의 기틀을 더욱 공고히 하였으며, 또한 그들의 평화 선전에도 즉각 대처할 수 있는 선제 기능을 갖추기 위해서 총력안보 체제 확립에 힘"을 기울이는 것이라는 것이다(1972.9.2. 1973년도 예산안 제출에 즈음한 시정연설문).

결국 남북 회담은 오래 가지 못하고 이듬해에 들어서면서 곧 중단되게 되는데, 이는 동북아 국제체제변수가 남북 간의 관계 변수, 그리고 남과 북의 대전략과 내부정치변수를 압도하지 못했기 때문이다. 남북회담이 성사된 지 1년여 만에 남과 북은 서로의 태도를 비판하면서 다시 긴장국면으로 회귀한다. 북한은 1973년 8월 28일 남북조절위원회의 평양 측 공동위원장 김영주의 이름으로 남북대화 중단을 선언하면서 한국이 합의된 원칙에 배치된 행동을 하고 대결과 경쟁을 조장했다고 비판한다(하영선 2015).

셋째, 이 과정에서 남북은 모두 미중과 밀접한 관계를 가지고 있었다. 한국은 닉슨 독트린 이후 미국과의 관계 강화가 매우 중요하다고 생각하고 있었고, 군사지원을 받기 위해 노력하였다. 중국 역시 북한과의 동맹관계 속에서 북한이 원하는 한반도 평화체제 및 대남 정책을 대미 정책에 반영하고자 노력하였다. 그럼에도 불구하고, 1973년 말이 되면 남북관계의 관계 악화를 미중이 막지는 못하는데, 남북의 화해의 조건이 마련되지 않으면 주변국의 노력 또한 한계가 있다는 사실을 보여준다. 남과 북은 각각 자신 위주의 통일을 주장하고 있었고, 팽팽한 군사적 균형 상태를 보이고 있었다. 김일성은 이후 밝혀진 문서들에 따르면 남북 간의 미니 데탕트를 대남 적화 전략의 일환으로 파악하고 있었고, 베트남 패망 이후 국제혁명 역량이 강화되는 국면으로 인식하였다.

결국 미중 양국은 강대국 간 관계에서 화해, 협력을 통한 현상유지를 도모하였던 데 비해, 남북 양측은 여전히 안보딜레마와 공격적 전략을 가지고 있었다. 이러한 전략적 관점의 차이가 존재하는 와중에 남북 관계가 부분적으로 개선되었다 하더라도 본질적인 충돌을 피하기는 어려웠다.

IV. 1980년대 신냉전과 냉전의 종식: 제5공화국과 제6공화국의 한국 지역외교전략

1. 1980년대 신냉전과 5공화국의 외교전략

5공화국의 대북 정책 환경은 국제정세의 큰 틀에서 지속된 냉전이라는 점에서 연속성이 있지만 1970년대와는 차이를 보인다. 또한 국내정세 박정희 대통령의 장기집권 이래 새로운 정부가 들어섰다는 점에서도 변화요인이 발생하였다. 큰 틀에서 냉전이 지속되고 있었지만, 카터행정부가 레이건행정부로 대체되고 나서 미국의 세계전략 및 동아시아 전략은 큰 변화를 겪게 되었다. 힘을 통한 리더십보다는 도덕과 인권을 중시한 카터행정부에 비해 레이건 행정부는 힘을 통한 평화를 추진하였고 소련에 대한 강경한 현실주의 정책을 추진하게 된다. 1979년 12월 24일 소련의 아프가니스탄 침공 이후 미국은 강력한 군사력 건설을 추진하게 되는데 유례없는 국방비 증가와 새로운 군사기술 확보에 노력하게 된다.

레이건 대통령은 미국의 일방적인 양보에 의한 소련과의 데탕트를 반대하고 미국에 대한 소련의 군사적 우위를 용납하지 않을 것과 소련에 대한 미국의 군사적 우위를 다시 회복하고 자유제국들에 대한 미국의 영도권을 다시 확립할 것을 선언하였다. 레이건 행정부는 획기적인 군비증강 5개년 계획을 수립하고 이전의 행정부들에 의하여 중단·포기되었던 MX미사일과 B-1폭격기 등을 다시 개발·생산하고, 1983년 3월에는 전략방위계획(SDI)을 선언하였으며, 1983년 12월부터는 1979년 12월 NATO회원국들 간에 합의되었던 대로 중거리미사일인 퍼싱 II와 크루즈미사일 서유럽에 배치하기 시작하였다. 또한 레이건 대통령은 서방국가들뿐만 아니라 중국 같은 공산국가와 여러 제3세계국가들과 반소제휴체제를 구축하려 하였다.

레이건 대통령의 이러한 반소정책은 소련의 군비정책과 팽창주의를 완화·중단시키지 못하였고, 소련의 강한 반발과 격렬한 반미정책을 유발하여 미소 간의 불신과 대결이 심화되었고, 미소 간의 군비경쟁이 더욱 치열해졌으며 1983년 12월부터 1984년 말까지 미소 간의 군축교섭이 모두 중단되었다. 따라서 미소 관계는 신냉전이라는 새로운 용어로 표현될 만큼 극도로 긴장, 악화되었다.

1970년대 말부터 1980년대 중반까지 보였던 미소 간 신냉전기의 국제정치의 구조와 특성은 대략 다음과 같다. 첫째, 냉전이 미소 간 및 동서 간의 현상이었던데 반하여 신냉전은 자유국가들과 공산국가들 간의 현상이 아니라 주로 미소 간의 현상이며 또한 이데올로기보다 각국의 국가이익을 중요한 기반으로 하여 형성된 친미·반소세력들과 친소·반미 세력들 간의 경쟁·적대현상이었다.

둘째, 데탕트기의 국제정치의 다원화현상은 신냉전기에도 지속되었다. 소련의 팽창주의정책에 의하여 위협을 느끼고 있던 서유럽국가 등 자유국가들과 중국 및 여타 제3세계국가들이 미국의 반소정책을 기본적으로 지지하던가 동조·협력하기는 하였지만 미국의 반소정책에 적극적으로 동조, 추종하지는 않았다. 특히 중국은 1970년대 초부터 1980년대 초까지 미국과의 반소연합전선 구축을 제창하였으나 1982년부터는 "독립자유외교"를 표방하면서 미소에 대한 등거리정책을 추구하였다. 그리고 비동맹국가들 역시 미소 어느 한편과 제휴하는 것을 반대하였다.

셋째, 미국과 소련이 각각 자기진영의 결속을 강화하고 자기 진영 내 국가들에 대한 영향력 내지 지배권을 강화하려 하였으나 진영의 개념은 여전히 약하고 미·소의 지배권은 계속 제한된 것이었으며 대부분의 국가들이 자국의 국가이익을 우선적으로 추구하였다. 따라서 미국과 소련은 그들의 정책에 대한 자기진영국가들의 동조와 협력을 지시·강요하기보다 이해의 조정과 설득을 통하여 확보하려 하였다. 이와 같이 신냉전기의 국제정치의 구조와 특성은 냉전기의 것으로의 복귀가 아니었고 또한 데탕트기의 것과 전연 다른 새로운 것도 아니었다. 즉, 미국과 소련이 여전히 세계의 두 초강대국들인 것은 사실이었지만 새로운 세력들이 등장·강화되고 있었고, 미소 간의 관계를 비롯한 국제정치는 이데올로기에 의하여 계속 강한 영향을 받으면서도 국가들 간의 우적관계 형성에 있어서 국가이익이 더욱 중요한 요소가 되었다.

신냉전의 분위기는 동아시아 국제정치와 한국외교환경에도 많은 영향을 미쳤다. 첫째, 미국은 동아시아에서 동맹을 강화하는 전략을 추진하여, 그간 많은 문제가 발생했던 한미동맹관계를 복원하기 위해 노력한다. 전두환 대통령은 1981년 시정연설에서 "한반도 문제와 밀접한 관계가 있는 미국, 일본, 중국 등 3국의 지도세력교체가 거의 비슷한 시기에 나타나고 있어 이것이 우리 문제에 어떤 변수로 작용할 것인지 일단의 관심사"라고 말하면서 "신뢰할 수 있는 동맹국의 존재는 자주외교와 자주국방의 내실을 더욱 튼튼히 해주는 것으로서 우리는 최대의 역점을 두고 이 문제에 주의를 기울여야 할 것"이라고 언급하고 있다. 특히 "한미 간의 협력관계는 이제 단순한 군사동맹의 차원을 넘어 경제, 문화 등 모든 분야에 깊이 뿌리를 내리고"있다고 보고, "두 나라의 관계를 보다 확고하게 강화하고 발전시켜 나갈 것"을 강조하고 있다. 또한 한일 관계에서도 "보다 새로운 안목에서 상호협력관계가 정립"하는 것을 목표로, "문화적 전통이나 경제관계 그리고 안보의 차원에서 매우 밀접한 관계를 이미 맺고" 있으며 "불행했던 과거의 경험을 교훈으로 삼아 상호존중과 이해의 바탕 위에서 미래의 발전을 위해 공동 노력하는 명실상부한 인접우방"이 되어야 한다고 논하고 있다.

전두환 대통령은 1981년 2월 2일 방미하여 정상회담을 통해 한미관계를 공고화하기 위해 노력한다. 전 대통령은 레이건 대통령을 "레이건 대통령은 자기의 이념과 공약을 반드시 실천할 수 있는 위대한 정치인이며, 또 역사적인 상황과 미국의 좌표를 확연히기 인식하고 있는 대권력가"라고 치켜세운다. 또한 주한 미군의 존재를 불가결한 것이라고 언급하는데, "주한미군 3만 9천 명의 주둔은 한반도 안정을 유지할 뿐 아니라 한반도 안정의 유지는 동북아시아와 세계평화를 위해 매우 중요하며, 한국의 생존뿐 아니라 미국, 일본을 방어하는 전초기지 역할을 한다고" 설명한다. 또한 "주한미군은 소련의 팽창주의를 막고 소련이 북한을 사주해 전쟁도발을 할 가능성을 사전에 억제하는 전략적 역할"을 한다고 인정한다. 결국 "미군은 한반도를 둘러싼 4대 강국 간에 견제역할과 소련팽창주의의 억제에 중요한 역할"을 한다고 결론짓고 있다(1981.2.3. 방미 중 내셔널 프레스클럽 연설문).

이후 1982년 1월 11일 국교정상화 이후 최초로 한일정상회담도 개최하여 한미일 안보공조의 틀을 만들어낸다. 전 대통령은 일본에 대해 우호적인 인식을 가지고 협력을 추진하고 있었는데, "한일양국은 지리적으로 인접국가일 뿐 아니라 동북아가 처한 지역안보문제 및 경제협력 등 제 분야에서 긴밀한 우호관계가 필요"하다고 논하고 있다. 그리고 "동북아의 평화와 번영 그리고 국제사회의 상호의존성에 비추어 볼 때 한일양국은 우호와 협력을 바탕으로 하여 상호발전에 보완적 역할을 담당해야 할 위치"에 있다고 강조하고 있다. 일본의 국방력 강화에 대해서도 긍정적 인식을 보인다. "한반도의 긴장, 소련의 동남아 및 태평양지역 진출, 동남아의 미묘한 세력 균형을 감안하고 특히 일본이 처해 있는 북방 사도의 직접적인 문제들을 생각할 때, 이제 일본도 한미 간의 공통된 지역안보관을 현실적으로 받아 들여 정책의 조정을 고려할 시기에 왔다"고 언급하고 있다. 또한 "일본이 자국의 방위를 위한 국방력 증강은 물론, 이 지역의 평화 및 선박의 자유항행을 유지하기 위해서도 국방력 강화가 필요한 것"으로 믿으며, "특히 일본의 해군력 강화와 대공경계의 강화는 한국군과 주한미군의 지역안보체제를 보완할 것이라고 생각"한다고 하여 일본의 국방력 강화에 상당히 긍정적인 인식을 보이고 있다(1981.6.2. 일본시사통신과의 회견).

이러한 변화는 1970년대 초 데탕트와 1970년대 중후반 이후 데탕트의 퇴조 분위기와는 또 다른 국제환경이라고 할 수 있다. 동아시아 주요국에서 대부분 새로운 지도자가 출현하게 되는데 한미일 협력과 북중소 협력의 틀이 갖추어진다. 그런 와중에서도 부분적인 관계 개선의 새로운 틀이 마련되기도 한다. 미중 관계는 지속적으로 협력 분위기를 보였고, 한국은 간헐적으로 중국 및 소련과 경제관계 개시 등의 움직임을 보였다. 일본 역시 북한과 교류를 지속하였고, 미국도 1984년 이후 관계 개선의 징후를 보이기도 하였다. 1985년 소련의 고르바초프 등장은 이러한 협력 분위기를 더욱 가속화시킨 사건이었다. 결국 미소 간의 지구적 차원의 대결, 양자 간의 신냉전 분위기가 형성되는 가운데, 동아시아의 소위 남방 3각 협력과 북방 3각 협력이 기본 축으로 자리 잡았으나 그 가운데에서도 중국의 개혁 개방 정책, 양대 진영 간의 개별적 화해의 움직임이 보이고 있는 시기였다고 할 수 있다.

둘째, 남북 간의 힘의 균형의 변화가 본격적으로 등장한 시기였다. 1970년대 중반 이후 남북 간의 경제, 군사력의 균형이 변화하여 한국이 점차 우위에 서는 경향이 뚜렷해졌다. 한국은 박정희 정부 시기 경제발전계획이 성공을 거두어 북한을 압도하는 위치에 올라선 반면, 북한은 경제성장이 둔화하여 부분적으로 대외개방을 모색하는 단계에 접어들게 된다. 또한 군사력 부분에서도 한국의 국방비 및 군사기술 빌진이 북한을 앞서기 시작하였다. 이러한 힘의 균형 변화는 한미 동맹의 강화로 더욱 강화되는데 미국은 한국의 대북 안보전략을 강력히 지지하는 선언을 수차례에 걸쳐서 하게 되고, 레이건 대통령은 1983년 11월 12일 방한 시 아웅산 사태를 강력히 비난하고 한국 방위를 천명하는 등 강력한 대한 정책을 지지하였다. 힘의 균형 변화는 남북 간의 전략 변화를 수반하게 되어 1970년대와는 다른 양상을 보이게 되었다.

셋째, 1970년대까지 남북 대화의 주요 의제가 변화하는 모습을 보이게 된다. 전두환 정부는 신냉전에서 유리해진 국제환경 및 동맹 강화라는 요인, 그리고 남북 간의 경제력, 군사력 균형의 우호적 변화라는 요인을 최대한 활용하면서 의제설정에서 공세적 모습을 보일 수 있었던 대북 전략의 시작이라고 평가할 수 있다. 박정희 대통령은 소위 미니데탕트 시기에 남북 화해, 협력을 위한 노력을 기울이기는 하였으나 여전히 북한의 대남 전략을 경계하고 있었다. 더구나 닉슨독트린을 기점으로 미국의 군사적 지지가 퇴조하고 카터행정부의 주한미군 철수 움직임이 강해지면서 한국은 수세성이 강한 대북 전략을 추진할 수밖에 없었다. 북한은 1964년 2월 북한의 혁명역량, 한국의 혁명역량, 국제적 혁명역량의 3대 혁명역량의 틀에서 대남 전략을 구사하고 있었고, 이는 데탕트 시기에도 지속되었다. 1970년대 중반이 지나면서 남북 관계는 다시 악화되었고, 남과 북의 전략적 대결은 한층 치열해졌다. 박정희 정부는 남북한 상호불가침 협정을 제의한 반면, 북한은 자주적 통일과 조미평화협정 체결을 주장하면서 두 개의 조선 반대 주장을 반복하였다. 한국은 선평화 후통일을 주장하면서 평화통일 3대 원칙(1974년 8·15경축사), 북한 사회 개방, 당사자 해결원칙, 남북한 경제협력기구 구성, 그리고 남북한과 미국 간 3자 회담(1979년 7월 박정희–카터 공동성명) 등을 주장하였다. 북한은 이에 대해 대민족회의 개최, 남한 사회의 민주화, 주한미군철수 등을 주장하였다. 1980년대에 들어와서는 통일과 평화 간의 의제 각축, 당사자 간 협의 대 북미 평화협정 등의 의제 대립이 보다 다원화되면서, 경제협력, 남북정상회담, 3자회담, 적십자회담, 이산가족 상봉, 수재물자 제의, 올림픽 공동 개최 등 다양한 의제가 다루어지게 되었다. 남과 북은 자신에게 유리한 의제를 설정하여 협상을 이끌기 위해 보다 다원화된 사회변화에 맞는 전략을 강구한 것이다.

넷째, 남북 모두 정권 교체가 본격화되면서 국내정치 변수가 강화되었다. 한국의 전두환 정부는 18년 동안 통치한 박정희 정부를 대체하면서 5공화국을 출범시켰는데, 쿠데타로 집권한 정권이기 때문에 국내 정당성이 약했다. 전두환 정권은 경제정책, 외교전략, 대북전략에서 성과를 축적하고자 했고 이는 국제정세 및 남북한 세력균형 변화와 더불어 한국이 공세적인 대북 전략을 추구하는 발판이 되었다. 북한 역시 김일성의 통치 하에 있었지만 김정일로의 권력 승계가 시작되고 있었다. 북한 주민들이 김정일 승계를 확인할 수 있었던 시점은 1973년 9월 노동당 제5기 7차 중앙위 전체 회의에서 당비서국의 조직선전선동담당비서로 등용되면서부터였다(김인수 1985, 8). 이후 김정일은 3대혁명수행 속도전, 3대혁명 붉은기쟁취운동 등을 벌여 승계체제를 확고히 하고자 하였다. 김일성은 1980년 10월 10일부터 14일까지 진행된 노동당 제6차 대회에서 김정일 승계를 공식화하였다. 김정일은 당시 김일성이 사망하면 권력투쟁의 발발 가능성을 염려해야 했고, 따라서 대남 전략에서 일정한 성과를 거두어야 하는 상황이었다. 중국과 소련 모두 한반도 전쟁 재발을 원치 않고, 안정을 추구하는 상황에서 북한은 한편으로는 강력한 도발을 하면서 다른 한편으로는 평화적 방법에 의한 대남 전략을 추구해야 하는 입장에 놓이게 된다. 김정일은 1982년 7월 대남공작5인위원회를 신설했고 9월과 10월에는 제2의 광주사태를 목표로 도시 소요를 일으킬 계획을 세운 것으로 알려졌다. 또한 도발의 형태도 직접적인 대남 도발 보다는 아웅산 사태나 1987년 대한항공 폭파와 같이 명백히 북한을 지목하기 어렵거나 제3국에서의 테러라는 새로운 형태로 귀결되었다(김인수 1985, 23).

1987년 11월 29일 대한항공 858편 여객기가 공중에서 폭파되어 115명이 사망하였다. 한국은 당시 이 사건이 북한 김정일 당비서계 공작기관의 소행이라고 추정하였고 한국의 대통령 선거 기간 중의 테러가 호기로 판단되었을 것이라는 점, 한국의 국력이 향상되는데 대한 불안을 느꼈을 것이라는 점, 서울올림픽의 성공적 개최를 방해하려 했을 것이라는 점을 강조하였다. 이러한 상황에서 5공화국의 대북 전략은 결국 성과를 거두지 못하고 종식되게 된다. 북한 역시 공허한 제안들, 북남연석회의 소집 등을 제안하는 등의 모습을 보인다.

5공화국의 대북 정책은 남북 간의 세력균형의 변화, 신냉전기 한미일 안보협력의 공고화 및 한국의 군사력 강화, 그리고 취약한 정권의 국내 정당성 만회 노력 등이 합쳐져서 북한에 대해 이전보다 공세적인 대화 제의를 하고 전략을 추구하였다. 세계적 차원의 냉전이 지속되는 동안 마지막 행정부였던 전두환 정부의 대북 전략을 한계를 가질 수밖에 없었다. 여전히 이데올로기적 대립이 강하였고, 남과 북은 자신 중심의 통일을 위해 군사력과 외교의 총력을 기울이는 모습을 보였다. 결국 냉전의 종식 상황에서 노태우 대통령의 6공화국이 북방정책으로 새로운 전기를 마련하려고 하는 국면을 맞이하게 된다.

2. 동아시아 냉전의 종식과 제6공화국의 북방정책

노태우 정부의 북방정책은 제2차 세계대전 이후 전 세계의 국제정치를 규정했던 미소 간의 양극체제 혹은 냉전이라는 거대한 구조가 허물어져 가는 과정에서 만들어진 정책이었다. 소련의 해체와 공산권의 몰락으로 인한 냉전의 종식은 지구적 차원은 물론 동아시아와 한반도의 국제정세에 거대한 영향을 미쳤다. 북방정책은 냉전 종식과 더불어 발생한 많은 국제문제들과 함께 보아야 북방정책이 어떻게 가능했는지, 그리고 왜 특정한 내용을 가질 수 있었는지를 보다 잘 알 수 있다. 냉전이 종식되기 시작하는 수년간 세계의 유일 패권으로 자리 잡게 된 미국은 소련, 동구권 국가 등 약화된 구공산권과의 관계설정 문제, 미국의 기존 동맹국들과의 새로운 관계 설립 문제, 탈냉전의 안보상황을 주도할 안보틀의 모색 문제, 미국의 체제에 편입되기를 거부하는 탈법국가들 혹은 지역적 유사사태에 대한 대응문제 등 총체적인 국제정치의 문제를 다루게 되었다.

1988년이 서울 올림픽은 한국과 공산권과의 관계 재설정에 중요한 역할을 한 것으로 평가된다. 노태우 대통령은 올림픽을 계기로 공산권에 대한 개방과 관계 개선을 적극적으로 추진한다고 강조하고 있다. 노 대통령은 "중국과 소련, 그밖에 동유럽 국가와의 관계발전을 적극적으로 추진해 나갈 것"이며, "북방국가들과의 관계개선을 추구함에 있어, 우리는 북한을 고립시키려 하지 않을 것"이라고 논하고 있다. 그리고 "사회주의 국가들 간의 관계개선이 북한의 개방을 촉진"할 것을 기대하고 있다. 동시에 "사회주의 국가와의 관계개선을 추진해 감에 있어 우리는 우리의 동맹국, 특히 미국과의 튼튼한 관계를 그 바탕으로 하여 이를 추진할 것이며, 긴밀한 협조를 해나갈 것"이라고 논하고 있다(노태우 대통령, 유엔총회 방미 중 미국 외교협회, 아시아협회 오찬 연설. 1988.10.19).

노태우 정부의 북방정책은 바로 이 시점에 입안된 것으로, 미소 몰타 회담(1989.12)에서의 냉전의 종식 선언, 이후 뒤따르는 각급 무기감축협정, 패전국인 동독의 처리, 혹은 흡수통일 상황, 패전의 와중에 있다고 판단한 북한에 대한 처리문제 등 다른 중요한 문제들과 궤를 같이 하고 있다. 미국은 소련과 동구권을 미국체제 내에 유연하게 흡수하는 한편, 냉전기 미국의 군사적, 경제적 부담을 줄이면서 국내의 고립주의 성향에 일정 부분 부응할 필요를 느끼고 있었는데, 이 와중에서 한국의 대공산권, 북방정책은 탈냉전으로의 구조적 변화에 부응하는, 냉전의 동반 승전국의 전후의 협조적 처리과정의 일환으로 여겨졌다고 볼 수 있다. 미소의 냉전의 붕괴라는 거대한 구조적 변화는 미국의 국가전략을 근본적으로 변화시키고, 이어 한반도에 대한 미국의 이해관계를 변화시키며, 그 와중에서 한국에 대한 미국의 정책을 변화시켰다.

냉전에서의 미국의 승리와 이에 따른 국제세력배분구조의 거시적 재편은 미국의 세계전략 뿐 아니라, 동북아에서 소련과 중국, 북한과 일본의 외교정책에 대한 제약요인에서의 변화를 가져오고 이는 각 개별국가의 외교정책의 주요 목표와 정책내용에 있어서도 일정한 변화를 불러일으켰다. 소련은 1991년 8월 쿠데타의 실패와 이어 발생한 연방의 해체 후, 체제전환과 자본주의적 이행을 겪게 되고, 중국은 이전부터 추구해온 사회주의 시장경제노선을 강화하게 된다. 북한은 사회주의 시장의 상실과, 격리된 공산정권의 수호라는 과제에 직면하여 생존을 위한 외교전략에 전력을 투구하게 된다.

이러한 상황에서 노태우 대통령은 "중국과 소련의 적극적인 태도변화, 고르바초프의 평양방문계획, 소련과 중국 간의 관계개선 등 한반도 주변의 정세가 급격하게 변화하고 있어 김일성이 건강을 유지하거나 그의 아들이 권력을 계승하든 간에 북한은 현재와 같은 폐쇄정책을 고수하는 데 한계를 지니게 될 것"으로 평가하고 있다. 구체적인 북방정책의 로드맵으로 "일단 첫 단계로 개방과 교류, 협력을 통해 남북한이 서로 돕는 동반자 관계를 만들자는 것이고, 상호 신뢰를 되찾아 민족의 동질성을 회복하는 것"이며, "두 번째는 이를 바탕을 정치적 통합, 즉 통일을 실현하자는 것"이라고 설명하고 있다. 그리고 "동질성을 회복하는 데에는 소련과 중국은 물론이고 동서 양진관의 의견이 일치"하며 "독일의 경우에는 주변 국가들의 이해불일치로 통일이 어려울지 모르나" 남북의 통일은 주변국가들과의 협력 속에서 이루어질 것으로 전망하고 있다(유엔 총회 방미 중 월스트리트 저널과 회견. 1988. 10. 20).

이상의 변화는 한국이 개별국가들과 독립된 협상을 추진하는 과정에서 새로운 협상조건을 창출하게 되는데, 한소, 한중 간 협상의 경우 소련과 중국의 경제적 이해관계와 전략적 이해관계가 한국의 전략적, 경제적 이해관계와 일치하는 협상가능영역이 증대되어 결국 수교에 이르는 협상이 성공적으로 마무리된다. 대북정책의 경우, 한국의 북방정책은 모스크바와 북경을 거쳐 평양에 이르는 전략으로, 대북협상에 있어 북한이 선택할 수 있는 대안으로서의 대중, 대소 관계의 여지를 줄임으로써 한국에 대한 북한의 의존도를 높이고, 북한으로 하여금 대남협상에서 진의협상을 하도록 하는 효과를 유발하게 되었다.

냉전의 종식은 고르바초프의 집권으로부터 시작되었다고 볼 수 있다. 1985년 3월 고르바초프의 집권 이후 소련은 낙후된 경제의 재건을 위하여 페레스트로이카와 글라스노스트라고 불린 개혁과 개방을 실행하였는데, 그 과정에서 기존의 군사력 감축은 필수적 조치였다. 미국 역시 누적된 재정과 무역적자 등 경제난과 구조적 경제적 쇠퇴현상을 해결하기 위하여 군사력 유지에 대한 재검토를 실시하지 않을 수 없었다. 1987년의 INF 협정, 1990년의 전략핵무기감축협상(START), 재래식무기감축협상(CFE), 그리고 1989년 미소 양국정상의 몰타회담 등을 통해 양국은 냉전종식을 실질적, 공식적으로 합의한 셈이며, 1990년 독일통일은 미소 간 관계개선에 이정표가 되었다. 이와 더불어 동아시아지역에서 소련은 1986년 2월 27차 당대회 연설을 개최하고, 고르바초프는 아태지역의 중요성이 점증하고 있다고 강조하였고, 5개월 후 블라디보스토크 연설에서는 소련이 아태국가임을 천명하였으며, 태평양 경제협력에 참여하고자 하는 소련의 의사를 표현하였다.

이러한 소련의 정책변화는 기존에 진행되던 한소 간의 경제협력현상과 맞물려 양국 간의 공동이익의 확대로 나타나게 된다. 한소 간의 무역량은 지속적으로 증가하여 제3국을 통한 무역거래는 1986년 8천만 달러, 1987년에는 1억 4천만 달러, 1988년에는 2억 달러를 상회하였다. 한국은 소련으로부터 목재, 석탄, 화학제품, 양모 등 천연자원을 수입하였고, 소련은 의류, 직물류, 신발, 화학제품, 전기-기술장비 등을 수출하였다.

이미 개혁개방 노선으로 변화의 길을 걷고 있던 중국의 상황도 냉전

종식의 효과를 촉진하였다. 중국은 농촌에서 시작한 개혁을 1984년 중국 공산당 제12기 3중전회를 계기로 도시기업부문으로 확산시켜 나가면서 1979년에 설치하기 시작한 경제특구지역을 점차 확대해 나가고, 1987년 제13차 당대회에서 대외개방을 더욱 확대해 나갈 것을 결의하였다. 한중 간 무역의 경우, 1979년 양국 간 총교역량이 1979년 2천만 달러에 불과하던 것이, 1980년 6억 달러, 1981년 12억 달러로 증가하였다. 1982–3년에는 북한의 대중항의로 감소하다가 1984년에는 다시 9.7억 달러, 1985년에는 10억 달러, 1986년에는 12억 달러, 1987년에는 20억 달러, 1988년에는 30억 달러로 증가하여, 중국은 한국의 4번째 교역상대국으로 부상하게 된다. 애초에 중국은 7·7선언 직후에는 소위 한반도 정경분리원칙에 입각하여 북한과는 공식적 관계를, 남한과는 비공식적, 비정부 간 경제관계를 유지시킨다는 입장을 표명하여 한국의 북방정책에 호응해오지 않았다. 그러나 1989년 12월의 몰타회담, 1990년의 한소 수교, 걸프전, 1990년 북경 아시안게임 등을 거치면서 중국의 한반도 정책이 변화하기 시작했다. 중국은 한반도에서 러시아에게 주도권을 빼앗길 것을 우려하는 한편, 한소 간 정치적 관계가 증진되는 것에 불안감을 느끼고 있었으며, 당시 달러외교, 탄성외교 등으로 외교적 고립을 탈피하려는 대만의 외교공세 저지의 필요성도 느끼고 있었다. 한중수교의 조건으로 한국이 대만과 단교를 성시킬 경우, 대만의 국제적 위상을 약화시켜 중국의 양안관계에 유리한 성과를 거둘 수 있었다. 이러한 상황에서 중국은 북한의 이해를 구하는 한편, 한국은 '하나의 중국'과 '대만이 중국의 일부'라는 사실을 인정하고 수교를 성취시키기에 이르렀다.

한편 일본은 한국의 북방외교가 본격화 되자 이에 편승하여 북한과의 관계개선을 위해 노력하였다. 일본은 7·7선언 직후, 대한항공기 폭파사건과 관련된 대북제재 조치를 해제하고, 1989년 1월에는 일본 사회당의 초청으로 일본을 방문한 북한의 노동당 대표단의 입국을 최초로 허용했다. 또한 1989년 1월 20일 외무성이 발표한 일본의 대북한정책과 3월 23일 발표한 우노 외상의 중의원발언에서 일본은 더 이상 북한에 적대하지 않겠다고 밝힌바 있다.

결국 북방정책은 변화하는 국제정세 속에서 북한을 개혁, 개방으로 이끌고 북한의 체제를 변화시켜 점차 평화정착과 체제동질성을 높인다는 목표 하에 우선적으로 중국, 러시아와의 관계개선을 통해 북한을 외교적으로 압박한다는 전술을 가지고 있다고 볼 수 있다. 이는 동독에 대한 서독의 동방정책의 영향을 받은 것으로 독일의 경우 소련, 동구권, 동독 순서의 "접근을 통한 변화(Wandel durch Annaeherung)" 모델을 본뜬 것이라 할 수 있다. 그러나 독일의 경우가 큰 실효를 거두었는데 반해 소련, 중국, 북한의 접근 모델은 대북한관계에서 그리 큰 실효를 거두었는지는 살펴보아야 할 일이다. 동방정책과 북방정책은 공통적으로 미소 간의 정치적 화해를 바탕으로 추진되었는데, 그러한 정책들이 분단당사국 간의 관계정상화로 이어질 수 있는가의 문제를 살펴보기 위해서는 동독과 북한이 각각 소련에 의존하고 있는 정도를 비교적으로 살펴볼 필요가 있다. 김상규는 동방정책의 경우 모스크바의 동베를린 당국에 대한 확실한 통제력이 성공요인이었다고 보고 있다(김상규 1993). 즉, 동독 지도층의 권력기반이 국내에 독자적인 뿌리를 내리고 있기 보다는, 소련 즉 외세에 다분히 의존해 있었기 때문에 동독 당사국들은 소련의 요구

즉 서독과의 인적, 물적 교류의 활성화에 응했다는 것이다.

중국과 러시아를 통한 협의의 북방정책은 북한으로 하여금 단기간에 남북 간 협상테이블로 나오게 하였다기 보다는, 남북 간의 협상에서 북한이 의존할 수 있는 중국과 러시아라는 대안을 없애고, 반면 한국이 외교적 압박을 가하면서, 미국의 패권체제가 전반적으로 강화된다는 주변환경이 복합적으로 작용한 결과로 보인다. 남북 간 대화를 돌아보면, 1971년 8월 판문점에서 처음으로 남북적십자 파견원 접촉이 이루어진 이래 1993년 초까지 22년간 300여 회의 남북대화가 있었다. 그러나 북방정책이 시작된 이래의 남북대화는 그 이전과는 차별성을 가지고 있다고 볼 수 있다. 1970년대와 1980년대에는 북한이 유리한 협상환경을 이용하여 공세적으로 남북대화를 주도했으며 이는 대남혁명전략의 일환으로 추진한 의사(疑似)협상이었던데 반해 1990년대 초 남북고위급 회담은 냉전 종식 후 체제위기 후 봉착한 북한이 수세적인 입장에서 '체제생존전략'의 일환으로 추구한 진의협상이었다.

이러한 변화는 남북협상의 환경의 변화, 남북 간 국력격차의 심화, 남북의 협상목표의 변화, 협상의지 및 협상전략의 변화에 말미암은 것이었다. 1970년대의 남북조절위원회 회의나 남북적십자회담에서 북한이 남한의 반공정책 포기, 주한미군 철수, 남북군대 감축, 연방제 통일 실현 등의 주장을 했던 것과는 달리 1990년대의 협상은 공산권 붕괴로 인한 체제위기 의식, 흡수통일 공포, 국제적 고립과 경제침체 심화, 김일성의 노령화로 인한 영도체제위기 등을 배경으로 진행되었다. 또한 1990년대에 들어와 남북 간 격차는 크게 벌어졌으며 외교역량에서도 남한이 압도적 우세를 점하게 되었다. 이러한 상황에서 북한의 협상목표는 공세적 대남혁명전략의 수행이라기보다는 수세적 체제생존전략으로 변화되었다고 볼 수 있다. 또한 북한은 협상을 반드시 성사시켜야 된다는 진의협상의 필요성에서 적극적 협상의지와 긍정적 자세를 가지게 되었다.

이러한 상황에서 한국의 정책환경에 가장 많은 영향을 준 것은 탈냉전기의 유일 주도국가로 등장한 미국의 동북아 정책과 한반도 정책이었다. 냉전을 승리로 이끈 미국의 1990년대 초 전략목표는 1) 소련에 대한 견제 필요성은 유지하되 봉쇄보다는 경계의 비중이 증가되고, 2) 서방선진국들과의 관계 재조정 및 이들에 대한 지도권유지가 중대한 이슈로 등장하고, 3) 소련의 위협요인이 약화되는 반면, 지역적 비상사태에 대한 대비 필요성이 증대하고, 4) 미국의 안보에서 군사력 못지않게 경제력 재건문제가 중요하다는 것 등이다. 이에 따라 미국의 전략목표가 대소 봉쇄 중심에서 패권적 균형자 개념으로 변화하였다. 이러한 전략 하에 미국은 기존 군사동맹체제 유지, 미 군사력 전진배치의 골간 유지, 전략핵 중심 핵우산 정책 유지, 지역적 비상사태에 대처하는 기동군 전력 강화와 같은 정책을 전개하고 있다.

미국의 한반도 전략도 변화하였다. 기존에 존재했던 미국의 한반도 전략 목표 일부도 적실성을 상실하게 되었다. 즉, 1) 대소전략의 방어기지로서의 한반도, 2) 한국방어를 통한 일본의 보호 등의 목표는 가상적국으로서의 소련이 사라진 1990년대 초반의 상황에서 수정될 사항들이었다. 1990년 4월 발표된 당시 국방성 보고서에서는 미국이 한국의 방어에 주도적(leading) 역할에서 보조적(supportive) 역할을 담당할 것이라고 천명하고 주한미군의 단계적 감축계획을 발표하였다. 이 보고서에 의하면 미군감축의 첫 단계로 1993년까지 주한미군의 행정부서를 감축하고 주한미군을 7000명으로 감축하는 것이고, 1993–1995년에 걸친 이 단계에서 제2사단의 재배치와 같은 새로운 목표를 설정하도록 되어 있다. 이후의 세 번째 단계에서는 한국이 자국방위에 주도적 역할을 담당하게 될 것이었다.

이러한 계획과 더불어 미국은 이전까지 반대해 오던 동아시아의 다자적 안보제도의 효용성을 인정하고, 동맹을 대체하지 않는 범위 내에서 보조적 역할을 할 수 있는 다자적 안보제도의 존재를 용인하기에 이르렀다.

탈냉전 초기의 상황에서 미국의 전략목표는 1) 한반도에서 대량살상무기의 개발, 생산, 보유를 저지하는 것, 2) 일본, 소련, 중국을 포함하는 강대국들과 더불어 지역적 균형을 이루어 동북아의 안정을 취하는 것, 3) 한국과 경제관계를 유지함으로써 경제적 이익을 도모하는 것 등으로 변화하게 된다. 이러한 상황에서 미국은 소련의 붕괴 이후 러시아의 국내위기가 초래할 제반 부정적 영향들을 고려하여 러시아에 대한 국제적 지원을 주도하였고, 중국에 대해서도 인권문제, 대미 무역흑자에서 비롯되는 통상마찰, 중국의 제3국에 대한 무기판매 문제 등이 걸려있으나, 동아시아의 탈냉전적 역학관계 속에서 급격한 관계악화는 피하면서 유연한 태도를 취하고 있다. 이 시점에서 한국의 북방정책에 미국이 중간매체로서의 역할을 수행하였다고 볼 수 있는데, 1990년 6월 샌프란시스코에서 한소정상회담이 워싱턴에서의 미소정상회담에 연이어 개최되었다는 사실, 1991년 5월 남북한의 UN 동시가입 지지, 북한의 핵무기 개발에 대한 중국의 부정적 입장 유도 등은 미국의 입장을 간접적으로 보여주고 있다(전재성 2002).

한국의 대북, 대 공산권 관계에서 북방정책은 상황의 변화에 따라 고려할 수 있는 하나의 정책패러다임으로 자리 잡았다고 할 수 있다. 공산권국가에 대한 문화개방정책을 채택하고, 평화통일 기반 조성을 위한 정책을 채택한 이후, 학계를 위주로 북방정책이란 어휘가 사용되기 시작하였다. 1983년 고 이범석 외무장관의 국방대학원 연설에서 정부차원의 북방정책 용어 사용이 시작된 것을 보더라도 북방정책의 역사가 오래되었다는 것을 알 수 있다.

1980년대의 북방정책은 노태우 대통령이 1988년에 발표한 7·7선언과 함께 시작된다. 노태우 대통령은 이전 정부의 대 공산권, 대북정책과는 상이한 접근법을 취했는데, 내용을 살펴보면, 1) 남북 간 적극적 교류추진과 해외동포의 자유왕래를 위한 문화개방, 2) 이산가족들의 생사 및 주소 확인, 서신왕래, 3) 남북 간 교역에서의 문화개방, 4) 남한 측 우방과 북한 간의 비군사적 물자교류 불반대, 5) 남북 간 경쟁 및 대결외교의 종식과 상호협력, 6) 남북한 쌍방이 상대 우방국들과의 관계개선에 협력한다는 내용 등이다. 이전의 전두환 정부의 약 8년간을 돌아보면, 1984년 말을 제외하고는 남북관계는 유착상태에 빠져 있었다. 전두환 정부는 박정희 사후 체제재건을 위해 한국군의 근대화를 추진하였고, 한일관계의 재구축, 제3세계 외교의 전개, 올림픽 유치 등으로써 한국의 국제적 지위향상을 도모하였다. 또한 레이건의 대소강경정책과 보조를 맞추어 힘을 배경으로 하는 대북정책을 추진하였다. 그러한 상황에서 1983년의 랭군 폭탄 테러사건과 1987년 11월 대한항공기 폭파사건이 발생하였다.

북방정책은 무엇보다 노태우 대통령의 정책의지를 반영한 것이었다.

노태우 대통령은 1981년 88올림픽 유치과정과 준비과정을 주도하면서 북방정책의 기초를 마련하고 있었고, 88서울올림픽 조직위원장과 체육부 장관을 거치면서 사회주의 국가와의 관계강화의 필요성을 인식하고 있었다. 13대 대통령선거가 진행되면서 북방정책의 의지는 구체화되었고, 국가안보와 평화적 민족통일을 위한 자주외교의 필요성, 적극적 북방외교를 제시하였다. 선거유세에서 노태우 대통령은 중국과의 정식외교관계를 이미 공약해 놓고 있었고, 통일정책과 대외정책을 포괄하는 독자적인 영역으로 북방정책 개념을 개념화하였다(임춘건 2008, 133).

북방정책의 결정과정은 첫째, 북방정책의 추진과정은 국내정치적 요인에 의한 굴절과정이었다는 사실이다. 한국의 국내 엘리트는 기존의 북방정책 추진과정에서 국내의 지지 확보와 정통성의 보전과 같은 국내정치적 목적을 추구하였다. 민주화 과정 속에서 아래로부터의 중압을 이겨내기 위해 냉전 논리보다는 경제적 실리를 추구하는 외교정책을 모색하였다. 그리고 그 과정에서 정권의 정통성을 확보하는 지배연합에 의해 북방정책의 경로가 변화되었다.

둘째, 북방정책과정에서 정책목표와 대상에 변화가 있었다는 점을 주목할 필요가 있다. 애초에 북방정책은 공산권과의 관계모색이 가장 중요한 목적이었으나, 점차 남북통일을 위한 북방우회론, 혹은 북방을 통한 대북통일접근이라는 목표로 변화되었다. 공산권과의 관계수립이라는 거시적 외교전략에서 한반도 차원의 대북 전략으로 북방정책의 지평이 변화되는 모습이다.

셋째, 그러면서 전체적인 한국의 외교전략 및 국가전략과 북방정책 간의 괴리가 생겨나기 시작했다는 점이다. 일례로 소련 해체 이후, 한국의 대 러전략은 북방정책과는 유리되어 러시아에 대한 무시정책을 낳게 되었다. 북방정책에 대한 지속적 발전이 이루어지지 않은 차원에서 좀 더 거시적이고 장기적인 전략이 마련되지 않았던 것이다(신범식 2002, 301–305).

소련과의 수교과정을 보면, 고르바초프의 페레스트로이카는 한소 간 전략적 관계를 정치경제적 관계로 전환시키는 결정적 역할을 하였다. 고르바초프는 약화되는 소련의 국력에 비추어 미국과의 냉전적 군비경쟁이 소련의 국력에 치명적이라는 사실을 인식하였다. 소련은 핵무기 등의 군사적 수단보다는 경제교류와 같은 정치경제적 수단이 향후 더 중요하다는 인식을 강화하였다. 특히 미소 간의 군비경쟁에서 소련의 군사력 증강이 경제적 부담을 가중시키며, 군사력이 향후 소련의 외교정책 목적 달성에 반드시 긍정적이지 않다는 판단을 하게 되었다. 이러한 판단은 소련의 아시아 정책에도 반영되는데, 1986년 7월 26일 블라디보스토크 연설과 1988년 9월 16일 크라스노야르스크 연설에서 고르바초프는 아시아 군축의 과제를 구체적으로 설명하였다. 첫째, 아태지역 핵의 동결, 둘째, 태평양의 해군력 및 공군력의 감축과 소련, 중국, 일본, 남북한 당사자들의 군사대결 완화책 강구, 셋째, 다자간 안보협의 기구의 제안 등이 그 내용이다(신범식 2002, 286).

1980년대 후반부를 거치면서 소련은 일본보다 4배나 빠른 한국의 산업과 사회발전에 주목하였고, 한소외교관계수립이 한반도의 긴장을 완화시키고 경제협력의 가능성을 증가시켜 소련의 국익에 기여할 것이라고 판단하였다. 결국 소련은 북한과의 정치전략적 관계보다 한국과의 정치경제관계를 우선시하기 시작하였다. 소련은 북한과의 관계를 고려하여 일정단계까지 정경분리원칙을 유지하였으나 결국 한소 수교를 이루게 된 것이다(양승함 2000, 5–6).

소련은 북한의 보이콧에도 1988년 올림픽에 참가하여 한소관계 개선에 전기를 마련하였다. 소련은 이 기간 중 임시영사관을 운영하였고, 1989년 4월 무역사무소를 설치하여 경제 및 인적 교류를 촉진하였고, 이후 12월에 영사관계를 수립하였다. 소련은 정경분리 입장에서 한동안 정치관계수립을 지연시켰으나, 한국정부가 경제적 대가를 지불하는 등의 행동을 취함에 따라 1990년 6월 샌프란시스코에서 역사적 정상회담을 가지고 9월 30일 전격적으로 외교관계를 수립하였다.

한소 정상회담 결과 발표문(1990.6.24)을 보면 "노대통령은 고르바초프 대통령의 '신사고'에서 비롯된 개방과 개혁이 전후냉전체제를 근본으로부터 바꾸어 이 세계에 화해와 협력의 새로운 질서가 증진되고 있는데 대해 높이 평가했고, 몰타, 워싱턴 정상회담 등 세계평화 구축 노력이 큰 결실을 맺기를 희망"한 것으로 언급되었다. 또한 "서울올림픽 이후 발전적어 온 데 대해 만족을 표시하고 외교, 정치, 경제, 과학기술, 문화 등 모든 분야에 걸쳐 교류협력관계를 한 단계 더 높게 발전시켜 나가자는 데 합의"하고 있다. 노대통령은 남북관계와 관련하여 고르바초프 대통령에게 다음의 것들을 바라는 것으로 언급하고 있다. 즉, "첫째는 북한의 김일성, 주석이 남북정상회담을 수락하여 모든 문제를 대화로 풀어 가도록 소련이 종용해 줄 것과 둘째, 북한이 개방과 개혁으로 나와 우리는 물론 국제사회의 모든 나라와 우호협력관계를 발전시켜 나가도록 지원해 줄 것, 셋째, 남북 간의 모든 문제를 무력에 의존하지 않고 평화적으로 이루고 한반도에 평화가 정착되도록 소련이 지원해 줄 것” 등이다. 동시에 노대통령은 “한국이 북한의 고립을 결코 원하지 않으며 북한은 더 이상 우리와 적대, 대결, 경쟁하는 상대가 아니라 협력의 동반자가 되어야 한다”고 언급하고 있다.

한국도 소련과의 수교를 통해 많은 것을 기대하였다. 첫째, 한반도의 안정과 평화는 한국의 안보에 필수적인 요소로서, 한소 관계개선을 통해 소련이 북한 측에 행사할 수 있는 각종의 수단과 압력을 북한의 전쟁의도 억제책으로 사용하고자 하였다. 둘째, 한반도의 국제적 지위를 좀 더 공고히 하고 한반도의 통일문제에서 한국이 가지는 주도권을 확고히 하고자 하였다. 셋째, 북한이 전체적으로 완강한 폐쇄적 노선을 고집하는 상황에서 한소 수교는 북한의 변화를 이끌어내는 한 방법일 수 있다는 고려가 있었다(신범식 2002, 289).

수교당시 북한은 대외무역의 50%와 대부분의 무기체계를 소련에 의존하였기 때문에 한국은 소련의 영향력이 크다고 가정하였다. 그러나 실제 북한에 대한 러시아의 영향력은 제한적이었는데, 소련의 대북 경제지원은 1980년대에 급감하였고, 1987년에는 오히려 소련이 3천 3백만 달러의 경제적 지원을 받은 것으로 드러났다. 또한 1984년 김일성이 모스크바를 방문할 때까지 양국은 23년간 정상회담을 갖지 않았고, 2000년 푸틴의 평양방문 때까지 러시아의 어떤 지도자도 북한을 방문하지 않았다(양승함 2000, 16). 결국 북방정책을 통해 한국이 달성하려고 한 모든 목적이 온전히 달성되는 데에는 많은 한계가 있었음을 알 수 있다.

소련과의 수교에 이어 한국은 1992년 8월 중국과 수교한다. 당시 중국은 1989년 6월 천안문 사태 이후, 외교적 어려움에 직면해 있었다. 서방세계는 인권문제를 두고 중국에 제약을 가하게 되었고 중국은 외교정책 수행에 큰 제약을 가지게 된 것이다. 1989년 가을 당 13기 5중 전회에서 중국은 지도체제 개편 이후, 국제적 고립을 탈피하고 대외이미지를 회복하며, 경제건설에 주력할 수 있는 환경을 조성하기 위해 서방세계 및 아시아 주변국가들과의 관계개선에 노력하였다(박철진 2006, 110). 또한 한중 간의 경제적 실익도 중요한 요인으로 작용하였다. 중국은 북한과 1980년대 후반부터 긴밀한 관계를 유지하고 있었다. 특히 소련의 고르바초프 개혁, 개방정책이 본격적으로 추진함에 따라 북중관계는 반사적으로 더욱 강화되었다. 소련은 사회주의 이데올로기를 고수하기 보다는 경제발전을 위한 자본주의 국가들과의 협력을 강화함에 따라 북한은 중국에 더 의존하게 된 것이다. 결국 북중 간 전통적 우호관계를 더욱 밀착시킨 배경에는 구소련의 탈사회주의화라는 공산권 내부의 변화가 크게 작용한 것이다(오수열 2003, 91).

노태우 대통령은 1990년 전후로 중국과의 관계 정상화 의지를 표명하여 왔다. "한 해 2만 명 이상 인적 교류가 이루어지고 연간 교역량이 30억 달러 이상으로 급신장"하는 상황에서 "북경 아시아경기대회의 성공을 위해 중국의 요망에 부응하여 협력을 아끼지 않고" 있으며, "이번 북경 아시아경기대회가 양국관계를 한 차원 더 높게 발전시키는 계기가 될 수 있기를" 바란다고 언급하고 있다(노태우 대통령 조선일보 특별회견, 1990.8.24). 이어 한중 수교 직후 노대통령은 "한·중 수교는 한반도의 긴장완화 및 동북아 냉전체제의 조기 종식을 촉진하여 남북한 관계가 전향적으로 발전할 수 있는 여건을 조성하는 데 도움이 될 것으로 기대"한다고 언급하면서, "북한이 개방과 개혁, 화해와 협력을 요구하는 새로운 국제질서에 동참토록 하는 데 도움이 될 것이며 북한이 이러한 현실에 적응함으로써 남북 간에도 공존공영 관계를 형성하여 궁극적으로 평화통일의 길로 나아갈 것으로 기대"한다고 언급하고 있다(홍콩 사우스 차이나 모닝 포스트지 회견, 1992.9.27).

노태우 대통령은 수교 특별담화문(1992.8.24)에서 "한중 양국은 유엔 헌장의 원칙들과 주권과 영토보전의 상호존중, 상호 불가침, 상호 내정 불간섭, 평등과 호혜, 그리고 평화공존의 원칙에 입각하여 항구적인 선린우호협력 관계를 발전시켜 나갈 것"이며 중국은 "한반도가 가까운 장래에 평화적으로 통일되는 것이 한민족의 염원임을 존중하고, 한반도가 한민족에 의해 평화적으로 통일되는 것을 지지"한다고 밝힌 점을 강조하고 있다. 또한 북한 핵문제에 대해서도 깊은 논의가 있었다고 밝히면서 수교가 당면과제는 물론 한반도의 평화적 통일과 안정에 도움을 줄 것으로 기대하고 있다.

V. 탈냉전기 동아시아 정세의 변화와 한국의 지역 외교전략

1. 북핵 문제의 발발과 김영삼 정부의 외교전략

한국은 6공화국 시기에 북한을 압박하는 북방정책을 추진하고 이를 위하여 냉전 종식기에 적극적인 지역전략을 추진하였다. 미국과의 관계를 강화하면서 동시에 일본과의 협력도 증진시켰다. 구공산권 국가들과의 수교를 발 빠르게 추구했고, 과거 적대국이었던 소련과 중국과 수교하였다. 이를 통해 북한의 개혁, 개방을 촉진하고, 통일을 추구한다는 구상이었다. 그러나 북한은 한국의 북방정책에 일견 동의하면서도, 스스로 체제를 보존할 길을 모색해왔다. 북한은 1993년 3월 핵확산 금지 조약을 탈퇴하면서 핵 프로그램 개발을 공언한다. 이러한 노력은 김영삼 정부의 큰 도전으로 다가온다. 북한은 그간 한국과 해왔던 모든 협력을 무위로 돌리고 미국과의 직접 협상에 의한 활로를 도모하게 된 것이다.

소위 1차 북핵 위기로 1994년 10월 미북 간의 제네바 합의로 해결의 실마리를 찾게 되는데, 이는 북한과 미국 모두가 방어적 입장에서 자국의 이익을 정의하고, 상대방에 대한 검증과 믿음을 통하여 이를 실천할 수 있다고 보았기 때문이다. 북한으로서는 미국의 대북정책에 따라 핵을 동결한 상태에서 자국의 생존을 담보하고, 이어 미국과의 경제관계 개선, 더 나아가 대사급 외교관계를 설정함으로써 궁극적으로 탈냉전 구도에서 생존을 보장받고, 스스로의 계획에 따라 국가발전계획을 추진해 나갈 수 있다고 생각하였다. 반면 미국도 자국의 안보와 패권적 영향력, 그리고 북핵문제 해결에 따른 국제적 평판 등의 측면에서 북핵문제를 해결함으로써 북한의 핵확산의 현안을 해결하는 한편, 소위 탈법국가의 국제안보질서 교란을 막는 효과를 거두었다고 판단하였다. 미국은 단기적으로 북한의 핵이 미국의 본토안보를 위협한다고 생각하지 않았으며, 패권으로서의 현상유지정책을 통하여 안보와 영향력을 유지할 수 있다고 간주한 것이다.

한국은 1994년 초까지만 하더라도 북핵 문제가 평화롭게 해결될 것을 추구하고 있었다. 김영삼 대통령은 "북한이 핵무기 개발을 포기하고, 남북 간의 진실한 대화의 길을 선택한다면, 저는 남북 공존공영의 차원에서 우리의 기술과 자본을 토대로 제조업과 농업, 건설, 에너지 분야에서 남북경제 공동개발을 서두를 용의가 있다는 것을 이 자리에서 분명히 해두는 바라고 언급하고 있다(취임 1주년 기자회견문, 1994.2.25). 그러나 점차 문제가 악화되고 장기화 조짐을 보이자 김영삼 정부 역시 문제 해결의 어려움을 절감하게 된다. 김 대통령은 "북한이 핵무기 개발로 모든 문제를 일거에 해결할 수 있다고 생각한다면 그것은 큰 오산"이며, "핵무기가 부족해서 구소련이 붕괴된 것"이 아니고, "비핵화 공동선언의 이행은 평화 유지에 필수요건"이라고 강조하고 있다. "북한 당국은 군비증강과 핵무기 개발이 한반도의 평화는 물론, 정권의 유지를 위해서도 아무 도움이 되지 않는다는 것을 하루속히 깨달아야"하며, "헛된 망상일 수밖에 없는 대남 적화통일 노선을 포기"해야 한다고 강조하고 있다. 또한 "북한이 진실로 한반도의 평화와 통일을 원한다면 하루속히 개방과 개혁의 길"로 나와야 하고, "북한의 개방과 개혁 없이는 한반도의 평화도, 민족의 통일도 진전될 수가 없"으며, "북한이 핵투명성을 보장하고 개방과 개혁의 길을 택한다면 우리는 북한에 자본과 기술을 제공할 것"이라고 논하고 있다. 장기적으로 "그렇게 되면 북한은 후발 신흥공업국가로서 빠른 성장을 할 수 있을 것이라는 전망을 밝히고 있다(제46주년 국군의 날 치사, 1994.10.1).

미국과 북한의 갈등이 제네바체제라는 비확산, 검증, 관계정상화의 협력안보의 레짐 속에서 해결되는 과정에서 극단으로 치닫지는 않았지만 시간이 흐르면서 제네바체제에 대한 불신이 증폭되었고, 이 과정에서 안보딜레마가 재발하게 된다. 미국은 북한이 제네바 합의를 어기고 다시 핵 프로그램을 진행하고 있다는 의구심을 떨칠 수 없었으며, 이는 북한의 미사일개발, 대포동 미사일 시험 발사 등 북한의 의도를 의심케 하는 많은 사건으로 증폭되었다. 금창리 시설에 대한 핵사찰과 북미 간의 미사일협상 등은 북한의 대량살상무기 정책에 대한 미국의 불안과

의구심을 반영하는 사건들이 지속적으로 전개된 것이다. 북한 역시 미국의 세계전략의 변화를 목도하면서 제네바체제만 믿고 북한의 생존을 담보하기 어렵다는 판단하였다. 제네바 합의를 실천하면서 미국의 보수적 의회는 클린턴 행정부의 대북유화정책에 대해 지속적인 문제제기를 하였고, 북한은 결국 미국에 대한 불신을 유지하는 가운데 우라늄 농축을 통한 핵무기 개발을 지속하게 된다.

미북 간 제네바 합의와 이후 북핵을 둘러싼 사건 전개는 미국 단극체제 하에서 발생한 것이다. 한국은 미국과 긴밀한 동맹관계를 유지하면서 북한의 비핵화를 추구하고, 부분적으로 남북 관계 개선을 추구하였다. 1990년대 미국의 『동아시아 전략 구상(East Asia Security Initiative: EASI)』이 발표되면서 주한 미군 일부의 조정 시도가 있었지만, 주한미군의 안정적 주둔이 대체로 강조되었다. 1990년대 후반 이후 가장 큰 사건은 한반도 평화체제를 위한 4자 회담으로 1997년부터 1년여 간 지속되다가 결국 북한의 이탈로 중지되었다. 북한은 핵개발이 생존을 위한 정책이기 때문에 한반도 평화체제의 정착과 밀접한 관계가 있다고 주장하였다. 남북한과 미중 양국은 회담을 통해 한반도 평화의 조건을 마련하려 하였지만 북한은 주한미군 철수, 미북 간 관계 개선 등을 주장하며 한미 관계 이간 및 미중 간의 의견 차이 노정 등을 목적으로 한 전략을 구사하였다. 결국 4자 회담을 통한 남북 간의 관계 개선은 성과 없이 마무리되었다.

2. 9·11 테러의 발발, 반테러의 시대와 한국의 외교전략 변화

1) 미국 외교전략의 변환

2001년 발생한 9·11 테러는 미국 중심의 동북아 구도를 더욱 강화하였다. 테러 이후에는 지구적 반테러전쟁의 수행에 효과적인 동맹체제를 정비하고자 하였다. 이를 한마디로 변환(transformation)의 전략이라고 할 수 있다. 부시 행정부는 소위 제국, 혹은 수위(primacy) 전략을 추진하게 된다. 미국의 안보에 위험이 되는 요소를 궁극적으로 제거하고, 이를 위해 발전된 군사기술의 효용을 극대화하고, 군대 조직과 전략을 변화시키며, 동맹 역시 변환한다는 것이다. 안보위협의 성격이 불확실하고 불특정하게 바뀜에 따라 전쟁의 양상도 기존의 정규전의 성격에서 분란전, 게릴라전, 전쟁 이후의 안정화 전략 등으로 다변화된다. 이에 대비하기 위한 미국의 군사전략 변화가 요구된 것이다.

외교면에서도 기존의 국가 대상 외교에서 변환외교가 강조되었다. 테러의 단기적 처방은 반테러전쟁이지만, 테러의 근본적 원인은 미국의 단극체제, 미국 주도의 세계화에 대한 3세계의 대응이었다고 볼 수 있다. 따라서 3세계의 민주화, 국가의 강화, 테러 세력의 확대 증가를 막을 수 있는 본격적인 대안이 필요했다. 미국은 중동 지역의 반미 국가들, 혹은 테러집단이 기생할 수 있는 실패 국가들에 대한 대응을 강조하면서도 보다 장기적인 원조와 발전 지원의 전략을 동시에 추구하게 된다. 미국은 2001년 9월 30일 발표한 "4년 주기 국방검토보고서," 2002

년 3월에 발표한 "핵태세보고서," 2002년 8월에 발표한 "국방부연례보고서," 2002년 9월에 발표한 "미국가안보전략," 2002년 12월에 발표한 국방부 보고서인 "대량살상무기 억제를 위한 국가안보," 2003년 2월에 발표한 "대테러국가안보," 등을 통해 변화되고 있는 미국의 전략을 공표했다.

2002년 9월, 백악관에서 발표된 『국가안보전략』을 보면 전략의 일단을 엿볼 수 있다. 이 보고서는 미국의 위협이 냉전적 성격의 위협에서 탈냉전적 성격의 위협으로 근본적인 변화를 보이고 있다고 평가하면서, 이러한 위협은 "탱크 한 대 값도 못되는 비용으로 엄청난 혼란과 고통을 초래할 수 있는 개인들의 그림자 같은 네트워크" 즉, 테러리스트들에 의해 야기되고 있다고 보고 있다. 소위 비대칭적 안보위협으로 테러와의 전쟁은 오랜 기간 동안 드러나지 않는 적을 상대로 수많은 전선에서 치러지는 전쟁이며, 전쟁의 성과는 때로는 드러나게, 때로는 드러나지 않게 서서히 나타날 것이라고 보고 있다. 미국은 무엇보다 전 세계 테러조직을 분쇄하고 그 지도체제를 파괴하는 것, 그들의 지휘, 통제, 통신, 물자 공급 및 재원을 봉쇄하는 것, 그리고 이를 통해 테러리스트들의 계획 및 작전능력을 무력화하는 것을 주된 국가안보정책의 목표로 삼고 있다.

이 과정에서 미국은 테러리스트들을 고립시키기 위해 각 지역 우방들과 긴밀히 협의할 것, 일단 지역적 위협이 특정 국가로 좁혀지면 그 국가가 임무를 완수하는 데 필요한 군사, 법, 정치, 재정적 지원을 제공할 것, 테러리스트들의 자금줄을 막기 위해 동맹국들과 협력할 것 등을 명시하고 있다. 보다 구체적으로 미국은 자유를 지향하는 세력균형을 지지하는 국가들로 광범위하면서도 실행가능한 연대를 조직함으로써 미국의 전략을 실현할 것이라고 하여 반테러전쟁을 수행함에 있어 필요한 동맹정책의 쇄신을 강조하고 있다. 미국은 "효율적인 연대의 리더십"을 발휘하여 "명확한 우선순위와 타국의 이익 인정, 그리고 겸손한 마음으로 상대국과 지속적으로 협의하는 자세 등"을 유지할 것이라고 표방하며, 나토와 아시아에서의 기존 동맹체제의 강화에 역점을 두고 있는 모습을 보이고 있다. 우선 나토에 대해서는 "나토 회원국의 군사력이 연합전력을 형성하도록 적절히 기여하도록" 하고 "나토 군사력이 적을 압도하고 우리의 취약점을 막을 수 있도록 변환(transform)시키기 위해 국방예산 운용에 있어 첨단 기술 및 규모의 경제의 혜택을 충분히 활용"한다고 주장하고 있다. 또한 "각 회원국의 군대를 변환하고 현대화하는 동시에 연합군으로 작전할 수 있는 능력을 유지"할 것을 주장하고 있다.

아시아와 관련하여 보고서는 "테러와의 전쟁이 미국의 아시아 동맹국들이 지역평화와 안정에 초석일 뿐 아니라 새로운 도전에 유연하게 대응할 준비가 되어있음을 입증"한다고 보고, 일본의 지도적 역할, 한미동맹의 중요성, 미-호주동맹의 중요성 등을 강조하고 있다. 여기서 미국은 일본을 언급하면서 "세계적" "지역적" 차원에서의 지도적 역할이라는 표현을 사용하였고, 한국에 대해서는 "장기적으로 지역의 안정"을 위해 한미동맹이 기여할 것을 명시하고 있다.

국방분야에서 미국은 동맹과 우방에 확신을 주는 것, 장래 발생할 군사경쟁을 단념시키는 것, 미국의 국익과 동맹 및 우방에 대한 위협을 억지하는 것, 만일 억지가 실패하면 어떠한 적도 결정적으로 패퇴시키는 것을 국방정책의 골간으로 삼고 있다. 더불어 현재 미국이 상대해야 할 적과 위협은 변하였으며, 이에 따라 미국의 군사력도 변하여야 한다는 사실을 강조하고 있다. 냉전기의 대규모 군대를 억지하기 위해 고안된 군 구조는 전쟁이 언제 어디서 발생하느냐 하는 것보다는 적이 어떻게 싸워올 것인가에 초점을 맞추기 위해 변혁되어야 한다는 것이다.

9·11 테러 이후 이전부터 지속되어 온 미 패권 구조의 공고화 작업의 군사적 기반이 위의 보고서로 집약되었으며, 그 가운데 군사변환(military transformation)이 핵심적인 개념으로 등장하고 있음을 볼 수 있다. 미국은 1990년대 전체를 통해 3조 3천억 달러의 군사비를 지출하였으며, 이는 1980년대의 국방비의 86퍼센트에 달하는 많은 군사비였다. 그러나 9·11 테러 사태가 보여주듯이 이러한 국방비 지출은 미국의 안보에 커다란 허점이 있음을 보여주었고, 2003년에 이르러서는 1998년의 국방비보다 28퍼센트가 증가된 830억 달러의 군사비를 지출하였다. 그러나 미국은 양적인 증가만으로 충분한 것이 아니라고 생각한다. 새로운 조건과 도전이 출현하고 있으며, 이는 미국의 군사와 정보분야의 혁신을 요구하는 것이었는데, 이에 따라 군사변환전략이 발전하게 된 것이다. 코네타에 따르면 군사변환전략의 의미하는 바는 1) 근본적으로 새롭게 변화한 안보환경에 군사전반을 적응시키는 문제; 2) 군사의 하부구조와 운영체계를 개혁하여 군사를 합리화하고, 총경비를 삭감하는 것; 3) 새로운 정보화기술을 도입하여 군사의 효율성, 효과성, 유연성을 증가시키기 위해 군부를 재조정하는 것 등이다.

보다 구체적으로 미국의 국방부는 군사변환전략의 여섯 가지 목표를 명시하고 있는데, 이는 미국본토와 중추적 작전기지의 수호; 적의 근거지 발본색원; 접근불가능한 지역에서 힘을 보호하고 유지하는 것; 군대와 작전을 연결하는 정보화기술의 보유; 적의 공격으로부터 네트워크를 보호하고 발전시키는 것; 공중에서의 작전능력을 향상시키는 것 등으로 표명하고 있다. 미국의 국방전략이 근본적으로 바뀌고 있다는 것은 럼스펠들 국방장관의 연설들에서도 명확하게 나타나고 있다. 럼스펠드 장관은 2004년 6월 5일 싱가포르의 국제전략문제연구소에서 행한 연설문에서 다음과 같이 밝히고 있다. 미국 국방전략은 첫째, 기존의 우방국, 협력국은 물론 새로운 협력국과의 관계를 강화시키는 것, 둘째, 예상치 못한 위협을 다룸에 있어 더 큰 유연성을 발휘하는 것, 셋째, 정적인 군사태세가 아닌 신속배치능력에 초점을 맞추는 것, 넷째, 지금의 위협이 지역적 경계를 넘나들고 있으므로, 인위적으로 상정된 지역개념을 뛰어넘는 것 등으로 요약된다는 것이다.

이를 위해 미국은 인도, 파키스탄과 같은 기존의 동맹을 새롭게 조망하고 있고, 예멘이나 우즈베키스탄과 같은 새로운 국가들과 협력관계를 다지고 있으며, 필리핀의 안보계획의 현대화와 보조를 맞추고 있다고, 유럽, 호주, 동아시아 등과의 정보협력, 중국과의 더 나은 관계 추구 등의 정책을 추구하고 있다고 말하고 있다. 나토는 아프가니스탄에서 국제안보지원군을 이끌고 있으며, 뉴질랜드, 한국, 인도, 호주, 일본, 몽고, 필리핀, 싱가포르, 브루나이, 태국 등 여러 나라들이 아프가니스탄과 이라크에서 미국을 돕고 있다는 점을 강조하고 있다.

이러한 새로운 미국의 국방전략은 2년 반 내지 3년 동안 구상되고 추진되어 온 것이라고 럼스펠드 장관은 설명하고 있는데, 미국은 우선 전 세계적 차원에서의 국방전략을 수립하고 이를 미국 의회와 광범위하게 토론한 이후 행정부 내 각 부처들과 업무조정을 시행하고, 우방국들과 협의하여 추진하는 순서를 밟았다는 것이다. 그리고 현재는 의회와의 토론을 기반으로 우방국들과 2차 협의에 돌입한 상태라고 설명하고 있다.

럼스펠드장관은 또한 미국의 해외주둔군은 이들을 원하는 국가, 이들이 대접받을 수 있는 국가, 이들을 유용하게 사용할 수 있는 환경을 제공하는 국가들에만 주둔할 것이라는 점을 명확히 하고 있다. 특히 미국의 국방전략에 따라 해외주둔 미군을 자유롭게 이동 배치하는 것을 도와줄 나라들을 강조하고 있는데, 이는 향후 미국의 전략이 자유로운 이동군대를 상정하고 있기 때문이다. 럼스펠드 장관은 일정정도의 기민성과 이동 배치성, 상황에 맞춘 혼합, 적응군, 오늘날 통신, 교통기술 수준에 맞춘 군사경영전략 등의 중요성을 끊임없이 강조하고 있다.

한마디로 미국의 전략은 21세기 전략이며 20세기적 사고방식으로 향후 미국의 국방전략의 변화를 이해하고 예 측해서는 알기 어려울 것이라는 점을 강조하고 있다.

결국 미국의 동맹 변환 전략은 한미동맹을 비롯한 동아시아 동맹 구조에도 큰 변화를 가져오게 된다. 미국은『전 세계적 방어태세 재검토』(Global Defense Posture Review, GPR),『통합된 전 세계적 주둔 및 기지조정 전략』(Integrated Global Presence and Base Strategy, IGPBS)을 통해 미군 전략의 표준화, 해외 미군 자산의 통합운용, 고도의 신속 기동화 등을 강조하기 시작했다.

국방전략과 동맹전략의 변화는 결국 해외에 주둔하고 있는 미군기지와 병력, 전력의 재조정과정으로 귀결되었다. 해외주둔배치군 재조정 계획은 해외주둔 미군재배치계획안에 따라 전 세계 미군 기지를 4단계로 재분류하여 진행되었다. 1단계는 전력투사거점(PPH: Power Projection Hub)으로 대규모병력과 장비의 전개 근거지이다. PPH는 해외에도 있을 수 있지만 주로 하와이와 플로리다, 괌 등 미국 내 기지이며 미 국방부는 일본도 PPH 후보지로 검토되었다. 앤디 호언(Andy Hoehn) 미 국방부 전략담당 부차관보는 PPH는 미 본토와 괌, 영국, 일본, 호주 등에 국한될 것이라는 의견을 밝힌 바 있다. 2단계는 주요작전기지(MOB: Main Operating Bases)로 초현대식 지휘체계를 갖추고 대규모 병력이 장기 주둔하는 상설기지이다. MOB는 평소에 미군의 훈련을 지원하며 인근국가와 안보협력 관계를 유지하는 기능을 한다. 3단계는 유사시에 대비한 시설은 갖추되 상주병력은 소규모로 한 전방작전거점(FOS: Foward Operating Sites)이며, 마지막으로 4단계는 소규모 연락요원이나 훈련장 시설만 최소한으로 유지하는 협력적 안보지점(CSL: Cooperative Security Locations)이다. 미국 측은 GPR을 시행하여 오산·평택의 주한미군 기지는 MOB나 PPH와 MOB의 중간단계 정도가 되는 것으로 설정하였다(이상현 2004).

미국은 이러한 분류가 기능적 분류이며 중요성에 따른 분류가 아님을 강조하면서, 동맹국들이 자국의 기지의 성격에 따라 미국의 동맹국으로서의 중요성을 결정하지 말 것을 요청하였다. 결국 미국은 붙박이 주둔형 동맹을 유연하고 신속이동이 가능한 동맹으로 변환하고자 했고, 그 과정에서 주한미군의 전략적 유연성 문제도 제기되었다. 보다 구체적으로 미국은 한미동맹에 대해서, 주한미군의 병력의 수는 감축시키되, 향후 110억 달러의 투자는 물론, 발전된 무기의 재배치를 통해 병력의 감축이 전력의 약화로 이어지지 않도록 하려 했다. 또한 미국은 주한

미군의 개념을 바꾸어, 수시로 이동배치상황을 변화시키려 했다. 따라서 미국은 한국이 미군의 투입과 철수를 자유롭게 허용하고, 이를 도와줄 수 있는 체제를 갖추도록 원했다. 미국은 21세기 주된 안보위협이 테러집단의 위협, 그리고 대량살상무기의 확산이라고 보고 있기 때문에, 이를 저지하기 위해 한미동맹이 일정한 역할을 하기를 원했고, 이는 동남아 테러사태에 대한 한미동맹의 역할기대, 북한의 대량살상무기 확산에 대항하는 체제에 한미동맹이 일정한 역할을 하도록 하는 개념 등을 포함하는 것으로 볼 수 있다. 개념적으로 미국은 주한미군은 물론 한국군이 지역군은 물론 지구군으로서 이동 배치되는 융통성을 가지기를 원하는 상황이었다. 따라서 한국정부는 한국군의 해외배치에 대해서는 엄격한 금지의 입장을 취하고자 노력할 수밖에 없었다. 미국은 이 시기에 테러와의 전쟁을 위해 장기적으로 주둔할 수 있는 우호적인 주둔환경을 찾았고, 그 일환으로 주한미군의 한수이남 배치계획을 추진했다. 지역차원에서 미국은 한미동맹의 구조조정에서 중국과의 관계를 의식하지 않을 수 없었으나, 중단기적으로는 가능하면 중국을 미주도의 체제에 편입시키고, 중국과 반테러전이라는 기본 목표 하에 협력하는 것을 우선적인 목표로 삼았다고 보아야 할 것이다. 미국은 또한 자국의 전력체제가 기술의 발전과 더불어 변환되는 것을 가속화시키고 있으며, 이에 따른 한국군의 협조적 상호변환, 전략적 협조 등을 위한 체제 마련을 원하고 있었다.

탈냉전기 한국 정부는 미국의 단극체제에서 한편으로는 북한의 안보위협에 대처하기 위해 미국과의 동맹을 강화하면서도 미국식 일방주의의 요구에 끌려 다니지 않도록 동맹 속에서의 자율성 확보에 노력하게 되었다. 특히 반테러전쟁과 중동에서의 전쟁이 지속되면서 한미동맹의 지구적 역할을 강조하는 요구가 미국으로부터 대두되고 한국은 미 단극 체제 하의 외교전략 마련에 부심하게 되었다(전재성 2015, 19).

일본은 고이즈미 정부가 추진해 온 미일동맹의 강화에 의한 일본의 정치적, 군사적 역할 확대노선은 유지했다. 미일동맹은 지속적으로 강화되고 대미기축외교도 대체로 유지되었다. 이 시기 총리로 등장한 아베총리는 관방장관 시절부터 친미적 자세를 보여 왔으며, 미국도 아베총리를 우대하여 온 바 있다. 일례로, 2004년 아베의 방미 시에는 백악관에서 기자회견을 하는 등의 파격적인 대우를 받기도 하였다. 2006년 북한의 미사일발사 이후 행해진 미일협의의 일본 측 창구도 아베총리였다. 아베총리는 전후세대 정치인답게 대등한 미일동맹을 주장하여, 미일동맹을 보다 쌍무적인 동맹으로 발전시켜야 하며 이를 위해서는 집단적 자위권의 행사가 필요하다는 점을 강조한 바 있다. 따라서 국제사회에서의 일본의 능력과 역할확대를 위해서는 미일동맹이 과거와 같은 주종의 관계가 아닌 미일이 책임과 권한을 분담하는 형태로 발전해야 한다는 것을 강조하고 있다. 이러한 정책기조는 지속되어 미일 동맹은 한층 강화되는 형태를 띠어왔다.

2) 미중관계의 변화와 한국 외교환경

21세기 초 미국의 세계전략은 이중예방전략-21세기적 테러의 예방과 근대적 패권경쟁국의 도전 예방-이라고 한다면, 이러한 세계전략은 동북아 차원에서도 그대로 적용되었다. 테러예방을 위해 미국은 동아시아에서 대량살상무기 비확산과 테러네트워크 차단, 대테러전쟁 수행을 위한 동맹변환과 변환외교를 추진했다. 특히 북한의 대량살상무기 확산, 핵프로그램 제거는 미북 관계가 아닌, 지구적 테러예방과 비확산 차원에서 다루었고, 이는 동아시아 전략이라기보다는 지구적 차원에서 지속된 의제이다. 특히 미국의 동북아 전략 중, 테러예방을 위해서는 중국의 외교적 지원 유지, WMD 확산에 관한 중국의 혐의 제거, 미일동맹의 성공적 변환, 한미동맹 관리 등이 중요한 목적으로 등장했다.

다른 한편으로는 패권경쟁 예방을 위해 동아시아 전략의 핵심 역시 대중 전략이라고 할 수 있다. 대중 정책 부분에서, 테러 등 21세기 이슈에 관한 중국의 협력이 필요하지만, 패권경쟁에서 중국이 강화되는 것을 막아야 하는 본질적 모순관계에 있다. 미국은 관여와 봉쇄의 이중전략(congagement), 책임있는 이해상관자(responsible stakeholder), 양방전략(hedging strategy) 등의 용어를 사용했고, 이 과정에 미국의 고민이 반영되어 있다.

미국은 동아시아 속의 지구적 차원의 테러문제 관리, 대중 양방전략의 지속, 미일, 한미동맹 변환 및 강화라는 틀 속에서 이중 예방전략을 추진했다. 보다 구체적으로 미중관계를 살펴보자면, 중국위협론 대두 등으로 인해 2005년 상반기에 냉각상태를 보이던 미중관계는 2005년 하반기에 미중 차관급 고위급대화(senior dialogue)가 개최되면서 조금씩 회복되기 시작했으며, 로버트 졸릭 미 국무부 부장관이 2005년 9월 21일 미중관계 국가위원회 (National Committee on U.S.–China Relations) 연설에서 중국을 현 국제체제의 "이해상관자"(stakeholder)라고 표현하면서 미중관계가 실리 위주의 관계로 재정립될 수 있는 계기를 마련한 바 있다.

미국이 이해상관자라는 용어를 쓴 것은 중국의 눈부신 경제발전이 국제정치적 위상 제고로 이어졌다는 것을 공식적으로 인정한 것이라 할 수 있다. 2006년 4월 20일 워싱턴에서 개최된 미중정상회담은 양자 간 현안(교역 불균형, 인권, 지적재산권, 환율정책 등)과 지구촌 문제들(북핵, 이란 핵, 환경문제 등)을 광범위하게 다뤘으나 어느 하나 뚜렷한 해결책을 이끌어내지 못함으로써 미국이 기대하는 이해상관자로서의 역할을 중국이 성실히 수행하기까지 적잖은 난관이 존재한다는 점을 증명하기도 하였다.

미중 정상회담은 미중관계가 이해상관자의 입장에서 재정립되기까지 상당한 시일이 걸릴 것임을 보여주었으나, 테러리스트의 손에 대량살상무기가 유입되는 상황을 가장 우려하고 있는 미국으로서는 중국과의 협력을 추구해나갈 수밖에 없다는 점 또한 보여주었다. 중국으로서도 아직은 미국에게 전략적으로 도전할 시점이 아니라는 것을 인식하고 최대한 자세를 낮추는 모습을 보여주었다는 점에서 전략적 불신 속에서도 양국의 협력 가능성을 모색했다고 보아야 할 것이다.

미 부시 행정부는 중국과의 장기적 전략이해의 충돌 가능성을 염두에 두고 중국을 좌(중앙아시아 미군 주둔 확대), 우(미일동맹 강화, 한미동맹 재조정), 아래(베트남”인도와의 협력 강화, 동남아 테러대응체제 확립)로부터 견제해 나갈 것을 도모해왔다(김성한 2006). 반면, 중국도 이에 대해 아프리카, 서남아시아, 동남아시아, 라틴 아메리카와의 연결을 도모하며, 대미 반패권 연합 가능성을 모색했다. 중국의 경우, 외교정책이 미국의 국제정치적 틀 속에서의 부상이라는 모습을 띠지만, 궁극적으로는 자국 중심의 국제질서를 만들어가려는 거시적 노력을 하고 있는 것이라는 관찰이 가능하다. 중국은 담론의 차원에서 기존 중국의 제국전략, 지역전략, 천하질서와의 연속성 등을 강조하는 견해를 가지고 있으며, 최근에는 문명발전의 시각을 제시하여, 중국 전통문명의 우월성, 전통과 현재의 조화 가능성, 중국문명과 서양문명의 조화가능성 등을 주장한 바 있다.

보다 구체적으로 장쩌민시기(1989–2002)의 외교는 기존의 추상적인 "독립자주외교노선"을 실리주의 원칙에 입각하여 "대국외교, 주변국외교, 다자외교"방향으로 세분화하여 적용하기 시작한 시기였다. 즉, "중국 위협론"에 입각한 대중국 견제를 극복하기 위해 평화적 이미지를 바탕으로 주변국과의 관계를 적극 개선했던 시기이며, 동시에 국제적 영향력을 제고하기 위하여 "대국 및 다자외교"를 적극 전개하기 시작한 시기라고 보인다. 한편, 후진타오체제(2002–2012)의 중국 외교는 장쩌민 시기의 "대국, 주변 및 다자외교"를 계승하면서도 다른 특징을 동시에 보여주는 데, 이는 보다 적극화된 "'대국화" 외교를 특징으로 하고 있었다. 기존의"평화와 발전"을 강조하는 외교방침에"협력"을 추가하여 국제정치적으로 다 적극적이고 긍정적인 역할을 수행하겠다는 의지를 보여준 것이다. 후진타오 외교의 슬로건으로 그간 제기된 "화평굴기", "화평발전" 전략에서 조화를 우선한다는 "화자위선(和字爲先)" 외교로 변화, 중국이 평화적인 수단을 통하여 대국화를 적극 추진하고 있으며, 이 과정에서 초강대국인 미국과의 관계를 가장 중시하고 대립적인 관계로 전화하는 것은 적극 회피한다는 정책적 함의를 지니고 있다고 분석할 수 있다(김홍규 2006).

또한 중국은 2001년 3월 중국 제9기 전국인민대표대회(전인대) 4차 회의에서 국민경제 및 사회발전 10차 5개년 계획(10·5 계획)을 확정하고, 이를 달성하기 위한 구조조정, 개혁·개방, 과학기술 향상, 생활수준 제고 등을 추진하였다. 중국은 지속적인 고도 경제성장을 위한 개혁 추진에 필요한 주변 환경을 조성하고, 역내 강대국으로서의 영향력을 유지·확대시켜 나가기 위한 전방위 외교정책을 추진해 오고 있다. 중국은 9·11 테러 사태를 대미 관계개선의 계기로 적극 활용하면서도 미·일 동맹체제의 강화 및 일본의 군사 대국화에 대한 경계심을 늦추지 않고 있다.[7]

3) 한국의 주변국 외교

1998년 등장한 김대중 정부는 우선 대북 화해·협력 정책에 대한 국제사회의 지지를 확보하여 한반도에서 평화체제의 기반을 구축하기 위한 외교적 노력을 전개하였다. 미국의 부시 행정부와 한반도 평화와 안정을 위한 대북정책 공조를 강화하여 우리의 대북 화해·협력 정책에 대한 미 행정부의 확고한 지지를 확보하였고, 대북정책에 대한 한·미·일 3국 간 긴밀한 공조체제의 유지를 위해서도 노력하였다.

둘째, 한반도 주변 4국 등 주요국과의 실질협력관계를 심화·발전시키기 위해 노력하였다. 미국과는 안보동맹을 공고히 유지하는 가운데 민주주의와 시장경제의 가치를 공유하는 성숙한 동반자관계를 강화하였

7 외교부, 외교백서 2002.

다. 중국과도 다방면에 걸친 우호협력관계를 강화하였으며 정치·군사 분야를 포함한 전면적 협력관계의 발전을 추구 하였다.

셋째, 지속적 경제발전을 뒷받침하는 경제·통상외교를 강화하였다. 미, 일, EU, 중 등 주요 교역국과의 통상마찰을 예방·해소함으로써 우리기업의 안정적인 해외진출 환경을 조성하고, 반덤핑 등 외국의 수입규제조치에도 적극 대응하였다.

넷째, 지역협력 활동을 한층 강화하였다. 동아시아 지역협력 심화를 위해 한국의 주도로 동아시아 공동체 실현을 위한 주요 권고사항과 구체적 협력조치 제안을 담은 동아시아 비전그룹(EAVG) 보고서를 제출하였고, 동아시아 연구그룹(EASG) 출범 및 활동 활성화, 동아시아 협력을 위한 3대 중점 연구과제(동아시아 정상회의, 동아시아 포럼, 동아시아 자유무역지대) 제안 등을 통해 동아시아 지역협력 강화를 주도하였다.

김대중 정부는 부시 행정부 출범 이후 2001년도에 2회의 정상회담, 4회 외무장관 회담 등을 통해 한·미 동맹관계의 중요성을 재확인하고 우리의 대북 화해·협력정책에 대한 미국 측의 확고한 지지를 확보하였다. 김대중 대통령은 2001년 부시대통령과 정상회담을 가지고 그 성과를 다음과 같이 보고한 바 있다. 즉, "첫째, 한미 간 동맹적 협력관계의 확인, 둘째, 햇볕정책의 성과 인정, 셋째, 남북관계에 있어 우리의 주도권 인정, 넷째, 2차 남북정상회담에 대한 지지, 다섯째, 제네바 합의의 준수 등"에서 합의를 보았다는 것이다. 또한 김대중 대통령은 햇볕정책을 부시 대통령에게 상세히 설명하고 동의를 얻었다고 언급하고 있다. "한반도 안보를 위해서 미국은 미사일이나 핵같은 대량살상무기 문제를 주로 북한과 협상하고 한국은 불가침 합의를 통해서 무력불사용과 군축 그리고 교류 협력을 통한 긴장완화를 다루는 역할분담이 바람직하다고도 제안"했다는 설명이다. 또한 "남북관계 개선을 위해 확고한 한미공동방위체제와 한미일 공조를 튼튼히 유지"하기로 합의하였다고 강조하고 있다(김대중 대통령 미국 방문 귀국 보고. 2001.3.11).

또한, 대북정책조정그룹(Trilateral Coordination and Oversight Group: TCOG) 회의 등 각급 회담을 통한 한·미·일 간의 긴밀한 대북정책 공조 체제를 유지하였다. 더불어 한반도 평화정착을 위한 중국, 러시아의 건설적 역할을 확보하기 위해 이들 국가와의 지속적인 협력관계를 유지하였다.[8]

이후 노무현 행정부는 이러한 미국의 압력에 직접 처하게 되는데, 한미동맹을 어떻게 재조정할지, 그리고 미국의 대테러 지원 요구에 어떻게 대처해야 하는지 많은 도전에 직면하게 된다. 노무현 정부는 12대 국정과제의 하나로 "한반도 평화체제 구축"을 설정하고 실천과제의 하나로 "한미동맹의 미래 지향적 발전"을 지정한다. 한미 동맹의 미래지향적 조정은 한반도 평화정착과 냉전적 동북아 질서 재편을 목적으로 한 것이다. 노무현 정부는 한편으로는 자주국방을 강조하는 진보 정권이었지만, 미국 중심의 세계질서가 강화되는 환경에서 한미동맹 또한 추구해야 하는 상반된 동기를 가질 수밖에 없었다. 노무현 대통령은 "그동안 참여정부는 미국에 대한 심리적 의존상태를 극복하기 위해 노력하면서, 자주국방 역량을 한층 강화해 왔습니다. … 자주국방과 한미동맹은 함께 발전해가야 합니다. 결코 양자택일의 문제가 아닙니다"라고 언급하

8 외교부, 외교백서 2002.

기도 하였다(육군3사관학교 제42기 졸업 및 임관식에서의 노무현 대통령 연설 2007.3.16).

한미 양국은 동맹 재조정을 위해 많은 정상회담을 통해 문제를 조정하고자 노력하였다. 한미 양국은 2003년 동맹 조정작업을 처음 시작하여 2사단을 포함한 주한미군의 한강 이남 이동이 논의되었다. 이후 2003년 5월 워싱턴 정상회담을 통해 주한 미군 한강 이남 배치를 신중히 고려하기로 하였다. 이즈음 노무현 대통령은 "주한미군의 역할은 동북아시아의 평화와 안정을 위해서도 매우 중요"하다고 언급하고, 한국은 "걸프전과 동티모르 평화유지 활동에 적극 참여했고, '9·11 테러' 당시에는 대다수 한국민들이 미국민들과 슬픔을 함께" 했으며, "국제적인 反테러 노력에도 협력했고, 아프가니스탄 전쟁도 적극 지원"했다고 강조하고 있다(코리아 소사이어티 초청 만찬연설, 2003.5.13).

2003년 10월 APEC 방콕 회담 중에도 한미 양국 정상은 2차 정상회담을 개최하고 "포괄적, 역동적, 호혜적 동맹"을 발전시켜 나가기로 천명하였다. 주한 미군 배치도 기존 합의대로 하기로 하고, 결속과 신뢰를 다지려 노력하였다.

이후 한미동맹은 구조적 재조정과정에서 주한미군 이전, 분담금 재분담, 주한미군의 전략적 유연성, 한국군의 국방개혁, 북핵문제 대응, 전시작전통제권 환수, 이양일정 등을 둘러싸고 일련의 협상을 벌여왔고, 이러한 협상의 결과가 2006년 10월 20일에 열렸던 연례안보협의회 협상과정에서 일단락되었다. 무엇보다 중요한 이슈는 현재 작전통제권의 이양시기였다. 2006년 전후 전작권에 대한 국내외 논의는 상당히 진행된 상태였고, 이미 한미정상회담 당시 전작권의 이양에 대한 기초적 합의,

그리고 전작권 이양시점에 대한 미국의 입장 표명이 명확히 된 상황에서였기 때문에, 성과가 쉽지는 않았다. 이 시기 이양을 둘러싸고 한미연합사의 지위 약화 및 작전지휘 체제의 공백 상태에 대한 우려, 전작권 이양을 둘러싼 한국 내 정치적 갈등의 악화 가능성, 전작권 이양으로 인한 주한미군 전략적 유연성 강화의 군사적 이점 극대화, 미일동맹 변환과 더불어 한미동맹 변환의 계획성, 가시성을 높여 불안요소를 제거하려는 의도 등이 주된 고려 대상이었다.

한국과 미국은 계속되는 연례 안보협의에서 한미동맹 비전에 관한 공동연구를 통해, 동맹의 지역적, 지구적 역할에 대해 논의하는 데에 주목해왔다. 변화하는 안보환경에 대비하기로 약속하는 거시적 틀에서의 합의를 보려는 노력의 일환이다. 보다 구체적으로 명령관계연구(Command Relations Study(CRS))의 결과에 따라, 2009년 10월 15일에서, 2012년 3월 15일 사이에 전시작통권 이양을 약속하였으며, 2007년 상반기 내에 세부적인 공동계획을 마련하기로 약속하였다. 그리고 한국이 독자적인 전력을 갖출 때까지 보완전력(bridging capabilities)을 제공하기로 약속하기도 하였다. 더불어 임무전환과 연합군사력 증진계획 강조하고, 2006년 1월의 전략대화에 기초한 미군의 전략적 유연성의 중요성 강조하였다.

이 시기에 연례안보협의에서 미국은 한미동맹의 "지역적" "지구적"역할에 대한 논의를 본격화하고, 더불어 작년에 이어 전략적 유연성에 대한 강조를 지속저으로 표현히였다는 짐이다. 세부석인 논점보다, 큰 틀에 있어서 점차 변화되고 있는 모습을 보이고 있는데, 한국에서는 이를 추상적 차원에서 다루고 주의를 기울이지 않는 경향이 있는 것도 사실이다. 노무현 행정부 당시 공동성명을 보면, 테러에 대한 지구적 차원의 대응, 지구적 차원에서 변화하는 안보환경, 지구적 차원에서 미국의 역할 변화에 대한 논의는 있었지만, 한미동맹의 지역적, 지구적 역할에 관해 직접적인 문구가 삽입된 것은 처음이라고 할 수 있다.

미국은 세계전략과 동북아 전략의 틀 속에서 한미동맹과 미일동맹의 변환을 추구해 왔고, 이는 한국의 대일 정책에도 간접적으로 영향을 미쳤다. 미국의 동맹변환 목표는 지구적 차원의 이중 예방전략에 종속되는 것으로, 2006년 한미 간 전략대화 및 한미안보협의회의(SCM)에서의 합의, 미일동맹 관련 2+2회담과 미일동맹 구조조정 일정 확정 등의 상황을 보면 변환전략이 어떻게 진행되었는지 엿볼 수 있다. 2006년 미국 중간 선거 이후 럼스펠드 장관의 퇴임에도 불구하고, 부시행정부의 군사변환은 지속되어 왔고, 동맹 구조조정은 지속되었다.

4) 남북관계 변화와 한국의 대북 외교

이러한 지역 차원의 변화는 남북관계에도 직접 영향을 미치게 되는데 그 주된 영향은 우선 북한에게 향했다. 테러 발생 이후 미국의 핵무기 비확산 전략이 더욱 강경해지면서 북한 문제에 대한 접근이 북한의 미래 위치 설정이라는 정치적 성격을 띠기보다는 비확산의 지구적 규범의 문제로 여겨지기 시작했다. 미국은 이란, 이라크와 함께 북한을 소위 악의 축 국가로 명명하고 북핵 문제에 강경한 자세를 보였다. 북한은 다양한 정치적 목적으로 핵을 개발하고 있었지만 미국은 핵물질의 확산 및 유통, 그리고 미국에 대한 핵테러에 대한 경계심 때문에 북핵 문제를 한국과 반드시 일치하지는 않는 시각에서 다루게 된 것이 사실이다

(Ford, Hosford, and Zubrow 2009). 앞에서 논의한 바와 같이 북핵 문제라는 중요한 사안을 보는 강대국의 시각과 남북한의 시각이 편차를 보이면서 문제는 해결이 어렵게 된다. 미국이 단극체제 하 비확산 문제로 북핵 문제를 보면서 김대중 정부의 대북 포용정책과 큰 시각차를 노정하게 된 것이다.

북핵 문제가 불거지면서 분단의 성격과 남북관계는 점차 국제화하게 된다. 미국이 북핵 문제를 지구적 규범의 문제로 여기게 되면서 중국도 북한의 비핵화의 목적을 공유하지 않을 수 없게 된다. 2002년 10월 북한이 제네바 합의를 어기고 우라늄 농축을 이용한 핵개발을 계속해왔다는 주장이 불거지면서 제네바 8년 체제가 종식되고 소위 2차 북핵 위기가 발발했다. 2000년 6·15정상회담 이후 급속히 증가하던 교류, 협력 역시 2차 핵 위기와 더불어 점차 약화되고 남북관계는 북핵 문제와 긴밀하게 연동되면서 전개된다. 미국은 2003년 중국, 북한과의 3자 회담에 이어 일본, 러시아, 그리고 한국이 참여하는 소위 6자 회담을 출범시키게 된다. 중국은 미국과 북한 비핵화의 목적을 공유하면서 북한의 미래에 관한 주요 협상을 6자 회담의 틀에서 추진하기로 합의하였다.

VI. 미중관계의 변화와 한국의 지역외교전략

1. 2008년 경제위기와 중국의 부상

9·11테러가 발발하고 2008년 경제위기가 발생할 때까지의 시기는 미국의 힘이 극성기에 이르러 미국 단극체제의 특징을 보여준 시기였다. 한국의 지역전략은 미국 단극체제 하에서 미국의 지구전략과 지역전략의 영향을 압도적으로 받을 수밖에 없었다. 노무현 행정부는 동북아 중심시대를 추구했지만 한미동맹 변환, 한미 자유무역협정 등 미국과의 관계를 중시할 수밖에 없는 상황에 놓여 있었다. 이는 일본과 중국 역시 다르지 않았다. 일본은 미일 동맹을 강화하는 가운데 보통국가화의 꿈을 실현시켜가고 있었다. 중국 역시 미국과의 경쟁 구도가 형성되고 있었지만 반테러전에 대한 참여, 그리고 미국과의 협력 관계를 유지하며

국력을 키우는데 치중하였다. 한국은 미국을 축으로 일본과의 협력을 유지하면서 중국과의 전략적 관계설정을 서서히 심화시키고 나갔다고 할 수 있다.

그러나 미국의 부시 행정부는 단극체제의 정점에서 새롭게 등장한 테러의 문제에 대처하는 과정에서 어려움에 봉착하게 된다. 아프가니스탄 전쟁과 이라크 전쟁을 거치면서 해외주둔군을 유지하는 과정에서 재정지출이 증가하고, 외교적으로도 미국에 대한 반발에 직면하였다. 단극체제 하 미국의 전략은 비국가행위자의 도전을 막는 것도 있지만 경쟁국이 부상하는 것을 막는 것도 중요한 과제이다. 소위 BRICs 국가로 불리우는 브라질, 러시아, 인도와 함께 중국은 빠른 속도로 부상하며 미국 단극체제에 도전하였다. 미중 양국은 지구적 차원에서 테러 문제를 비롯하여, 환경, 에너지, 재해 등 다양한 차원에서 협력하였지만, 동아시아 차원에서는 갈등과 경쟁의 모습도 보였다.

미국이 2008년 경제위기를 겪으면서 소위 미국 쇠퇴론 등 많은 어려움에 직면한 것과는 대조적으로 중국은 빠른 부상을 보여 왔다. 이에 따라 미국과 중국 간의 세력격차도 빠르게 줄어들고 있음을 알 수 있다. 우선 경제력 지표로 보면 2014년 IMF 발표에 의하면, PPP 기준 GDP로는 중국이 이미 미국에 앞선 것으로 보도되었다. 시장 환율로는 중국의 최신 GDP가 10조 4000억 달러로, 미국의 17조4000억 달러에 크게 뒤쳐진 것이 사실이다. 그러니 물가 지표를 반영한 PPP로 환산하면 중국은 17조 6000억 달러로, 미국에 2000억 달러 앞선 것으로 추산되었다. 향후 중국의 경제가 얼마나 빠른 속도로 성장할지는 두고 보아야 할 일이다. 중국의 성장 속도를 보고 2040년경에나 미중 간의 GDP격차가 줄어들 것이라는 예전의 전망을 수정하기도 하였다. 즉, 2020년대에 미중 간의 전체 GDP가 동등한 정도를 기록할 것이라고 보기도 하였다. 그러나 중국 경제가 안고 있는 구조적 한계들이 확연해진 것도 사실이다. 과잉투자, 지역 간 격차, 계층 간 격차 및 부패 등 다양한 문제들이 제기되고 있으며, 수차례에 걸친 상해 주식시장 폭락 등 향후 중국 정부가 안고 있는 문제들이 어떻게 전개될지는 미지수이다. 소위 "뉴노멀 시대"에 중국 경제의 앞날은 미중 관계에 중요한 요소로 작용할 것이다.

국방비로 보더라도 미중 간의 군사균형이 변화하고 있는 것도 사실이다. 2014년 3월 13일 끝난 전국인민대표대회에서 발표된 2014년 중국의 국방비는 전년대비 12.2% 증가하여 8082억 3000만 위안(145조 원)에 달했다. 통상 중국의 실제 국방비를 발표액의 두 배 정도로 잡는 상황에 비추어 보면, 이 액수는 1조6000억 위안으로 늘어나며 미화로는 2620억 달러가 된다. 6000억 달러를 초과하여 미국의 국방비의 45% 가까이에 이르며, 사실상 미국의 국방비가 전 세계를 상대로 하는 반면, 중국의 국방비는 아시아를 목표로 한다고 할 때 직접 비교는 쉽지 않다. 중요한 점은 미국이 국방비를 계속 감축해 나가는 반면 중국은 증가키고 있다는 점이다. 만약 중국의 실제 국방비가 발표된 국방비의 두 배 이상에 달한다면 향후 10년 양국의 국방비가 비등해진다는 점이며, 동아시아 국면에서 미중 간의 국방비 지출은 곧 중국이 미국을 능가할 가능성이 높다. 그러나 이 역시 미중 간에 존재하는 군사 기술 및 무기체계의 격차를 생각해 보면 향후 격차가 좁혀질지는 두고 볼 일이다. 더욱이 중국의 경제발전이 완화되면서 군사 부분에 대한 투자가 지속될 수 있을지가 관건이 될 것이다.

이러한 변화는 냉전 종식 이후 10여 년간의 미국 단극체제와는 구별되는 국제정치 환경이다. 중국이 부상하면서 실제 국력배분구조에서 동아시아의 미국 단극체제가 약화되었고, 향후 중국이 미국을 추월할 수 있다는 인식을 발생시켰다. 이러한 점에서 탈냉전 전반기 10년과 이후를 구별할 필요가 생기며, 이 시기를 탈탈냉전이라 명할 수 있겠다.

지구적 차원에서의 미중 협력이 동아시아에 어떻게 반영될지는 불확실하다. 양국은 서로 간의 핵심이익을 명백히 밝히면서 협력의 가능성을 찾아나가고 있다. 2009년 전후의 충돌을 재현하지 않기 위해 2+2 회담과 같은 고위전략 회담을 개최하면서 동시에 신형대국관계 담론 속에서 구체적인 이슈 협력도 도모하고 있다. 미중 양국 관계를 돌아보면 2008년 경제 위기를 기점으로 2009년 이전 중국의 신중한 대미 경쟁 국면이 쇠퇴하고, 2009년에서 2010년의 본격적 대결의 국면이 전개된 바 있다. 미중은 대결구도가 양국에게 이롭지 않다는 인식 하에 2011년 1월 미중 정상회담을 거치면서 관계 개선을 추구하고, 2013년 미중 신형대국관계 표명 이후 국면을 변화시키고 있다.

미중의 경쟁이 고조되면서 양국은 2011년 벽두에 양국 관계를 다시 협력적으로 전환하는데 합의하게 된다. 미국은 단기적으로 경제위기에서 탈피하려면 중국의 도움이 필요했고 장기적으로 지도력을 재탈환하기 위해 중국을 비롯한 아시아의 시장과 원활한 외교관계가 필요했다. 중국 역시 강한 자기주장이 주변국들의 반발과 견제를 불러와 미국을 대체할 수 있는 세력이 되려면 더 많은 노력이 필요하다는 내부 반성이 새롭게 생겨났다. 1월의 정상회담을 통해 미중 양국은 상호 간의 핵심이익을 인정하기로 합의했다. 미국은 중국이 추구하는 이익들을 존중하고 중국의 부상을 환영하기로 하였고 중국 역시 미국을 아시아, 태평양 세력이라고 인정하여 아시아중시전략을 추인하는 모습을 보였다.

미중 관계를 하나의 관점에서 일반화하기는 매우 어려워지고 있다. 미중 간의 세력균형의 변화 및 협력과 경쟁구도가 국면별로 세분화, 차별화되는 양상을 보이기 때문이다. 또한 미중 간 지구적, 지역적 차원의 관계 및 주변국과 미중의 관계 또한 복잡해지는 모습을 보이고 있다. 중국의 경제적 부상이 가속화되면서 중국의 영향력은 경제분야를 넘어 정치, 군사, 사회문화 분야로 확대되는 것은 불가피하다. 지구적 차원에서 다양한 거버넌스가 요구되고 중국은 일면 미국과 협력하면서도, 동아시아 지역차원에서는 미국과의 경쟁구도를 강화해나가고 있다. 중국은 2010년경부터 적극적인 주변국 정책을 추진하고 있으며, 시진핑 정부에 들어와서는 친성혜용, 운명공동체 등의 정책언어를 구사하고 있다. 중국의 평화로운 부상과 책임 있는 강대국 이미지 전파에 힘쓰고 있으며, 주변국의 반발과 반대를 극복하기 위해 적극적인 매력공세를 펴고 있다.

중국의 대내외정책이 지향하고 있는 점은 점차 지역적, 지구적 리더십을 증가시키기 위한 기반을 구축하고 제도를 정비하고 있는 것으로 평가할 수 있다. 이렇게 볼 때 미중 경쟁은 구체적 이슈를 둘러싼 경쟁이라기보다는 문제들을 해결하는데 기초와 기준이 되는 규범을 둘러싼 경쟁의 양상으로 나타나고 있다. 즉, 이슈게임에서 규범을 둘러싼 규범게임의 모습을 보이게 된 것이다. 남중국해의 문제를 다루면서는 공해상의 항행의 자유와 해양법의 문제를 우선 다루고, 기후변화에 관한 이슈를 다룰 때에도 환경과 경제발전에 관한 기본 원칙의 문제를 놓고 미중이 대화를 하며, 북한 문제를 다룰 때에도 지정학적 이익보다는 대량살상무기 비확산의 원칙을 다루는 모습을 보였다. 미중의 경쟁이 장기전으로 지속된다고 할 때, 자신에게 유리한 원칙을 확립하여야 향후의 이슈게임에서도 유리한 고지를 차지할 수 있고, 주변국들의 동의를 얻어 외교적 영향력을 발휘할 수 있게 되기 때문이다.

2. 오바마 행정부의 등장과 미중 관계 변화

오바마 행정부는 부시 대통령의 경제위기를 이어받아 등장한 이래, 한편으로는 반테러 전략을 수행하면서 동시에 중국의 부상에 대처해야 하는 어려움에 직면했다. 이 과정에서 오바마 정부는 경제가 역동적으로 발전하고, 중국이 세력을 확장하고 있는 아시아를 중시하는 전략을 2009년부터 본격적으로 추진하게 된다. 이미 부시행정부 후반부터도 아시아의 중요성을 인식하고 정책전환의 경향이 보인 것은 사실이다. 기존 아시아 동맹국과의 관계를 강화하고 동남아의 주요 국가들과의 안보협력을 강화하며 다자안보제도에 대한 관심도 증가하는 등 아시아 중시의 경향은 미국 패권기초를 다지는 중요한 구성요소였다. 오바마 행정부 들어 미국은 중국과의 전략적 협력관계를 강화하는 한편, 장래에 있을 수도 있는 중국과의 경쟁을 대비해 아시아 중시전략을 좀 더 명확히 하였다.

다양한 이름으로 많은 오해를 불러일으킨 아시아중시전략, 혹은 재균형전략은 몇 가지 구성요소로 이루어져 있다. 즉, 한국, 일본 등 기존 동맹국들과의 관계를 강화하고, 중국, 인도 등 부상국가들과의 전략적 관계를 공고히 설정하며, 다자안보제도에 적극 참여하고, 환태평양파트너십(TPP)를 위시한 경제협력관계를 새롭게 하고, 인권 등 가치외교를 강화하는 것 등의 요소이다. 아시아 중시전략은 온전히 중국을 대상으로 한 것은 아니라고 해석할 수 있다. 아시아 시장 전체의 규모와 중요성이 미국에게 인식되고 있으며, 아시아와의 경제관계 강화를 위해 외교관계 및 군사협력도 더불어 강화해야 하기 때문이다. 온전히 중국을 목표로 한 전략으로 해석하기에는 아시아에 걸린 이해가 너무 크기 때문이다.

미국의 아시아 재균형 전략은 다음의 다섯 가지 원칙에 기반한다. 첫째, 양자동맹 중시, 둘째, 명확한 목적과 가치에 기반한 전략(안보, 안정, 경제성장, 민주주의와 인권증진 등), 셋째, 결과를 산출할 수 있는 실용주의, 넷째, 유연한 다양한 수단의 채택으로 비공식적, 소다자주의 틀의 활용(삼자회담, 6자회담 등), 다섯째, 주요 지역 다자주의의 활용 등이다. 이러한 동아시아 전략의 틀 속에서 대중 정책의 뼈대는 세 가지로 요약된다. 첫째, 미국의 동아시아 지역 건축, 둘째, 미중 양자관계, 셋째, 미중의 다양한 이슈별 협력임이며, 보다 구체적으로 미국은 기존의 동맹국(한국, 일본, 호주, 필리핀, 태국) 및 파트너들(인도네시아, 인도, 베트남, 싱가포르, 말레이시아, 뉴질랜드)과 긴밀한 관계를 유지하면서 전진배치 외교전략을 추진한다는 것이다.

이러한 아시아 정책은 미국의 재정적자와 때를 같이 한다. 의회의 재정감축안 이래 미국은 최근 국방전략 가이드라인을 발표했다. 2012년 1

월에 발표된 *Sustaining US Global Leadership: Priorities for 21st Century Defense*이라는 국방부 문서의 핵심은 첫째 미국 군사력의 전력구조와 투자를 아시아 태평양지역과 중동으로 재조정한다는 점, 둘째, 기존의 대규모 주둔형 전략구조를 전환하여 신속 이동이 가능한 형태로 변환한다는 점, 셋째, 10년간 4,870억 달러의 국방예산 축소를 해야 하는 상황에서 영향을 받지만, 대테러전, 대량살상무기 확산 방지, 동맹국 지원, 사이버전 대비 등 주요 분야의 예산은 보존, 혹은 증강될 것이라는 점 등이다.

미국이 아시아 태평양지역을 중심적인 전략 대상지역으로 보고 있다는 점은 명백히 드러난다. 미국은 테러로 인한 지구적 안보환경을 첫 번째로 꼽고 있지만 예년에 비해 그 중요성이 점차 약화되고 있으며 오히려 아시아 태평양지역이 미국의 향후 경제발전과 동맹국과의 관계 강화에서 매우 중요하다고 강조하고 있다. 미국은 미국 국방전략의 목표 우선순위 중 세 번째로 반접근, 지역거부전략에 대한 대응을 논의하고 있는데, 첫 번째와 두 번째가 대테러, 공격억지 및 방어라는 일반적 목적이고 보면 대중 전략을 사실상 매우 중요한 목표로 상정하고 있음을 볼 수 있다. 관련하여 미국은 이러한 반접근, 지역거부 전략에 대비하기 위한 군사전략의 모습을 점차 구체화하고 있다. 작년까지 소위 공해전투(air—sea battle)의 개념을 중시하다고 올 초 합동작전접근개념(Joint Operational Access Concept)을 제시하여 중국의 전략에 맞서는 각 군간 합동 전력 강화 및 새로운 전략 창출에 고심하고 있다.

중국이 미국의 아시아 중시전략을 대중 봉쇄전략으로 우선 인식했기 때문에 미국으로서는 중국과의 관계설정을 새롭게 할 필요에 직면해 있었다. 군사적으로 미중이 전략적 경쟁관계에 돌입하기 시작한 것은 사실이다. 미국이 기존 동맹국들과의 관계를 강화하고 중국의 영향력 확대를 경계하여 서태평양 지역의 군사력 증강에 많은 힘을 쏟았다. 중동 등 흩어져 있던 미국의 군사력의 상당부분을 아시아에 집중시키고 예산압박 속에서도 아시아의 군사비 감축을 경계하는 모습을 보였다. 중국이 서태평양 지역에서 점차 미국을 밀어내는 전략을 쓰고 있다는 판단 하에 중국의 소위 반접근, 지역거부 전략에 대처하기 위한 공해전투 전략과 합동작전접근개념 등의 개념을 제시하였다. 그러나 군사적 경쟁과 균형을 향한 미중의 움직임이 경제와 사회문화 영역에서의 경쟁으로 확산되는 것은 아니다. 미중 관계의 특징 중 하나는 군사적 세력균형과 경제사회적 협력이 공존하는 관계를 유지해나간다는 것이다. 미국은 현 단계에서 중국의 군사적 밀어내기 전략에 대해서는 강하게 균형을 취하지만 경제사회 영역에서는 지속적으로 협력을 추구한다.

미국의 동아시아 재균형 전략에 대해 중국은 국가전략 차원에서 아시아의 공동발전을 도모하고 조화로운 아시아를 만드는 목표를 천명하고 있다. 후진타오 주석은 2011년 4월 보아오 포럼 개막연설에서 이를 위한 다섯 가지의 제안을 제시했다. 첫째, 문명의 다양성을 존중하고 이웃과의 좋은 관계를 증진하는 것. 둘째, 발전패턴을 변화시키고 전면적 발전을 도모하는 것, 즉, 지구적 조류에 맞게 경제발전을 추구하고 현실경제와 금융, 국내부문을 조화시키는 것, 셋째, 발전의 기회를 공유하고 도전에 함께 임하는 것, 넷째, 차이에도 불구하고 공통점을 찾아 공동안보를 증진하는 것 등, 냉전적, 제로섬 게임의 정신상태를 극복하고 지역안보협력을 추구하여 평화와 안정을 이룩하는 것, 다섯째, 상호 간의 이익을 도모하고 지역협력을 심화하는 것 등이 목표라는 것이다.

중국은 또한 향후 10년간 국민들의 복지를 향상시키는 전면적인 소강사회 건설을 목표로 안정된 경제발전을 추진해야 하는 처지이다. 또한 안정된 경제발전과 내수 진작, 국내경제 불평등 해결 등도 당면과제로 제시되어 있다. 따라서 미국과 조기의 과도한 패권경쟁을 추구하는 것은 회피해야 하는 상황이다. 결국 단기적 차원에서 미국에 대한 균형전략을 사용할 가능성은 적으며, 경제위기로 미국의 지도력이 약화된 것은 사실이지만 국가전략 차원에서 위기해결을 위한 공동노력은 중국의 대전략과도 일치한다고 볼 수 있다.

이러한 점에서 중국이 2012년부터 제시한 신형대국관계는 향후 미국의 경제력 회복과 지도력 강화를 위한 일시적 후퇴단계에서 현상을 유지할 수 있는 적절한 휴지기가 될 수 있다. 더불어 중국에게 책임 있는 강대국의 행위를 요구할 수 있는 담론구조이기도 하다. 미국은 그간 중국이 상당한 국력과 영향력을 가지고 있음에도 불구하고 지구적, 지역적 공공재를 제공하는데 소극적이었으며 자국에게 유리한 영역에서 선별적인 강대국 외교를 해왔다고 인식하고 있다. 아시아 중시전략을 제시하면서 클린턴 국무장관은 중국에게 지속적으로 일관된 책임 있는 이해상관자의 역할을 하도록 요구하고 미국에게 단극체제 탈피를 요구하려면 중국 역시 공공재를 위한 비용을 치르는 강대국이 되도록 요구한 바 있다. 신형대국관계는 중국이 미국과 같은 지위를 가진 강대국으로 부상하면서 이러한 미국의 요구에 일정 부분 반응할 수밖에 없는 담론구조이기 때문에 미국으로서도 유리한 부분이 있다.

중국에게 신형대국관계는 몇 가지 함의를 가진다. 첫째, 강대국 외교를 추구하는 공식 선언이라는 것이다. 중국은 엄청난 경제력을 축적하였지만 막대한 인구 및 산적한 국내 문제들 때문에 사실상 개발도상국의 성격을 가지고 있다. 세계 2위이지만 여전히 가난에 허덕이는 나라로서 그간 명실 공히 강대국 외교를 추구하기보다는 개도국의 정체성을 가진 외교를 추진해 온 것이 사실이다. 이러한 점에서 미국이 요구하는 지구적, 지역적 공공재 제공에 소극적이었으며 국제사회의 부분적 용인을 받아온 것도 사실이다. 그러나 시진핑 주석의 취임과 더불어 중국은 본격적으로 중국식 사회주의를 추구해 나가고 중화의 꿈을 부흥시키면서 강대국의 지위와 외교를 추구하기로 선언한 것으로 보인다.

둘째, 이 과정에서 중국은 소극적 자세를 버리고 보다 적극적인 외교를 추구하게 되었다. 강대국의 지위를 추구하는 중국은 국제적으로 문제가 되는 중요 사안들에 명확한 원칙을 가지고 적극적인 자세를 취하게 된다. 2013년 정상회담에서도 미중 양국은 사이버 안보, 북핵 문제 등 중요 문제에서 적극 협력하기로 하였다. 중국은 새로운 사이버 질서 확립을 위해 개방되고 효율적인 질서를 추구하는 한편, 북핵 문제에 대해서도 과거와 달리 적극적인 국제제재에 참여하는 등 외교의 양상을 변화시키고 있다.

셋째, 중국의 핵심이익을 실현하는 중요한 단계라는 것이다. 중국은 현 단계에서 반드시 실현해야 할 이익의 범주를 핵심이익이라고 명명하면서 특히 미국으로부터 이를 보장받으려 하고 있다. 중국이 핵심이익을 본격적으로 논하기 시작한 것은 대략 2004년 즈음이다. 이후 급속하게 핵심이익론을 강조해 왔는데 몇 가지 특징을 지닌다. 첫째, 핵심이익 중의 핵심이익은 대만 문제, 티베트와 신장 문제 등 국가 주권성에 연결된 문제, 그리고 지속적 경제발전에 필요한 환경 조성 등으로 정의된다는 점이다. 둘째, 핵심이익 중의 핵심이익 이외의 범주로 남중국해, 센카쿠/댜오위다오 등의 문제가 거론되기도 한다는 것이다. 분쟁 대상인 영토 문제가 핵심이익이 될지는 매우 민감한 문제인데, 이는 중국 내 발언자나 상황에 따라 달라지는 모습을 보인다.

셋째, 핵심이익 개념이 발언자와 상황에 따라 달라지는 것이 전략적 모호성으로 작용한다는 것이다. 특정 문제를 핵심이익 개념에 포함함으로써 상황에 따라 중국의 결의를 보일 수 있고, 때로는 누락함으로써 외교적 유연성을 가질 수 있는데, 이러한 현상이 중국의 전략적 계산에 의한 것인지, 혹은 중국 정부 내 다양한 행위자들 간의 의견 조율이 부족한 것인지는 확실하지 않다. 다만 핵심이익으로 정의된 문제에 대해 중국이 양보하는 모습을 보일 수는 없기 때문에 중국으로서는 매우 신중할 수밖에 없다는 점이 중요하다. 중국이 일단 핵심이익으로 정의한 이슈에 대해서는 군사적 수단을 동원해서라도 반드시 수호해야 하기 때문에 매우 적극적인 자세를 취할 수밖에 없다. 만약 충분한 국내합의를 거치지 않고 핵심이익 개념을 정의한 이후 상황에 따라 결의를 약화한다면 중국 정부의 신뢰성이 손상 받게 된다.

중국은 경제, 환경, 사이버 안보 등 지구 거버넌스에서 점차 두각을 나타내며 미국과의 파트너십을 강화하고 있다. 여전히 지구적 차원에서 경쟁상대가 되지는 않지만 중국은 자신의 가치와 리더십을 조금씩 부각하면서 미국의 경쟁상대, 더 나아가서는 미국의 대체세력으로서 자신을 부각시키려 하고 있다. 중국 국내에서 점증하고 있는 국제질서의 기초에 대한 규범적 대안 연구는 이러한 경향을 대변하고 있다.

중국 중심의 세계관에서 보면 아편전쟁 이후 현재까지의 기간은 서구세력의 간섭기간으로 보이며 천하질서를 다시 중국 중심으로 운영하는 휴지기로 보일 수도 있다. 사실 중국 역사에서 이민족의 통치는 수백 년 동안 여러 차례 지속되었고 이후 중국 한족 중심의 왕조를 끊임없이 회복하였으므로 서구 중심 질서 역시 보기에 따라서는 중국 천하질서 회복 이전의 기간으로 보일 수도 있다. 중국의 경제력과 군사력이 증가하고 있는 상황에서 중국 국내의 이러한 경향은 이해할만하다.

동아시아 지역차원에서 미중 관계는 더욱 치열한 경쟁 양상을 띠고 있다. 중국은 동아시아에서 미국의 지도력을 대체하려는 노력을 보다 적극화하고 있다. 경제부분에서 중국은 한편으로는 역내포괄적경제동반자협정(RCEP)을 적극 추진하고 아시아인프라투자은행(AIIB) 설립을 제안하는 등 미국 중심으로 운영되어 온 동아시아 경제아키텍처에 도전장을 내밀고 있다. 2014년 11월 베이징에서 개최된 아시아태평양경제협력체(APEC)에서 시진핑 대통령은 이러한 자신감을 내보인 바 있다. 또한 한국과 자유무역협정 협상을 마무리하여 현재까지 아세안국가들에 이어 동아시아 주요 국가들과 경제상호의존을 강화하고 있다. 미국은 환태평양경제동반자협정(TPP) 협상을 서두르고 있지만 중국의 발빠른 행보에 적절히 대응하는데 부심한 모습을 보였다.

중국의 경제 성장은 당분간 7% 안팎으로 지속될 것으로 전망된다. 그러나 실제적인 GDP 성장률은 과거에 비해 줄어드는 수준이며, 아시아 전체의 역동적인 시장 경제 성장률에 비해 그리 높지 않는 편으로 전망된다. GDP 성장률 자체는 줄어드는 추세라도 GDP 액수의 절대액은 다른 국가의 증가율에 비해 확고한 우위를 점하고 있기 때문에, 중국의 국력 성장은 내년에도 두드러질 전망이다. 결국 중국의 성장은 지속되겠지만 앞으로 7%안팎의 성장을 계속해 나가기에는 풀어야 할 숙제들이 많이 남아있다. 중국 역시 남미식 저성장의 덫을 경험할 수 있으며, ppp 기준 15,000달러에 곧 이르게 되면 민주화 욕구로 인한 정치–경제 간의 갈등을 겪을 가능성이 있다. 다음의 두 표를 보면 알 수 있듯이 중국의 경제성장률은 지속적으로 높게 유지된 것은 사실이나 성장률 자체는 감소하고 있음을 알 수 있다.

3. 이명박 행정부의 지역외교전략

1) 외교 전략의 전반적인 내용

이명박 정부는 2008년 경제위기 직후에 등장하여 경제적 어려움과 미중 관계 변화 등 국내외 환경에 접하게 된다. 이명박 정부는 소위 포괄적 실리외교를 주된 외교의 목표로 내세운다.

대한민국의 외교정책은 궁극적으로 국가의 이익을 확대하고 발전시키는데 귀결되어야 한다. 아울러 21세기 글로벌 국세사회는 각국들로 하여금 지구촌 구성원 다수의 평화와 복지에 기여하는 협력외교를 동시에 요구하고 있다. 우리의 국익실용외교가 국제사회의 보편적 가치와 덕목에 부합하도록 추진할 때 그 명분과 효과가 극대화될 수 있다(청와대,

『성숙한 세계국가: 이명박 행정부 외교안보의 비전과 전략』(서울: 청와대, 2009).

포괄적 실리 외교에서 이명박 정부가 추진하고자 했던 외교전략의 목표를 살펴보면 다음과 같다.

포괄적 실리외교의 단기, 장기 목표 구분

	단기적 목표	장기적 목표
핵심 안보 외교 분야	기존의 한미동맹 강화와 새로운 비전 제시; 중국, 일본, 러시아 등 주변국과의 전략적 관계 재설정; 안보관련 주요 이슈에 대한 지역협력체제 강화	지역의 지속가능한 평화를 위한 다자안보체제 설립과 한국의 역할 강화; 강대국 간 전략적 긴장을 완화할 수 있는 중견국 안보외교; 통일을 위한 안보기반 마련 외교
포괄적 실리 외교 분야	추진중인 주요국들과의 FTA의 협상 및 조인완료; 경제발전 지속을 위한 에너지, 자원 개발, 수입의 다양화 및 다변화; 중견국 위상 증진을 위한 기여외교의 새로운 재원확보 및 국내체제정비; 해외동포 네트워크 강화를 위한 인식과 제도 정비	장기경제발전을 위한 FTA 네트워트 비전 제시 및 다자 FTA 추진; 세계경제체제에 대한 한국의 영향력 강화; 에너지 외교를 위한 패키지 외교 전략 개발 및 대체에너지 확보를 위한 지식 및 산업기반 확충; 기여외교를 위한 한국형 전략비전 마련 및 국내적 지지기반 확보; 해외동포 네트워크의 다각적 활용을 위한 국내체제 마련

이명박 행정부는 출범에 즈음하여 다음과 같은 목표를 내세웠다. “성숙한 세계 국가”는 이명박 행정부의 외교정책을 이끄는 대전략 개념이 되었고, 국정의 가장 중요한 100대 과제를 설정하는 과정에서 다음과 같은 네 가지 전략이 제시되었다. 즉, 한반도의 새로운 평화구조 창출,

국익을 우선하면서 세계에 기여하는 실용외교, 굳건한 선진안보체제 구축, 품격 있고 존중받는 국가의 네 가지이다. 한반도 평화구조와 선진안보체제는 한반도와 동북아에서의 외교와 국방 부분의 국가전략과제이며, 실용외교는 경제 및 사회문화부문의 전략으로, 그리고 품격과 존중의 목표는 문화와 국가 지위에 관한 전략개념으로 상정되었다.

이러한 네 가지 국가전략을 보다 구체적인 정책과제로 상정되었는데, 이를 살펴보면, 우선, 한반도의 새로운 평화구조 창출 전략을 위해서는 북핵 폐기 지속적으로 추진; 비핵·개방·3000구상(나들섬 구상 포함)을 추진; 한–미 관계를 새로운 환경에 맞추어 발전; 남북 간 인도적 문제를 해결; 신아시아 협력외교를 추진한다는 과제들이 설정되었다.

다음으로 국익을 우선하면서 세계에 기여하는 실용외교를 수행한다는 전략 하에서는 에너지 협력 외교 강화; FTA 체결 대상국가 다변화; 지구촌 문제의 해결에 적극 기여; 인권외교와 문화외교; 재외국민을 보호하고 재외동포 네트워크를 구축한다는 등의 과제가 설정되었다.

셋째로, 굳건한 선진안보체제를 구축한다는 전략을 위해서는 국방개혁 2020을 보완하여 내실 있게 추진하고 전시작전통제권 전환의 적정성을 평가하고 보완하며, 남북 간 군사적인 신뢰를 구축하고 군비통제를 추진하고, 군사시설보호구역을 조정해 국민 부담을 경감하고, 방위산업을 신경제성장의 동력으로 육성한다는 과제가 설정되었다.

마지막으로 품격 있고 존중받는 국가라는 전략을 위해서는 세계적인 국가브랜드 가치를 창출, 누구나 쉽게 문화·체육생활을 누리는 환경 창출, 전통과 현대가 어우러진 문화국가 건설, 외국인과 함께하는 열린사회 건설, 선진국 수준의 양성평등 등의 과제가 설정되었다.

2) 주변국 전략

보다 구체적으로 주변국 외교의 차원에서 이명박 정부는 2008년 경제위기 중에 등장하여 미국과의 관계 강화를 통해 국익을 극대화하고자 노력했다. 보수정권으로서 미국과의 "21세기 전략적 동맹관계"를 바탕으로 주변 4강과의 다중적 전략관계 설정 즉, 중국과의 "전략적 협력동반자" 일본과의 "21세기 성숙한 동반자" 러시아와 "전략적 협력동반자" 등의 관계를 설정하여 4중적 전략관계 수립의 틀을 마련하고자 노력했다. 21세기 변화된 외교환경 속에서 주변국과의 전략적 관계를 재설정하고, 장기적 목표를 향해 나아간다는 것은 전체 외교력의 발전이라고 평가할 수도 있다.

이명박 정부는 주변 국가들과의 양자적 전략관계 틀의 전반적 정비를 위해 노력하면서 양자적 전략관계의 구체적인 내용설정 및 정책 주도권 확보, 양자를 넘어선 3자 혹은 다자의 중첩적인 관계 설정을 추진하였다. 그러나 동시에 문제점도 안게 되었는데, 양자적 전략관계의 구체적 내용확보, 경제위기 등 상황변화에 따른 적응적 프로그램 완비, 상호 모순적으로 보일 수 있는 양자적 전략관계의 양립가능성 확보(예를 들어, 미중 간, 중일 간), 영자를 넘어선 3자 이상의 네트워크 확보, 특히 미중일 등 한국을 제외한 3국, 4국 네트워크가 창출된 경우, 이를 어떻게 받아들일 것인가의 구체적 대응방안 확보, 21세기적 새로운 어젠다 개발 및 소프트파워 외교의 주도권 확보, 이러한 외교를 추진하기 위한 국내정치적 내구성 제고 및 시민사회와의 협력 방안 등의 주요 과제에 직면한 시기였다고 할 수 있다.

이 시기에 또한 한중일 삼각 협력의 틀을 만들어간 것도 변화라고 할 수 있다. 즉, 후쿠오카 정상회담, 기타 환경, 문화, 재난 등의 분야에서 3국 간 네트워크를 만들고, 정부 간 차원을 넘어 시민사회, 학생들 간 교류 프로그램을 마련하는 것은 소프트 다자외교의 측면에서 새롭게 시도한 분야였다.

미국의 오바마 행정부와의 새로운 관계설정에서 "21세기 전략동맹"의 내용을 무엇으로 채울 것인가에 대한 과제 및 대북전략의 미래, 지역적, 지구적 현안에서 한미동맹이 해야 할 일들을 어떻게 설정할 것인가 등이 중요한 과제로 대두되었다. 한미동맹의 새로운 방향은 2009년 6월 16일 한미정상회담에서 구체적 내용이 정식화되었다. 양 정상은 한미동맹에 관한 공동비전을 만들어내고, 기자회견을 통해 양국 관계의 새로운 미래에 관한 이슈를 제시하였다. 먼저 한·미 동맹을 위한 공동 비전(Joint vision for the Alliance of the Republic of Korea and the United States of America) 전문을 보면, 양국은 아태 지역과 세계를 포함한 지역적 범위를 명시하고 있으며, 개방된 사회 및 자유 민주주의와 시장 경제에 대한 신념 등을 공동의 가치로 논하고 있다. 또한 정부 간 관계를 넘어선 기업, 시민사회, 문화, 학술 및 여타 기관들 간의 협력네트워크를 강조하고 있다.

군사동맹 부분에서는 정치, 경제, 사회, 문화 분야를 아우르는 양자·지역·범세계적 범주의 포괄적인 전략동맹의 개념을 제시하며 강조하고 있다. 군사 부분에서 북핵 문제로 불거진 핵우산 문제를 명시하여, "핵우산을 포함한 확장 억지"를 명문화하였다.

비군사 부문의 동맹 파트너십의 문제로 한·미 FTA(자유무역협정), 저탄소 녹색성장을 지속가능한 경제적 번영의 새로운 동력으로 발전시키기 위한 협력, 민간 우주 협력 및 청정에너지, 원자력의 평화적 이용 등을 논의하고 있다. 또한 테러리즘, 대량파괴무기 확산, 해적, 조직범죄와 마약, 기후변화, 빈곤, 인권 침해, 에너지 안보와 전염병 같은 범세계적인 도전에 대한 공동대처를 강조하고 있고, 이라크와 아프간에서 이루어지고 있는 것과 같이 평화유지와 전후 안정화, 그리고 개발 원조에 있어서의 공조, 그리고 G20과 같은 범세계적인 경제 회복을 목표로 한 다자 체제에서의 협력 등을 논의하고 있다.

중국과의 전략동반자 관계에서도 한미중 3각 관계 속에서 한중 관계의 전략적 성격에 대한 명확한 규정(한미동맹의 성격에 대한 중국 측의 문제제기, MD/PSI 등의 사안), 대북 정책에서 한중 전략적 협력의 구체적 내용, 동북아의 미래 세력균형을 위한 한중의 공동이익 규정, 한중 경제관계 발전을 위한 계획, 기타 불거지고 있는 한중 갈등 사안의 관리 방안 등에 관한 과제가 제시되었다. 이명박 행정부는 2008년 5월 베이징을 방문하여, 양국 간 전략적 협력 동반자로의 관계 격상과 외교·경제·사회·문화·인적교류 분야에서의 교류·협력 추진 등 6개항의 공동성명을 채택했다. 이 성명에는 양국 관계의 전략적 협력동반자 관계로 격상, 한·중 FTA 적극검토, 한반도 및 동북아의 평화와 안정을 위한 협력 강화, 무역·투자 확대를 위한 실질적 조치 등을 담고 있다. 이를 구체화하기 위해 양국은 외교·안보 분야에 대한 대화와 협력을 강화하며, 외교 당국 간 고위급 전략대화 체제 구축을 바탕으로 '한·중 외교·안보 대화'를 정례화하기로 했다. 경제 분야에서는 지금까지 산·학·관 공동연구를 바탕으로 상호이익이 되는 한·중 자유무역협정을 추진하고, 양국 간 상호 투자를 보호하고 확대하는 한·중 투자보장협정을 개정하기로 하였다.

한국의 주된 관심인 북핵 문제에 대해서는 '9·19 공동성명' 이행과 '6자 회담'을 바탕으로 한반도 비핵화를 위해 공동 노력한다는 원칙적 합의를 이루었다. 또한 양국은 아시아의 평화, 안정 및 번영을 위해 한·중·일 3국 정상 회의와 외교장관 회의의 3국 내 순환 개최 등 3국 간 빈번한 교류를 지속하는 노력도 고려하였다. 양국의 경제 협력에 관해 이동통신 분야의 적극지원, 에너지 분야에 협력 강화, 금융시장의 개혁과 개방 추진, 남북 극지 과학 기술 등 분야에서 양국 간 공동 연구 및 조사 등의 협력, 환경 보호 강화를 위한 협력등도 중요한 사안으로 등장하였다.

이어 2008년 8월의 후진타오 주석의 서울 방문의 결과로 양측은 이미 합의한 전략적 협력 동반자관계를 전면적으로 추진해 나가기로 결정하였다. 이를 위해 고위층 교류를 강화하는 한편, 국방 분야의 대화와 교류도 강화하기로 하였다. 또한 인적·문화적 교류를 촉진하여 인적·문화적 유대를 바탕으로 교류를 폭넓게 전개함으로써 양국 국민 간 상호 이해와 우호적인 감정을 심화시켜 나가기로 하였다. 지역안보를 위해 아시아 지역 협력에 적극적으로 참여하며 국제다자 무대에서 대화와 협력을 강화하기로 하였다.

한반도 문제에 관해서 한국의 남북 화해 협력 및 상생·공영의 한반도 정책에 대해 중국 측의 지지를 얻어내었다. 북핵에 관해서는 이전의 합의를 강화하여 역시 6자회담 틀 내에서의 협의와 협력을 강화하고,

9·19 공동성명을 전면적으로 이행하기 위한 건설적인 노력을 계속 경주하기로 하였다.

다자협력에 관해서도 양국은 ASEAN+한·중·일, 한·중·일 협력, 동아시아정상회의(EAS), 아세안 지역안보포럼(ARF), 아시아태평양 경제협력체(APEC), 아시아 협력대화(ACD), 아시아유럽회의(ASEM), 동아시아-라틴아메리카포럼(FEALAC), 아시아-중동대화(AMED), 아시아-아프리카정상회의 등에서의 조율과 협력을 유지하기로 하였다.

이후에도 중국은 주변국 외교를 강화하기 위한 체계적 노력을 기울여 왔다. 2013년 3월 주변국공작회의 이후 소위 친, 성, 혜, 용에 기초한 주변국 외교를 추진하고 있는데, 중국의 평화적 부상을 설득시킨다는 표면상의 이유도 중요하지만, 점차 동아시아를 중국 중심질서로 재편하려는 의도가 확인되는 지점이다. 한국은 중국과 수교 이후 관계를 강화해 왔지만 주로, 경제, 사회문화 영역에 제한되어 있었던 바, 2014년 중국은 이를 정치, 군사, 지역 거버넌스 영역으로 확대하려는 모습을 보여준 바 있다. 한국은 중국의 주변국 외교에서 최우선적이며 가장 중요한 대상으로 떠올라 중국의 공들이기 외교가 한창 진행 중인 것으로 보인다. 한국은 미국의 동맹국으로서 모범적인 자유민주주의 및 시장경제 추구 국가로 자리매김하였기 때문에 만약 중국이 한국을 자국의 영향권 내로 끌어들일 수 있다면 그 효과는 매우 큰 것이기 때문이다. 사실 중국 내에서는 일부 학계 인사들에 의해 한중 동맹의 필요성에 대한 논의까지 적극 등장하고 있는 실정이다. 또한 한국은 일본의 우경화 현상을 축으로 소위 한중 역사동맹을 논의할 정도의 공동이익을 가지고 있는 국가이며, 역사문제에 대한 공동전선이 확대될 경우 근대 이전의 한중 관계로까지 소급될 가능성도 없지는 않다. 경제적 상호의존 관계는 물론이고, 북핵 문제에서도 한중 간의 공조는 두터울 수밖에 없다. 6자 회담의 의장국인 중국에 대해 한국이 외교적 관계를 강화해야 하는 것은 물론이고, 한반도 통일을 둘러싸고 중국의 영향력은 절대적이다.

한일 관계에서는 북한, 한미/미일 동맹의 효과적 연결성, 미일인호 협력과 한국의 관계, 중국의 부상에 대한 한일의 공동 인식 수립, 동북아 다자협력안보 등, 전략적 부문의 사안에 대한 협의가 효과적으로 이루어지지 않고 있는 가운데, 독도, 역사교과서, 민족주의 등 현안에 끌려가는 한일 관계의 모습을 어떻게 극복하는가가 중요한 과제로 대두하였다.

이명박 행정부는 2008년 4월 정상회담을 통해 한일 간의 미래지향적 성숙한 관계를 이룩하기로 하였다. 이는 과거 문제에 발목이 잡혀, 전략적, 장기적 협력을 못하고 있는 현 상황을 타개하고자 한 노력의 일환이라고 할 수 있다. 사실, 한일 간의 협력을 새롭게 정비한다는 목표가 설정되고 있으나, 여전히 많은 장애들이 있는 것이 사실이다. 한일 정상회담에서의 주된 의제는 1) 향후 신정부의 대일외교 추진의 기반 조성, 2) 한반도·동북아 평화 번영을 위한 양국 간 정책공조 강화, 3) 전략적 공동이해에 기초한 실질 경제 협력강화, 4) 미래지향적 협력 강화, 5) 범세계적 문제에 있어서의 공동대처 방안 모색 등이었고, 협력 전반에 관한 구체적인 내용은 다루어지지 못하였다. 양 정상의 모두 발언에서도 북핵을 제외한 동북아 평화, 전략적 협력에 관한 항목이 등장하지 못하고, 환경, 에너지, 개발 원조 등 범세계적 문제에 대한 강조만 이루어졌다.

이러한 상황에서 2009년, 한일 국방장관은 국방교류의향서를 교환하고 상호 신뢰 배양과 협력채널 제도화에 합의하였다. 양국은 두 나라 간 국방교류 범위를 국방 장·차관, 합참의장, 각 군총장 등 고위급과 실무급 인사 교류, 교육·연구기관 교류, 수색구조활동에 대한 공동훈련 정례화, 양측 부대 간 교류와 훈련 참관, 함정과 항공기 상호방문, 국제평화유지활동 및 해외 긴급구호활동과 관련한 협력으로 명시하였다. 그러나 이러한 노력에도 불구하고, 양국이 아직까지 동아시아를 하나의 지역으로 보고 미래의 비전을 공유하고, 지구적 차원에서 체계적인 전략적 협력을 할 수 있는 포괄적인 양국 간의 협력체제가 부재한 것이 사실이다.

한러관계에서 현재 경제, 에너지, 자원부문과 북핵문제에 주로 머물러 있는 전략적 협력관계를 어떻게 전면적으로 확장하고, 향후 러시아의 국력이 신장되었을 때, 한러관계를 어떻게 준비하는 것이 한국의 전략적 이익에 부합하는지를 살펴, 공동이익과 전략적 협력의 폭을 넓히는 어젠다 개발 등이 중요한 문제였다. 이명박 대통령은 2008년 9월 29일 모스크바를 방문하여 메드베데프 대통령과 정상회담을 갖고, 양국의 관계를 "전략적 협력 동반자 관계"로 격상시켰다. 러시아와의 전략적 협력 동반자 관계는 크게 경제적 측면과 안보적 측면으로 대별되며, 향후 이명박 행정부의 대러 전략은 경제와 안보 상의 전략적 협력을 이룩하는데 달려있었다.

정상회담에서 양 정상은 10개 항의 공동성명을 발표하여 양국의 경제, 사회 협력을 강화하고, 한러, 경제과학기술공동위를 통해 이후의 협력 방안을 모색하기로 하였다. 현재 한러 관계의 큰 부분은 경제적 협력이 차지하고 있다. 에너지 개발 프로젝트, 남북러 삼각 경제협력 관계, 한반도 종단철도와 시베리아 횡당철도의 연결사업 등이 중요한 협력 분야로 등장한 바 있다. 특히 한국가스공사와 러시아의 가즈프롬이 향후 15년 내에 러시아의 천연가스를 한국에 수입하기로 양해각서를 체결하는 등의 성과를 거둔 바 있다.

2008년 현재 양국의 교역규모는 180억 달러 규모이나 이를 더욱 증가시킬 필요가 있고, 동시에 양국의 협력 프로젝트를 성공적으로 수행하여 상호신뢰를 강화하는 계기를 만들어야 할 것이다.

3) 동남아 전략

이명박 행정부 당시에는 동북아 외교 뿐 아니라 동남아에 대한 외교 전략을 수립한 것도 하나의 새로운 현상이라고 볼 수 있다. 한국정부는 아시아 외교에서 동북아에 한정되어있는 한국외교의 지평을 넓히는 것이 필요하다는 점을 강조하고 이를 포괄적 실리외교의 주요 내용으로 삼았다. 이행정부는 외교의 외연을 확대하기 위한 글로벌 네트워크 구축의 일환으로 신아시아 외교를 추진하여 동남아, 중앙아, 서남아 지역을 포함한 인근 아시아 우방국들과의 실질협력관계를 강화하려는 목표를 표방하였다. 2009년의 경우, 3월 이명박 대통령의 인도네시아 방문 계기에 신아시아 외교추진을 발표하고, 5월 중앙아 방문과 6월 한 ASEAN 특별정상회의 개최 계기에 아시아지역과의 구체적인 협력 계획을 마련하여 신아시아 외교를 표방하였다. 아시아지역이 한국 대외무역의 약 50%를 차지하는 핵심 파트너이자 국제 금융위기, 기후변화 등 국제 문제의 해결 과정에서 역할이 점차 증대되고 있는 점을 감안하면 아시아 국가들과의 공동번영을 위한 협력체제를 구축하고 이를 통해 우리의 신성장 동력원을 창출해나가는 신아시아외교가 중요한 목표라고 할 수 있다.

더불어 이명박 대통령은 2009년 5월 카자흐스탄 등 중앙아 지역을 방문하여 맞춤형 협력외교를 표방하고, 2009년 6월 한, ASEAN 대화관계 수립 20주년을 기념하는 한·ASEAN 특별정상회의를 개최하여 ASEAN과 구체 협력을 위한 토대를 마련에 힘을 쏟은 바 있다.2009년 10월 대통령의 베트남, 캄보디아를 순방, 태국에서 개최된 한·ASEAN/ASEAN+3/EAS 정상회의 등의 사례도 중요한 부분이라 할 수 있다.

동남아 개별국가들과의 관계강화도 신아시아외교, 포괄적 외교의 한 부분으로 설정되어 있다. 이명박 대통령은 2009년 3월 6일 수실로 밤방 유도요노(Susilo Bambang Yudhoyono) 인도네시아 대통령과 자카르타에서 정상회담을 하였고, 이를 계기로 2006년에 수립한 '전략적 동반자 관계'를 통해 양국관계를 지속적으로 발전시켜나가기로 하는 한편, 이를 위해 공동위원회와 같은 양국 간 협의체를 활용하여 구체적인 논의를 지속하기로 합의하였다. 또 양국은 경제위기 극복을 위해 양국 간 실질 경제협력을 증진해야 한다는 데 의견을 같이하고, 민간 경협 T/F, 에너지 포럼과 같은 양국 경제분야 협의체를 적극 활용하여 무역과 투자 확대 방안을 논의해나가기로 하였다. 저탄소 녹색성장의 실현을 위해 인도네시아의 풍부한 산림 자원과 우리의 기술력을 활용하는 실질적 협력사업도 중요한 목표로 대두되었다.

베트남의 경우, 2009년 10월 20–22일간 이명박 대통령이 베트남을 방문하여, 1992년 수교 이후 한·베트남 관계가 비약적으로 발전하고 있다고 평가하고, 양국관계를 '포괄적 동반자 관계'에서 '전략적 협력동반자 관계'로 격상하기로 합의한 바 있다. 양국은 정치·외교, 경제·통상·에너지, 개발원조, 사회·문화 협력 등 다양한 분야에서의 교류 및 협력을 강화해나가기로 하고 차관급 전략대화 신설, 한·베트남 FTA 추진 작업반 설치, 베트남 시장경제지위 인정, 2015년 교역액 200억 달러 달성 목표 설정 등 에 합의하였다. 또한 베트남 사회경제개발에 긴요한 대규모 인프라사업 시행을 위해 지속적으로 협력하고, 양 국민 간 상호이해 제고를 위해 인적·문화교류를 확대해나가기로 하는 등의 의제를 설정하였다.

동남아를 넘어 호주와 뉴질랜드 외교도 중요한 대상으로 설정되어 있다. 2009년 3월 3–4일간 뉴질랜드를 국빈 방문한 이명박 대통령은 존키(John Key)뉴질랜드 총리와 정상회담을 가졌고, 한·뉴질랜드 FTA 협상을 공식 개시하기로 하는 한편, 농업 개혁, 녹색성장, 과학, 정보통신·응용 분야에서의 협력을 증진해나가기로 하였다. 또 양국은 한·뉴질랜드 교육협력약정이 체결된 것을 평가하였으며, 이 대통령은 양국 간 인적 교류 확대를 위해 워킹 홀리데이 프로그램의 지속적인 확대와 우리 동포 및 유학생에 대한 뉴질랜드 정부의 각별한 관심을 요청하였다.

2009년 3월 4–6일간 호주를 방문을 통해 이명박 대통령은 한·호FTA협상을 공식 개시키로 합의하는 한편, 양국 간 안보 분야 협력 확대를 위한 '한·호주 범세계 및 안보협력강화 공동성명'을 채택하였다. 또한 한·호주 수교 50주년이 되는 2011년을 맞이하여 '한·호주 우정의 해'를 선포하기로 하고, 호주 내 한국학 진흥과 양국 간 문화·학술·인적 교류 활성화를 적극 추진해나가기로 하였다.

자원이 집중되어 있는 중앙아시아 지역도 향후 한국이 적극적인 외교활동을 전개해야 할 지역이다. 이명박 대통령은 2009년 5월 10-12일간 우즈베키스탄을 방문하여, 대표적 협력사업인 수르길 가스전 프로젝트의 원활한 이행 등 에너지협력을 보다 확대해나가기로 하였으며, 나보이 산업·경제 특구 조성 등 인프라 개발 사업에서도 호혜적 협력을 증진시키기로 합의하였다. 또한 외교관 사증면제협정, 5개 신규광구 탐사기본합의서, 나보이 경제특구 운영협력 MOU, 수르길 가스사업 금융협력 MOU 등 20여 건의 정부 간 협정 및 기관 간 MOU가 체결됨으로써 향후 협력강화를 위한 기반이 마련을 위한 노력이 경주되었다. '전략적 동반자 관계' 내실화를 위한 협력도 논의되었다. 카자흐스탄 정상회담을 통해서는 수교 17년 만에 양국관계를 "전략적 동반자 관계"로 격상시키고, 실질협력 증진을 위한 액션플랜(Action Plan)을 채택하였으며, 에너지·자원, IT, 인프라, 산업다변화 등 제반분야에서 쌍방향 협력을 강화하기도 하였다.

4) 맺음말

한국은 일본의 식민지 처지를 벗어나 독립국가로 해방되고 분단에 이어 한국전쟁을 거쳐 냉전의 소용돌이에 휘말려 들어가면서 도전적인 외교환경에 접해왔다. 한편으로는 북한의 위협에 직면하여 안보와 경제발전의 급박한 과제를 수행해야 했고, 냉전의 진영논리 속에서 동아시아에 걸친 지역외교를 추구하는데 한계에 부딪혔다. 한미동맹을 축으로 한일 국교정상화를 이룩하고 자유진영 국가들과 관계를 강화했지만 예측할 수 없는 강대국의 외교전략 변화로 어려움을 겪기도 하였다. 약소국으로서 대결적 외교환경 속에서 분단을 극복해야 하는 국가의 운명이었다. 그럼에도 불구하고 한국 역대 정부들은 한편으로는 북한과의 경쟁, 간헐적 협력 속에서 한국의 안보를 확보하면서 중장기 통일의 비전을 잃지 않으려 노력했다. 또한 주변 강대국과 협력적 관계를 모색하면서 한국의 외교 이익을 지키기 위해 노력했다.

냉전이 종식되는 즈음 한국은 민주주의, 경제발전을 이룩한 중견국으로서 한반도 차원의 문제를 해결하기 위한 약소국 처지를 넘어 중장기 외교목표를 추구할 수 있는 능력을 가지게 되었다. 탈냉전기 미국의 단극체제와 미중 경쟁체제에 접하여 강대국의 동아시아 전략을 예의주시하며 한국의 국익과 비전에 맞는 동아시아 지역을 만들어가기 위해 노력하고 있다. 지구적 강대국이 밀집해 있는 지역적 환경 속에서 중견국인 한국의 힘은 여전히 한계를 가지고 있는 것도 사실이지만 해방 이후 축적된 외교역량을 발휘하여 보다 넓은 범위의 중장기 외교목표를 추구해야 할 것이다.

참고문헌

구본호, 이규억 편. 1991.『한국경제의 역사적 조명』. 서울: 한국개발연구원.

김상규. 1993. "한미관계에 있어서의 한국의 북방정책."『중소연구』통권 58호.

김성한. 2006. "미중 정상회담 평가와 미중관계 전망." 외교안보연구원, 주요국제문제 분석, 2006. 5. 10.

김인수. "김정일후계문제(金正日後繼問題)와 대남전략(對南戰略)."『국방연구(안보문제연구소)』, Vol. 28-1.

김홍규. 2006. "북한 미사일사태와 중국외교." 외교안보연구원, 주요국제문제 분석, 2006. 8. 28.

마상윤. 2015. "적(敵)에서 암묵적 동맹으로: 데탕트 초기 미국의 중국 접근." 하영선 편,『1972 한반도와 주변 4강 2014』. 서울: 동아시아 연구원, 2015.

마상윤. 2014. "적에서 암묵적 동맹으로: 데탕트 초기 미국의 중국 접근."『한국정치연구』23-2, 313-337.

박철진. 2006. "한중 수교전후 중국의 대한반도 정책의 변화."『동북아연구』21-2, 109-121.

신범식. 2002. "북방정책과 한국-소련/러시아 관계."『세계정치』24-1, 301-305.

양승함. 2000. "한소 수교과정의 재고찰."『사회과학논집』31, 19-33.

오수열. 2003. "한중수교 10년의 회고와 과제."『동북아연구』16, 89-104.

윤덕민. 1992. "미일 오키나와 반환협상과 한국외교: 오키나와 반환에서 보는 한국의 안보를 둘러싼 한미일의 정책연구."『국제정치논총』31, 121-137.

이동률. 2015. "1972년 중국의 대미 데탕트 배경과 전략." 하영선 편,『1972 한반도와 주변 4강 2014』. 서울: 동아시아 연구원.

이상현. 2004. “주한미군 1개 여단의 이라크 차출.” 『정세와 정책』 2004년도 6월호, 통권 95호.

이상현. 2010. “아시아판 NATO구상의 좌절: 60년대 박정희 정권의 아시아태평양조약기구(APATO) 구상을 중심으로.” 『국제정치논총』 50집 2호, 37–60.

이택휘. 1994. “제2공화국의 대외정책.” 『한국정치외교사논총』 10, 339–379.

임춘건. 2008. 『북방정책과 한국정치의 결정과정』. 서울: 한국학술정보.

전재성. 2015. “분단 70년의 국제환경, 대내구조, 남북관계의 조명.” 『통일정책연구』 24권 1호.

전재성. 2005. “1960년대와 1970년대 세계적 데땅뜨의 내부 구조: 지역적 주도권의 변화과정 분석.” 『국제정치논총』 제45집 3호.

전재성. 2004. “1965년 한일국교정상화와 베트남 파병을 둘러싼 미국의 대한(對韓)외교정책.” 『한국정치외교사논총』 제26집 제1호, 63–89.

전재성. 2002. “노태우 행정부의 북방정책결정요인과 변화과정분석.” 『세계정치』 24–1.

조동준, “데탕트 국면에서 박정희 행정부의 선택.” 하영선 편, 『1972 한반도와 주변 4강 2014』. 서울: 동아시아 연구원.

하영선, “북한 1972 진실 찾기: 7·4 공동성명의 추진과 폐기.” 하영선 편, 『1972 한반도와 주변 4강 2014』. 서울: 동아시아 연구원.

Ford, Lindsey, Zachary Hosford, and Michael Zubrow. 2009. *US-DPRKNuclear Negotiations: A Survey of the Policy Literature*, CNAS, April.

3부 한국형 발전모델과 글로벌 안보전략의 역사

박인휘(이화여자대학교)

I. 현대 정부 수립, 글로벌 냉전질서 그리고 국가 이익

1. 머리말

한국처럼 제2차 세계대전 직후의 시간적 공간에서 국제사회의 멤버십을 확보한 신생 독립한 국가들의 경우 당시 국제정치 환경인 냉전질서에 적극적으로 노출되었음은 불가피한 상황이었다. 국제사회가 전후 질서를 수립하는 과정 자체가, 양극체제라는 냉전질서 수립과 동일한 의미를 가졌다고 해도 과언은 아닐 것이다. 특히 한국의 경우처럼 과거 식민지를 경험하고 새롭게 신생 독립한 국가들 중에는, 상당 부분 자율성을 상실한 채 강대국 간 정치적 타협과 게임의 결과로 인해 기형적인 국가형성 과정을 경험하게 되는 사례가 다수 있었다(김용직 2014; 박태균

2005; 이완범 2000). 1945년~50년의 상황에서 한국이 경험한 비극적인 현대사의 원인이 어디에 있는가를 한 두 개의 독립변수로 설명하는 것은 불가능하다. 다만 이 글에서는 글로벌 차원에서 작동하던 냉전적 안보 질서가 주권국가로서 국제사회에 새롭게 자리매김한 한국의 국가 정체성에 어떤 영향을 미쳤는가에 대해서 생각해 보기로 한다. 특히 본 글은 소위 '한국적 안보'를 둘러싼 개념과 관점들이 정착된 과정을 국제정치환경적 맥락에서 살펴보고자 한다.

연합국의 승리가 한국의 독립에 중요한 영향을 미친 상황에서, 전후 질서에서 연합국들이 형성한 국제정치질서는 안보와 관련한 우리의 국가정체성을 만들어 나가는데 결정적인 요인으로 작용하게 된다. 확고한 국제주의 입장을 견지하면서 미국의 국가이익 실천에 어느 정도의 유연성을 보였던 루즈벨트 대통령과는 달리, 45년 4월 갑작스럽게 취임한 트루먼은 민족주의적 성향이 강했고 미국의 국가이익에 또한 충실하였다. 결과적으로 한반도를 포함한 구 식민지 지역을 미국의 영향력 아래에 묶어두기 위한 외교전략을 적극적으로 구현하게 되었다. 잘 알려진 바와 같이 1947년~50년을 전후로 한 냉전질서의 정착 과정은 그 이후 상당 기간 동안은 물론 어쩌면 지금 현재에 이르기까지도 안보에 대한 한국적 관점을 정착시킨 중요한 경험이었던 것으로 판단된다.

필자는 이 글에서 한국의 안보를 둘러싼 모든 생각을 소개할 수는 없다. 다만 근대 이후 최초의 현대국가가 발생 및 형성되는 과정에서 당시의 글로벌 국제정치환경이 안보를 둘러싼 우리의 관점에 어떻게 영향을 미쳤는가에 대해서 잠시 생각해 보고자 한다.[1] 특히 1948년 이후 우리가 소중하게 생각한 국가이익의 내용들이 공고한 냉전질서 초기에서 비롯되었다는 상황을 소개해 보고자 한다. 한 마디로 한국은 '냉전'으로 대표되는 국제정치질서와 어떻게 조응(照應)했는가에 대한 설명이다.

2. 냉전의 시작과 전후(戰後)의 안보 개념

1) 냉전과 안보

안보에 대한 가장 정확한 정의는 위협의 부재이다(lack of threat). 하지만 개별 국가와 사회가 무엇을 위협으로 판단하는가의 문제는 많은 경우 정치적 영역에 존재할 수밖에 없다. 제2차 세계대전 이후 사회과학의 보편적인 발달로 인해 안보연구와 관련한 학문적 완결성이 상당부분 달성되었지만, 냉전질서의 영향으로 안보를 둘러싼 개념 정립은 대결 지향적인 '국가 중심성(state-centrism)'이라는 한계에서 벗어나지 못하였던 것이 사실이다. 개별 지역, 국가, 사회, 집단은 각기 다른 이유와 차원에서 안보를 파괴하는 위협요인(threat source)을 내포하고 있지만, 냉전질서는 글로벌 차원에서 안보를 획일화시켜 버린 것이다. 즉, 무엇이 위협이고 무엇이 위협이 아닌가에 대한 관점과 생각을 동서 진영대결 차원으로

1 1987년부터 1910년까지 지속되었던 대한제국을 근대국가로 볼 수 있으나, 이 시기 동안 서양의 내정간섭은 더욱 심화되었고 국민들의 권리에 대비한 황제의 권한은 더욱 강화된 측면이 있는 등, 여러 가지 이유로 인해 1948년을 최초의 현대 정부 수립으로 간주하고자 한다.

단일화 시킨 것이다.

무엇이 위협적인 요소인가? 다시 말해 우리에게 위협을 주는 대상이 서로 이념적 정체성이 다른 국가인지, 국경분쟁을 벌이는 인접한 국가들인지, 종교적 신념이 다른 그룹의 사람들인지, 혹은 경제적 침체인지의 문제는 이러한 위협을 어떻게 해소할 것인가의 문제로 직결된다. 결과적으로 글로벌 차원의 냉전질서는 위협을 이념이 다른 국가로 규정하게 만듦으로써 이러한 위협을 해소하기 위한 노력에서도 일정한 방향성을 규정하게 되었다. 물론 1950년도를 전후로 한 냉전질서가 세계 각 지역에 가져다 준 영향력은 조금씩 차별적인 것은 사실이다. 예를 들어 오랜 역사의 근대 국제질서를 바탕으로 두 차례의 세계대전을 경험한 유럽이나, 종교와 인종 간 대립관계가 매우 복잡한 중동지역 등과 비교하여 한반도가 유치한 동북아의 경우 글로벌 냉전질서에 훨씬 적극적으로 노출되었던 것이 사실이다.

근대국제질서의 역사와 함께 존재해 오고 있는 안보개념의 핵심에는 '개인 안보(individual security)'가 자리잡고 있다.[2] 로크, 루소 등의 아이디어가 수용되면서 안보를 확보하기 위한 국가권력과의 '계약', 국내 정치적 안정성의 필요, 주변 국가들과의 이성적인 외교관계 등의 개념들이 역사적으로 축적되었고, 결과적으로 주권국가에서의 개인의 안보는 개인을 둘러싸고 있는 다양한 조건들과의 지속적인 '상호작용 및 사회적

2 여기서 '개인 안보(individual security)'의 개념은 후일 탈냉정기 이후의 안보 개념 논쟁에서 등장하는 국가안보(national security)를 대체하거나 혹은 안보대상의 확보 차원에서 논의되는 '인간 안보(human security)'와 구분해서 이해해야 한다.

연합(social association)' 속에서 실천될 수 있는 것으로 이해되었다(Buzan and Wæver 2003; Walker 1997; Rothschild 1995). 따라서 개인에게 가해지는 안보부재의 원인은 고정적인 것이 아니라 '객관화된 위협(concrete threats)', '주관적인 감정(subjective feelings)', '추론적인 인식(discursive conceptions)' 등 다양한 유형으로 존재할 수 있을 것이다. 하지만 냉전의 시작은 이러한 가능성을 거부했다.

대한민국에 살고 있는 개인에게 가해지는 안보위협은 그를 둘러싼 주변 환경과의 관계 속에서 이해되어야 하고, '국가'로 대표되는 한정된 조건 속에서의 상호작용만이 아닌 다양한 수준과 내용의 공동체적 접근이 필요하다. 하지만 강대국에 의한 한반도 분단, 한국전쟁, 한미동맹이 가지는 외교자산적 가치, 북한으로부터의 생존적 위협은 글로벌 냉전 질서에 더욱 깊숙이 빠져들도록 만들었던 것이다. 냉전질서와 결합한 안보는 '유일한 안보대상으로서의 국가', '안보확보 수단으로의 군사력', '안보를 파괴하는 위협의 대내적–대외적 분리,' '극단적 상황을 이론화한 가용자원의 배분' 등으로 특징지을 수 있다(Morgan 1983; Waltz 1979; Snyder 1961). 이러한 특징은 불가피하게 '국가안보(national security)'가 관련 분야의 이론적 논의와 정책수단 개발을 압도하게 만들었고, 결과적으로 국가가 확보하는 다양한 물리적 능력(material capability)은 특정 영토적 범위의 국민들에게 안보를 제공(being secured condition)하는 핵심적인 수단으로 간주되었다.

2) 냉전의 정착과 국제정치구조

이상에서 설명한 바와 같이 안보가 가지는 다양한 가능성을 제한시켰던 냉전질서는 국제사회 곳곳으로 확산되었는데, 냉전의 시작은 통상 1940년대 후반을 전후로 한 시기로 알려져 있다. 제2차 세계대전 직후 얄타회담에서 합의된 미소 간 협력적 모멘텀이, 유럽 및 동아시아에서 발생한 다양한 사건들의 결과로 인해 양 진영 간 치열한 대결 국면으로 전환되는 조정기를 거치게 된다(Berstein 2014; Harper 2011; Gaddis 1998). 1948년을 전후로 소위 '냉전질서의 구조화'가 시작되었는데, 대표적으로 '트루먼 독트린', '마샬 플랜'과 같은 유럽 중심적 질서의 정착과 한국전쟁, '닷지 플랜(Dodge Plan)' 등과 같은 동아시아 중심적 질서의 정착을 중심으로 전개되었다.[3]

한편 냉전질서 기원과 관련한 논쟁은 널리 알려져 있다. 소련에서 비롯된 공산주의 세력의 팽창에 대한 두려움과 미국 주도의 적극적인 방어 정착에 정당성을 부여하는 '전통적 시각'(Traditional school), 두 차례에 걸친 세계대전의 결과로 국력이 크게 위축된 소련이 서방을 상대로 전쟁을 취할 능력도 의사도 없었으므로 냉전적 대결의 시작에는 미국 자본주의의 의도적인 과장이 있었다는 '수정주의적 시각', 그리고 개디스

3 조셉 M. 닷지(Joseph M. Dodge)는 원래 디트로이트 은행의 책임자였으나, 2차 대전 이후 독일과 일본의 경제재건 프로그램의 자문위원으로 참여하게 된다. 닷지플랜은 일본 경제의 구조적 개혁을 위해 일본경제에 일정한 고통을 감수하게 만드는 프로그램이었으나 한국전쟁의 발발과 함께 경기부양책 중심으로 일정 부분 성격이 변화하게 된다.

에 의해 상당 부분 정리된 '후기 수정주의 시각'에 이르기까지 대체로 최근에 와서는 수렴된 설명방식을 보이고 있다(Gaddis 1990).

냉전의 기원과 관련한 논쟁은 한국사회 내부에서 학문적으로 또는 이념적으로 중요한 의미로 다가왔는데, 상대적으로 학문적 차원에서 머물던 이 논쟁은 1990년대 후반 매우 흥미로운 방식으로 우리 사회의 이념적 및 정치사회적 척도를 보여주는 계기가 되었다. 간단히 언급하자면 1998년 소위 '조선일보-최장집 논쟁'으로 알려진 이 사건은, 1998년 10월 〈월간조선〉이 당시 고려대 교수였던 최장집의 과거 논문과 인터뷰를 문제삼아, 그의 이념적 성향에 대해 비판적인 기사를 게재하면서 비롯된 사안이었다.

본 글의 문제의식에 입각해서 설명하자면, 우리 사회는 전통적으로 냉전 기원론 관련하여 '전통주의적 시각'을 보편적으로 수용해 왔고, 이의 연장선상에서 한국전쟁은 북한으로 상징되는 공산세력이 한반도 전역에 사회주의 정권을 수립하고자 시도한 공산화전쟁이었던 것으로 해석되고 있다. 하지만 최장집을 포함한 일부 학자들의 견해에 따르자면, 한국전쟁이 가지는 이러한 성격과 함께, 서구사회에서 이미 보편화된 냉전기원론의 두 번째 시각인 '미국 책임론' 즉, 1948년 이후 남북한 사이의 물리적 충돌은 끊임없이 지속되던 상황이었고 정부가 수립된 지 채 2년도 되지 않은 상황에서 북한의 남침을 독립된 두 국가의 전쟁만으로 보기에는 무리가 있고, 한국과 북한이라는 두 국가 간 전쟁으로(international war) 성격을 규정한 데에는 미국의 책임이 있다는 논리인 것이다.[4]

4 이러한 논쟁의 속성을 포함하여 한국전쟁에 대한 가장 포괄적이고 상세한 설명으로

현실을 떠나 학술적인 관점에서만 보자면 어느 관점이 절대적으로 옳고 그르고의 문제는 아닐 것이며, 북한이 한국을 상대로 전면적으로 일으킨 전쟁 행위에 대해 한국을 도와주기 위한 국제사회의 불가피한 개입이 있었다는 전통적인 해석을 전제로, 이와 대조적인 주장들은 참고적으로 고려하면 될 것으로 판단된다. 하지만 한국전쟁의 사례에서 볼 수 있듯이, 분명한 것은 초기 냉전질서가 가지고 있던 이념지향적인 대결의식은 무한한 자본과 정보가 투입되는 전지구적 군사대결로 전환되었는데, 한반도는 이 과정에서 매우 구체적인 국제정치대결의 연루 지역으로 알려져 있다. 시각을 조금 넓혀보면, 한반도를 넘어서는 수준에서 보다 제도화되고 정교한 군사적 대결로의 전환을 촉발하는 결정적인 사건들이 발생하게 되지만, 특히 한국은 미국이 주도하는 글로벌 냉전대결이 어떤 방향성과 목적성을 가지고 '군사화 프로그램'으로 전환되는 지를 가름하는 결정적인 계기를 제공하게 된다(Jervis 1986).

냉전질서의 정착을 논함에 있어서 가장 중요한 접근법은 유럽 지역의 냉전질서와 아시아 지역의 냉전질서를 구분해서 이해하는 것이다. 그 이유는 여러 가지 사회경제적 및 역사적 배경의 차이로 인해 미국은 동아시아와 유럽이라는 두 개 핵심 냉전 전초기지를 대상으로, 매우 차별적인 지역안보전략을 구사하였기 때문이고, 이와 동시에 글로벌 냉전질서에 반응하고 또한 관계를 맺는 두 지역 국가들의 방식 역시 매우 차별적이었기 때문이다. 유럽의 경우 독일 분단 이후, 미국은 서유럽 국가들에 대한 안보위협을 해소하고자 방어안보(defensive security) 개념에 근거한

는 참고, 박명림, 『한국전쟁의 발발과 기원 1, 2』(서울: 나남, 1996).

지역안보동맹을 추진하게 되는데, NATO의 창설을 통해 유럽은 하나의 조직적인 단위 아래에서 냉전 대결이 제도화되는 경향을 보이기 시작하게 된다. 한 마디로, 서유럽을 중심으로 한 유럽 안보 확보의 작동 원리는 이들 국가들과 미국이 적어도 표면적으로는 동등한 참여 조건을 전제로 한 소위 집단안보방어 체제를 추진하게 되었다는 것이다.

반면, 아시아 특히 동아시아의 경우, 지역 단위의 안보구조에 기반한 냉전대결이 어렵다고 판단한 미국은 소위 복층적 양자동맹 구조를 선택하게 된다. 이러한 미국의 판단 배경에 어떤 결정요인들이 작동하였는지를 한 두 개의 독립변수로 설명하는 것은 불가능하다. 다만, 다양한 연구에 의하면, 1950년 전후의 시점을 기준으로 일본을 제외하고는 서구에 견줄 산업화를 경험한 국가가 전무하다는 점 즉, 미국이 개별 국가들을 양자관계에서 관여하지 않으면 또 다시 중국 혹은 일본 중심의 전근대적 질서에 준하는 외교관계가 설정될 수도 있다는 의미이다. 또한 무엇보다도 한국의 이승만, 대만의 장개석 그리고 차원은 조금 다르지만 일본의 요시다 등과 같은 동아시아 지도자들이 국내정치적 이유 등 다양한 요인을 동원해서 미국과의 양자관계를 통해 자신 및 자국의 이익을 극대화하고자 시도한 점 등을 들 수 있다. 물론 동아시아 냉전지역 질서의 기원이 미국이 선택한 결과인지 혹은 다른 변수들과의 복합적인 결과인지에 대해서는 여전히 논란이 계속되고 있다(박인휘 2013, Cha 2012, Lee 2006, Kim 2004).

한편, 대체로 한국전쟁 휴전 이후인 1950년대 중반부터 1960년대 후반에 이르기까지 소위 냉전질서의 '공고화' 과정을 경험하게 된다. 즉 50년대와 60년대 대부분의 시간을 포함하는 대략 20년의 시기를 우리는

'냉전질서 공고화'기로 부른다. 한국전쟁 이후 미국 주도의 보다 제도적 완결성을 완비한 냉전대결구도는 세계 주요 전략 지역에서 발생한 위기 국면들과 맞물리면서 신속하게 국제정치질서에서 정착하였고, 대략 1950년대 중반을 넘어서면서부터 일종의 공고화 단계에 진입하게 된다. 국제정치에서의 세력분포 및 역학관계를 '공고하다'는 추상적인 용어로 표현하는 데에는 문제가 없지 않으나, 이 시기에 접어들면서부터 미국과 구소련을 중심으로 동서 양 진영 간 대결은 국제정치 이론적으로 '구조적 완결성'을 갖추게 된다. 국제정치이론의 발전과 흐름에서 보자면, 왈츠가 주창한 신현실주의 이론의 적실성이 높아지기 시작한 시기가 바로 1950년대 중반 이후의 시기이다.[5]

냉전이 공고화되었다는 국제정치적 사실은 대체로 다음과 같은 의미를 가진다. 무엇보다도 냉전은 미국과 소련으로 대표되는 양강이 전세계를 대상으로 매우 적극적인 외교를 전개한 경험이었고, 그 결과 동서 양 진영 간 포괄적인 세력경쟁이 전개되었다. 한 마디로 진영대결이 구조적으로 조건을 갖추게 된 것이다. 특히 1950년대 중반 이후 괄목할만한 경제성장을 이루게 되는 구소련에 비해 상대적으로 오래전부터 경제력과 외교자원이 풍부하였던 미국이 더욱 적극적으로 냉전외교를 전개하였다. 왈츠의 구조적 현실주의가 근대국제질서 등장 이후의 시간 중에서

5 다른 사회과학분야와 마찬가지로 어떠한 이론도 시간적 공간적 초월성이 완벽히 인정되는 보편성을 가지지는 못하지만, 왈츠가 주창한 '구조적 현실주의'는 개별 국가의 모든 대외행동을 국제정치구조에서 비롯되는 구조적 차원의 산물로 설명함으로써 나름대로 상당한 이론적 '엄밀성'을 겸비하게 된다. 참고, Kenneth Waltz, Theory of International Politics (N.Y. 1979).

'냉전기'를 가장 효과적으로 설명한다고 가정할 때, 이러한 냉전 외교의 적극적인 전개는 미소 간 대결에서 비롯되는 구조적 요인이 여타 모든 국제질서 내 행위자들의 대외행동을 설명하는 가장 중요한 요인으로 자리잡게 되었음을 의미하는 것이다.

3. 한국의 안보와 국제정치환경

1) 국제정치환경과 한국

그렇다면 한국 정부와 국민들의 생각과 가치관 속에 자리 잡기 시작한 안보 개념이 글로벌 국제정치환경과 어떤 내용과 차원에서 상호의존적 관계를 형성하였는지에 대해서 좀 더 구체적으로 살펴보기로 하겠다. 이러한 분석을 위해서는 국제질서 내 국가들의 대외 행동을 설명하는 결정적인 변수는 '구조적 속성'에서부터 비롯되었다는 가정을 이해할 필요가 있다. 이러한 설명은 전형적으로 신현실주의(구조적 현실주의) 이론의 주장에 따른 분석이라고 볼 수 있는데, 국제사회 각 국가들의 대외정책에 영향을 미치는 요인들 중에서 특히 강대국 간 관계라는 영향력이 가장 중요한 요소로 작용한다는 설명이다(Vasquez 1998, Ch 9). 국가의 대외정책을 설명하는 독립변수는 여러 가지가 작용한다. 리더십, 경제상황, 국내여론, 역사적 배경 등. 하지만 이들 변수들 중에서 국제정치 전체에서 특정 강대국 간 관계에서 비롯되는 소위 '구조적 특징'이 가장 중요한 영향을 미친다는 의미이다.

38선 이남 지역의 영향력을 장악한 미국은 한국의 입장에서 가장 중요한 외교안보 자산이었고, 우리에게 미국과의 외교관계는 전형적인 비대칭적인 동맹관계였기에, 미국이 규준(規準)하는 국제정치적 구조에 한국은 매우 민감하게 반응하게 되었다. 냉전질서 하에서는 위기가 구조화되어 다양한 요소로 결합한 진영 간 '위기' 대결이라는 투입요소는 아이러니컬하게도 국제정치적으로 '안정'이 산출되는 현상을 낳았던 셈이다. 공고한 한미동맹은 한국으로 하여금 남북대결이라는 위험한 환경 하에서도 이러한 안정을 적극적으로 활용하게 만들었다. 한국은 냉전질서에서 비롯된 구조적 안정성을 적극 활용한 국가였던 셈이다. 분단국가임에도 불구하고 안보비용을 한미동맹에 전가시키고, 60년대 중반 이후 경제성장을 위한 국가적 공감대를 형성할 수 있었다는 점은 매우 독특한 '한반도-글로벌 냉전질서' 사이의 교환방식으로 평가된다.

특히 이 시기에는 소위 패권안정이론이 또한 매우 적극적으로 적실성을 가지는 시기이기도 하다. 미국 주도의 세계자본주의 성장은 50년대 후반부터 60년대 중반까지 이른바 최고의 생산성과 성과를 내게 되는데, 미국이라는 확실한 초강대국이 국제안보라는 '국제 공공재(international public goods)'를 제공해 주고, 이러한 보호 아래 서유럽 국가들이 주도한 세계 자본주의 성장은 자본주의 진영 내 질서를 매우 안정적으로 유지하는 데에 결정적인 토대가 되었다. 결과적으로 보자면, 한국이 국제자본주의 시장으로 상대적으로 쉽게 안착할 수 있었던 데에는 서구자본주의의 이러한 성장 경험이 중요한 요인이 되었고, 이렇게 해서 잉여자본의 가치를 창출한 미국 시장은 한국과 같은 초기 경제성장 단계의 제품들도 흡수할 수 있는 여력을 확보하게 되며, 결과적으로 한국은 이러한 기회를 성공적으로 포착하게 된다.

한국과 같은 분단국가의 경우 미국과 소련의 중요한 지원 대상 국가였다는 점에서 대외관계에서부터 투입되는 다양한 자원들이 국가 형성에 결정적인 영향을 미치게 되는데, 특히 미국과의 관계에서는 군사적으로 특수한 관계에 놓이게 되는 '동맹관계'를 형성하게 됨으로써 국가 형성 과정에서 핵심 국가자원으로 활용하게 되었다.[6] 한국은 미국과의 특수한 관계 속에서 미국이 주도한 냉전질서를 전제로 한 '적'과 '위협의식'을 공유하였고, 위협을 제거하기 위한 수단으로 한미 양국은 다양한 국가안보자원을 공유할 수 있다는 특별한 관계에 놓이게 된 것이다.

미국이 주도한 동맹관계를 포함하여 당시 미국과 소련은 국제정치질서에서 한국을 포함한 각자 진영 내에 위치한 다양한 국가들을 대상으로 소위 후견인(patron) 역할을 담당하게 되는데, 이러한 외교관계는 냉전기 시절 하나의 정형화된 패턴으로 자리잡게 된다.[7] 특히 분단국가들이 저마다 다양한 위기에 직면할 때마다 미국과 소련은 매우 적극적인 개입과 관여를 통해 안보이익을 보장해 주게 된다. 이러한 개입과 관여가 한국의 국가정체성 차원에서 어떻게 투영되었는지를 살펴보기 위해 몇 가지의 변수를 설정해서 설명하는 것은 큰 도움을 주는데, 대표적으

6 동맹이론은 동맹관계가 가지는 다양한 측면을 포괄적으로 설명하고 있지만, 무엇보다도 냉전시기 동안 동맹관계의 핵심은 군사동맹으로서의 기능이라고 말할 수 있다.

7 물론 patron-client states 관계는 이들 분단국가에만 적용되는 것이 아닌 포괄적인 적용성을 가지지만, 본 연구와 관련하여 냉전질서라는 공간에서 '생존'을 제공해주는 핵심 근거로 작용하였다는 차원에서 중요한 의미를 가지고 있다.

로 정치이념, 핵심 국가이익, 리더십, 성장전략, 지역안보관계, 대미 관계 등의 관점에서 설명해 보겠다.

'정치이념'의 경우, 전형적인 카테고리인 반공주의와 사회주의라는 이분법적 특징을 포함하여 당시의 권위주의 및 민족주의적 특징이 어떻게 외부 세계와 반응하였는지를 보여줄 수 있다. '핵심 국가이익'의 경우는 당시의 핵심적인 고려사항이었던 안보이익과 경제성장이 얼마나 국가형성에 지배적인 담론으로 작용했는지를 잘 보여줄 수 있다. 성장전략이라는 요인 역시 한국이 냉전질서의 세계시장을 어떻게 이해했는지를 살펴보는 의미 있는 설명력을 제공할 것으로 판단된다. 또한 '리더십' 역시 글로벌 안보환경에서 비롯되는 한국의 국가 정체성 형성 과정을 설명하는 좋은 잣대가 될 것으로 판단하는데, 냉전 초기 새롭게 국가형성 과정을 경험한 한국은, 주지하는바 분단이라는 체제경쟁적 상황에 의해 강력한 리더십을 강조하는 국가지도자를 맞이하게 된다. 특히 강력한 리더십이 구현되는 방식과 대중을 상대로 한 권력 표현 방식 등의 관점에서 매우 의미 있는 설명 변수가 될 것으로 보인다. '지역안보관계'라는 변수는 냉전초기 및 공고화 시기동안 한국이 동아시아(혹은 동북아)라는 지역질서를 어떻게 개념적으로 정착시켰는지, 또한 분단적 상황에서 대외관계의 자율성에 제한이 많았던 한국의 입장에서는 지역질서를 스스로의 판단에 따라 독립적으로 접근하기보다는 미국 및 소련이라는 국가를 통해 투영된 이미지와 이해관계로 접근하게 된 배경을 설명해 줄 것으로 보인다. 마지막으로, 대미관계를 살펴보는 이유는 '동맹관계(대미관계)' 변수는, 한 마디로 미국과의 관계가 어떠한 장치와 이익에 의해 규정되었는가를 분석하기 위함이다.

2) 냉전적 국제정치환경의 '한국화'

이상에서 제시한 몇 개의 주요 변수들을 중심으로 정부 수립 이후 한국의 국가정체성을 살펴 본 결과 흥미로운 몇 가지 사실들을 발견하게 되었다. 개별 변수들을 중심으로 간략하게 살펴보면 다음과 같다. 먼저 '정치이념'의 경우 한국은 전형적인 '외부 유입형 민주주의' 사회로 분류할 수 있다. 내부로부터 민주주의적 관습이 생겨나고 또 때로는 외부로 부터의 전해진 각종 요소가 더해진 민주주의의 출범이기 보다는, 미국으로 부터 유입된 각종 제도들이 선행적으로 이식된 것이다. 결과적으로 정치이념의 정착 및 관련한 각종 제도적 장치들이 순탄하게 정착한 것이 아니라, 4·19혁명, 유신독재반대 운동, 87년 6월 시민혁명 등과 같은 각종 정치 변혁들의 반복적인 발생을 통해, 오랜 시간의 흐름에 따라 비로소 우리 사회에 안착된 결과로 나타나게 된 것이다.(임혁백 2007, 5장; 유시민 2009)

'국가이익'이라는 차원에서 한국의 초기 국가 정체성을 살펴보면, 경제성장, 사회안정, 국민통합 등 전쟁과 독립을 경험한 국가들에게 발견되는 전형적인 국가이익 중에서, 유독 '안보의 확보'라는 목표를 핵심이익으로 간주하는 한국적 특징을 발견하게 된다. '안보(secured condition)'를 어떻게 이해하고 정의하느냐의 문제는 개별 사회의 정치사회적 환경과 역사적 배경에 따라 사회적으로 구성되는(socially constructed) 보편적인 원칙을 가지기 마련인데, 분단국가인 한국의 경우 외부에서 주어지는 북한과 공산권이라는 '위협'을 어떻게 해소하느냐의 문제를 핵심 담론으로 설정하였던 것이다. 냉전질서에 적극적으로 노출된 한국은 주권의 다른 어떤 구성요소들보다 우선하여 외부의 적과 관련한 안보이익을 핵심 국가이익으로 설정하는 특징을 보였던 것이다.(박인휘 2005; 홍석률 2012, 서론; Brezinsky 2009, Ch. 4, 5)

'경제전략'이라는 변수 역시 흥미롭게도 한국이 안고 있던 전통적이고 고유한 변수들이 작용하여, 비슷한 처지에 놓였던 다른 신생독립국가들과 비교하여 큰 차별성을 보이고 있는 것으로 판단된다. 한국전쟁 직후의 이승만 정권 역시 경제성장에 많은 관심을 가지고 있었으나, 정치적 정당성의 부재와 사회 불안정성은 경제성장 추진에 커다란 장애물로 작용했다. 박정권 정권의 등장 역시 정당성의 문제를 해결하지는 못했으나, 군사 정권 특유의 추진력과 산업화 초기단계부터 적극적인 해외시장 진출을 추진하는 성장전략이 효과를 거두면서 미국이 주도한 글로벌 자본주의 시장질서에 적극 편입하게 된다.

다음으로 '리더십'이라는 변수 역시 한국의 정체성이 냉전구조적 환경에 얼마나 노출되어 있는지를 잘 보여주고 있다. 한국의 초대 대통령 이승만은 동일한 시기 비슷한 경제발전 단계와 지정학적 배경에서 발견되는 제3세계 지도자들과 비교하여, 누구보다도 '대중 영합적'이고 '외교전략 의존적'인 리더십 특징을 보이고 있다(박태균 2006, 3부; 이승곤 2009, 3장). 이승만의 리더십에서 외교역량을 강조하는 점이 돋보이는 부분은 매우 흥미로운 대목인데, 그가 과거 미주지역에서 독립운동을 전개했다는 경험 이외에도 대미관계에서 자신감을 보이는 측면이 국내정치적으로 매우 중요한 정치자산이었다고 판단되었기 때문인 것으로 보인다. 이승만의 경우 다른 어느 제3세계 지도자보다도 외부 안보환경을 정치적 자산으로 활용하려는 의도를 갖고 있었다(Cha 2010, 170-175). 물론 외부

안보환경과 국내정치적 연결성은 어느 시대 어느 국가에서도 발견될 수 있는 보편적인 성격을 가진다고 볼 수도 있지만, 냉전 질서 초기 및 공고화 시기 동안, 한국에서 발견된 '외부—국내 연결성'은 매우 적극적이었다고 볼 수 있다. 또한 그 결과로서, 국가지도자가 가지는 외교분야에서의 역량이 다른 정책 영역의 역량으로 지속적으로 재생산되는 국내정치적 특징을 보이기도 하였다.

'지역 내 외교관계'의 경우 한국의 안보는 냉전질서 형성기로 비롯된 국제정치적 영향력을 매우 적극적으로 반영했다는 점을 발견하게 된다. 특정 국가가 자기가 속한 지역 안에서 지역단위 안보질서와 어떤 대외관계를 설정하느냐의 문제는 해당 국가의 국가형성 과정에서 매우 중요한 국가 어젠다로 다뤄지는 경향이 있다. 한국의 경우도 예외는 아니었는데, 주변 강대국들과 어떤 외교안보이익의 관점에서 관계 설정을 규정하느냐의 문제는, 대내적인 요인들보다는 대외적인 요인들에서 비롯되는 국가이익 및 정체성의 문제였던 것이다. 한국이라는 국가가 동아시아 내에서 어떤 역내질서 참여자로 자리매김하느냐의 문제는 결과적으로 미국의 전략에 편승하는 경우가 대부분이었다.[8]

다른 변수들과 비교하여 '지역 내 외교관계'는 미국이 전개한 글로벌 안보전략과의 상관성을 더욱 구체적으로 보여주고 있으므로, 이 문제에 대해서 조금 더 언급할 필요가 있다. 앞서 잠깐 언급한 바와 같이 냉전

8 참고로, 당시 유사한 분단 상황에 놓였던 다른 나라들과 비교해 보자면, 동서독이 각기 유럽 지역 내에서 어떠한 위상과 역할을 담당하느냐의 문제, 베트남이 동남아 국가들 사이에서 어떤 위상과 안보 혹은 위협 제공자로 인식되느냐의 문제는 국가형성 과정에서 핵심적인 국가 정체성 문제의 하나였다.

시기 동안 미소가 규준한 전지구적 안보질서가 모든 지역과 국가에 반영되었다고 하더라도, 개별 지역이 어떻게 수용하고 또한 개별적으로 권력을 배분하느냐의 문제는 개별 지역의 특수성과 연동되어 있었다. 특히 미국은 냉전기 대표적인 대외정책으로 '봉쇄정책'을 전 지구적인 수준에서 전개함에 있어서, 각기 지역별 안보작동방식에 맞게 소위 차별적인(customized) 지역안보체제를 운영한 점이 인정된다. 이 과정에서 한국과 같이 지정학적으로 매우 민감한 지점에 위치한 국가의 경우 지역 내에서 어떠한 국제안보적 지위와 역할을 부여받느냐의 문제가 결정되었다고 볼 수 있다. 한 마디로 한국은 온전히 냉전질서라는 변수를 중심으로 지역 내 국가들과 외교관계를 맺게 된다(박인휘 2005, 9-11).

마지막으로 미국과의 '동맹관계'라는 변수에서도 흥미로운 특징이 발견되었다. 잘 알려진 바와 같이, 동맹(alliance) 관계는 국제정치에서 외교적으로 매우 밀접한 관계에 놓은 국가들 간 관계이다. 적(enemy, threat)을 공유하고, 안보적 가치를 지키기 위해 국가자산을 공동으로 운영하겠다는 국제적인 약속인 셈인데, 동맹 관계에 놓인 국가들 간 힘의 분배 구조 등은 개별 동맹마다 차별적인 현상을 보이곤 한다. 한국은 미국과 동맹 관계를 맺으면서, 동맹 관계에서 비롯되는 이익의 극대화를 통해 국가형성을 전개한 특징이 발견된다. 물론 미국은 당시 지구상에 존재한 다양한 국가들에게 혜택과 외교적 지원을 제공하였지만, 한국처럼 고도의 상호의존성이 발견되는 동맹관계를 유사한 예를 찾기 어려운 것이 사실이다(Lee 2006). 결과적으로 미국과는 분단체제에서 비롯되는 '적대감' '안보수단' '위협해결 방법' 등을 공유하게 되었다.

4. 글로벌 냉전질서–한국적 반응의 연결 방식

1) 한국의 국가정체성

냉전질서로 대표되는 국제정치환경이 특정 국가에 어떠한 영향을 미쳤느냐의 문제는, 해당 국가가 위치한 지역의 외교안보환경이 어떠한가의 문제, 그리고 해당 국가의 대내적 환경이 어떤 과정과 루트를 통해 국제정치적 요인들을 수용하는가의 문제 등과 같은 요인들에 의해 결정된다고 볼 수 있다. 이러한 관점에서 우선 한국은 동북아라는 매우 독특한 지역 안에 위치하고 있는데, 전 세계가 대략 12~3개의 '지역안보권역'으로 나눠진다고 볼 때, 한국이 속한 동북아(동아시아)는 강대국 정치의 영향이 다른 어느 지역보다도 두드러진 것으로 알려져 있다(Katzenstein 2015). 동서양 문명이 교차하고, 대륙세력과 해양세력이 충돌하는 유라시아 대륙의 동쪽 끝 지점에 위치한 국가로서, 오랜 전근대의 역사적 시간과 배경을 토대로, 근대적 공간에 최초 진입하는 순간 분단을 맞이하게 되었고, 또한 그 과정에서 냉전질서의 정착 및 고착이라는 국제정치환경에 노출되었다는 점은 한국의 국가정체성에 매우 중요한 의미를 가진다.

또한 외부 환경을 어떻게 수용하는가의 문제는 해당 국가 내부에서 발견되는 특징적인 요인들과 어떻게 결합하느냐의 문제(embedded)로 이해할 수 있는데, 이 점과 관련하여서도 한국의 경우 매우 중요한 특징이 발견된다. 우리는 과거 다른 개도국들과 비교하여 냉전 및 그 이후 시기

동안 매우 성공적인 경제발전 및 정치발전을 경험한 것으로 알려져 있는데, 이러한 사례를 분석하기 위해 지금까지 다양한 독립변수들이 다뤄져 왔다. 대부분의 경우 유교 사회적 특징, 지도자의 리더십, 분단대결에서 오는 위기감, 교육열 등의 요인들을 제시하곤 했었는데, 본 연구와 관련하여 '서구문명에 대한 거부감의 부재'라는 요인을 들 수 있다(Brazinsky 2009). 대부분의 아시아 국가들이 서구문명의 식민지배를 경험한 반면, 한국은 일본이라는 아시아 국가에 의한 식민지를 경험하게 된 까닭에, 전후 질서에서 일본으로부터의 영향을 극복하고 또한 신속한 경제성장을 이루기 위해 서구 문명을 수용하는 데에 상대적으로 거부감이 적었다는 분석이 제기되고 있다. 이 경우 한국에게 있어서 서구문명의 핵심은 안보동맹 관계를 맺고 있었던 미국임은 불문가지이다.

이러한 배경에서 한국은 냉전 질서 수립을 주도한 미국과의 동맹관계를 국가형성과정에서 핵심 국가자원으로 적극 활용하는 특징을 보이게 되었다고 볼 수 있다. 한국의 사례와 국제정치환경과의 연결성이라는 관점에서 생각해 볼 때, 또 하나의 특징은 당시 한국의 지도자였던 이승만 대통령이 보인 특유의 리더십을 들 수 있다. 예를 들어 1949년 이후 독일의 아데나워 총리, 1949년 이후 대만의 장개석, 그리고 1955년 이후 월남의 고딘디엠 등과 비교해 볼 때, 한국의 이승만은 국내정치적으로는 물론 대미관계에서도 더 많은 권한과 지위를 행사했다고 볼 수 있다.[9] 미국과의 관계에서 보인 카리스마적 역량은 물론 대미관계를 국내

9 예를 들어 아데나워는 유럽 내 연합국들이 독일문제를 어떻게 접근하느냐의 문제, 즉 독일과 유럽과의 관계 설정 문제로 인해 지도력의 제약을 받았다고 볼 수 있고,

정치적 지도력의 자산으로 전환시키는 역량은 매우 뛰어났던 것으로 평가된다. 물론 독일의 아데나워 수상이 보인 오랜 기간에 걸친 평화 지향적이고 유럽 지역 전체에 영향을 미친 리더십을 거론할 수 있지만, 미국의 관점에서 독일문제의 경우 유럽 지역 전체의 안정성이라는 관점에서 접근해야 하는 특수성이 있음을 고려할 때, 한국의 경우는 이승만 개인 역량 자체에서 비롯되는 리더십의 의미가 더 중요하게 다뤄져야 한다고 볼 수 있다.

한국이 처한 지정학적 특수성은, 글로벌 냉전질서가 공고화되는 시기였던 1965년 한일국교정상화 과정에서도 잘 드러나고 있다. 한일국교정상화라는 역사적 사실을 설명하는 독립변수로는 여러 가지가 있을 수 있지만, 가장 대표적인 변수로는 한일관계에 대한 '박정희 대통령의 실용주의적 접근'과 미국이 집요하게 요구한 소위 '동북아 자유주의 연대'를 들 수 있다. 미국은 한국과 일본의 국교정상화가, 미국의 전후 질서에서 추진한 동아시아 안보질서의 가장 중요한 전제 조건으로 생각하고 있었다(Branzinsky 2009). 동아시아 지역에서 냉전 질서가 공고화되는 과정에서 한국이 처한 지정학적 환경은 미국의 안보 전략적 요구에 더욱 적극적으로 노출되었고, 한일국교정상화 이후의 산업화 발전 과정이나 한국의 대외 관계적 특징은 냉전질서라는 외부환경의 특징을 더욱 적극

대만의 경우는 두 차례의 양안사태를 포함하여 장개석과 미국 정부 사이의 외교적 불화로 인해 당시 대만 주재 미국 무관 스틸웰이 소환되는 등의 사건이 발생했고, 베트남의 고딘디엠은 월남 내 다수 분파주의자들과의 갈등으로 인해 정치적 권한이 심각하게 침해되었음은 잘 알려진 사실이다. 참고, 안병억(2000); T. J. Christensen(1996); Schulzinger(1999), Ch. 2~4.

적으로 수용 및 적응하는 형태로 발전하게 된 것이다.

2) 글로벌 냉전과 국가이익 설정의 특수성

(1) 국가 핵심 아젠다의 연계성과 성공적인 추진[10]

이상에서 살펴본 글로벌 냉전질서와 한국의 국가정체성 사이의 연결성을 바탕으로, 한국이 설정한 핵심 국가이익(혹은 아젠다)이 어떻게 글로벌 안보환경을 적극 활용하면서 달성되었는가에 대해서 잠시 살펴보도록 하겠다.

한국의 경우 냉전적 국제정치환경 하에서, 북한 및 거대 공산주의 코어 그룹들로부터 오는 안보위협을 해소하는 일은 다른 어떤 국가이익보다도 우선하는 핵심 국가 아젠다였다. 특히 '한국전쟁'이라는 현대사의 특수한 사건을 경험하면서, 주권의 안보적 측면은 주권이 가지고 있는 보편적인 다른 어떤 속성보다도 우선하는 핵심 가치로 자리 잡았다. 이 과정에서 흥미로운 사실은 '국가안보적 주권'이라는 핵심 가치는 바로 한미동맹이라는 수단을 통해 해결되었다는 점이다. 동맹은 근대국제질서에서 자력구제(self-help)의 정신을 본질적으로 훼손하지 않으면서, 타국의 힘을 빌려 자국의 안보적 이익을 실현하는 타력구제(other-help)의

10 국가이익, 국가 핵심 아젠다 등의 용어들이 혼용되어 사용되고 있으나, 본질적으로 대부분의 근대국가들이 보인 국민적 합의인 '주권 확보' '산업화' '정치발전'의 과제들을 의미하고 있다.

실천이라고 볼 수 있다(Snyder 2007; Walt 1990). 냉전시기 두 개의 대규모 전쟁 중에 민족전쟁으로서의 성격이 강했던 베트남전쟁보다, 냉전형 국제전으로서의 성격이 강했던 한국전쟁의 특성 상, 미국의 개입은 불가피한 측면이 있었고, 한미동맹은 당시 한국의 핵심 국가이익이었던 주권의 안정적인 확보를 실현하는 데에 결정적인 역할을 담당하게 된다.

그런데 흥미로운 점은, 한미동맹의 유지로 인해 '국가안보'라는 최초 국가 핵심이익이 실현된 이후, 한국은 다음 국가과제인 '산업화와 경제성장', 그리고 '민주화와 정치발전'이라는 국가과제로 매우 신속하게 국민적 합의가 이동하게 되고, 일단 새로운 '균형점'을 찾은 국민적 합의는 다른 분단 사례 국가들에서는 찾아 볼 수 없는 매우 효과적인 실천수단을 확보하게 되었다는 점이다. 즉, 정부 수립 초기 한국전쟁으로 인한 국가존립의 위기가 가장 중요한 국가이익이라는 국민적 공감대가 형성되었고, 이러한 핵심 국가이익은 한미동맹을 통한 글로벌 냉전질서에 더욱 깊숙이 진입함으로써 일정 부분 해결되었다.

한미동맹을 활용한 국가 안보 현안이 어느 정도 해소된 다음에는 경제를 성장시키는 산업화의 문제가 핵심적인 국가이익이라는 데에 국민적 동의가 이뤄졌다. 산업화와 경제성장을 위한 실천수단으로 한국 국민은 권위주의 리더십을 통한 소위 '발전국가' 전략을 선택하게 된다. 산업화에 대한 열망이 권위주위를 선택하게 된 것인지, 권위주의 정부가 산업화 어젠다를 선점하고 이를 통해 국민적 지지를 재생산해 나간 것인지, 이 둘 사이의 인과관계를 분석하는 일은 매우 어려운 한국적 사회과학 과제이다. 결과적으로 한국은 다른 일반적인 후진국 권위주의 정부와는 달리 경제성장을 최고의 국가이익으로 선정하고, 이를 위해 모든 가용 국가자원을 투입하게 된 것이다. 자기 그룹의 정권 연장보다도 국가경제성장이라는 아젠다를 우선시한 권위주의 정권을 우리는 소위 '연성 권위주의(soft authoritarianism)'이라고 일컫는다. 흥미롭게도 과거 권위주의 시절의 경제성장 역시 냉전질서와 밀접하게 연계되어 있는데, 미국 시장으로의 적극적인 진출이 전제가 된 수출지향적 성장전략의 경우, 공정거래와 자유무역을 중시하는 미국 정부의 가치와는 상충하는 것이 당연하지만, 한국 상품의 대미수출은 냉전적 논리 하에 경쟁력이 떨어지는 상품에 대해서도 자국 내 시장을 개방해 준 결과였던 것이다.

여기서는 자세히 언급하지 않겠지만, 과거 70년대와 80년대 권위주의 정권을 통한 경제성장이 일정한 성과를 거두게 되자, 한국의 핵심 국가 아젠다는 민주화로 옮겨가게 되고, 민주화로 대표되는 정치성장 전략은 소위 한국형 중산층의 등장(6월항쟁)을 통해 이뤄지게 된다. 이 경우에도 국민적 공감대를 통한 핵심 국가이익의 전환이라는 과정을 거치게 된다.

(2) 외부환경 활용의 극대화와 국가전략

제2차 세계대전 직후 수많은 개도국 중에서 주지하는바와 같이 한국만이 국제사회(미국)의 지원 수혜국이었던 것은 아니다. 중동이나 남미 지역 등에서는 훨씬 대규모적이고 집중적인 지원을 받았던 나라들이 다수 존재한다. 하지만 한국의 경우 다른 사례에서 찾아 볼 수 어려울 정도로 국제사회의 중심국가로 성장할 수 있었던 배경은 무엇인가? 즉, 미국의 지원과 국제사회의 관심이라는 조건은 모두에게 동일하였음에도 불구하고, 한국이 국가형성 및 성장 과정에 더 성공적이었던 배경은 무엇일까?

여러 가지 설명변수가 있을 수 있겠으나, 대표적으로 중국과의 수천 년에 걸친 경험, 다시 말해 대강대국 외교관계에서 어떠한 국가이익을 확보해야 할 것인가에 대한 국가 차원의 노하우가 작동했다는 연구가 있다(Branzinsky 2009; Armstrong 2006; Kim 2000). 이러한 노하우가 전후 질서에서, 다른 아시아 국가들과 비교하여 상대적으로 서구 문명, 특히 미국에 대한 거부감이 적었던 한국의 입장에서 미국을 상대로 해서 효과적으로 작동했을 수 있다는 설명이다. 물론 대강대국 관계에서의 노하우는 사회과학적으로 엄밀성을 가지는 용어라고 보기는 어렵고, 따라서 향후 정교한 학문적 검증을 필요로 한다. 하지만 이승만의 반공주의적 리더십과 냉전질서를 활용한 정치적 자산의 축적, 박정희의 실용주의 외교노선과 경제성장의 필요성을 정당화 시키는 논리 등을 고려할 때, 남북관계 및 한미동맹이라는 냉전적 외교안보환경적 특징은 핵심적인 논리적 정당성을 제공하고 있다.

특히 이 과정에서 북한을 상대로 한 남북관계의 '대결지상주의'는 매우 주목할만한 동력으로 작용했음을 부인하기 어려운데, 한 마디로 냉전질서 정착 직후 및 공고화 기간 동안 남북관계는 극단적인 대결지상주의로 치닫게 된다. 남북한이 공히 대외관계에 있어서는 물론이고, 각자 국내정치적으로도 극단적인 '배세의 정치(politics of exclusiveness)'를 전개하게 전략을 선택하게 된다. 이 경우 과거 북한을 부인하고 배제하는 것이 한국의 생존과 안보를 보장해 준다는 판단의 대부분은 당연히 글로벌 안보질서에서 기인하는 바가 컸다고 볼 수 있다.

5. 맺음말

지금까지 이 글은 글로벌 냉전질서 초기 및 공고화 과정에서 발견되는 국제정치환경의 특성을 소개하였고, 이러한 국제정치환경을 전제로 한국의 경험을 대상으로 구체적으로 정치이념, 국가이익, 경제성장략, 리더십, 지역안보관계, 동맹관계 등과 같은 변수들이 국가정체성 형성에 어떤을 미쳤는지에 대해서 살펴보았다.

앞서 살펴본 바와 같이, 이들 변수들 중에서 특히 '국가이익', '리더십', '지역내 대외관계' 등의 관점에서 글로벌 안보환경이 한국의 국가정체성 형성에 매우 중요한 영향을 미쳤다는 점을 보여주고 있다. 특히 한국은 냉전대결의 중심에 있었던 미국과의 외교관계에서 발생하는 경제적 지원, 외교적 후원, 안보확약 등을 '국내 정치적 자산'으로 전환하여 대내적 안정성을 공고화하고, 또한 대내 정치적 기반으로 사용한 특징 등이 흥미롭게 발견되고 있다. 뿐만 아니라 한국의 경우, 유사한 처지에 놓였던 다른 저개발 국가들과는 달리, 핵심 국가이익을 구체화함에 있어서 '주권 및 안보확보' 그리고 '산업화와 경제성장'이라는 두 개의 목표를 설정하여, 이 두 개 핵심 국가과제를 성공적으로 달성하였다. 이 과정에서 냉전이라는 글로벌 안보질서 특수성을 내포한 한미관계는 매우 유용한 국가자원으로 활용되었다. 한국사회가 '안보이익'을 확보하고, 이어서 '산업화의 국가이익'을 순차적으로 실현하는 과정에서, 국민적 합의가 있었거나 민주적인 정책결정 과정이 있었던 것은 아니지만, 국가형성 과정에서 '보이지 않는' 국민적 동의와 정부–시민 간 분업구조가 발생하였다는 점은 향후 지속적인 연구를 필요로 하는 매우 흥미로운 결과로 판단된다.

II. 냉전기 글로벌 반공질서와 한국의 안보: 동맹에 대한 박정희의 인식

1. 머리말

한미동맹은 우리의 국가이익을 규준하는 가장 대표적인 국가전략으로서 한국 대외관계의 한 가운데에 자리 잡고 있다.[11] 연구자의 입장에

11 '국가이익'의 학문적 완결성 및 정책적 포괄성에 대해서는 참조, 구영록, "대외정치의 핵심개념으로서의 국가이익," 『한국과 국제정치』 통권 19호(1994), pp. 3-5; 박인휘, "동북아 국제관계와 한국의 국가이익: 미중일 세력관계를 중심으로," 『국가전략』 11권 3호(2005), pp. 9-12; Scott. Burchill, National Interests in International Relations Theory (Palgrave: Palgrave Macmillan, 2006); D. E. Nuechterlein, *America Recommitted: United States National Interest in a Restructured World* (Kentucky: University Press of Kentucky, 1991), ch. 1.

따라 일부 이론은 있을 수 있으나, 대체로 1948년–50년 사이 동북아 지역에 현대 국제정치 질서가 수립되는 과정에서 한국과 미국은 서로를 동맹 파트너국가로 선택하였고, 이후 동북아 차원의 냉전질서가 심화되면서 한미동맹은 한국의 국가이익에 가장 중요한 영향을 미치는 외교안보 자산으로 자리 잡게 되었다.[12] 특히 한미동맹이 공고한 수준으로 일종의 제도적 완성을 이뤘던 시기는 과거 글로벌 냉전질서가 견고하게 작동하던 시기였음은 자명한 사실이다. 그렇다면 당시 한국의 지도자는 한미동맹을 이해하고 전략적으로 활용하는 판단의 기준에는 어떤 '국가이익'적 정의를 전제로 하였으며, 그리고 이러한 정의는(definition) 당시 한반도 상위 수준에서 작동하던 글로벌 냉전질서와 개념적으로 또한 인식적으로 얼마나 상호의존적이었던 것일까? 본 챕터는 이러한 질문에 답해보고자 한다.

분단국가로서의 정체성을 가지게 된 한국에게 한미동맹은 세계와의 교류와 소통을 담당하는 핵심적인 커뮤니케이션 채널이었다. 기본적으로 동맹관계가 국가들 간 군사 관계에 초점을 맞춘 약속이긴 하지만, 국제정치 무대에서 적극적인 역할을 담당하거나 혹은 국제사회의 중요한 어젠다를 선점하고 관련한 해법을 제시할 능력이 부족했던 과거 한국 정부의 입장에서, 한미동맹은 국제사회에 한국을 알릴 수 있는 신뢰할

12 상대적인 약소국과 강대국 간 동맹관계가 형성될 때 동맹파트너 국가를 선택하는 역할이 강대국의 몫인지 혹은 약소국의 몫인지는 동맹이론에서 중요한 연구과제이다. 경험적으로 보면 강대국이 약소국에 대해서 동맹형성과 관련한 자율권을 가지는 것으로 알려져 있는데 관련 연구로는, 참고, Glenn H. Snyder, 1990, "Alliance theory: A Neorealist first cut," *Journal of International Affairs,* vol. 44, no. 1, pp. 106–7.

만한 활용 전략이었던 셈이다. 본문 가운데서 후술하겠지만 글로벌 냉전질서가 최고조에 이르던 1960년대 중후반 한일관계정상화, 한국의 베트남 전쟁 참전 등과 같은 결정은 기본적으로 한미동맹을 매개로 한국과 국제사회를 연결시켜주는, 당시로서는 매우 의미 있는 소통방식이었던 것이다. 이러한 과정에서 과연 당시 한국의 국가지도자는 동맹관계를 어떻게 이해하고 있었고, 관련하여 한국의 국가이익을 어떻게 정의내리고 있었던 것일까? 이러한 질문들에 대한 해답은 당시 한국의 안보가 국제질서와 형성하고 있던 상호의존의 방식을 보여주는 도움이 될 것으로 판단된다.

이상의 연구 목적을 위해서 한미동맹을 보편적인 동맹이론의 핵심 내용인 '유기체적인 균형점의 이동'과 '동맹 간 및 동맹내부 간 게임'이라는 두 가지 기준에 의해서 분석해 보고, 다음으로는 이러한 분석이 박정희라는 당시 국가지도자를 통해 어떻게 전략적으로 인식되고 수용되었는가에 대해서 살펴보기로 하겠다. 특히 '동맹 간 및 동맹내부 간 게임'의 관점과 관련해서는, 냉전기 한국과 미국이 경험한 '한미동맹'과 '북한-공산권' 사이의 진영 간 게임은 물론 '한국'과 '미국' 사이의 동맹 내부의 게임을 동시에 살펴보게 되는데, 이러한 설명은 글로벌 냉전질서에 조응하는 한국의 반응방식을 보여주는 유익한 설명이 될 것이다. 또한 박정희는 한미동맹을 적극 활용하고 국가전략의 가장 중요한 외교안보자산을 채택하였지만, 개인적인 세계관의 차원에서는 반미적 정서가 강했던 것으로 알려져 있다. 가능하다면, 분단국의 국가 지도자의 입장에서 개인적 세계관과 국가전략적 동맹관이 어떻게 균형을 이루는가에 대해서도 잠시 설명해 보고자 한다.

2. 한국과 미국의 '동맹'적 접점: 글로벌 안보질서의 영향

1) 안보이익의 정의와 한국적 함의

과거 냉전 시기 한국을 대표하던 지도자인 박정희가 대외전략의 출발점으로 삼았던 한국의 국가이익에 대해서 잠시 살펴보기로 하자. 앞선 챕터에서 살펴 본 바와 같이, 제2차 세계대전 이후 동북아에 현대국제질서가 정착된 이후 우리가 설정한 국가이익과 주요 외교전략은 국제정치적 외연으로부터 영향 받은 바가 크다. 1961년부터 1978년까지 박정희의 집권기를 관통하는 우리의 국가이익은 무엇이고 또한 이를 실현하기 위한 외교 안보 전략적 주요 고려 사항은 무엇이었을까?

국가이익을 정의하고 설명하기 위해서는 여러 가지 접근방식이 가능하다. 한국의 경우 한반도의 분단국가로서의 특수성, 동북아 역내 특징을 가장 다양하게 반영하고 있다는 점, 그리고 국제사회와의 항시적인 소통이 매우 중요하다는 점 등의 이유에서 국가이익을 한반도 차원의 이익, 지역적 차원의 이익, 마지막으로 글로벌 차원의 이익으로 구분해서 접근하는 경향이 강하다(이상현 2003). 이러한 기준을 적용해 볼 때, '한반도적' 관점에서 가장 핵심적인 국가이익은 대한민국의 지속적인 정치민주화, 경제성장, 사회적 다원화를 선세로 남북한 대결 구조를 영구히 청산하고 한반도에 민족통일의 염원을 이룩하는 것이다. 다음으로 지역 차원인 '동북아적' 수준의 국가이익은 지리적으로 인접한 주변 강대국들이 한반도에 대한 영토적 야욕을 갖지 못하게 할 정도의 최소한의 국력을 확보함은 물론, 이를 바탕으로 동북아 국가들 간 공존과 번영을 함께 추진할 수 있는 지역안보구조 및 공동의 경제협력체를 추진하는 일이다. 마지막으로 '글로벌한' 수준의 국가이익은 세계적 수준에서 진행되는 국가 선진화에 뒤쳐지지 않기 위해 선진자본주의와의 접근성을 항상 유지하며, 보편적이고 초인류적 가치들을 우리 사회의 전통과 가치에 효과적으로 접목시키는 일일 것이다. 이처럼 한국의 '국가이익' 의미를 살펴보게 되면, 우리의 삶이 외부적 외교안보환경과 얼마나 결합되어 있는지를 쉽게 알 수 있다.

바로 이러한 맥락에서 한미동맹을 성공적으로 관리하고 또한 한미동맹에서 비롯되는 국가이익을 극대화하는 일은 한국전쟁 이후부터 최근에 이르기까지 한국의 국가이익 실현에 가장 중요한 전제조건이었던 것이다.

'한미동맹'을 전제로 한 우리의 국가이익 실현을 위해서는 전략적으로 반드시 유념해야 할 사항이 있다. 첫째, 우리의 지정학적 특수성을 결정짓는 '동북아'의 안정성은 한반도 평화정착의 필수전제 조건이라는 점과, 그러한 안정성 확보를 위해서는 미국의 역할이 필요하다는 점이다. 주지하는바 우리나라는 주변의 어느 나라도 견줄 수 없을 만큼 '동북아적 정체성'이 강한 나라이다. 즉, 세계 어느 국가도 우리처럼 동북아의 안정이 국가이익에 절대적으로 영향을 미치는 경우는 없을 것이다. 19세기 이래 동북아가 급속히 근대국제질서의 격랑에 편입된 이후 경험적으로 비춰볼 때 미국을 중심으로 한 '미-일' 외교관계 및 '미-중' 외교관계의 안정성이 유지될 때 동북아 및 한반도의 안정성은 유지되었다(박인휘 2005). 그렇다면 강대국 정치(power politics)가 동북아라는 하위

단위의 국제관계를 일정 수준 규정한다는 얘기인데, 물론 미국의 패권적 영향력(action)과 그것에 대한 지역차원의 반응(reaction)은 서유럽, 중동, 남미 등 개별 지역 마다 차별성을 보인다. 다만 동북아의(광의로는 동아시아) 경우 현대국제질서 참여의 일천한 경험, 냉전 대결의 적극적 전개, 미일동맹, 미국의 중국 관리정책 등의 특징으로 말미암아 세력균형자(power balancer)로서의 미국의 역할이 더욱 적극적으로 노출되었음을 명심하여야 할 것이다(Buckley 1992; Christensen 1999).

둘째로 고려하여야 할 전략적 관점은 한국 전쟁 이후 동북아 국제질서는 지속적으로 미중일 관계는 '미·일 대 중국'이라는 비대칭적 속성을 보였다는 사실이다. 동북아 세력관계의 커다란 변화를 야기하였던 1970년대 초 데탕트 하에서 중·일 관계의 정상화라든지, 혹은 탈냉전기 이후 뉴가이드라인(New Guideline)으로 대표되는 미·일동맹의 강화 등의 사례에서 알 수 있듯이, 일본의 대중관계는 독자성의 측면보다는 미일동맹 관계를 통해서 표출되는 '미·일 내 중국'의 형태로 구현되었다. 물론 미·일 밀착 관계를 미국의 선택으로 보아야 할지 일본에 의한 선택의 결과로 보아야 할지 단언하는 것은 어렵다. 비단 일본의 정치사회적 성격과 중국의 정치경제적 성격 그리고 역사적 반감을 고려할 때 중·일 간 밀착관계가 어려운 점은 인정되나, 그렇다 하더라도 제2차 세계대전을 전후로 한 미국과 일본의 반목과 대결구도를 상기해보면 미일동맹의 성공적인 운영 역시 쉽게 설명할 수 있는 것은 아니다. 그렇다면 우리가 최우선적으로 고려해야 할 동북아 국제관계의 안정성은 미·일 간 안정적인 외교관계의 유지를 필요로 하고 있다는 점을 깨달아야 한다. 이것은 가치 판단의 영역이 아니라 우리의 국가이익 실현을 위한 객관적인 상황이라는 점을 지적하고 싶다.

셋째, 소위 국제정치 이론에서 말하는 '지역 자체의 지정학적 특성에 의한 세력균형'의 논리가 동북아 지역에도 적용된다. 그런데 문제는 동북아의 경우 이러한 지역적 안보구조 현실이 결과적으로 미국의 개입을 유도하는 요인으로 작동한다는 것이다. 예를 들어 유럽의 경우 독일의 성장과 부흥은 지정학적 특성 및 주변의 유사한 국력을 보유한 선진국에 의한 견제 등이 작용하여 자연스럽게 세력균형 상태에 도달하게 하지만, 동아시아의 경우 과거 일본의 부상을 견제할 세력이 존재하지 않았다는 논리이다(장달중·임수호 2004). 우리의 국가이익 및 한미동맹이라는 관점에서 구체적으로 설명하자면 우리가 독자적인 힘으로 혹은 동북아 어느 국가와 전략적으로 연대하여 중국 혹은 일본을 제어하거나 맞설 수 있을 것인가의 문제이다. 현실적으로 어렵다고 판단된다. 따라서 동북아 '지역 내 세력균형 작동의 부재'는 의도하건 의도하지 않건 결과적으로 미국이라는 국외 행위자가 동북아 문제에 지속적으로 개입하는 안보적 특수성을 야기하고 있다.

2) 박정희와 한미동맹의 성공 조건

앞에서 잠시 언급한 바와 같이 근대 국제체제에서 체결한 모든 동맹관계에는 '동맹 대 적대국 간 게임'과 '동맹국 간 내부 게임'이 동시에 치열하게 전개되었다. 한미동맹도 예외는 아니었으며, 우리의 국가이익이 실현되는 과정에서 우리는 한미동맹을 기반으로 한 대북한 및 공산권과의 적대적 게임은 물론 동맹파트너 국가인 미국과도 치열한 동맹국 간 내부 게임을 전개하였다. 여기서는 먼저 박정희 집권기에 우리가 추구한 핵심적인 국가이익이 무엇이었는지 살펴보고, 뒤이어 한미동맹이라는 우리의 외교안보적 조건이 그러한 국가이익 실현 과정에서 어떻게 인식되고 활용되었는지 살펴보기로 한다.

박정희가 집권한 시기 동안 우리가 실현하고자 하였던 핵심적인 국가이익은 무엇이었을까? 매우 포괄적인 질문이어서 어느 하나의 관점에서 정의하기는 어렵다. 대체로 박정희 집권 이전 시기에는 근대적 문제(민족국가수립)를 해결하고자 하는 시도가 있었는데, 한국전쟁을 통해 신생국가의 존립을 위협받던 상황에서 이승만 정권은 최대 국가이익인 국가주권의 확립을 위해 '미국'을 선택하게 된다. 그렇다면 적어도 외교전략적 차원에서 박정희에게 '분단(북한)'과 '동맹(미국)'은 주어진(given) 조건이었던 셈이다. 이런 배경에서 박정희 집권기의 '국가이익'은 주권확립을 통한 국가적 생존을 공고히 하고, 나아가 국가 생존을 더욱 적극적으로 실현하기 위해서 '경제적 생존'을 확보하는 것으로 이해된다. 결과적으로 국가 존립의 국가이익은 '한미동맹'이라는 외교수단을 통해, 그리고 경제적 생존의 국가이익은 '권위주의적 산업화'를 통해 실현되었다. 박정희 집권기 후반에 경험하였던 유신이라는 권위주의 집권에 따른 정치적 저발전을 어떻게 해석해야 하는가의 문제가 여전히 남아 있지만, 소위 산업화 세력에 의한 경제성장은 민주주의 출현의 중요한 밑거름이 되었고 산업화와 민주주의 진행은 대외적으로 한국의 국제적 지위를 세고시키는 효과적인 기제였음을 부인할 수는 없다.[13]

13 한국의 민주화 경험은 소위 '혁명'을 통한 급속한 민주주의나 보수주의 세력의 친위

이 과정에서 박정희는 한미동맹을 활용한 국가이익 극대화를 위해 대북한 적대게임과 대미국 동맹국 간 게임을 동시에 적극적으로 전개하였다. 베트남 파병과 데탕트 시기의 대북 유화정책은 동맹국 간 게임의 대표적인 사례로 꼽을 수 있다. 박정희에게 베트남 파병은 한국전쟁을 통해 경제성장의 토대를 마련한 일본을 벤치마킹한 것이었고, 동시에 미국의 베트남 정책과 공조를 유지한다는 입장을 통해 국가안보를 확보하고자 한 대공산권 게임과 대 동맹국 게임의 적절한 조합이었던 셈이다(차상철 2004; 우승지 2005). 즉, 베트남전 선택을 통해 국제적 반공연대에 보다 적극적으로 참여함으로써 대공산권 간 적대게임을 구체화하였고, 산업화의 기회로 삼고자 하였던 국가전략적 선택은 미국 중심의 세계경제질서에 '편승'함으로 인해 경제적 이득을 극대화하고자 하였던 동맹관계로 설명된다(유용태 박진우 박태균, 2011). 특히, 70년대 초 남북한 간 일시적인 데탕트의 조성은 그 배경에 대한 다양한 설명에도 불구하고, 기본적으로는 박정희가 추구한 한미동맹 내부의 동맹 파트너 간 게임의 성격을 가진다(차상철 2004, 136–54; 임혁백 2005; 박태균 2006).

기본적으로 오늘날의 관점에서 한미동맹이 성공한 동맹이었느냐 혹은 실패한 동맹이었느냐의 물음은 질문자체가 가지는 근본적인 가치 지향적 입장으로부터 자유로울 수 없다. 상대적으로 한미동맹을 우리의

쿠테타에 의한 위로부터의 민주화가 아니라, 산업화 세력과 민주화 세력에 의한 협의적 민주주의를 출범시켰고, 이의 결과 한국의 민주주의는 태생적으로 보수주의적 성격을 가지게 된다. 참고, Charles K. Armstrong, *Korean Society: Civil Society, Democracy and the State* (London: Routledge, 2002), ch. 1, 8; 최장집, 『민주화 이후의 민주주의』 (서울: 후마니타스, 2005), 2, 3장; 임혁백, 『시장·국가·민주주의: 한국민주화와 정치경제이론』 (서울: 사회비평사, 1994), 9, 10장.

구체적인 국가이익으로 연결시키려는 사람의 경우 과거 대북한 억지력, 안보비용 감소, 동북아 지역안정성 보장, 사회문화적 교류 등을 근거로 한미동맹을 긍정적으로 평가하고자 한다. 성공 혹은 실패의 다소 과감한 이분법적 접근이 아니더라도 동북아에서 미국의 역할은 일정 부분 불가피한 부분이 있었다. 무엇보다도 동북아 국제질서는 서구문명과 비교해 볼 때 여러 가지 의미에서 차별적인 근대국제질서 형성과정을 경험하였기 때문이다. 동북아 국가들 간 주권질서 확립은 유럽이 경험한 역내 안보질서처럼 동등한 국가들 간 상호작용의 결과가 아니라 서구체제의 확산과 전파의 결과물로 이해할 수 있는데, 이러한 전통은 "파편화된 양자관계의 복층질서(fragmented array of bilateral relationship)"라는 형태로 제도화되어있다. 이러한 제도화의 한 가운데 미국이 자리 잡고 있으며 미국은 냉전기를 통해 매우 성공적으로 동북아 국가로서의 정체성을 확보하였던 것이다.

소위 칸트적 관점에서 평화의 조건이라고 할 수 있는 '자유민주주의(liberal democracy),' '경제적 상호의존(economic interdependence)' 그리고 '다자적 제도(multilateral institution)'가 부재하는 동북아에서 한미동맹은 우리가 활용할 수 있는 얼마 되지 않는 외교적 대안이었다고 생각한다. 특히 전근대적·근대적 안보 이슈가 혼재하는 특징에서 우리가 처한 안보딜레마를 타개할 수 있는 현실적 대안은 바로 '미국'이었던 것이다.

3. 박정희의 외교전략과 한미관계

1) 이론적 관점과 한미동맹

박정희라는 지도자가 한미동맹이라는 외교전략을 어떻게 인식하고 활용하였는가를 이해하기 위해서는 동맹의 유형과 관련한 약간의 이론적 이해가 요구된다. 우선 동맹의 기능적 측면에 초점을 맞추는 경우 평시동맹과 전시동맹, 공격적 동맹과 방어적 동맹, 한시적 동맹과 영구적 동맹, 그리고 쌍무적 동맹과 일방적 동맹으로 구분해 볼 수 있다(Snyder 1990, 105–106). 이 경우 한미동맹은 한국전 이래의 준전시 상황이라는 특수한 안보 환경으로 인해 '평시동맹'과 '전시동맹'으로서의 기능을 동시에 수행하는 성격을 보였다. 박정희는 한미동맹의 평시적 성격과 전시적 성격을 모두 인정하려는 경향을 보였는데, 대미 외교관계의 구체적인 상황에서 평시적 성격을 강조하고자 하는 경향을 보이는 경우도 있었고 전시적 성격을 강조하는 경향을 보인 경우도 있다. '공격적 동맹과 방어적 동맹'의 경우 기본적으로 한미동맹이 천명하는 원칙은 방어적 동맹의 성격을 가진 것으로 이해된다. 특히 박정희가 집권한 시기의 경우 남북한 대결 구도가 가지는 심각성과 동북아 안보환경을 고려해 보면 한미동맹은 더욱 방어동맹으로서의 성격을 가진다.[14]

---

14 참고로, 후일 한국의 다른 지도자, 예를 들어 김대중의 경우에는 한국과 미국이 보인 한미동맹의 방어적 성격보다는 실제로 한미동맹이 북한에게 어떻게 인식되느냐

'한시적 동맹과 영구적 동맹'의 경우, 기본적으로 군사적 목적을 가지는 모든 동맹은 한시성을 가진다. 국제정치에서 영구적인 동맹관계는 있을 수 없으며, 이러한 특징은 세계적 혹은 지역적 차원에서 진행되는 안보환경 변화를 고려할 때 불가피한 속성으로 이해된다. 한미동맹의 경우도 예외적일 수는 없는데, 한미동맹 형성의 최초 시점의 기준에서 보면 한미동맹은 명백히 한시적 동맹, 즉 북한 및 구공산권으로부터의 군사적 공격을 억제하는 목적을 가진다. 다만 현실적으로 남북한 간 군사대결의 가능성이 사라지고, 탈냉전의 글로벌 안보변화가 한반도적 상황에도 상당 부분 반영되면서 한시적 성격의 한미동맹에 대한 대내적 합의에 문제가 발생하였다(김병문 2005, 20–22). 마지막으로, '일방적 동맹과 쌍무적 동맹'의 경우 기본적으로 제2차 세계대전 이후의 모든 군사동맹은 정도의 차이는 있겠지만 쌍무적 동맹으로서의 성격을 가진다. 동맹은 실제 혹은 가상의 '적'을 공유함으로 인해 파트너 국가의 안보위기 발생 시 군사적 지원을 원칙으로 하며 한미동맹의 경우도 마찬가지이다. 다만 외부안보 환경이 어떠한가에 따라 쌍무적 동맹으로서의 동맹 약속을 얼마나 상호 간에 확약하는가의 문제가 제기된다.[15] 박정희가

의 문제에 더욱 초점을 맞춤으로써 한미동맹의 공격적 성격에 더욱 관심을 가지게 된다. 특히 북핵문제를 둘러싸고 한국과 미국 간의 동맹 파트너 간 게임의 경우 한미동맹의 의도하지 않은 '공격성'을 강조하면서 북한이 느끼는 심리적 불안감을 우선적으로 해소하는 것이 중요하다는 입장을 보이곤 하였다.

15 쌍무동맹에서 발생하는 가장 일반적인 문제점이 바로 연루(entrapment)와 방기(abandonment)이다. 군사지원 약속에 대한 연루와 방기의 가능성은 특히 불리한 안보환경에 노출되어 있는 약소국의 입장에서 더욱 심각한 문제를 야기하는 경향이 있으며, 연루와 방기는 동맹 파트너 국가 사이의 게임의 원인으로 작용하기도 하고 또 때로는 게임의 결과로 발생하기도 한다: Synder(1990), p. 121.

경험한 쌍무적 약속에 대한 위반 사례는 매우 차별적이다. 박정희의 경우 대표적인 경험은 데탕트 시기 미국의 대동아시아 안보확약 퇴색에 대한 우려의 형태로 표현되었다. 당시 남북한 간에 조성되었던 일시적인 데탕트, 뒤이은 '유신체제', 대미외교에서의 다양한 채널 개발을 위한 노력 등은 미국이 한반도 차원에서 안보약속을 얼마나 충실히 이행해 줄 것인가에 대한 불안에서 비롯된 사안들이었다.

많은 경우 동맹은 주로 강대국이 동맹국, 즉 약소국에 대한 '관리의 수단'을 갖기 위해 체결하는 것으로 이해하는 경향이 있다. 실제로 한미동맹의 경우도 과거 냉전기에는 미국의 대동북아 및 대한반도 관리라는 성격이 강하였다고 볼 수 있다. 물론 나중에 탈냉전기에 들어서는 한미 간 상호 '호혜적인' 동맹이득 추구를 위한 동맹관계로 동맹의 균형점이 이동하려는 경향을 보였다. 박정희의 대미외교 전략이라는 관점에서 보자면, 박정희가 이해한 한미동맹은 당시의 국가이익과 외부안보환경에 충실한 대미전략이었다. 여기서 한 발 더 나아가 한미동맹의 내용이 국가이익과 외부안보환경에 종속적인 전략이었다고 보기는 어려운 측면이 있다. 기본적으로 한미동맹의 내용은 한미 간 외교관계의 '불균형성'에 있음을 부인할 수는 없다. 한미 양국은 서로 공유하고 있는 역사적 전통이 부재하고 또한 이데올로기 및 민족적 유사성이 차별적이므로, 한미동맹의 발생은 온전히 냉전적 안보환경의 산물이었다고 해도 과언은 아니다. 따라서 박정희가 이해한 한미동맹의 내용은 두 지도자가 이해한 안보환경이 어떠하였느냐에 따라 전략적 차별성을 보일 수밖에 없었을 것으로 판단된다.

2) 박정희의 한미관계 인식과 주요 전략

박정희가 인식하고 전략화한 한미동맹을 분석 및 이해하기 위해서는 대미전략을 설명하기 위한 '분석기준'이 있어야 할 것으로 판단된다. 그러한 기준은 대표적으로 '북한변수,' '한미동맹에서 비롯되는 동맹이득,' '지역안보에 대한 이해,' '한반도평화에 대한 세계관' 등으로 요약된다. 그런데 현실적인 차원에서 이러한 기준들을 보다 직접적으로 표현해 보자면, 첫째, 박정희는 북한으로부터의 '안보위협'을 어떻게 이해하고 있었는가? 둘째, 박정희는 바람직한 한미관계의 실천이 무엇이라고 생각하였는가? 마지막으로, 한반도 및 냉전기 글로벌 안보의 유지를 어떻게 이해하였으며, 그러한 이해 방식이 한미동맹에서 어떻게 표현되었는가?

우선 '북한 위협'의 경우 박정희는 실제로 집권기를 통틀어 북한과의 경쟁과 한반도 안보위기를 최우선 국가이익의 관점으로 연계시켰다. 남북한 체제 경쟁이 한국쪽으로 급격히 기울기 시작한 80년대 이전 지도자 박정희에게 한미동맹은 이러한 국가이익 실천을 위한 전제조건으로서의 의미를 가지는 것이다. 당시 시점에서 박정희의 이러한 리더십 정체성은 결과적으로 미국의 냉전 전략과 효과적으로 조응하였으며, 쿠데타 직후 미국은 박정희의 과거 사상경력을 잠시 의심하기도 하였으나 이내 협력할만한 상대라고 판단하게 된다(김일영 2001). 다소의 우여곡절이 있었으나 5·16에 대한 미국의 전략적 불개입 원칙은 결과적으로 박정희의 집권을 묵인한다는 해석으로 연결되었으며, 이는 박정희의 정치적 자율성을 확보해 주는 결과로 이어졌다(홍석률 2005, 29-35). 박정희에 대한 미국의 인식 및 입장은 고도로 계산된 전략적 판단이었다고 보기는 어렵고 다만 상황적 결과였다고 보아야 한다(홍석률 2005). 또한 박정희의 집권 기간을 편의상 60년대와 70년대로 구분해서 생각해 본다면, 한반도가 가지는 국제안보환경 변화에 대한 민감성을 고려해 볼 때 70년대 초 데탕트의 조성은 본 논문과 관련하여 주요한 분석 주제를 제공한다.

박정희가 인식한 북한위협은 두 번째 질문인 '바람직한 한미관계'의 실천과 구체적으로 연계되어 있다. 박정희는 70년대 초 미국의 동아시아 전략변화와 관련하여 북한위협에 대한 새로운 평가의 가능성을 보여주었으며, 이와 함께 한미관계의 새로운 균형점이라는 문제를 제기하게 된다. 70년대 미중관계개선과 데탕트의 시작은 한미동맹이 구공산권과의 '진영 간' 게임 전개가 어떠하였는지 또한 한국과 미국 사이의 '동맹 내부 게임'이 어떻게 전개되었는지를 보여주는 가장 효과적인 시기이다. 닉슨의 관점에서 한국의 전략적 중요성이 하락하였다고 판단한 박정희는 소위 '큰' 데탕트를 목도하면서 '작은' 데탕트의 실현을 시도하게 되는데, 박정희가 정말로 국제안보환경 변화에 따른 북한위협의 감소를 판단의 기준에 두고 있었는지는 분명치 않으나, 결과적으로 대북관계개선은 미국의 철군 문제 등과 관련하여 대미관계의 협상력 제고로 이어지게 되었다(우승지 2005, 95–103). 즉, 당시 박정희는 대북한을 상대로 한 적대적 게임과 대미국을 상대로 한 동맹국 간 게임을 연계시켰고, 한반도 차원에서의 '작은' 데탕트의 시도는 동북아에서 전개되는 국제안보환경의 변화를 적극적으로 활용하려는 박정희의 전략적 시도로 이해된다. 당시의 상황과 관련하여 국내에선 대체적으로 유신은 남북대화의 토양 위에서 이뤄졌다고 평가하면서 박정희의 전략적 술수로 이해하는 경향이 있으나, 박정희가 그러한 고도의 계산을 처음부터 염두해 두었다고 보기는 어렵고, 단지 남북화해에 대한 장기적인 비전 없이 한반도 상위의 차원에서 진행되는 게임에 대비해 다양한 대응책을 구사하는 차원에서 나온 '처방적' 전략이라고 이해된다(Oberdorfer 2002, Ch. 3).

닉슨 독트린, 미중 간 외교관계, 남북대화, 유신체제, 코리아케이트, 카터의 인권외교와 철군정책 등으로 이어지는 일련의 과정에서 박정희는 매우 일관되게 '북한위협'의 중요성을 강조하고 있다. 이러한 현상은 박정희가 핵심 국가과제로 이해하였던 안보문제를 해결하기 위해서는 한미동맹을 절대적으로 필요한 정책대안으로 인식하고 있음을 보여준다.[16] 결국 박정희가 전개한 대미국 동맹국 간 게임의 핵심은 미국으로부터 보다 안정적인 안보확약을 보장받기 위한 목적으로 일관하였다. 동맹국 간 게임이라는 관점에서 게임의 외형만을 보자면 우리나라는 미국에게 안보위협을 강조하고 상대적으로 약자인 동맹파트너에게 보다 많은 지원을 해 줄 것을 요구하였고, 반면 미국은 국제안보환경의 변화가 한반도에도 적용될 수 있을 것으로 예상하면서, 동시에 중국은 계속해서 북한이 동북아 안보를 파괴하지 않도록 제어할 수 있을 것으로 보았다. 다시 말해 당시 미국의 전략적 판단은 중국과 북한 간의 동맹 내부 게임이 작동하여 한반도에서의 미군 철수가 한반도 및 동북아 안보파괴로 이어지지 않을 것으로 생각하였던 것이다.

16 참고로 박정희는 핵무기개발에 대한 프로젝트를 가동하게 되는데 최초 철군 계획이 대폭 수정되는 1975년을 전후로 하여 핵관련 시도는 중단된다. 본 논문에서는 이와 관련한 사항은 다루지 않기로 한다.

박정희에게 바람직한 한미관계의 균형은 한국의 지속적인 대미 의존 방위를 전제로 한 자주국방의 실천이었고, 한미동맹의 중심성을 전제로 한 전략적 자율성의 추구였다. 실제 존재하는 모든 동맹관계는 '완전대칭동맹'과 '완전비대칭동맹' 사이의 어느 지점에서 균형을 이룬다는 차원에서 대미의존을 통해 북한위협을 해소하고자 하였던 박정희에서 왜 자주적인 한미관계를 추구하지 않았냐는 비판은 그다지 현명하지 못하다. 오히려 논의의 초점은 만일 박정희가 한미동맹을 강조하지 않았더라면 우리가 과거 불가피하게 포기하였던 것으로 짐작되는 국가이익이 실현될 수 있었을까 하는 점이다. 즉, 한미동맹을 강조하지 않았다면 과거 인권이 크게 개선되었고 남북한 관계가 평화롭게 발전하였을까 하는 문제이다. 물론 이러한 질문은 결과론적인 세계관을 중시한다거나 혹은 박정희의 대미관계를 '성장 vs. 인권' '평화 vs. 북한' 등의 문제로 단순화하자는 것이 아니라 한미 간의 동맹전략 평가 및 향후 방향과 관련하여 필요한 반문이라고 생각한다.

마지막으로 박정희의 경우 한미동맹의 전략적 가치와 글로벌 및 동북아의 지역적 안정성 사이의 '상호의존성'을 어떻게 설명하느냐의 문제이다. 기본적으로 냉전기, 특히 60년대와 70년대의 경우, 글로벌 수준의 안보환경은 개별 지역 수준의 안보특수성을 상쇄시키는 특징을 보였다. 따라서 한미동맹을 포함한 모든 지역안보동맹은 세계적 차원의 냉전대결이 가지는 안보담론에 상당한 수준에서 종속적이었던 것으로 설명된다. 물론, 유럽, 중동, 남미 등 개별 지역마다 상위 수준의 안보환경과 어떻게 상호작용하였는가는 서로 차별적인 양상을 보였지만, 특히 동북아의 경우 '글로벌–지역' 사이의 안보이익 통합은 매우 적극적이었던 것으로 볼 수 있다(박인휘 2005, 8−9). 결과적으로 이러한 특징을 한미동맹 사례에 적용해 보면 박정희 시기 한미동맹의 안보적 이익은 글로벌 수준에서 작동되던 미국 주도의 안보이익과 매우 고도의 수준에서 결합하던 경험을 보였다. 따라서 한미동맹의 안정적이고 공고한 관리는 동북아 안보의 핵심전제 조건으로 이해되었다고 볼 수 있다.

4. 한미동맹: '동맹 vs 자주'의 딜레마

이상에서 살펴본 바와 같이, 결론적으로 얘기해서 박정희가 가졌던 대미관계의 인식과 전략을 보편적인 접근법인 '동맹' 혹은 '자주'로 특징 짓는 것은 옳지 않다. 한국의 대표적인 국가지도자였던 박정희는 미국과의 관계를 동맹 차원에서 존중했다거나 혹은 한미동맹 틀 안에서도 자주성을 강조하고자 했다거나 등과 같은 잣대는 모두 한계를 가질 수밖에 없기 때문이다. 무엇보다도 동맹관계의 진행에서 상대적으로 강대국적 지위의 파트너 국가가 동맹게임의 주도권을 가지게 된다는 점 그리고 냉전기와 탈냉전기 모두 미국이 담당한 패권적 역할의 내용을 생각해보면 동맹게임에 참여하는 우리의 자율성은 매우 제한적일 수밖에 없었다. 특히, 본 논문의 전반부에 밝힌 바와 같이 안보 전략적 중요성이 한국의 포괄적인 국가이익에서 차지하는 중요성을 고려할 때 대미관계의 중요성은 일관되게 존중되었다. 한미동맹에 대한 박정희의 인식이 글로벌 안보환경으로부터 얼마나 연계되었느냐의 문제는 대체로 다음과 같이 요약된다.

첫째, 한미관계를 설명하는 여러 가지 변수 중에서 가장 핵심적인 설명변수는 '북한과 글로벌 반공질서'이었다. 주지의 사실이지만 북한 이외의 다양한 변수가 존재하더라도 북한이라는 변수가 핵심 담론적 역할을 담당하면서 다른 주변적인 설명변수를 흡수하는 역할을 담당하였다. 북한 변수의 상징성을 현실적으로 말하자면, 박정희가 전개한 동맹간 게임 및 동맹국 간 게임의 본질에는 북한에 의한 안보위협 평가가 자리 잡고 있었다는 것이다. 다만 박정희가 전개한 동맹국 간 게임의 양상이 독특했던 이유는 그이 대미 인식이나 개인적인 리더십의 특징에 있기보다는, 박정희가 이해한 한반도를 둘러싼 국제안보환경의 차이에서 기인한 것으로 보여진다. 이러한 연유에는 한국의 국가이익이 가지는 특유의 정체성 즉 '글로벌 냉전질서와의 연계성' 그리고 '동북아적 특수성'에서 비롯된 한국의 정체성은 외교정책의 성과가 모든 국가이익에 매우 포괄적인 영향을 미치면서 가장 중요한 독립변수로 작용하기 때문인 것으로 설명된다. 북한의 위협을 동서냉전의 압축판으로 이해하면서 동북아 지역의 안정성 확보를 미국 주도의 동맹질서 중심으로 이해한 박정희의 한미동맹 인식은 우리의 국가정체성에 연계된 국가이익에서 비롯된 것으로 설명된다.

둘째, 박정희의 경우 친미와 반미 혹은 동맹과 자주는 서로 독립적으로 존재하지 않는다. 성장과 유신으로 대표되는 그를 통해 전략적으로 구현된 구체적인 외교정책은 때때로 한미동맹에 대한 강화와 한미동맹의 침식으로 비쳐질 수 있으나, 박정희가 목표로 삼은 국가이익에 따라 한미동맹과 관련한 전략적 구상을 펼쳤을 뿐이다. 박정희에게서 발견되는 한미동맹 강화가 우리의 자주성을 포기한 것이라는 설명은 정확하지 않다. 다만 북한변수를 중심으로 정의한 한미동맹이 북한변수를 이해하고 평가하는 방식이 변함에 따라 그것이 대미외교에 투영된 방식 또한 가변적이었던 것이다. 관련하여 한 가지 흥미로운 사실은 박정희는 알려진 바와 같이 심정적으로는 일정 수준의 반미적인 정서를 강하게 가졌다는 사실이다(Brazinsky 2009; Oberdorfer 2002, ch. 2, 3). 하지만 대부분의 경우 이러한 정서는 정책적으로 표현되지 않았다. 결과적으로 대미관계에서의 동맹과 자주는 '한반도 평화' '지속적인 경제성장' '국제무대에서의 미국 활용' 등의 전략적 가치들에 녹아들면서 박정희의 포괄적인 리더십 속에 공존하였다고 볼 수 있다.

셋째, 박정희는 국제안보적 환경에서 정의되는 국가이익에 충실하였다. 동맹과 자주를 강조하였던 박정희의 대미전략은 모두 한국적 이해와 이익을 전제로 하고 있음을 설명해 준다. 반복되는 설명이지만 박정희의 대미전략은 '동맹 혹은 자주'의 이분법적 이해와는 다소 무관하게 다뤄져야 함을 의미한다. 박정희 시기의 동아시아 데탕트가 궁극적으로 한반도에서는 '유신체제' 등을 통해 보다 심화된 남북한 대결관계로 귀결되었다는 점은 국가이익이 한미동맹과 어떻게 만나고 있는지를 잘 보여주고 있다(Cha 2000, 100-110; Oberdorfer 2002, 41-46). 박정희에게 동북아는 중국의 배제를 전제로 한 불완전한 외교체제였던 관계로 한미동맹의 이해방식 역시 그러한 안보환경에서 비롯되었던 것이다.

관점의 범위를 대폭 확장시켜서, 21세기 동맹전략의 변화는 우리들 사고의 범위를 뛰어넘고 있다. 결과적으로 과거 박정희가 전개하였던 동맹국 간 게임의 수준과는 차원이 다른 동맹국 간 게임이 전개될 가능성이 커지고 있다. 더불어 향후 남북한 관계의 급진전 및 변화가 초래될 경우 거기에 따른 한미동맹 내부의 게임은 더욱 복잡한 양상으로 전개될 전망이다. 또한 현재 미국 중심의 단극적 패권질서가 어떠한 계기로 인해 근본적인 변화를 경험하게 된다면 우리의 동맹전략 역시 근본적인 위기를 맞이할 수 있을 것이다. 세계 각국에 민주주의가 확산되고, 세계화의 물결에 따라 문화의 침투성이 증가하는 시대이다. 이러한 시대에서는 바람직하건, 혹은 바람직하지 않건, 세계적으로 공통된 정체성이 형성될 수 있는 가능성이 증가하는데, 이러한 집합정체성의 증가는 기존 동맹에 어떠한 영향을 미칠 수 있는가 하는 문제를 생각해 볼 필요가 있다. 특히 민주주의 확산을 주장하는 자유주의자들의 주장을 참고하면, 탈냉전기는 미국식 민주주의의 확대로 인한 미국의 패권체제하의 동맹이 보다 더 공고해진다는 가설을 생각해 볼 수 있다.

5. 맺음말

한국의 국가정체성을 표현하는 가장 대표적인 설명은 평화지향국가, 무역강국, 태평양-대륙 교량국가 등으로 알려져 있다. 일천한 천연 자원으로 인해 동북아에 함몰되지 않기 위해 우리는 국가 전략 차원에서 많은 노력을 기울였다. 박정희는 안보 위협과 경제 위협이라는 두 개의 근대국가 과제를 비교적 성공적으로 달성한 지도자로 알려져 있다. 그렇다면 박정희가 가졌던 한미동맹 인식의 핵심 내용은 무엇이었는가?

한미동맹은 분단과 과거 글로벌 냉전 질서로 인해 국제사회와의 소통이 매우 제한적이었던 우리의 입장에서 가장 신뢰할만한 외교안보 자산이었다. 이런 맥락에서 본 글은 박정희의 한미동맹에 대한 인식이 글로벌 안보환경과 한국의 국가안보전략 사이의 연결성을 보여주는 핵심적인 설명이 될 것으로 판단했던 것이다.

우리가 근대에 진입한 19세기 말 이후 한 번도 국제무대의 주역으로 등장하지 못했음은 우리가 처한 지정학적 환경의 어려움을 잘 설명해주고 있다. 우리나라가 처한 지정학적 특수성에 대한 고민은 우리의 선현들에게서도 발견할 수 있다. 19세기 말 소위 위정척사의 논리와 문명개화의 논리가 첨예하게 맞섰을 때 동북아에 드리워진 국제정세의 흐름은 우리의 국운을 외면하였다. 과다한 근시성에 몰입한 위정척사는 '명분지상주의'에서 또 과다한 원시성에 몰입한 문명개화는 '효율지상주의'에서 헤어나지 못했던 것이다. 이후 이어진 참담한 개화의 실패와 국망의 역사는 결국 지금의 관점에서 반추해 볼 때 외교전략 비전과 실천력의 부재와 다름이 아니다.

이러한 고민과 어려움은 박정희에게도 고스란히 발견된다. 본 글에서 설명하고자 한 바와 같이 글로벌 안보환경의 굴레에서 그가 한미동맹을 어떻게 인식했는가의 문제를 단지 친미 vs. 반미 혹은 '동맹'과 '자주'의 이름으로 묶어두는 것은 온당한 평가가 되지 못한다. 박정희가 이해한 '한국의 국가이익 내용', '북한위협을 평가하는 방식', '지역 안보환경의 특징', '세계적 안보와 동북아 안보 사이의 연계성' 등에 대한 종합적인 이해가 없이는 한미동맹 내부에서 전개된 다양한 정치적 게임을 이해하기 어렵기 때문이다. 박정희에게 인권과 통일의 과업을 이룩하지 못하였다는 비난은 그가 전략화한 대미관계를 오히려 제대로 분석하지 못하는 결과를 초래할 수 있을 것이다. 결국 박정희에게 한미동맹과 자주는 우리의 핵심 국가이익을 실현하기 위한 분절과 통합의 대상이었을 뿐인 것이다.

III. 글로벌 안보담론 트랜드와 한국의 안보

1. 머리말

1980년대 후반을 지나면서 세계 곳곳의 냉전질서는 사라지기 시작했다. 글로벌 안보 환경의 구조적인 변화가 발생한 것이다. 글로벌 차원의 냉전 종식 이후 개별 국가가 자국의 안보상황을 어떻게 정의하고 이해하며, 이를 바탕으로 어떤 정책 옵션을 선택하는가의 문제는 매우 중요한 학문적 과제가 되었다. 특정 지역적 공간에 존재하는 사람들이 무엇을 위협으로 느끼고, 그 위협에 대처하는 방식이 어떠한가의 문제는 냉전 종식 이후 안보 문제의 핵심으로 등장하게 되었다. 이러한 문제는 결국 특정 사회 그룹에 속한 구성원들이 무엇을 위협(threats)으로 느끼는가에 대한 사회적 합의의 문제이다. 그런데 동서양을 막론하고 모든 사회가 그러하듯이 위협은 어느 하나의 유형으로 존재하지 않기 때문에, 서로 다른 위협들은 다양한 방식으로 경쟁하고 또한 사회화 과정을 거치게 된다. 과거 냉전기 미소를 중심으로 펼쳐지던 냉전질서 하에서 체제경쟁과 체제위협이라는 상대적으로 단일한 안보 위협을 공유하던 시대와 비교하여 이루 말할 수 없는 변화가 발생한 것이다. 그렇다면 글로벌 차원에서 안보와 위협을 이해하고 정의하는 방식은 한반도 차원의 그것과 얼마나 유사하고 또한 차별적일까?

냉전 종식 이후 유럽을 중심으로 한 국제사회에서 급속히 유행하기 시작한 안보연구 활성화의 한 가운데에는 '분석수준의 유연성'과 '인식론적 확장'이 자리 잡고 있다. 쉽게 얘기해서 이러한 움직임은 다양한 안보확보 대상(referent subject of security)에 대한 고민과 서로 다른 안보위협(threat)들이 서로 경쟁하고 선택되는 과정을 분석하는 정치사회화 과정에 대한 연구를 의미한다. 예를 들어 자유주의 진영의 국가들은 더 이상 공산권으로 부터 야기하는 안보위협을 경험하지 않게 되었고, 각각의 지역 및 사회의 구성원들과 개인들은 서로 다른 대상과 사안으로부터 두려움과 위협을 느끼게 된 것이다. 결과적으로 안보는 사람들의 인식 체계 속에서 어떻게 개념화 되느냐가 중요한 문제가 되었고, 이러한 문제를 거쳐야만 사회구성원들 간의 사회적 합의가 가능해졌기 때문이다. 이처럼 안보는 현실 속에서 다양한 수준과 내용의 위협에 대한 인식 및 개념화를 연구하는 작업이 되었다. 특정 위협에 대한 대응방식을 둘러싼 정치적 우선순위가 정해지게 되면, 그러한 과정은 개별 지역이나 국가마다 고유한 '안보(security)'와 '안보부재(insecurity)'의 정치화 및 사회화 과정으로 이어지게 되었다.

이러한 배경에서 본 챕터의 목적은 탈냉전기 이후 안보연구 활성화에 따른 안보 개념의 확장을 우리의 안보상황에 적용하여 냉전 종식 이후 한반도 안보에서 발생되는 구조적 및 차별적 특징을 밝히는데 있다.[17] 이 과정에서 본 연구는 '안보 부재의 정치학(politics of insecurity)'이라는 개념을 사용하고자 한다. 간단하게 설명하자면, '안보 부재의 정치학'이란 각 사회가 저마다의 방식으로 위협을 인식 및 정의하고 또한 관련 사회적 대응을 정당화하는 행위들을 일련의 정치화 과정으로 보고, 그러한 과정이 사회구성원들 사이에서 공감대를 확보해 나가는 과정을 밝혀내는 사회과학적 분석법이다.[18] 본 글에서는 구체적으로 안보개념과 위협을 중심으로 세계화 이후 안보 연구 활성화의 핵심내용을 소개하고, 이어서 이러한 연구가 한반도 안보상황을 설명할 수 있는 가능성을 살펴본 후, 다음으로 우리의 안보이익 확보가 어려운 구조적 요인과 이러한 구조적 요인의 한 가운데에 한미관계와 남북관계가 모순적으로 결합하고 있는 안보현실을 소개해 보겠다. 마지막으로 한반도 '안보-안보부재' 결합의 상징인 북핵문제가 탈냉전기 이후 지속적으로 분단구조를 재생산하는 배경을 간단하게 설명하고자 한다.

---

17 본 논문과 세부적인 문제의식은 달리 하지만 탈냉전기 안보연구 활성화의 결과를 우리의 안보 문제 해결에 적용해보고자 하는 노력은 일부 연구에 의해 의욕적으로 시도되고 있다. 대표적인 연구로는 참고, 박인휘(2010a), 구갑우(2008), 민병원(2007).

18 '안보부재의 정치'는 위협을 정치사회적으로 인식하고, 그러한 인식이 합법적인 동의를 거쳐 해결되는 과정을 추론적으로 분석한다는 점에서 '코펜하겐스쿨'이 주도한 '안보화(securitization)'의 개념과 상당부분 유사하지만, 안보 확보 과정에서 정부의 능력과 리더십, 그리고 안보실천에 대한 평가 등을 포함하고 있다는 점에서는 차별성을 보인다. 참고, Wæver(1995).

2. 안보 개념과 한반도적 특징

1) 안보를 둘러싼 개념의 문제들

안보에 대한 가장 기본적인 개념은 개인적 차원에서 출발한다. 과거 유럽에서 근대적 개념의 안보가 처음 생겨날 때에도 '안보를 이룩한 상태(being secured condition)'는 개인의 자유와 재산권을 중심으로 고민하기 시작했기 때문이다. 근대 국제질서가 점차 유럽 지역을 넘어서 퍼져나가게 되면서 또한 프랑스혁명이나 미국독립전쟁과 같은 역사적 사건들이 발생하면서, 안보 개념은 개인을 둘러싸고 있는 다양한 정치사회적 조건들의 합리적이고 안정적인 운영이라는 점에 초점을 맞추고 있었다. 19세기 후반 이후 국가경영(statecraft)을 둘러싼 과학적 엄밀성이 증가하고, 특히 제2차 세계대전 이후 냉전질서가 정착되면서 개인 중심의 안보연구는 잠시 유예되었던 셈이다.

냉전 종식 이후 유럽지역의 연구자들을 중심으로 안보는 개인에게 발생할 수 있는 다양한 위협들에 대한 개념과 인식의 문제라는 점이 다시 강조되기 시작했다(M. J. Williams 2008; Neocleous 2006; M. C. Williams 1998; Wæver 1995). 한 마디로 정치사회적으로 구성되는 특징으로서의 '안보'는 사회구성원들이 무엇을 안보적 조건(being secured condition)으로 인식하고 개념화하느냐의 문제로서, 인식의 문제란 궁극적으로 개인이 어떠한 사회적 조건과 환경에 놓여 있는가를 고민하고 선택하는 문제로 귀결된다.[19] 양극체제의 소멸은 개인이 스스로 처한 안보적 조건과 관련하여 무엇을 인식하고 개념화하느냐의 연구를 활성화하는 데에 필연적인 전제조건은 아니었지만, 냉전기 극단적 상황의 이론화를 추구한 안보환경의 특수성은 인간이 어떠한 안보적 조건에 놓여있는가에 대한 인식론적 분석에 커다란 제약으로 작용하였던 것은 사실이다. 따라서 탈냉전적 변화는 '안보의 주체', '위협의 수준과 내용', '위협해소 방법', '관련 정치사회화 과정'으로 압축되는 안보연구의 본질적인 문제에 대한 인식론적 변혁을 초래할 수 있었다.

개념과 인식으로 설명되는 안보는 현실적으로 안보연구에서 '분석수준의 유연성'과 '인식론적 확산'이라는 차원으로 전환되는데, 이것은 다양한 안보위협을 어떻게 이해하느냐의 문제에 직결된다. '어떤 위협이 누구의 위협(what threat to whom?)'으로 작용하는가의 문제는 사회구성원들이 특정한 내용의 위협에 공감하고 관련 정치사회적 대응의 추구에 합의하는 과정과 결합하고 있으며, 여기서 더 중요한 사실은 위협에 대한 정치사회적 대응은 필연적으로 사회 구성원들 간 세력관계의 변화를 야기하는 정치적 게임을 의미한다. 잘 알려진 바와 같이 위협은 단일한 차원과 내용으로 존재하지 않으며, 개별 국가 혹은 지역에서 다양한 안보영역(security sector)에 걸쳐 서로 상이한 안보이익에 따라 차별적인 '안보'와 '안보부재'가 공존할 수 있다(Buzan et al 1998, Ch. 2). 따라서 우선적으로 위협에 대한 인식 및 개념화 작업이 선행하고 결과적으로 정치

19 물론 이러한 특징은 식민지 경험을 바탕으로 주권 도입의 순간부터 상대적으로 강력한 국가의 역할을 요구한 우리를 포함한 상당수 비서구 국가의 안보개념 정립의 역사와는 차별적일 수 있다.

사회적 작용 및 세력관계의 변화가 결합된 안보와 안보부재의 문제는 안보개념 확장의 궁극적인 결과가 매우 포괄적인 사회적 구성의 변화와 맞닿아 있다는 점을 확인하게 된다.

그럼 여기서 '안보부재의 정치(politics of insecurity)'에 대해서 잠시 살펴보기로 하겠다. 안보부재의 정치는 특정의 구체적인 위협이 일정한 단계를 거쳐 안보개념으로 정착하느냐를 합리적으로 설명하고 또한 관련 실천단계를 보여주는 매우 유익한 분석방법이다(Huysmans 2006; Hansen 2006; Campbell 1998; Weldes 1996). 안보연구의 핵심은 결국 '위협'을 누가 어떻게 정의하느냐의 문제라고 볼 수 있고, 위협의 등장 및 증가에 대한 개념작업은 사회구성적 관점의 문제이므로, 사회적 동의를 수반하는 개념화작업은 궁극적으로 '정치-제도적' 조직과 구성(framing)의 문제로 설명될 수 있다. 이러한 관점에서 결국 안보와 안보부재를 어떻게 정의하느냐의 문제는 현실 속에서 합리적인 실천이 가능한 제도적 운영 즉, 정책선택의 문제라는 해석이 가능하다. 한 마디로 위협을 어떻게 해소 및 제거하느냐를 둘러싼 정치제도적 반응(reaction)의 문제라는 의미이다. 예를 들어, 9/11 이후 미국이 전개한 '테러와의 전쟁(War on Terrorism)'의 논리적 전개, 즉 '9/11'과 '테러와의 전쟁' 사이의 논리적 연계성은 특정 유형의 위협과 안보이익을 중심으로 사회적 동의를 구하고 정책적 우선순위를 결정한 의도적인 사회구성적 노력이었던 것이다(Campbell 2002).

상대적으로 냉전기 동안 사람들이 다양한 내용의 위협을 어떻게 비교하고 인식하는가의 바가 크게 문제가 되지 않았던 것은 당시 안보연구자들 사이에서 일종의 암묵적인 동의가 자리잡고 있었기 때문인 것으로 설명된다(Huysmans 2006, 19; Krause and Williams 1997, 33-59). 억지, 봉쇄, 동맹 등과 같은 국가들 간 전략적 분석의 연구 주제가 지배적으로 설정됨으로 인해 소위 위협 요인들 간의 우선순위가 매우 자연스럽게 결정된 것이다. 물론 역사적인 맥락에서 탈냉전기 이후 보다 많은 정치적 문제들을 포함하기 위한 안보연구의 관심확대를 새로운 시도로만 볼 수 없고, 전통적으로 국제관계 연구에서 안보 이슈들 간 우선순위 설정의 문제는 언제나 연구자들의 주요 분석 대상이었다. 다만 1980년대 말을 전후로 안보연구의 중요한 모멘텀이 형성된 것은 부인할 수 없으며, 모멘텀의 핵심에는 냉전질서 붕괴로 대표되는 새로운 글로벌 안보환경의 등장이 위치하고 있다.

이 과정에서 주지하는 바와 같이 군사안보 영역이 안보연구에서 차지하던 지배적인 지위에 변화가 생겼고, 이것은 위협들 간 경쟁에서 독점적으로 유지하던 우선순위의 상실을 의미하며, 개별 정치사회적 공동체가 직면하는 위협들과의 관계에 대한 새로운 인식적 접근을 요구하고 있다. 지금까지의 설명에서 알 수 있듯이 안보는 개인을 둘러싸고 있는 사회적 조건들과의 관계에서 이해되는 사회 구성적 속성을 가지고, 인식과 개념으로서 이해되는 안보는 '안보부재의 정치' 과정 속에서 특정 안보영역에 관한 고도의 전문성을 확보한 세력의 능력과 결합하여, 결과적으로 국가(혹은 특정 유형의 행정부)가 특정 안보위협을 관리할 합리적인 능력이 있는가의 문제로 전환된다(Deudney 2007, 465; Huysmans 2006, 22).

2) 한반도 '안보 부재의 정치학'

그렇다면 이상에서 살펴본 탈냉전기 글로벌 안보 환경의 변화가 한반도의 안보 담론 논쟁 혹은 '안보부재의 정치학'에는 어떤 영향을 미쳤을까? 유럽 국가들을 중심으로 제기된 다양한 안보 위협 요인들의 경쟁 및 정치화 과정이 한반도에는 어떻게 투영되었을까? 관련하여 먼저 우리 사회는 '안보'를 어떻게 정의하고 있는지 먼저 생각해볼 필요가 있다. 통상 '한국의 안보'라는 표현에는 안보 확보의 대상(referent subject of security)으로 '국가'만을 강조하는 경향이 있다. 예를 들어 '한국의 안보'를 대신해 '한국의 인간안보(human security of Korea)' 혹은 '한국의 사회안보(societal security of Korea)'라는 표현이 분석적인 의미를 가지기 위해서는 우리 사회의 안보를 파괴하는 다양한 수준과 내용의 위협을 인식하고 관련한 영역별 안보 현실에 대한 활발한 논의 전개가 전제되어야 할 것이다. 하지만 학술적 및 정책적 영역 모두에서 이러한 논의가 이뤄지지 못하는 상황에서 '한국의 안보'는 여전히 우리의 안보현실을 정의할 수 있는 가장 용이하고 포괄적인 표현이라고 판단된다. 본 논문은 '한국의 안보'를 '한국 사회 구성원의 자유의지가 정신적 혹은 물질적 차원에서 구현되기 위해 사회내부 및 외부에서 유래하는 다양한 유형, 수준 및 내용의 위협으로부터 자유로운 상태'라고 정의한다.

그렇다면 보다 자세한 설명을 위해 '안보부재의 정치'가 구체적으로 어떠한 분석적 의미를 가지는지 살펴볼 필요가 있는데, 대체로 '안보부재의 정치'는 현실 속에서 다음과 같은 문제들에 대한 설명을 시도하는 것으로 확인된다.[20] 첫째, 특정 위협에 대한 개념과 정의가 안보적 차원에서 구체적인 실천적 대응을 요구하느냐의 문제이다. 둘째, 안보이슈가 된 위협을 지속적으로 관리할 수 있는 능력의 문제이다. 이것은 특정 위협으로 인해 야기하는 안보부재의 상황을 사회구성원들에게 합리적으로 설명하고 정당화하는 '안보차원의 관리능력'을 의미하는데, 이는 곧 정부의 능력과 리더십의 문제로 풀이된다. 셋째, 안보부재의 정치는 특정 사회가 안보 이익적 차원에서 누군가의 행위와 실천을 안보적 이해관계의 차원에서 구속하는 '관습의 장치(set of conventions)'가 구조화되어 있는가의 문제로 볼 수 있다. 마지막으로, 비전과 실천이 일치하느냐의 문제이다. 이것은 사회구성원이 합의한 안보 실현의 궁극적인 '비전'과 특정 행정부가 추구하는 안보정책 및 실천의지 사이에 조화로운 관계가 존재하는가를 의미한다.

이러한 네 가지 질문들은 본질적으로 유럽 지역과 같이 서로 다른 위협 간 경쟁이 상대적으로 자유로운 사회를 전제로 한 정치사회화 과정이지만, 동시에 특정 안보영역의 위협을 전제로 한 사회 내부의 현상을 설명하는 분석도구로도 활용될 수 있다는 점에 착안하여, 북한 위협을 전제로 한 우리의 안보부재 상황에 대한 설명을 시도해 보고자 한다. 이러한 질문을 한국의 안보 상황에 적용해 보는 작업이 의미를 가지는 이유는, 냉전 종식 이후 글로벌 안보 담론의 변화와 새로운 트랜드가 한국적 상황과 어떻게 조응했는지를 잘 보여줄 수 있기 때문이다.

위에서 언급한 네 가지 질문을 한국적 안보 상황에 적용해 보면, 첫

20 여기에 소개된 4가지 분석기준은 유럽에서 발견되는 보다 복잡한 안보부재의 정치를 우리의 현실에 맞게 재구성한 것임. 참조, Huysmans(2008), Ch. 1, 2.

째, 위협이 정치제도적 반응으로 전환되는 문제의 경우, 특정한 안보부재 상황을 예방하고 관련 위협을 해결하기 위해서 제도적 차원에서 어떠한 근거로 안보현실을 구성하느냐(framing)의 문제라고 볼 수 있다.[21] 현대 정부의 수립과 함께 진행된 한반도 안보상황의 특수성은 '냉전'이라는 글로벌 수준의 안보구조가 적극적으로 수용된 대표적인 사례이다(Cha 2009, 160-65; Christensen 1996, ch. 1). 결과적으로 우리의 안보현실은 앞선 챕터들에서 살펴보았듯이, 글로벌 차원의 냉전적 요소가 권위주의 리더십, 남북한 체제경쟁, 한국형 산업화 등의 한반도적 요소와 결합하면서 한국의 안보를 구성하게 되었다. 결과적으로 북한으로 상징되는 위협은 우리사회의 안보를 정치제도적으로 구성하는 핵심 담론으로 작용하게 된다. '구성(framing)'의 특성상 북한이라는 위협요인은 우리 사회의 다양한 정치사회적 안보부재의 상황을 모두 북한위협에 의한 안보부재로 판단하게 만들었고, 매우 제한적인 한국의 물리적 자원과 외교안보적 자산을 북한위협 해소에 집중하게 만들었다. 냉전기 동한 경험한 남북한 체제경쟁의 심각성을 고려할 때 이러한 안보부재의 정치는 충분히 이해할만한 측면이 있다. 후술하겠으나 문제는 북한위협이 탈냉전기에도 우리가 과거 냉전기에 경험한 안보 담론적 정의를 유지하면서 한반도 평화를 위한 다양한 전략개발을 방해하고 있다는 점이다.

---

21 사회과학에서 'framing'은 다양한 의미로 해석될 수 있는데 여기에서는 특정 정치사회적 이슈가 사회 내부의 다양한 현상과 이슈들 간 상호작용을 특정한 범주와 유형의 정치사회적 의미로 연결시키는 힘을 의미하며, 결과적으로 '분석의 표준화' 혹은 '의미 부여의 표준화'로 이해될 수 있다. 대표적인 관련 설명은 참고, Bennett and Entman(2000).

둘째, 안보의 단계로 넘어선 위협을 지속적으로 관리하는 문제의 경우, 한국의 안보에 대한 리더십과 관리능력의 행사에는 심각한 한계가 있었던 것으로 판단된다. 안보는 현실적으로 정치제도가 개인의 의지와 삶을 제약하는 특성을 가지기 때문에, 결국 안보관계는 개인과 국가사이의 관계로 압축할 수 있고, 따라서 전통적으로 이 둘 사이의 안보적 긴장관계는 항상 존재하게 마련이다. 특히 한국의 경우 탈냉전기 이후 안보상황을 둘러싼 개인과 정부의 긴장관계가 고도로 고조 된 채 좀처럼 해소되지 않고 있는 실정이다. 북한 위협을 관리하고 해소하는 능력은 우리 국민이 정부에 부여한 가장 중요한 합법성의 근원이 되었지만, 민주화 이후 집권 세력이 누구든지 북한문제에 대한 접근은 위기의 수준이 높아질수록 우리의 안보 실천의지 및 효율성이 강화되기보다는 대내적 갈등을 증폭시키고 결과적으로 정부의 자율적인 위협 관리능력의 한계를 보여주고 있다.

셋째, 한국의 안보적 이해를 위해 누군가의 의지와 행위를 지속적으로 구속하는 '관습의 정치'가 존재하는가와 관련하여 우리 사회에는 북한위협과 관련한 매우 분명하고 구체적인 정치적 구속이 오랫동안 존재하였다. 과거 냉전기 동안 북한은 국가정체성의 안보적 이해관계를 기준으로 '우리(weness)'와 '타자(otherness)'를 결정짓는 기준이었으며, 결과적으로 우리가 지향하는 정치적 가치와 질서가 아닌 '타자'에 동조하는 정치적 가치와 질서는 매우 엄격한 구속과 처벌의 대상이었다. 탈냉전기 이후 이러한 관습은 규범적으로나 실천적으로 더 이상 '관습'으로서의 지위를 상실하게 된다. 현실적으로 북한은 여전히 우리에게 매우 명백하고 근본적인 안보 위협으로 존재하지만, 동시에 대결을 청산하고 공동운명체적 당위성을 부여받은 대상으로서의 의미를 함께 가지기 때문이다. 문제는 지난 대략 30년이 다 되어가는 탈냉전적 남북대결 구조에서 알 수 있듯이, 냉전기 북한 위협에서 비롯된 구속과 규제의 정당화는 탈냉전기에도 다소 변형되고 기형적인 형식과 내용으로 지속되고 있다는 점이다.

마지막으로 한국의 정부와 집권세력이 제시한 안보 이익이 충실히 실천되었는가를 둘러싼 평가의 문제이다. 즉, 각 행정부마다 제시했던 비핵화, 북한변화, 한반도 통일 등과 같은 안보이익이 제대로 이행되었는가를 의미한다. 좀 더 구체적으로 지금까지 정부들마다 조금씩 차이는 있었지만 대체로 반복적으로 제시되었던 한국의 핵심 안보 목표는 '한반도의 평화, 동북아의 안정과 상호신뢰, 세계 평화를 위한 적극적인 기여' 등과 같은 내용이었다. 이러한 비전의 제시에서 알 수 있듯이 우리의 안보구조는 '한반도–동북아–글로벌' 사이의 매우 특징적인 구조적 연결성을 발견할 수 있으며, 특히 동북아 지역은 탈냉전기 이후 글로벌 파워의 전략이 가장 적극적으로 반영되는 지역으로 꼽을 수 있다. 따라서 우리의 실천에는 탈한반도적인 안보 변수들을 관리하는 능력이 긴요히 요구된다. 하지만 안타깝게도 북한 위협을 한반도와 지역 수준을 넘나드는 포괄적인 전략범위 안에서 해결하는 전략적 노력을 찾을 수 없고 이러한 능력을 배양하고자 하는 의지조차 발견하기 어려운 실정이다.

3. 글로벌 안보환경과 한국의 안보이익

1) 안보이익을 정의하는 한반도의 구조적 특징

앞 절에서 우리는 냉전 종식 이후 국제사회에 진행된 안보 개념 및 담론의 변화와는 다소 무관하게 전개된 한국의 '안보부재의 정치' 특징을 간략하게 살펴봤다. 여전히 핵심 안보이익으로 남아있는 북한 문제를 다루는 정부의 능력에는 문제점이 있는 것으로 판단된다. 북한에서 비롯되는 위기가 고조될수록 안보 문제를 해결하고 관리하는 우리의 능력이 더 큰 한계와 능력 부재를 드러냈기 때문이다. 이러한 안보–안보부재의 불안정한 관계, 다시 말해 안보부재 정치의 미성숙은 결과적으로 북한 문제라는 안보 위협을 해소하고, 나아가 한반도에 민주적이고 평화로운 통일정부를 수립하는 일을 매우 어렵게 만들 수 있을 것이다.

우리의 안보현실과 유럽의 경우가 차별적인 데서 유래하는 안보의 개념화 작업 및 관련 인식적 토대의 저발전은 인정하더라도, 어차피 어느 사회이건 개별 정치적, 역사적 배경에 따라 '안보부재의 정치'는 어떤 형태로든 작동하게 마련이므로, 우리의 안보환경에 적합한 안보부재의 정치의 정상화는 필요하다고 본다. 특히 위협들 간 우선순위가 정해지고 이의 결과로서 안보이슈로 전환되는 과정은 국내의 자원을 재분배하고 구성원들 간 세력관계의 변화를 가져와 궁극적으로 '권력게임'의 성격을 가진다는 점에 주목해야 할 것이다. 또한 이 과정에서 리더십의 성격, 지배세력의 이념적 성향, 전문가집단의 특징 등의 요인들이 복합적으로 결합하면서 ‘안보’는 우리 사회의 가장 결정적인 지배구조적 특성을 보여주고 있기 때문이다(Huysmans 2003, 210−12; Wyn Jones 1999, ch. 1). 그렇다면 우리가 경험하고 있는 안보부재 정치의 비정상화는 어디에서 유래하는 것일까? 즉, 이러한 비정상을 야기하는 우리 안보현실의 구조적인 문제점은 어디에서 비롯된 것일까?

주지하는바 한국 안보의 경우 현대정부 수립의 순간부터 글로벌 냉전은 한반도질서와 매우 밀접하게 결합하였고, 경합의 결과로 위협을 인식하고 안보이슈로 전환하는 문제는 북한 위협에 대응하고 관리하는 문제로 대체되었다. 안보는 기본적으로 누군가와의 ‘다름(differentia)’에 대한 지속적인 규정 작업을 의미한다(박인휘 2001, 456−57; Williams 1998, 57−60; Williams and Krause 1997, 230−33). ‘위협’을 인식하고 이것을 안보차원으로 전환하는 문제는 결국 누군가와의 ‘다름’과 우리에게 안보부재를 가져다 줄 ‘위협’이 결합한 결과로 볼 수 있는데, 이 과정에서 ‘다름’과 ‘위협’이 결합하는 가장 대표적인 방법은 ‘내부와 외부’를 구분하는 기준이 되며, 냉전기를 경험하면서 ‘국가’라는 안보확보 대상을 설정함으로 인해 누구를 외부로 규정할 것인가의 문제는 상대적으로 손쉽게 해결되었다.

특정 국가의 정체성을 기준으로 한 ‘내부의 세계(weness)’와 ‘외부의 세계(otherness)’가 어떻게 구분되는 가에 대한 설명이 전제가 되어야, 그리고 이와 같은 ‘다름’이 어떠한 차원과 관점에서 ‘위협’으로 전환하는 가에 대한 설명이 전제가 되어야 비로소 양극체제의 글로벌 질서하에서 ‘국가 안보’를 확보하기 위한 다양한 관련 개념작업과 정책적 실천이 가능하기 때문이었다(Weldes 1999; Chilton 1995; Dalby 1990). 현실적으로 설명하자면 '대한민국'이라는 영토적 범위와 민족적 공동체를 기준으로 한 '안'과 '밖'에 대한 분명한 설명이 선행되어야 구체적인 안보실천의 내용과 방법이 가능하였던 것이다. 따라서 '국가안보'가 그 무엇에도 우선하는 안보 확보의 대상으로 자리잡은 데에는 우리의 생존이 냉전체제와 결합한 결과로서, '주어진' 안보현실을 관리하는 것만으로도 국가능력의 총합적 투입을 요구하였던 관계로 '주장된' 안보환경을 생각할 여유가 없었던 것이다.

따라서 상대적으로 냉전기 동안 우리가 규정하는 안보 위협과 이러한 위협을 해결하기 위한 안보적 차원의 실천은 분명하게 이해되었다. 글로벌 수준에서 작동하는 냉전이라는 안보논리가 개별 지역과 국가의 안보논리에 워낙 구체적으로 침투한 관계로 한반도의 안보는 상위 수준인 글로벌 안보의 작동방식에 종속적으로 연동되어 있었기 때문이다. 결과적으로 한국의 안보를 정의하기 위한 위협에 대한 근본적인 인식과 관련 정치사회적 과정은 현실 속에서 미국과 북한이라는 두 개의 대외관계 축을 중심으로 설명되었다. 이러한 과정에서 우리가 북한과 어떻게 '다른지' 우리와 북한의 다름으로 인해 비롯되는 '위협'의 구체적인 수준과 내용은 어떠한지에 대해서 독립적으로 고민할 기회를 갖지 못했다. 한국적 차원의 '안보부재의 정치'는 주어진 위협 '북한'에 대한 지속적인 다름을 추구하는 '배제와 차별화'를 핵심 내용으로 하였다. 이와 같은 내용으로 심화된 냉전기 한반도 안보부재의 정치는 소위 '분단구조'로 불리면서 우리 사회와 북한 사회 내부에서 각각 고도의 구조화 과정을 경험하게 된다.[22] 현실적으로 이러한 한반도 안보 구조화는 북한이라는 '위협'이 안보이슈의 독립적인 지배구조로서 한미 간 동맹관계를 통해 관리되는 즉, 안보부재 정치의 핵심적인 내용으로서의 '북한'에 대한 다양한 차원과 내용의 배제가 한미동맹이라는 제도적 차원을 통해 정치제도적으로 진행된 것이다.

한편, 한반도 안보 확보의 구조적인 한계와 관련한 대표적인 원인으로 동북아적 차원의 구조적 요인을 지적할 수 있는데, 글로벌 안보환경이 한반도적 차원으로 투영되는 방식은 대부분 주요 패권 국가들에 의한 동북아 지역전략의 차원에서 이뤄지기 때문이다(박인휘 2005, 7-12; Cha 2009, 165-70). 오래전부터 한반도 분단이 가지는 글로벌 수준의 의미가 강조되었듯이, 우리의 안보현실을 인식하고 개념화하는 작업은 '동북아'라는 탈한반도적 수준과 밀접하게 맞닿아 있다. 냉전기에는 상대적으로 개별 지역에서 발견되는 독자적인 지역안보복합성(regional security complex)이 두드러지지 않았으나, 탈냉전 이후에 들어서는 세계 각 지역의 안보 환경이 급속히 차별화되고 있다. 글로벌-동북아-한반도의 연결성이라는 관점에서 북한 문제를 포함한 한반도 안보는 미국과 지역 강대국인 중국 및 일본의 전략이 다양하게 맞물린 결과라는 이해가 필요하다.

22 '분단구조'는 남북한 간 상이한 체제의 유지가 정치사회적으로 구조화되는 과정에서 남북한 개별 사회의 대내적 및 대외적 제도화의 진행이 분단적 상황을 전제로 하고 있음을 설명하는 사회과학적 용어이다. 냉전기 분단구조와 관련한 대표적인 연구로는 참고, 이종석(1998).

2) 한미관계와 남북관계의 상호의존성

이상에서 살펴본 한반도 안보의 구조적인 한계는 결국 '한미관계'와 '남북관계'라는 우리의 안보현실 속에서 존재하고 있다. 위에서 정의한 "한국인의 자유의지가 정신적, 물질적으로 구현되기 위한 위협으로부터의 자유"는 정치제도적 차원에서 미국과 북한에 대한 외교적 관계의 심화로 구성되었다. 본 연구가 한반도 차원의 안보와 안보부재를 보여주는 특정 사례 분석을 목적으로 하고 있지는 않지만, 앞서 소개한 '안보부재의 정치'를 구성하는 개념들은 한반도 안보현실에 대한 새로운 인식을 가능케 한다는 점에서 논리적으로 정합성을 이룬다. '안보부재의 정치'가 가지는 설명력은 북한위협의 안보이슈화를 중심으로, 북한 위협을 안정적으로 관리 및 해소할 수 있는 능력과 리더십을 기준으로 정부를 판단하였고, 안보의 목적으로 북한 위협과 연결된 개인의 의지와 행동을 다양한 차원에서 구속하는 장치들이 관습화되어 있으며, 특히 탈냉전기에 들어서는 현재적 실천이 한반도 평화의 미래 비전과 조화롭게 맞닿아 있는지를 평가하고자 하는 의지가 생겨났다는 관점에서 한국적 수용을 가능케 하고 있다.

그런데 역설적이게도 이러한 안보부재의 정치는 한미관계라는 소위 '안보의 정치'를 통해서 실현될 수 있었다. 현실적으로 한반도 안보에서 미국은 개별적으로 존재하기 보다는 한미동맹이라는 제도적 행위자를 통해 구체적인 이해관계를 가질 수밖에 없다. 따라서 한미동맹은 현실적으로 북한 위협에서 그 정당성이 비롯되는 상징적 의미를 가지는 까닭에 위협의 안정적인 관리 능력은 한미동맹정책의 관리능력과 동일시되었고, 우리 사회에 내재된 위협에 대한 관습의 장치들은 비록 의도하지는 않았더라도 결과적으로 한미관계를 보호하는 장치들로 해석될 수 있으며, 탈냉전 이후에는 한미동맹 운영의 미래 방향성을 중심으로 한반도 평화 실현을 둘러싼 다양한 세계관과 전략적 사고가 복잡하게 충돌하고 있다. 한 마디로 한국을 중심으로 미국과 북한은 '안보'와 '안보부재(혹은 위협)'의 상징으로 서로 대칭적으로 존재하고 있는 현실이다. 위협은 안보로 인해 해소되어야 하지만, 한반도에서 후자의 존재는 전자의 존재 기반으로 작용하고 있는 것이다.

안보와 안보부재가 모순적으로 결합하고 있는 한반도 안보상황은 상대적으로 냉전기에는 크게 문제가 되지 않았던 것으로 보이는데, 이것은 일차적으로 한미동맹의 강화가 북한위협을 일정한 수준에서 관리 및 해소하였던 냉전형(型) '안보부재의 정치'에 기인하고 있는 것으로 판단된다. 상세한 설명은 하지 않겠으나 1970년대 초 글로벌 수준에서 진행된 데탕트 안보환경 하에서 우리가 대미국 및 대북한 관계에서 모색한 몇 가지 전략적 선택들은 우리의 안보와 안보부재가 상대적으로 정상적으로 결합한 대표적인 사례로 볼 수 있다(박인휘 2010, 33; Oberdorfer 2002, Ch. 2; Cha 1999, Ch. 3, 4). 물론 당시 우리의 안보를 위한 한미동맹의 강화가 북한이 느끼는 그들의 안보부재를 심화시켜서 결과적으로 우리에게 가해지는 북한 위협이 더욱 증대하는 전통적인 안보딜레마 현상으로 이어질 수도 있었겠지만, 당시 한국이 인식한 안보현실 속에서 그러한 딜레마는 심각한 수준으로 전개되지 않았던 것으로 이해된다. 왜냐하면 무엇보다도 북한 위협에 정치제도적으로 반응하는 주도권을 가진 정부 및 지배세력의 안보인식 속에는 한반도 안보구조가 글로벌안보

구조에 순응적이어야 한다는 생각이 깔려 있었던 관계로, 한반도 통일은 먼 장래의 목표이지 당장 실현해야 할 당면과제로 설정되지는 않았기 때문이다. 참고로 이러한 점은 소위 '냉전형 보수주의'의 대표적인 특징으로 평가될 수 있다.

탈냉전으로 인해 한반도 안보구조를 지배하던 글로벌 구조가 해체되었고 최근 근 30년이 가까운 시간 동안 한반도 평화를 위한 근본적인 접근이 모색되어 왔다. 하지만 우선 인식과 개념의 차원에서 우리에게 근원적인 안보 조건을 제공하고 있는 한미관계와 남북관계는 서로 매우 극심한 대립구조에 놓여 있으며, 실천적 차원에서도 한미관계와 남북관계는 냉전적 사고와 탈냉전적 환경 사이의 결합으로 인해 한반도 안보환경의 근본적인 개선을 어렵게 만들고 있다. 다음 절에서 상술하겠으나 탈냉전 이후 한미관계의 강화는 북한으로부터 발생하는 위협이 더욱 악화되는 결과로 이어지고 있으며, 북한 위협의 안정적인 관리를 위한 남북관계의 유화적 모색은 한미관계에서 동맹의 순도를 떨어뜨리는 결과로 이어지고 있다. 소위 한반도 '안보 구조의 딜레마'가 발견되고 있다. 이러한 현상은 특히 2000년 남북한정상회담 이후 결국 북한은 포용의 대상으로서 우리와 '다르지만 같은' 민족의 또 다른 일부라는 생각이 확산된 점에 크게 기인하는 것으로 판단된다(서보혁 2008, 65–70).

현실적으로 북한을 더 이상 안보위협으로 간주하지 않는 사람들이 증가하였으며, 또한 과거처럼 남북한 관계 중심에서만 우리의 국가안보를 정의하는 것은 바람직하지 못하다고 이해하는 사람들이 증가하고 있다.[25] 결과적으로 기존의 '안보부재의 정치'의 차원과 내용에 변화가 필요하다는 생각이 생겨나고 있는 것이다. 하지만 여전히 북한의 정치질서, 경제원리, 사회적 가치는 보편적인 한국인이 영위하는 삶의 조건 및 이를 보호하기 위한 안보실천과 매우 차별적이며, 이러한 남북한 사이의 '다름'은 우리에게 여전히 안보부재로 작용하여 전통적인 안보인 한미동맹의 강화를 고도로 유지하여야 한다는 인식 역시 공고하게 자리잡고 있다. 더구나 이러한 안보와 안보부재 현상은 우리 사회 내부의 이념적 요소와 결합하여 구체적인 정책선택과 관련한 다양한 가치들 간 경쟁으로 이어지게 되었다. 현실적으로 설명하자면 집권세력의 이념적 특징에 따라 안보를 둘러싼 이해관계가 서로 차별적으로 정의되고 또한 관련 정책적 선택이 이뤄지는 특징이 발견되는 것이다. 물론 국제정치적 환경 변화와 우리가 살고 있는 동아시아의 역내 세력변화에 따라 안보를 이해하고 실천하는 방식은 바뀔 수 있지만, 대내 정치적 요소에 의한 안보과잉 및 실천 방식 간의 지나친 경쟁은 바람직하지 못 한 것으로 판단된다.

4. 북한문제: 안보와 위협의 결합

지금까지 살펴 본 바와 같이, 위협을 안보로 전환하고 관련 정치사회

23 남북한 관계를 비판적 평화, 정책결정과정의 민주화, 글로벌 외교관계의 복합성 등 새로운 변수들로 접근해야 한다는 입장은 어떤 형태로든 기존의 국가안보에 대한 정의에 의존해서는 한반도 평화를 정착시킬 수 없다는 인식의 발견과 맞닿아있다. 대표적인 연구들로는 참고, 서보혁(2008); 구갑우(2007); 전재성(2006).

적 차원의 제도화가 진행되는 한반도 '안보부재의 정치'에는 우리가 이해하고 또 실천코자 한 한미관계와 남북관계가 고스란히 담겨 있다. 매우 흥미로운 사실은 최근 27~8년의 정도의 시간 동안 한미관계와 남북관계는 거의 예외 없이 '북한문제'를 통해서 만나고 있으며, 결과적으로 우리가 인식하는 안보 현실이 개선되었건 혹은 악화되었건 한반도 안보 상황은 대개의 경우 '북핵'을 중심으로 작동하고 있다. 문제는 한반도 및 동북아적 구조에서 안보 아젠다로서의 북핵은 매우 특수한 속성을 가지는 관계로 결정적으로 우리의 역할을 제한시키고 있으며, 미국과 북한 사이의 안보와 안보부재를 모순적으로 결합시켜서 우리의 궁극적인 안보 확보를 구조적으로 어렵게 만드는 결과를 초래하고 있다는 점이다 (박인휘 2007, 230-32).

'안보부재의 정치'가 제시하는 현실적인 문제들을 북핵 문제에 적용해서 설명해 보면 다음과 같다. 첫째, 위협이 안보이슈로 전환되는 문제와 관련하여, '핵'은 명백하게 생존과 관련한 안보위협이다. 남북한 간 상이한 정치체제가 존재하는 현실에서 다른 어떤 위협도 '핵'과 경합할 수 없으며, 더구나 '북핵'은 이슈의 속성상 한반도의 안보이슈이자 동시에 글로벌 안보이슈로서의 정체성을 가진다. 북핵이 이처럼 탈한반도적인 이슈라는 점은 뒤이어 설명할 '안보부재 정치'의 다른 문제들에도 매우 중요한 영향을 미친다.[24] 둘째, 안보이슈가 된 북핵문제가 제도적 수

24 물론 한반도 문제의 탈한반도적 속성은 꼭 핵문제가 아니더라도 우리 안보현실의 주요 특징이었으므로, 북핵문제가 가지는 복합적인 층위의 변수들이 구지 새로운 현상은 아니라고 볼 수 있다.

준에서 어떻게 구성(framing)되느냐, 즉 집권세력이 북핵문제 해결과 관련하여 국민들로부터 합법적 동의를 확보하고 또한 정부 차원의 능력을 발휘하는 문제의 경우, 탈한반도적 이슈가 된 '북핵'은 우리의 능력과 전문성을 매우 제한적인 공간에 머물게 하고 있다. 동북아국가로서의 정체성이 두드러진 우리의 제한적인 외교 자산을 고려할 때 이러한 제한은 한반도 평화 정착에 커다란 부담이 아닐 수 없다. 셋째, 북핵과 관련하여 우리 사회 누군가의 자유의지와 실천을 구속하는 관습의 장치가 존재하는가의 경우, 과거와 비교하여 관습의 수준과 내용이 매우 복잡해졌고 결과적으로 관련한 분석이 더 어려워졌다. 냉전기 시절에 존재하던 '북한' 위협이라는 상대적으로 포괄적인 범위의 위협에 대한 구속과는 달리 북핵문제의 경우 우리 사회의 모든 구성원들이 북핵을 부인하는 데에는 명백한 동의를 보이고 있으나, 안보실천과정 단계에서 '북핵'은 '북한문제'와 '핵문제'로 교묘하게 분리되어 핵문제만이 구속의 대상으로 존재할 뿐 북한문제에 대한 구속과 제한은 쉽게 동의할 수 없는 논쟁적 이슈로 작동하고 있기 때문이다. 넷째, 조화로운 '실천'과 '비전'의 존재 여부의 문제는 우리 사회의 이념적 다양성, 집권세력의 성향, 미국의 대외전략 등과 맞물려 역시 매우 혼돈스러운 현상을 보이고 있다.

그렇다면 모순적 안보 구조의 두 주체인 미국과 북한은 '북핵'의 '안보부재 정치'를 둘러싸고 어떠한 전략적 계산을 하고 있는 것일까? 탈냉전기 한반도 안보부재의 정치는 북한과 미국의 전략적 의도를 분석해봄으로써 보다 자세하게 설명될 수 있다. 기본적으로 북한은 우리가 보수주의적 정책을 구사하든 혹은 관여주의적 정책을 구사하든 스스로의 체제 정체성을 쉽게 바꾸지 않을 것이며, 모든 외교적 수단을 동원하여 남한 중심의 한반도 통일을 방해하고자 할 것이다. 우리가 아무리 한미동맹을 중심으로 한 글로벌 역량을 강화하고 원칙에 입각한 강경정책을 채택하더라도 북한의 지배세력은 외교적으로 위축되거나 집권을 포기하지 않을 것이며, 또한 동시에 우리가 아무리 대북 유화정책을 추구하고 다양한 영역에 걸친 대북교류를 추진하더라도 북한이 체제를 개방하고 우리의 통일전략에 순응적으로 대응할 가능성은 없다고 본다(백학순 2010, 12장).

북한이 체제의 생명을 걸고 추진할 수밖에 없는 단 하나의 안보전략이 있다면, 그것은 바로 어차피 실패가 자명한 남한과의 직접적인 대결을 포기하고 대신 한반도에 일정한 수준의 위기를 항시적으로 유지하여 미국의 개입이 지속되도록 하고, 결과적으로 한반도 문제의 해결은 '북한문제'가 아니라 '북핵문제'라는 인식을 국제사회에 각인시켜 남북한 분단상황을 탈냉전에도 지속적으로 구조화시키는 것이다(박인휘 2007, 232-34). 이러한 전략적 전제 하에 향후 일정한 미래의 시점에 중국의 강대국화가 완성되고 이를 토대로 한 동북아 지역안보 질서에 근본적인 변화가 발생하는 순간까지 '인민'을 위한 북한의 국가안보는 포기하더라도 '지배세력'을 위한 집권안보는 포기하지 않겠다는 입장을 유지할 것으로 판단된다(박인휘 2007, 233). 이러한 북한의 전략에 '핵외교'는 현실적으로 완벽하게 조응(照應)한다.

한편 미국의 경우 북핵은 글로벌전략, 동북아전략, 한반도전략이 맞물린 복합적인 성격을 가진다. 글로벌전략으로서 북핵은 '비확산과 NPT의 성공적인 운영'이고, 동북아전략으로서의 북핵은 한국 및 일본과 같은 성공적인 역내 동맹국과 함께 중국의 일탈적인 성장에 대한 예방을 전제로 한 '동북아의 안정적인 지역질서'이고, 한반도전략으로서의 북핵은 한국의 성장과 민주주의를 토대로 유라시아 대륙 동쪽 끝의 전략지에 위치한 미국의 동맹파트너가 핵위협에 고스란히 노출되는 것을 막는 것으로 판단된다. 그렇다면 이러한 판단 하에서 북핵에 대한 미국의 글로벌, 동북아, 그리고 한반도 전략 모두를 관통시키는 선택은 다양한 차원에서 한국과의 동맹관계를 강화하고 이를 토대로 한반도 및 동북아 문제에 지속적으로 개입하여 지역안보질서를 주도하는 영향력을 유지하는 것으로 볼 수 있다.[25] 결론적으로 미국과 북한의 전략적 고민과 논리적 연결성 사이에는 비록 의도하지는 않았더라도 상당한 수준의 접점이 발견되며, '미국의 대외전략'과 '북한의 생존전략'은 한미관계와 남북관계라는 방식을 통해 서로 결합하고 있다. 본 논문의 문제의식으로 표현하자면 한반도 안보현실에서 한미관계와 남북관계는 모순적으로 결합하고 있는 것이다.

이상에서 설명한 북한의 전략과 미국의 전략 사이의 모순적인 결합은 결과적으로 한반도 안보상황을 악화시키고 소위 탈냉전기 한반도 분단구조를 고착시키고 있다는 점을 분명하게 인식할 필요가 있다. 한미관계와 남북관계가 지금과 같이 '안보'와 '안보부재'를 교환하면서 상호의존하고 있는 구조는 불가피하게 한반도 안보상황이 평화와 통일로 나

25 2010년 '천안함 사건'과 연결시켜 설명하자면, 이러한 미국의 전략이 실천되는 과정에서 한국, 미국, 그리고 일본 사이에 맺어지는 자유주의 연대가 일정한 수준에서 중국과 북한의 안보이익을 자극하여 자유주의연대와 북중세력 사이의 갈등적 대립이 형성되는 것은 전략적으로 불리하지 않은 현상으로 판단할 수 있을 것이다.

아가는 것이 아니라 '안보'와 '위협' 사이의 일정한 균형점에 놓이게 만들고 있다. 다시 말해 한미동맹의 적극적인 활용을 통해 북한문제가 해결되어 한반도 평화가 정착되거나 혹은 북한의 위협이 극대화되어 한국과 국제사회가 이를 해소하기 위한 보다 근본적인 전략을 추구하는 것이 아니기 때문에 북핵문제는 장기화의 국면을 보일 수밖에 없는 것이다. '안보부재의 정치'의 본질은 위협들 간 경합성을 전제로, 안보이슈로의 전환 및 관련 실천이 어떠한 인식적 토대 위에서 진행되는가의 문제이며, 결과적으로 정치적 우선순위의 문제에 대한 합리적인 동의가 형성될 수 있는가의 문제이다. 이러한 본질의 한 가운데에는 결국 국가와 개인사이의 '안보적 긴장관계'가 존재하고 있다. '북핵'에서 비롯된 안보부재의 정치는 우리의 안보적 긴장관계에 '우리'가 배제된 채 미국과 북한이라는 '타자'에 의한 전략적 접점이 이뤄지는 정치화 과정만이 두드러지게 만들고 있다. 현실 세계에서 미국과 북한 사이의 대립적 의존관계는 한반도 안보상황의 개선을 어렵게 만들어 인식과 개념화 작업을 통한 안보연구를 더욱 어렵게 만드는 악순환으로 이어지고 있는 것이다.

5. 맺음말

냉전질서가 사라진 지 거의 30년의 시간이 흘렀다. 냉전이라는 프레임에서 벗어난 국제사회는 기존의 획일적이고 정형화된 안보 개념에서 벗어나, 다양한 안보 개념을 정착시키고 있으며 또한 이를 둘러싼 정책 옵션의 발굴 역시 활발하게 진행되고 있다. 이와 달리 한반도 안보는 과거 냉전 시기와는 다르지만, 또 다른 차원에서 글로벌 안보 담론 트랜드와는 차별적인 한반도 고유의 안보 개념, 인식, 담론, 그리고 정책개발 방향성을 만들고 있다. 물론 북핵과 같은 전통적인 안보위협 요인이 존재하는 한반도 현실에서, 이 글은 혹시라도 '국가안보'가 가지는 고유하고 중요한 의미를 부정하지는 않는다.

탈냉전기에도 여전히 발견되는 한반도 안보 상황의 특수성을 유럽 국가에서 활발히 진행되는 안보에 대한 개념적 접근을 통해 설명해 보고자 했을 따름이다. 개별 사회가 무엇을 위협으로 인식하고 그에 대한 정치사회적 반응이 어떻게 구성되는가의 문제는 '안보부재의 정치'로 설명될 수 있는데, 탈냉전 이후 한반도 안보상황에서 안보부재의 정치는 안보와 위협 사이의 정상적인 결합이 아니라 안보와 안보부재가 상대방에게 서로 전략적 차원의 근거로 제공되면서 교묘한 균형을 이루고 있다. 즉, 한미관계와 남북관계는 특히 북핵문제를 중심으로 안보인 '미국'과 위협인 '북한'은 서로 상호의존하면서 우리의 안보를 구성하고 있는 것이다.

인식과 개념으로 이해되지 않은 채 안보와 안보부재가 야기하는 정치사회화 과정에 대한 충분한 분석을 전제로 하지 않는 안보는 현상적인 접근에만 집착하는 오류를 범할 수 있다. 북한문제와 북핵문제 사이의 연결고리 파악 결핍, 한미동맹의 정체성과 관련한 반복적인 논쟁, 한반도 평화에 대한 비전과 현재적인 실천 사이의 부조화 등의 문제들에는 결국 우리 안보현실의 본질이 아닌 현상적인 접근에만 머무른 데에 그 원인이 있었던 것으로 판단된다. 매우 현실적으로 표현하자면 탈냉전의 공간에서 줄곧 문제가 되었던 북핵 역사에서 진보정권이 추구한 남북한 관계의 강화가 의도하지 않게 국제적 변수를 소홀히 다루었고, 보수정권이 추구한 한미관계의 강화가 의도하지 않게 남북한 변수를 소홀히 다루었던 것은 결국 동일한 실수의 반복이었던 셈이다. 따라서 한반도의 진정한 평화를 위해서는 '안보'인 미국과 '위협'인 북한 사이의 모순적인 결합이 아니라 '남북미' 사이의 상호 정상적인 의존관계가 형성되어야만 한다는 사실을 새삼 깨닫게 된다.

IV. 탈냉전과 글로벌 안보의 국외자: 북핵과 분단 구조의 재생산

1. 머리말: 왜 한반도는 아직도 냉전인가?

냉전이 끝난 지 거의 30년이 되어가지만 한반도 분단 상황은 변하지 않고 있다. 사회과학의 영역에서는 특정 하나의 사회현상을 설명하기 위해 무수히 많은 독립변수가 필요하다. 한반도 분단을 설명하기 위한 원인들의 경우도 마찬가지다. 한반도 분단 상태의 장기화라는 특수한 현상을 설명하는 요인들은 관점, 이해관계, 세계관, 이념적 정향 등에 따라 다양할 것이다. 남북한이 서로 다른 정치체제를 고수하면서 이념대결을 전개하고 있는 까닭에 한반도는 아직 냉전적 유산으로부터 자유롭지 못하다는 평가가 있다. 세계화, 지역통합, 국경의 소멸 등으로 대표되는 현재 국제관계에서 한반도에 유독 냉전 형(型) 대립이 계속되는 이유는 무엇일까?

한반도 분단 질서가 이렇게 오랫동안 지속되고 있는 가장 큰 이유는 다른 어떤 이유보다도 바로 '북핵문제'에 있다는 설명이 지배적인 평가를 이루고 있다. 관련하여 문제의 핵심은 북핵문제를 북한의 비대칭적 군사력 향상이라는 표면적인 결과만으로 설명하기에는 무리가 있다는 데에 있다. 현실적으로 핵은 북한정권의 생존과 같은 의미로서 북한 체제의 비정상적인 시스템을 지탱해 주면서 동시에 북한의 대외관계를 결정짓는 매우 복합적인 핵심 변수로 작용하고 있기 때문이다. 더구나 북한 지도자 김정은은 집권 6년만에 '핵무력 완성'을 선언하는 무리한 생존전략을 구사하고 있는 상황이다. 이러한 이유에서 북한의 핵무기 보유 시도는 독특한 한반도 분단구조의 재생산을 가능케 하는 핵심 요인이 되었다는 사실에 국내외 다수 전문가들은 공감할 것으로 판단된다.

냉전 종식 직후부터 북한 핵문제는 한반도는 물론 동북아 지역의 최대 안보현안으로 등장하였고, 이러한 현안을 해결하기 위해 지금까지 다양한 정책 옵션을 활용한 해결 시도가 있었지만, 안타깝게도 이러한 노력은 모두 실패했다. 뿐만 아니라 지금까지 보수정부와 상대적 진보정부가 번갈아 집권하면서 서로 차별적인 목적과 내용의 대북정책을 구사했지만, 북한의 변화를 이끌어내지도 못하였음은 물론 북한 비핵화를 위한 의미 있는 성과를 도출해 내지도 못하였다. 왜 그럴까? 전 세계적으로 NPT 체제가 용인하는 5개 핵무기 보유국, 그리고 NPT 체제에 참가한 적이 없는 3개 불법적 핵보유국인 이스라엘, 인도, 파키스탄을 제외하고 북한은 과거 NPT에 참여한 경험이 있는 국가로서는 세계에서 유일하게 불법적 핵무기 보유를 시도하고 있는 상황이다. 우리 정부는 물론 미국과 중국으로 대표되는 세계 주요국이 북한 핵문제 해결을 위해 노력하고 있지만 왜 그 성과는 미비한 것일까? 핵으로 상징되는 북한의 생존전략은 유일한 초강대국인 미국의 대외전략 그리고 이와 연계된 글로벌 안보환경과 연관관계를 맺고 있는 것은 아닐까?

본 글은 이상과 같은 문제의식에서 출발한다. 구체적으로 다음과 같은 질문들에 대해서 고민해 보고자 한다. 우선 현재 북핵문제가 처한 현황은 무엇이고 우리가 직면하고 있는 딜레마적 현실은 무엇인지에 대해서 설명해 보겠다. 이어서 '북한 vs. 국제사회' 혹은 '북한 vs. 미국'으로 대표되는 안보갈등구조의 구체적인 성격은 무엇이고, 북한과 미국이 안고 있는 근본적인 인식의 차이는 무엇인지에 대해서 생각해 보고자 한다. 마지막으로 북한의 지속적인 핵개발이 소위 탈냉전기 분단구조를 고착시키는데 어떤 역할을 하고 있는지, 그리고 탈냉전적 분단체제가 한반도를 넘어서 동북아 안보와 글로벌 안보 차원에서 어떤 의미가 있는지에 대해서 설명해 보겠다.

2. 북핵문제의 현황과 딜레마

1) 북핵 문제를 둘러싼 현황

북한은 2011년 12월 김정일 사후 곧이어 김정은이 집권한 직후부터 소위 핵무기 개발과 관련한 '속도전'을 치렀다. 드디어 2017년 11월 29일 신형대륙간탄도미사일인 '화성-15형'의 발사 직후 조선중앙TV를 통해 김정은의 육성을 빌어 '핵무력 완성'을 선포하기에 이르게 된 것이다. 2013년부터 2017년 사이에 총 4차례의 핵실험은 물론, 중거리, 장거리 미사일 그리고 잠수함발사탄도미사일(SLBM) 능력까지 과시하면서, 한마디로 서방 과학자들마저 놀랄 정도의 속도로 핵개발 및 미사일 능력을 높여왔다는 것이 일반적인 분석이다.

우리 정부와 국제사회가 공식적으로 인정하고 있지 않지만, 만에 하나 북한의 핵보유가 공공연한 사실이 된다면 북한의 불법적 시도가 성공을 거둬 세계에서 9번째 핵무기 보유 국가가 되는 것이다. 앞서 머리말에서 잠깐 언급한 바와 같이 특히 1970년 국제사회가 핵무기 확산을 방지하고, 전 인류의 평화적인 핵기술 사용만을 보장하고자 수립한 NPT (Non-Proliferation Treaty) 체제가 생겨난 이후, 회원국의 신분이었다가 이를 파기하고 핵개발에 성공한 사례는 북한만이 유일한 사례에 해당하게 된 것이다.

지금까지 모두 9차례에 걸친 UN안보리 대북제재 결의안이 채택되었지만, 북한의 행동을 막을 수는 없었다. 미국과 국제사회는 제재의 효과가 나타나고 있다는 점을 잘 알고 있지만, 북한이 제재 때문에 핵을 포기할 것인가에 대해서는 확신을 가지지 못하고 있다. 전례가 없을 정도로 촘촘하고 강력한 대북제재법안들이 실행되고 있지만, 경제적 고통 때문에 생존과 동일시 된 핵을 포기할 수 있을까 하는 의구심을 가지고 있는 것이 사실이다. 일부 분석에 의하면 북한의 내부 경제 상황은 여전히 치명적이지 않다는 시각도 다수 있으며, 무엇보다도 북한 경제가 최악의 상황에 다다르도록 중국이 방치하지 않을 것이라는 전망 역시 지배적인 상황이다. 어떻게 하다가 한반도와 동북아가 이렇게까지 심각한 안보 불안과 위협에 빠지게 된 것일까? 북한의 비핵화는 정말 불가능한 것일까? 그렇다면 우리 정부가 쏟아 부운 모든 대책이 무의미하단 말인가? 중국은 왜 결정적인 순간에 우리의 편을 들어주지 않는 것일까? 이제 한반도 통일은 물 건너가는 것인가?

북한 김정은은 2012년 공식 집권 이후 과거 아버지 김정일 시대에 유지되던 핵전략에 관한 소위 '전략적 모호성'을 폐기하고, 핵을 국가 핵심 발전전략으로 대내외에 천명한 바 있다. 즉, 김정일의 경우 은밀하게 핵 개발에 전념하면서도 남북정상회담, 6자회담 개최, 9·19공동성명, 2·13 북미합의 등과 같이 한국과 국제사회를 상대로 수 차례에 걸쳐 비핵화에 합의한 사례가 있었다. 김정은은 분명히 아버지 김정일과 다른 길을 선택한 것으로 판단된다. 한 마디로 핵개발을 둘러싼 과학기술 발달에 모든 국가 에너지를 결집하고 있다고 해도 과언은 아니다.

이에 대해 우리 정부는, 강력한 외교적 스탠스를 견지하면서, 과거와 동일한 방법으로는 북핵 문제가 해결될 수 없다는 점을 국내외에 분명하게 천명하고 있다. 과거보다는 더욱 효과적인 국제공조체제 형성을 강조하고 있으며, 특히 대북 제재 국면의 경우, '한국 중심의 단독', '주요국과 파트너십을 이룬 양자제재', 마지막으로 '유엔 중심의 다자제재'가 함께 맞물리는 제재의 다층성이 유지된다는 점에서 과거 사례와 비교하여 차별적인 특징을 보이고 있다. 하지만 대다수 국민들은 물론 국제사회 역시 제재가 북한에게 일정 수준의 고통을 줄 수는 있겠지만, 그렇다고 제재정책으로 인해 북한이 핵을 포기하고 국제사회가 요구하는 변화의 길로 순순히 들어설 것인지에 대해서는 회의적인 시각이 다수 존재한다.

무엇보다도 많은 사람들은 북한 문제에 관한 한 중국의 역할에 대해서 문제를 제기하곤 한다. 중국 정부는 우리 주도의 국제재제에 참여는 하고 있지만 북한의 숨통을 조일 정도의 옵션은 결코 채택하지 않을 것이라는 사실이 너무도 자명하다. 이런 상황에서 미국 트럼프 행정부는 군사 옵션을 포함한 가용한 모든 대북정책 수단을 동시에 고려하고 있는 것으로 알려져 있다. 하지만 한반도라는 좁은 지리적 공간에서, 북한에 의한 확전 가능성이 매우 높은 점을 고려할 때, 군사옵션을 선택할 가능성은 여전히 높지 않을 것으로 판단된다. 북한은 이러한 상황을 적극 활용하여 2017년을 전후로 한 시점을 핵능력 완성의 타이밍으로 삼고 있는 것으로 판단된다.

그런데 여기서 쉽게 이해하기 어려운 한 가지 의문점이 생긴다. 전통적으로 북한의 핵개발 및 생존전략은 한반도와 동북아라는 구체적이고 제한적인 공간에서만 안보 불안을 제기하고, 북한의 위협이 이러한 공간적 제약성을 벗어나지 않을 것이라는 미중 간의 암묵적 합의를 전제로 미중은 일종의 한반도 현상유지 정책을 추구해 왔던 것으로 알려져 있다. 그런데 북한은 김정은 시대에 들어서 왜 이러한 안보 관계를 깬 것일까? 미국의 본토를 공격할 수 있는 대륙간탄도미사일의 개발은 미국에게 치명적인 안보위협으로 느껴져서, 미국이 과거와는 다른 매우 근본적인 대북 정책을 추구할 수밖에 없을 것이라는 점을 잘 알고 있을 텐데 왜 기존의 예상을 뛰어 넘는 대미 공격능력 확보를 위해 모든 국가 에너지를 사용하고 있는 것일까?

이처럼 김정은의 무모한 핵전략이 구체화되면 될수록 북한문제는 한반도 안보의 범위를 넘어서게 되고, 결과적으로 한국 정부의 정책적 자율성은 더욱 줄어들게 된다. 결국 이러한 배경에서 문재인 정부는 북한과 미국 사이에서 우리의 역할을 확보해 보고자 많은 전략적 고민을 하고 있는 것으로 이해된다. 우리의 전략적 자율성의 한계라는 차원에서 한반도 안보 문제가 안고 있는 구조적 딜레마 현상부터 살펴볼 필요가 있다.

2) 북한 문제 접근의 딜레마

냉전 종식 이후 지금까지의 우리의 대북정책을 돌이켜 볼 때, 아래와 같은 세 가지 내용의 딜레마적 현상이 발생하고 있음을 발견하게 된다. 이러한 딜레마 현상은 우리가 추진하는 다양한 대북정책의 효과를 저하시킴은 물론 미국과 중국 사이에서 우리 정부가 북한 문제를 다루는 데에 자율성을 대폭 상실하게 만들고 있다.

첫째, 북핵문제와 같은 '한반도 차원'의 문제들이 '미중 간 게임 차원'의 문제들로 전환되는 특징이 발견되는데, 이러한 특징은 우리의 국력 및 의지를 넘어서는 범위에 있는 경우가 많으므로 우리에게는 일종의 딜레마적인 상황이 아닐 수 없다. 이는 동북아 지역이 가지는 고유한 지역안보질서 특성에서 비롯되고 있는데, 다른 지역과 달리 '강대국 정치'의 반영이 매우 뚜렷한 관계로 남북관계 차원에서 발생하는 정책 옵션과 안보 상황이 강대국, 즉 미중 간 차원의 액션으로 해석되는 경우가 자주 발생하는 것이다. 보다 쉽게 설명하자면 미국과 중국은 한반도 문제를 있는 그대로 받아들이기 보다는, 미국은 중국을 또 중국은 미국을 어떻게 상대하고 견제할 것인가의 문제로 확대 해석하는 경향이 강하다는 의미이다. 사드 배치가 가지고 있는 한반도 차원의 의미에도 불구하고 또한 관련한 우리 정부의 지속적인 설명에도 불구하고, 중국은 사드 배치 문제를 미국의 대중국 봉쇄정책의 차원에서 이해하고 있다.[26]

다수의 국제안보 전문가들은 '미중 간 신권력관계'를 의미하는 'G2시대'에는 갈등과 협력이 공존할 것으로 예측하고 있는데, 한반도 안보는 미중 양국 간 대표적인 '갈등 유발 이슈'로 평가되고 있다. 한반도 차원의 이슈가 미중 간 차원의 이슈로 전환되는 데에는, 이러한 구조적 배경과 맞물려 있는 것이다. 즉, 미국과 중국이 한반도 문제를 놓고서 충돌한다면, 그래서 한반도 문제를 미국의 '대중국 관리정책' 또 중국의 '대미 도전정책'의 차원에서 이해한다면, 우리의 입지는 더욱 좁아지고 북한 문제는 더욱 복잡해 질 것이다.

두 번째 딜레마로는, 북한을 상대로 한 '관여정책'과 '압박정책' 모두 실효성을 거두기 어두운 현실이라는 점을 들 수 있다. 간략하게 표현하면, 북한 체제의 특성 상, 관여정책의 결과로 그 혜택이 북한 사회 내부에 포괄적으로 확산되어 '개방 지향적인' 새로운 정치그룹이 등장하는 것도 아니고, 또한 동시에 압박정책의 결과로 '피해를 두려워하는' 그룹

26 이와 관련하여, 우리 정부는 '사드배치' 문제가 야기할 다양한 사후 문제점들을 충분히 예상하는 전략적 자세가 필요했지만 돌이켜 보면 아쉬운 점이 남는다. 향후 유사한 성격의 정책 옵션을 공론화할 경우 어젠다 셋팅 방식, 미국 및 중국의 예상 반응, 대국민 홍보 및 설득 과정 등 다양한 문제점들을 충분히 고려한 다음에 추진하는 자세가 필요해 보인다.

에게 가해지는 일반 주민들로부터의 정치적 압박이 증대하지도 않는다는 것이다(Hill 2013). 소위 '당근정책'과 '채찍정책', 두 가지 종류의 정책이 모두 실효성을 거두기 어렵다는 점은 우리의 입장에서 딜레마적 상황이 아닐 수 없다.

1990년대 이후 지금까지의 대북정책은 다양한 내용과 전개방식을 취하고 있었지만, 거시적인 관점에서 보자면 모든 대북정책은 하나의 공통점을 가지고 있다. 그것은 우리(혹은 국제사회)의 '지원'과 북한의 '포기'를 전제로 한 일종의 교환(trade-off)이라는 의미를 가지고 있었데, 과거 진보정부는 물론 이명박 정부와 박근혜 정부로 대표되는 보수정권 역시 결국은 이러한 기능주의적 접근을 강력 추진한 바 있다. 하지만 교환(관여)으로 대표되는 대북정책이든 제재로 대표되는 대북정책이든, 북한 사회의 특성 상 '당근과 채찍' 모두 북한의 변화(정치적 포기)를 야기하기에는 어려움이 있는 것으로 간주된다.

이 문제를 조금 다른 각도에서 생각해 보면, 과거 우리 사회는 왜 '햇볕정책'이 북한의 변화를 유도하는 데에 한계가 있었나 하는 문제를 놓고서 심각한 논쟁에 빠진 적이 있다. 우리가 북한을 상대로 추진하는 햇볕정책으로 인해 북한은 분명히 따뜻함을 느끼겠지만, 그렇다고 해도 핵을 포기하거나 개혁개방의 길로 들어서지 않는 다는 설명이다. 왜 그럴까? 한 두 가지 요인으로 쉽게 설명할 수는 없고, 한 마디로 북한 사회 내부의 특수성 때문이라고 이해하고 있다. 햇볕정책을 대체한 강력한 대북 제재정책 역시 북한 사회의 특수성으로 인해 핵을 포기하게 만들지는 못하고 있다. 즉, 외부에서 가해지는 압박이 '햇볕'이든 '경제제재'이든 결국은 북한 사회 내부의 동일한 메커니즘으로 인해 북한을 변화의 길로 이끌기는 어렵다는 논리인 것이다.

셋째, 북한 사회의 특성 상, '국가안보'와 '리더십안보'가 동일하게 받아들여지는 비정상적인 현상이 발생하고 있다. 이러한 현상을 곰곰이 생각해 보면, 핵개발이 국가안보가 아닌 리더십안보에만 도움이 됨에도 불구하고, 핵무기 보유가 국가안보 차원에서 생존의 전제조건으로 받아들여지는 비이성적 상황이 전개되고 있다. 이러한 현상 역시 우리의 정책 실효성을 제한하는 딜레마로 작동하고 있음을 깨닫게 된다. 국가안보는 구성원들 사이의 다양한 합의와 가치(value)들 간 경쟁에 의한 사회적 구성(social construction)을 의미하지만, 북한의 경우 리더십의 유지가 국가안보와 동일시되고 있는데, 이러한 현상은 외부 행위자의 정책적 자율성을 침해하는 딜레마로 평가되고 있다. 특히 대북정책 실현과 관련하여, 의도하든 의도하지 않든 우리의 관점에서는 '북한 정권'과 '북한 주민'을 적절한 수준에서 분리하는 전략이 필요한대, 국가안보와 리더십안보가 동일한 의미로 받아들여지는 북한의 현실은 '주민-정권' 분리 전략이 매우 어렵게 만들고 있다. 3대에 걸친 김씨 일가의 억압과 폭정으로 인해 북한의 경제가 피폐해 졌으며, 북한 주민들의 삶의 질은 이루 말 할 수 없이 악화되었음이 밝혀져야 하는데, 김정은 정권의 유지가 북한 국가 전체의 안보로 받아들이는 북한 주민들의 생각이 바뀌지 않는 한, 우리의 여하한 정책도 실효성을 갖기 어려운 한계에 봉착하게 되는 것이다.

3. 북한과 미국 사이의 갈등구조

1) 북핵 문제의 복합성: 미국과 북한의 인식 차이

냉전 이후 미국은 자타가 인정하는 국제안보의 유일한 초강대국으로 존재하고 있다. 중국의 성장이 미중경쟁 구도를 만들고는 있지만, 아직은 동아시아 차원의 문제이고 글로벌 차원에서 중국은 미국의 리더십과 다투기에는 여러 가지 기준에서 부족한 것이 사실이다. 북한의 생존전략이 전통적인 국제정치 시각으로는 설명하지 못하는 중요한 이유의 하나는, 통상 안보 위협을 느끼는 약소국은 자국과 동맹관계를 맺고 있는 강대국과의 관계강화를 통해서 생존을 보장받는 경우가 일반적이다. 북한의 경우로 설명하자면, 북한의 논리대로 북한이 미국의 공세적 정책 때문에 안보불안을 겪고 있다면 이러한 문제는 북한의 동맹 파트너 국가인 중국과의 관계 강화를 통해서 해소하는 것이 일반적인 설명이다. 하지만 흥미롭게도 북한의 전략은 오히려 미국과의 생존을 건 담판을 짓는 외교전략을 선택하고 있으며, 이 과정에서 중국과의 외교관계 역시 더욱 악화되는 결과를 자초하고 있는 상황이다.

이러한 특수한 현상은 한 마디로 본 글의 본질적인 문제의식인 한반도 안보가 글로벌 안보와 맺고 독특한 연결 방식 때문인 것으로 판단된다. 이를 이해하기 위해서는 북한과 미국이 각자 가지고 있는 핵문제에 대한 근본적인 인식의 차이에 대해서 생각해 볼 필요가 있다. 여기에는 두 가지 전제조건이 작용하고 있다. 하나는 북한이 핵개발 의지 표출을 통해 자국이 추구하는 '생존'이라는 핵심 국가이익을 실현하겠다는 것이고, 다른 하나는 미국이 핵무기의 안정적인 관리와 통제를 탈냉전기 국제안보의 핵심 가치로 삼고 있다는 점이다. 명백한 국가이익이 북미 상호 간에 제시되었음에도 불구하고 1993년 1차 북핵 위기 이후 문제의 핵심이 해결되지 않고 있는 이유는 어디에 있을까?

두 가지 사항을 지적해 볼 수 있다. 하나는 북한과 국제사회가 바라보는 핵개발 전략에 대한 근본적인 인식 차이를 지적할 수 있다. 북한의 핵개발 시도의 결과로서 경제 상황이 개선되거나 혹은 국제사회로부터 주권과 안보를 확약 받지 못했음에도 불구하고 핵능력 완성 시도를 포기하지 않고 있다. 즉, 핵개발로 비롯된 북한 사회의 이득이 없어 보임에도 불구하고 지속적인 핵개발 전략을 고수하고 있는 것이다. 이것은 한 마디로 북한이 규정하고 있는 핵무기의 안보적 기능이 국제사회와 전혀 차별적이기 때문이다.[27] 한 마디로 북한은 '집권세력의 안보(leadership security 혹은 regime security)'를 '국가안보(national security)'와 동일시하고 있다. 따라서 북핵 개발이 김정은을 중심으로 한 집권세력의 안전을 확보해 주는 가장 효과적인 수단이라고 믿고 있으며, 집권세력의 안전 확보는 북한이라는 포괄적인 사회의 국가안보와 직결된다고 생각한다. 앞서 언급한 바와 같이 이러한 시각은 국가안보가 사회 구성원들의 합의를

27 국제안보적 차원에서 핵능력의 기능적 설명에 대한 개괄적인 설명은 참고, 박인휘, "탈근대적 군사력과 군사분야혁명(RMA)의 역사적 이해," 『국제정치논총』 42권 2호(2002), pp. 69-71; 핵능력의 탈냉전적 기능변화와 이와 관련한 이론적 설명에 대해서는 Patrick M. Morgan, *Deterrence Now*(Cambridge Studies in International Relations) (Cambridge: Cambridge University Press, 2003).

전제로 한 '안보화(securitization)'의 결과이며 따라서 국가이익의 총체적 합으로 간주하고 있는 국제사회의 보편적인 이해 방식과는 사뭇 대조적이다.

둘째, 대북 제재가 성공을 거두지 못한다면, 결과적으로 미국과 북한 사이의 협상 및 관여정책은 필수적인 선택이 아닐 수 없다. 향후 이러한 대북 관여전략이 의미 있는 성과를 거두기 위해서는 국제사회의 공조체제가 필수적으로 요구된다. 즉, 제재의 공조가 아니라 관여의 공조인 것이다. 특히 한–미–일로 이어지는 삼국 간 국제공조체제는 물론 북한의 가장 중요한 후견인 국가인 중국의 협조가 선제되어야 한다. 대북정책에 있어서 압박, 관여, 제재 등의 정책들이 북한 문제에 대한 비전과 전략의 부재 속에 무분별하게 선택되었던 까닭에, 지금까지의 시도들은 역설적이게도 북한의 생존에 도움이 되는 외교환경을 제공한 결과로 이어졌다. 한 마디로 다양한 정책이 서로의 효과를 상쇄시켜왔던 것이다.

북핵 문제와 관련한 두 번째 퍼즐은 본 사안이 동시에 동북아 역내 국가들의 역학관계를 일정한 수준에서 규준하는 역할을 담당하고 있다는 점이다. 무릇 세계정치와 지역정치 사이에는 일정한 유사성과 차별성이 존재하기 마련이고, 개별 지역마다 세계정치와 관계를 맺는 방식은 고유한 차별성을 가진다. 하나의 '지역'으로서 동북아 역시 미국이 주도하는 국제안보 질서에 대응하는 '균형'과 '독자성'을 동시에 보이고 있다. 세계자본주의 체제에서의 분업구조, 미국의 글로벌 안보네트워크의 기능적 분화, 유라시아 대륙 안정을 위한 전략적 요충지 등의 문제들은 동북아가 세계안보질서와 맺고 있는 일정한 유사성의 대표적인 사례들이다. 예를 들어, 과거 부시 행정부 시절 글로벌 테러리즘에 대응하는 차별적인 인식, 중국의 부상과 역내 역학구도, 미일동맹의 규범지향적 강화, 북핵 문제, 대만 문제 등은 동북아 안보가 가지는 대표적인 차별성의 사례들이다(Park 2013).

이러한 동북아적 현실에서 북핵 문제가 장기화되면서 결과적으로 관련 당사자 국가들의 안보 이익을 결정하는 주요 변수가 되었고, 이러한 과정은 다른 주요 역내 안보 현안들을 일정 수준에서 '한계화(marginalization)' 시키는 작용을 하고 있는 것으로 이해된다. 예를 들어, 중일 간 역내 경쟁구도, 미국의 대중국 봉쇄정책, 동북아 안보다자기구의 부재, 한국의 대미-대중국 외교 경쟁 등은 현재의 수준보다 훨씬 악화될 수도 있을 것으로 보인다. 이러한 문제가 완전히 해소되거나 사라진 것은 아니지만, 북핵 문제에 대한 지역적 차원의 공동 관리에 대한 인식의 공유는 적어도 이러한 안보 현안들이 필요 이상으로 악화되는 것을 막아주는 구실을 담당하고 있는 것으로 볼 수 있다. 향후에도 북한 문제는 동북아 논의에서의 안보담론(security discourse)적 기능을 지속적으로 보여줄 것으로 예상된다.

2) 지역 안보 vs. 한반도 안보

북핵 문제의 복합성과 한반도의 지속적인 분단 구조 사이의 상호 의존성을 설명하는 또 다른 출발점은 우리 정부와 미국이 인식하고 있는 한반도 문제의 지역 안보적 관점과 한반도적 관점의 갈등에서 비롯된다. 특히 이 문제의 경우 글로벌 안보가 한반도 안보에 어떻게 영향을 미치고, 또한 한반도 안보가 글로벌 안보 상황에 어떻게 반응하는가의 특징을 잘 보여주고 있다. 왜냐하면, 미국의 대한반도 인식은 기본적으로 미국이 추구하는 글로벌 안보전략 및 동아시아 안보전략이라는 보다 큰 그림의 하위 단위 수준에서 이해되고 또한 구체화되기 때문이다. 반면 한국의 안보 전략은 글로벌 안보나 동아시아 안보를 우선적으로 고려하기 어렵고, 대신 한반도 안보 유지 자체가 궁극적인 목표인 동시에 한편으로 미국이 추진하는 다양한 상위 전략들에 대한 반응으로 구성되기 때문이다.

주지하는바 70, 80년대를 통해 한국이 이룩한 경제성장은 후일 정치적 민주화의 중요한 밑거름이 되었고, 정치적 민주화의 거대 담론은 냉전 종식 이후 궁극적으로 한미동맹의 재정립에 대한 논리적 정당성을 제공하기에 이른다. 동맹관계의 정체성은 기본적으로 국제정치환경 및 동맹국가 간 역학관계 변화에 따른 종속변수라는 점을 당연한 사실로 받아들여야 하는데, 이것은 동맹 파트너 국가 간에는 끊임없이 동맹국 간 게임이 진행되고 있으며 이를 바탕으로 동맹국 간 힘의 균형이 '완전 비대칭동맹(Absolute Asymmetric Alliance)'과 '완전 대칭동맹(Absolute Symmetric Alliance)' 사이에서 고정되어있지 않고 지속적으로 이동하기 때문이다.[28] 따라서 한미동맹이 탈냉전기라는 국제정치 환경의 변화를 얼마

28 동맹이론에 관한 구체적인 논의는 참고, James D. Morrow, "Alliance and Asymmetry: An Alternative to the Capability Aggregation Model of Alliances," *American Journal of Political Science*, Vol. 35, No. 3(1991); Glenn H. Snyder, *Alliance Politics*(Ithaca: Cornell University Press, 1997); 한미동맹의 이론적 및 정책적 측면에 관한 포괄적인 설명으로는 참고, Jong-Chun Baek & Sang-hyun Lee, eds., *Korea-US Relations in Transition: Korea-US Alliance in Retrospect and Prospects for a New Strategic Partnership* (Seongnam: The Sejong Institute,

나 효과적으로 반영하고 있는지 또 두 동맹국이 북한 정권에서 비롯되는 한반도 위기를 얼마나 상이하게 평가하고 있는지 등에 관한 질문은 한미동맹이 지속되는 한 혹은 한반도에 통일정부가 들어서는 순간까지 지속될 수 있을 것으로 본다.

기본적으로 미국에게 있어 한반도 문제는 동북아 안보 구조(Northeast Asian regional security)의 하위단위로서의 성격을 갖는다. 미국이 상정하고 있는 동북아 안보구조는 미국의 압도적인 군사적 우위를 전제로 하고 있다. 현실적으로는 미일동맹과 한미동맹이 동북아 안보구조를 지탱하는 핵심축이고 동북아 안보유지를 위협하는 위협요인들에 대처하는 대응전략 역시 이 두 동맹축의 적극적인 활용을 전제로 구체화되는 것이다(Park 2013,). 그리고 이 지역 국가들 간 암묵적인 동의의 하나는 중국의 근대화가 성공하고 이를 발판으로 한 정치적 헤게모니 프로젝트가 진행된다면 이 두 동맹축이 여기에 대한 미국 중심적 방위구조에 구체적으로 편입될 것이라는 전제가 또한 깔려있다. 동북아 지역에서 작용하는 미국의 군사적 역할과 패권적 지위에 관련한 한국 정부의 승인 역시 이러한 범주 하에서 이뤄지고 있으며, 결과적으로 미국의 김정일 북한 정권에 대한 일탈행위 규정과 북핵 문제에 관한 위협인식도 동북아 전체의 안보복합구조의 대응이라는 차원에서 이뤄지고 있다.

반면, 한국 정부는 비록 동북아 지역 중심적인 미국의 전략적 접근법의 대의에는 동의를 하지만 이러한 안보 목표가 어떻게 달성되어야 하는지에 대해서는 차별적인 의견을 가진다. 한국에게 있어서 북핵 문제는

2003).

당연히 한반도의 평화유지라는 다분히 근본적인 안보확보의 문제이다. 따라서 이러한 근원적인 성격의 문제를 해결하기 위해서는 북한 정권 및 사회의 특수성을 고려해야 하고, 이러한 한반도적 정황의 특수성을 중시한다면 북미 간 협상과 대화는 다양한 채널과 시도를 통해 이뤄져야 한다는 주장이다. 문재인 정부가 평창올림픽을 계기로 형성된 남북대화 모멘텀을 어떻게 해서라도 북미대화 모멘텀으로 전환시키고자 노력을 기울이는 배경에는 이러한 생각이 작용하고 있는 것으로 보인다.

물론 북한 사회의 특수성을 고려해야 한다는 한국의 입장이 어떠한 경우라도 북한의 핵무기를 용인할 수 없다는 미국 정부의 기본 입장과 서로 상반되는 것은 아니다. 다만 북한 정권이 북핵 개발을 통해 얻고자 하는 궁극적인 목표가 어디에 있든지 기본적으로 미국으로 대표되는 국제사회로부터의 정상 주권이라는 점을 인정받고 싶어 한다는 차원에서, 북핵 문제를 해결하기 위한 가장 중요한 선결과제는 북한 정권이 느끼는 심리적 위기의식의 해소라는 것이다(Saymore 2003).

한국과 미국은 별개의 상이한 독립 주권이므로 동북아 안보 및 북핵 문제를 해결하는 데에 있어서 서로 다른 접근법을 가지는 것은 당연한 일이다. 따라서 이러한 차이는 도덕적인 정당성의 문제와는 별개로 다루어져야 한다고 생각한다. 문제는 21세기 국제정치질서가 앞으로 상당한 기간 동안 미국 중심의 단극적 위계질서의 특징을 보일 것을 전제로, 그렇다면 북핵 문제 처리과정에 있어서 미국의 정책적 우선순위가 무엇인지 그리고 이와 관련하여 발생 가능한 한국 정부와의 견해 차이를 어떻게 극복할 것인가 하는 문제는 한반도 안보의 또 다른 과제가 아닐 수 없다.[29]

4. 북한의 생존과 핵개발

1) 북핵문제와 분단의 재생산구조

지금까지의 설명을 바탕으로 '생존'과 '핵보유'를 동일시하는 북한의 생존전략이 어떠한 논리적 매커니즘을 거쳐 한반도 분단구조를 지속적으로 재생산 시키고 있는지 간략하게나마 생각해 보았다. 북핵문제가 한반도의 위기를 고조시킬 때마다 우리와 국제사회는 북한 핵의 근본적인 성격을 둘러싼 논쟁을 경험하곤 하였다. 이러한 논쟁들을 단순화시켜 보자면, 논쟁의 핵심에는 북핵문제의 해결은 한국을 포함한 외부세계의 의지와 정책적 선택에 달려 있다는 주장과 이에 반해 북핵문제의 근본적인 해결은 북한 스스로의 의지와 선택에 달려 있다는 주장 사이의 갈등이 자리 잡고 있다. 전자의 경우 상대적으로 진보성향의 관점에 의존한 분석이고, 후자의 경우 상대적으로 보수성향의 관점에 의존한 분석인 셈이다. 사회 구성원들의 세계관, '안보화(securitization) 과정', 그리고 정책적 선택은 일련의 논리적 정합성을 이뤄야 한다고 전제할 때,[30]

29 미국 중심의 단극적 질서가 특정 지역 및 개별 국가의 안보에 어떠한 영향을 미칠 것인가와 관련한 분석으로는 참고, Jack Snyder, "Imperial Temptation," *The National Interest*, No. 71 (Spring 2003), pp. 29-40; Samuel Huntington, "Dead Souls: The Denationalization of the American Elite," *The National Interest*, No. 75 (Spring 2004), pp. 5-18.

30 '안보화'는 특정 이슈가 안보의 대상으로 사전적으로 규정해 있지 않는 상태에서, 다양한 경쟁체제를 거쳐 '개념정립, 정책결정, 자원의 재분배, 집행 및 평가'에 이르는

전자의 주장은 과거 '햇볕정책'과 6·15 및 10·4 정상회담의 의의를 계승한 대북 관여정책으로 구현되었고, 후자의 주장은 보수 세력의 표현을 빌리자면 소위 '원칙 있는 대북정책'이라는 입장으로 구현되었다.

냉전 시기의 분단구조는 상대적으로 우리의 의지와는 무관하게 한반도 상위 차원에서 전개된 미소 간 대결에 의한 냉전구조의 결과인 일종의 '주어진' 분단구조였다. 반면, 탈냉전기 분단구조의 경우, 남한 중심의 통일에 두려움을 느끼고 또한 동북아 지역의 안정성과 경제성장이 역내 모든 국가들에게 보편적인 혜택으로 전환되는 현상에 소외감을 느낀 북한이, 핵능력의 제고라는 극단적인 생존 전략을 추구한 결과 형성된 일종의 '선택적' 분단구조인 것이다(Cha 2012; Bluth 2011, Ch. 5; Byman & Lind 2010). 한반도 '선택적' 분단구조에서 발견되는 가장 큰 특징은 '위기–생존–동북아 안보구조'라는 세 가지 요인이 복합적인 결합구조를 이루면서, 북한의 생존을 계속해서 재생산해 내는 결과로 이어지고 있다는 점이다. 다시 말해 핵개발이라는 북한으로부터의 위기 발생은, 남북 간 대결구도를 한미–북중, 남북–북미, 한미–북미 등 사안별로 다양한 형태의 복층적 대결구도로 전환시켜 결과적으로 북한의 생존을 보장해주고 있으며, 이러한 북한의 전략은 기본적으로 동북아안보가 안고 있는 구조적 문제점과 맞닿아 있다는 점을 발견하게 된다.

주어진 분단구조와 선택적 분단구조 사이에는 대략 네 가지 정도의

일련의 사회화 과정을 의미한다. 대표적인 설명으로는 참고, Barry Buzan, Ole Waever, Jaap de Wilde, *Security: A New Framework for Analysis* (Boulder: Rienner, 1998).

관점에서 근본적인 차이점이 존재한다(박인휘 2013). 첫째, 분단을 야기하는 핵심 요인과 관련하여, 과거 냉전기의 경우 한반도분단은 글로벌 냉전구도가 한반도적 차원으로 투영된 결과였다고 볼 수 있다. 양극체제는(bipolar system) 단극 혹은 다극체제 보다 더욱 손쉽게 국제체제가 동맹 파트너를 결정해 주는 속성을 가진다고 할 때(Snyder 1990, 103~110), 당시 미국과 소련을 동맹적 혹은 동맹에 준하는 파트너로 삼은 것은 한국과 북한의 독자적 의지의 결정이라고 볼 수 없다. 대신 한반도 상위 수준에서 작동하는 대결구도가 다양한 요인들에 의해 우리에게 투영되어 남북한 사이의 냉전대결을 형성하게 만든 것이다. 반면, 탈냉전기 '선택적' 분단구조의 경우, 북한의 집요한 핵개발은 한반도 분단구조가 탈냉전기에 들어서도 하나의 체제로 정착되는 요인으로 작용하고 있다.[31] 특히 지난 20년간 남북관계발전이 제도적으로 정착되지 못하는 가장 핵심 요인은 '합의-파기'가 반복적으로 벌어지는 악순환이었다는 점을 상기해 볼 때, 또 그러한 악순환의 주기는 핵무기를 중심으로(핵개발의혹, 핵실험 등) 전개되었다는 점을 고려할 때, 분단을 상시화하고자 하는 북한에 의한 선택적 분단구조라고 설명할 수 있다.

둘째, 이상과 같은 분단의 요인은 수십 년간 어떤 과정을 통해 재생산되었는가? 냉전기 주어진 분단구조의 경우, 글로벌 냉전구도와 한반도 냉전구도 사이의 결합적인 연계성이 남북대결을 지속적으로 재생산

31 물론 북한이 핵이 아닌 다른 생존수단을 선택했다면 이미 통일이 되었을 것이라는 가정은 과학적이지 못하다. 다만 30년이 다 되어가는 탈냉전기 동안 남북관계발전이 이뤄지지 못하는 결과적 관점의 차원에서, 가장 결정적인 독립변수로 북한의 핵개발을 꼽을 수 있다는 분석을 제안하는 바이다.

했다고 볼 수 있다(신욱희 2010; 박태균 2006). 이 과정에서 한반도적 차원의 '구조화'된 분단체제가 정착하였고 또한 발전하였다. 이러한 발전은 대체로 세 가지 차원에서 진행되었는데, 대표적으로 우리 사회 내부에서, 남북한 관계에서, 그리고 한국의 대외관계의 실천에서 냉전기 분단구조는 제도적으로 발전하였다(박명림 2011). 탈냉전기 선택적 분단구조의 경우, 남북한을 포함하여 미국 및 중국 등과 같은 국제 행위자들 간의 상호 복잡한 이익구조가 아이러니컬하게도 탈냉전기 분단구조를 재생산하는 결과로 이어지고 있다(김근식 2011). 핵문제에 대한 한국정부의 자율성 부족, 동북아안정성을 고려해 북핵 문제를 극단적으로 해결할 수 없는 미국의 정책적 딜레마, 북핵문제에 대한 중국의 이해관계, 북한문제를 계기로 동북아적 영향력을 확보하려고 하는 러시아의 이해관계 등이 서로 복잡하게 작용하고 있다. 이러한 복잡한 이익구조가 결국 실효성이 의문시 되는 유엔의 결의안채택 혹은 북한에게 핵을 포기하라는 도덕적인 주장만을 되풀이하는 결과로 이어지고 있는 것이다.

셋째, 그렇다면 이와 같은 분단요인 및 재생산 구조의 결과로서 한반도 안보는 어떠한 특징을 보이고 있을까? '주어진' 분단구조 하에서 '배제의 정치'는 이념적 정체성과 결합하여, 극단적인 경쟁구도를 구현하였고 이러한 경쟁은 국가 제도적 차원에서 구체화되었다.[32] 대표적으로 한반도 안보의 특징은 전형적인 방어동맹인 한미동맹의 제도적 발전이라

32 특정 국가 및 사회구성원들이 안보를 실천하는 과정은 어떤 구성원을 포함 혹은 배제시킬 것인지를 결정하는 철학적 기반 및 세계관의 정립을 전제로 한다. 관련한 논의는 참고, Jef Huysmans, *The Politics of Insecurity: Security, Migration and Asylum in the EU* (London: Routledge, 2008).

는 특징을 보였다. 특히 1978년 창설된 한미연합사령부 지휘체계는 제도적 효율성 및 완결성의 관점에서 높이 평가되고 있는데, 냉전이라는 요인이 한반도적 특수성과 결합된 대표적인 사례라고 볼 수 있겠다. 반면 '선택적' 분단구조 하에서 발견되는 한반도 안보의 특징은, 냉전기 때 보여준 한반도 안보특징의 인과관계에서 원인과 결과가 서로 치환되는 아이러니컬한 특징을 보여주고 있다. 즉, 과거 냉전기에는 위협이 분단으로 이어지는 인과관계였다면, 탈냉전기 한반도 분단구조가 보이는 안보적 특징은 차제에 정착된 분단구조가 위협으로 이어지는 현상을 보이는 것이다. 한국에게 미국은 안보로 인식되고 동시에 북한은 위협으로 인식되는 상황에서, 한미동맹이라는 안보확보수단은 북한에게 위협으로 인식되어 북한의 일탈적 행위의 원인이 되는 논리적 모순이 발생하고 있는 것이다. 다시 말해 탈냉전기 한반도 안보에서는 안보(한미동맹)와 위협(북한)이 모순적으로 공존하는 '안보부재의 정치(politics of insecurity)'가 작동하고 있는 것이다(박인휘 2011)

마지막으로, 분단구조의 극복이라는 관점에서 가장 중대한 장애요인이 무엇인지 비교해 볼 필요가 있다. '주어진' 분단의 경우, 무엇보다도 글로벌 냉전구도에 대한 종속성으로 인해 우리 스스로의 자체적인 의지와 능력이 모두 부족하였다. 냉전 기간 간헐적으로 전개된 남북대화는 물론이고 노태우 정부 시절의 7/7선언과 북방정책도 남북관계발전과 통일이라는 목표를 직접적으로 설정하였기 보다는, 분단에서 야기하는 위협의 수준을 완화하거나 혹은 우회적이고 부분적인 분단구조의 이완을 목표로 한 것이라고 볼 수 있다. 한편 '선택적' 분단의 경우 분단극복을 어렵게 하는 핵심적인 장애요인으로 한반도 문제의 핵심 관여자들 사이의 비전 및 정책적 합의의 부재를 꼽을 수 있다. 현재 한국을 포함하여 미국은 물론 그 어떤 나라도 북한문제를 해결하기 위한 구체적인 프로그램과 비전을 가지고 있지 않다. 남북관계 발전과 한반도 평화를 위한 원칙론적 입장과 도덕적인 정당성은 존재하지만, 북핵을 포함한 북한문제를 어떻게 풀어나가겠다는 구체적인 실행계획(action plan)은 어느 누구도 제시하지 못하고 있는 실정이다. 여기에는 동북아의 지역안보구조가 '동맹적' 속성과 '공동체적' 속성을 모두 포함하는 특징이 원인이 되기도 한다. 즉, 냉전시대부터 이어지는 미국 주도의 양자동맹구조가 동북아에서 기본적인 대결국면을 형성하고 있지만, 역내 국가들 사이에는 이러한 동맹중심의 대결의식뿐만 아니라 동북아를 하나의 안보공동체로 인식하고 이를 보존하기 위한 노력 역시 공존하고 있다(Cha 2012, Rozman 2011, Clemens 2010). 탈냉전기 북한의 생존전략은 이와 같은 동맹-안보공동체가 공존하는 동북아 지역안보의 구조적 속성과 맞닿아 있기도 한 것이다.

2) 북한 핵개발의 국제적 성격과 동북아안보

이상의 논의에서 탈냉전기 한반도 분단구조가 북한의 생존전략에 의한 선택적 분단구조라는 측면을 살펴보았고, 북한에 의한 선택적 분단이 구조적으로 작동할 수 있는 배경에는 '핵무기'라는 이슈의 특수성이 자리 잡고 있음을 살펴보았다. 주지하는 바 핵은 한반도 안보구조가 남북한 간 갈등구조에만 머무르지 않고 갈등국면에 참여하는 행위자를 확대시킨다. 한 마디로 핵무기는 한반도 안보에 '국제성'을 부여하여, 한반도 안보 구조의 범주를 확장시키는 결과를 야기한다. 1992년을 전후로 북한이 핵개발을 대외관계의 핵심 어젠다로 설정할 때부터 핵보유국으로서의 국가이익이 있었는지 아니면, 초기 단계에는 핵보유국 혹은 외교수단이라는 가능성이 모두 존재하다가, 시간이 흐르면서 서서히 핵보유국으로서의 목표가 구체화되었는지, 현재로서는 정확하게 판단하기 어렵다. 다만 한 가지 분명한 점은 냉전 종식 직후의 최초 시점부터 혹은 시간이 흐르면서 한반도를 벗어난 역외 행위자의 개입이 북한의 생존에 도움이 된다고 판단하였다는 점이다. 북한이 핵을 통한 생존전략을 선택하였음은 한반도 안보논의의 구조를 변화시켰음을 의미하고, 결과적으로 핵이슈의 '국제성'이라는 부분에 충분한 학술적 및 정책적 관심을 가지지 못했음이 지금까지 북핵문제가 해결되지 못한 근본적인 원인일 수 있다고 판단된다(박인휘 2007).

특정 사회의 안보 논의가 제도적 차원으로 전환되는 과정은 일종의 안보부재의 정치(politics of insecurity)가 구현되는 과정을 의미한다. 이전 챕터에서 설명한 바와 같이, 안보부재의 정치는 '위협에 대한 사회 구성원들의 이해와 정의', '유사한 이해의 범주 속에서 다양한 안보 이슈들 간 경쟁', '특정 이슈가 안보 어젠다로 채택되고 이와 관련한 다양한 정치게임 및 권력관계의 변화', 그리고 '권력관계 변화에 대한 평가' 등의 일련의 과정을 거치게 된다(Huysmans 2008). 그런데 이 과정에서 최종 선택된 안보 이슈는 안보를 확보하기 위한 주요 행위자의 범위를 설정하게 된다. 냉전 종식을 경험하면서 북한 역시 나름대로의 방식으로 안보부재의 정치를 경험하였을 것으로 이해되고, 다른 이슈가 아닌 핵을 통한 한반도 상시위기전략이 상대적으로 북한의 생존을 보장해 주는 가장 유력한 어젠다로 채택된 것이다. 이러한 북한의 선택은 아이러니컬하게도 미국과 중국으로 대표되는 국제행위자의 한반도 개입을 정당화시키는 결과로 이어졌다.[33]

북한식 국가이익에 의하면 냉전 종식 이후 남북관계라는 단선적인 대결국면 보다는 미국과 중국이 지속적으로 한반도 안보실천 과정에 개입하는 것이 북한 정권의 생존을 연장하는 데에 유리한 국면을 만들어준다고 판단한 것이다. 이런 관점에서 오랜 시간에 걸친 북한의 '한반도 문제의 한반도화'라는 주장과는 달리 북한의 생존전략은 미국과 중국의 한반도개입을 정당화시킨 측면이 인정된다. 물론 과거 냉전기에도 강대국 정치가 한반도에 투영되는 특징은 발견되었다. 하지만 탈냉전기 이후 북한에 의한 선택적 분단구조가 부각되는 관점에서 북한 핵개발 전략의 국제성과 이와 연동된 국제행위자의 개입은 과거 냉전기와는 근본적으로 차별적인 성격을 가진다. 앞에서 잠시 살펴본 바와 같이, '주어진' 분단구조 하에서 한국과 북한이라는 행위자의 자율성은 극히 제한적이었다. 하지만 냉전 종식 이후 선택적 분단구조가 형성되는 과정에서 북한이 활용할 수 있는 전략적 자율성의 범위는 여전히 제한적이지

---

33 지역연구자들의 기존 연구에 의하면 전 세계는 11-12개의 지역안보권역으로(regional security complex) 나눠지는데 개별 지역은 고유한 안보실천의 작동방식을 가지고 있다. 동아시아(협의로는 동북아)는 이들 지역안보권역 중의 하나인데, 다른 지역과 비교할 때 강대국정치의 영향력이 다른 어떤 지역보다도 강하게 투영된다는 특징을 보인다고 설명하고 있다: 참고, Barry Buzan and Ole Weaver, *Regions and Power: The Structure of International Security* (Cambridge: Cambridge University Press, 2003). 이런 관점에서 북한의 전략적 선택은 동북아 안보가 가지는 구조적 특징을 정확하게 파악하고 있다는 분석이 가능하다.

만 이전보다 훨씬 확대되었고, 북한의 전략적 자율성은 핵무기라는 이슈의 국제성을 극대화시키는 전략으로 구현되었다.

'극단적 생존전략'이라는 이익구조를 가지고 있는 북한은 대결국면의 다양화에 외교적 노력을 기울이게 되고, 그 결과 남북한 사이의 경쟁을 '한미-북' '남미-북미' '한미-북중' '한중-북중' 등과 같이 사안에 따라 다양한 경쟁 및 외교관계의 구도가 전개될 수 있도록 만들었다. 이와 같이 북한이 추구한 상시위기의 유지 및 국제행위자 개입의 정당성은 한 가지 중요한 조건을 전제로 추진되었음을 확인하게 된다. 미국 정책결정자들의 관점에서 '북핵문제 해결을 위한 모든 정책수단을 동원하는 선택'과 '동북아 안보를 유지하기 위한 안정성' 사이에는 일종의 교환모델(trade-off)이 작용하고 있다는 것이다. 즉, 북핵문제 해결을 위해 다양한 노력을 경주하지만 북한을 상대로 군사공격을 감행하면서까지 북핵을 해결하는 일은 구조적으로 어려운데, 그 핵심 이유는 지난 수십 년간 동북아 지역에서 유지되고 있는 지역안전성을 파괴할 수도 있다는 우려 때문인 것으로 이해된다. 바로 이러한 미국의 정책적 딜레마가 북한이 선택한 핵개발의 생존수단에 일정 수준의 실효성을 부여하는 요인이 되기도 한다.

5. 맺음말

국제안보 질서가 세계화의 영향으로부터 자유롭지 못하고, 세계 각

지역은 안보적으로 혹은 경제적으로 지역통합의 흐름을 보이는 현상과는 달리, 한반도 분단은 냉전적 성격을 여전히 간직하고 있다. 공교롭게도 북한이 생존전략으로 핵개발을 선택함으로써 북한의 생존전략과 미국의 글로벌 안보전략은 정면으로 대립하게 되었다. 한반도 위기가 북미간 대결의 양상을 가진다는 차원에서, 북한 핵문제와 이와 연계된 탈냉전기 한반도 분단구조의 재생산은 탈냉전기 글로벌 안보가 한반도 안보질서에 어떻게 투영되고 있는지를 잘 보여주는 상징적인 이슈이다.

북한의 핵보유 의지가 탈냉전기 직후 제1차 북핵 위기가 터졌을 때부터 정교하게 계획된 프로그램에 의한 것인지, 아니면 남북 및 북미 관계가 진행되는 동안 핵보유에 대한 의지를 서서히 강화해 온 것인지, 현 시점에서 정확하게 판단하기 어렵다. 한 가지 분명한 점은 북한이 생존전략으로 선택한 핵개발 전략은 논리, 북한 및 외부행위자 간 상호작용, 근본적인 해결책의 부재 등이 혼재한 재생산과정을 거치면서 탈냉전기 한반도 분단현상을 구조화의 방향으로 진행시키고 있다는 사실이다. 특히 이러한 구조화 현상은 미국이 그리는 한반도 상위 차원의 글로벌 안보전략 및 동아시아 안보전략과 맞물리면서, 한국 정부의 정책적 자율성을 더욱 침해하는 결과로 이어지고 있다.

본 글에서 살펴본 바와 같이, 탈냉전기 한반도 '선택적' 분단구조의 근본적인 책임은 북한에게 있지만, 북한이 선택한 핵개발은 그 이슈의 특수성으로 인해 북한 생존전략의 '국제성'을 강조시키고 있고, 이로 인해 핵심 외부 행위자인 한국과 미국의 책임으로 일정 부분 옮겨오고 있다. 이런 관점에서 현재와 같이 우리에게 안보를 위한 상징적 선택인 한미동맹은, 주어진 분단구조를 위한 해결책으로서는 성공적이었을 수 있지만, 선택적 분단구조를 위한 해결책으로는 문제점을 드러낸다. 북한의 위기에 맞서 함께 위기를 고조시키는 전략은 선택적 분단구조 하에서의 국가전략으로는 한계를 가지기 때문이다. 안보를 실천하는 일련의 행위는 세계관, 인식, 정책, 현실 평가 등의 순환과정을 거치는 '과정과 결과의 정합성'을 요구한다. 차제에 한미동맹은 한반도 및 동북아안보에 대한 새로운 인식과 정책적 선택을 통해 한반도평화를 위한 근본적이고 창의적인 노력을 기울일 필요가 있다.

V. G2 시대 한국형 발전모델과 국가안보전략적 고민

1. 머리말

마지막으로 글로벌 안보환경의 변화와 향후 한국의 안보 전략적 대응에 대해서 생각해 보기로 하겠다. 돌이켜 보건대, 짧은 시간에 경제성장과 정치성장이라는 두 개의 근대 국가 핵심 과제를 비교적 성공적으로 성취한 까닭에 의미 있는 한국형 발전모델은 학술적으로 또한 정책적으로 의미 있는 평가의 대상이 되고 있다. 하지만 안보 문제의 경우 앞선 챕터에서 살펴본 여러 가지 요인들로 한국형 모델의 정립은 쉽지 않거나 혹은 거의 불가능한 현실이다. 북구 유럽 국가들이나 캐나다 및 호주와 같이 글로벌 평화기여 국가로서의 모델을 수립할 수도 없었고, 그렇다고 이스라엘처럼 주변국들을 모두로 적대시 하면서 미국과의 동맹만을 강조하는 옵션도 최선의 방안은 아니었다. 2017년 북한의 핵무력 완성 선언으로 인해 북한 문제를 더 이상 우회하기가 어려운 상황이 되었고, 중국의 부상이 적어도 동아시아 차원에서만은 미중경쟁의 구조적 정착으로 가시화되는 시점에서, 지난 시절 경제성장과 정치민주화 과정에서 그러했듯이 외교안보 영역에서도 한국형 발전모델의 정립이 필요하다고 판단된다.

좀 더 구체적으로 대체로 아래와 같은 세 가지 문제에 대해서 설명해 보고자 한다. 첫째, 한국을 둘러싼 현재의 글로벌 외교안보 환경의 상징적인 특징은 무엇인가의 문제이다. 우선 동북아적 외교안보환경은 경제사회 영역에서는 보이지 않는 통합이 상당히 진척되었음에도 불구하고, 외교안보적으로는 갈등과 반목이 지속되고 있는 '부조화'의 역내질서를 보이고 있다. 주지하는바 이러한 부조화에는 서로 상반되고 또 때로는 왜곡된 역사인식이 자리 잡고 있기 때문인 것으로 판단된다. 한편 글로벌 차원의 외교안보환경은 과거 근대국제질서 하에서 수백년 동안 지속되던 강대국정치(power politics)의 전통이 사라지면서, 소위 네트워크적 특징의 외교환경이 구체화되고 있다. 네트워크적 특징은 한 마디로, 과거 특정 강대국이 모든 영역에서 국제정치질서의 중심이 되었던 현상은 더 이상 발견하기 어렵고, 대신 이슈의 성격과 영역에 따라 다양한 국가가 글로벌 정치의 중심이 되는, 즉 외교관계의 다양한 '허브와 연결망'이 생겨나고 있다는 의미이다. 지금의 우리 상황으로 표현하자면, 21세기에 들어서 중견국가(Middle power state) 등장이 매우 활발하게 전개되고 있다는 의미이다.

둘째, 현재 중국의 부상과 미중경쟁을 글로벌 외교안보 환경의 가장 두드러진 특징으로 볼 때, 이러한 특징은 한반도 안보에 구체적으로 어떠한 영향을 미치고 있는가의 문제이다. 후술하겠지만, 최근 들어 북한의 핵무력 완성에 예상치 못한 '속도전'은 낸 배경에는 미중경쟁으로 인한 전략적 공간의 발생이라는 측면이 있는 것으로 풀이된다. 그렇다면 지정학적으로 매우 복잡한 위치에 처한 한국의 입장에서 바람직한 한미동맹과 한중관계의 조화란 무엇인가? 조금 극단적으로 얘기해서, 만약 이 질문에 답하지 못한다면 우리의 국가안보 이익에 비전은 존재하지 않는다. 글로벌 차원 및 동아시아 차원에서 전개되는 미중경쟁의 본질에 대한 이해 없이는 한반도 안보의 본질은 결코 해결될 수 없다는 의미이다. 우리에게는 북한문제 해결을 통한 한반도 평화통일이라는 궁극적인 목표가 주어져 있고, 동북아 지역에서 외교 매개자 역할을 창출하여 역내에 지역협력제도를 정착시켜야 할 것이며, 이 과정에서 미국과 중국이라는 두 개의 강대국 외교가 균형을 이루면서 한국의 국가이익을 실천할 수 있도록 전제가 되어야 할 것이다.

마지막으로, 한국의 관점에서 우리에게 주어진 외교안보 영역의 핵심국가 목표를 제안해 보고, 이러한 목표를 실천하는 과정에서 반드시 고려해야 할 점에 대해서 생각해 보고자 한다. 특히 이 문제와 관련해서는, 다른 나라가 겪지 못한 우리만의 현대사적 경험을 외교안보자산으로 적극 활용하는 지혜가 필요하다. 구체적으로는 북한문제 접근에 대한 역발상을 통해, 북한 문제를 오히려 외교자산으로 전환시키려는 시도가 필요하다. 예를 들어 북한문제 해결과 관련한 국제적 협의를 우리가 보다 적극적으로 주도하여, 세계평화에 기여하는 한국의 '평화 이미지'를 지속적으로 재생산할 수 있어야 한다. 이러한 일련의 목표를 위해서는 리더십, 제도적 완결성, 시민사회의 적극 참여 등과 같은 외교안보 실천 역량을 제고하기 위한 국가 차원의 총체적인 점검이 이뤄져야 한다고 본다.

2. 글로벌 안보환경의 변화

1) 미중경쟁시대와 동북아

2000년대 초까지만 해도 중국의 부상으로 인한 미중 간 경쟁의 양상은 이슈 중심적이었다. 특정 산업을 둘러싼 무역분쟁, 인권, 글로벌 테러, 중동문제 등과 같은 이슈들에서 미중의 의견이 어떻게 대립되고 또 때로는 어떻게 조화를 이루고 하는 식의 관계였다. 하지만 소위 미중 간 글로벌 경쟁을 의미하는 G2에 대한 표현을 중국이 어느 정도 수용하기 시작한 2010년을 전후로 하여 미중 사이의 경쟁 양상은 변화하기 시작한다. 한 마디로 제도적 경쟁시대로 접어들게 되는데, 대표적인 예로는 상하이협력기구(SCO), 아시아인프라투자은행(AIIB) 등을 들 수 있다.

특정 몇 개의 강대국이 국제정치질서의 주요 아젠다를 설정하는 전통은 비단 오늘날에만 발견되는 새로운 사실은 아니다. 근대 국제질서의 태동 이후 특정 강대국의 등장, 그리고 강대국 간 세력관계의 변화는 국제관계 전반을 설명하고 이해하는 데에 중요한 독립변수가 되어왔기 때문이다. 19세기 유럽에서 영국을 중심으로 한 세력균형질서, 20세기 미소 간 냉전대결을 중심으로 한 양극체제, 그리고 냉전 종식 이후 약 20여년에 걸친 미국 중심의 단극질서는 특정 혹은 복수의 강대국을 중심으로 전개된 국제질서의 특징을 압축적으로 표현하는 상징적인 경험으로 볼 수 있다. 이러한 맥락에서 보자면, 미중경쟁으로 대표되는 현재의 강대국 정치 역시 일정 부분 과거에서부터 이어지는 강대국정치의 유사한 측면이 있을 것으로 판단되며, 이러한 주장은 많은 전문가들의 설명에 의해서 뒷받침되고 있다(Steinberg and O'Hanlon 2014; Sutter 2010).

그런데 근대 국제관계 역사에서 경험했던 세력관계의 주요 변화들을 살펴보면 한 가지 흥미로운 사실을 발견하게 되는데, 그것은 바로 '구조적 환경과 특정 이슈 사이의 결합'이라는 점이다. 다시 말해 국제정치는 일정한 단계를 주기로 개별 국면이 맞이하는 국제정치의 구조적 속성과 특정 시점에서 발생하는 이슈의 특성이 어떻게 결합하느냐가 중요하다. 예를 들어, 과거 냉전기 미소 양극체제라는 독특한 국제정치적 경험은 유럽의 전쟁, 신생국가의 급속한 출현, 외교관계의 양적 팽창, 과학의 발달이라는 국제사회의 '구조적 환경'이 미국과 소련의 지정학적 특징, 이념적 차이, 국내정치적 배경 등과 같은 '이슈의 특성'과 결합한 결과였던 셈이다.

현재의 관점에서 G2 그리고 한반도적 의미라는 차원에서 설명하자면, 새로운 미중관계 속에서 예상되는 가장 특징적인 구조적 환경은 글로벌 패권국가인 미국과 지역적 패권국가인 중국 사이의 역할을 구분하는 일이 무의미하다는 점을 지적할 수 있다. 지난 20년 동안의 탈냉전기 역사에서 알 수 있듯이, 미국이 주요 지역의 강대국들과 다양한 차원의 협력체제를 구축한 것은 사실이지만, 그것이 글로벌 패권과 지역 패권의 공존을 의미하는 것은 아니다. 정보화, 세계화, 민주화로 압축되는 21세기 외교환경에서 글로벌 패권과 지역 패권의 역할 구분은 기본적으로 큰 의미를 지니지 않는다. 이러한 구조적 특징을 G2와 한반도적 차원에서 설명하자면, 글로벌 이슈를 중심으로 미중 간에 다양하게 전개되는 상호의존성 및 세력대결은 역시 매우 다양한 차원과 연결고리를 통해 한반도 문제에 영향을 미치게 될 것이다.

지금까지 미중 간 세력관계의 유형과 관련하여 학문영역에서 혹은 정책영역에서 다양한 논의가 전개되어 왔는데, 기존 논의들을 종합해 보면 대체로 '적대적 경쟁관계' 혹은 '전략적 협력관계' 중 어느 한 유형을 전망하는 경향을 보이고 있음을 발견하게 된다(Levy and Thompson 2012; Ross 2004). 전자의 경우 양 국가의 국가이익의 편차가 크다는 것을 전제로 하기 때문에 결과적으로 기존 패권국가인 미국의 대중국 세력균형이 성공하느냐 아니면 두 국가 사이에 세력전이가 발생하느냐의 문제로 볼 수 있다. 후자의 경우 기본적으로 핵심 이슈들에 대한 양 국가의 편차가 크지 않거나, 혹은 국가 이익 간 차이가 있더라도 중국은 미국이 제도화한 국제질서를 인정하는 것을 전제로 외교전략을 추구하는 세력관계라는 설명이다. 따라서 이 경우 미국과 중국은 글로벌 이슈는 물론 지역적 차원의 이슈와 관련하여서도 양국의 공동이익이 증대되는 '이익균형'의 논리에 따르게 됨을 의미한다. 따라서 미중 전략적 협력관계는 지역적, 세계적 차원에서 기본적으로 경쟁과 협력이 공존하는 형태이지만 어느 일방이 과다한 이익을 향유하거나 혹은 과다한 손해를 떠안지 않는 공동체적 노력을 전제로 한다.

한편, 미중경쟁 시대가 가지는 의미와 관련하여 한반도를 둘러싼 외교안보환경이라는 차원에서 중요한 의미를 가지는 특징 한 가지를 설명할 필요가 있는데, '미국 주도의 동북아 동맹구조'와 '한중일을 중심으로 전개되는 일종의 경제사회적 통합현상'을 들 수 있다. 과거 한국전쟁을 전후로 동북아에 매우 정교한 '복층적' 양자동맹구조가 자리 잡게 되었고, 그러한 질서는 냉전기를 통해 심화 및 발전하였다(Calder and Ye 2010; Kim 2003). 그런데 문제는 현재 동북아의 경우 역내 구성원들 간 군사안보적 영역 이외에서 특히 경제적 및 사회문화적 차원에서의 상호의존성 역시 매우 역동적으로 심화되어 왔다는 점이다. 동맹관계라는 군사안보적 장치의 존재와는 별도로, 소위 '하위정치(low politics)'의 영역에서 역내 국가들 사이에 경제관계를 중심으로 상호 이익 증대를 위한 상호의존성이 심화되어 온 것이다. 즉, '동맹적 제도'가 '동북아 공동체'적 현실과 결합하는 매우 흥미로운 특징이 발견되는 것이다(박인휘 2010). 대표적으로 탈냉전기에 들어 20년 만에 한중일 삼국 간 교역량은 약 20배가 늘어나 2016년 기준 한중일 삼국 전체 교역량의 약 25%를 차지하고 있다. 사회문화적 교류 역시 매우 활발하게 진행되고 있음은 자명한 사실이다.

동맹관계는 '어떤 상황과 정치사회 환경을 안전하다고 정의하느냐'의 문제와 관련한, 다양한 사회구성원들을 대상으로 한 '포함(inclusiveness)'과 '배제(exclusiveness)'를 제도적으로 구현하는 약속이며 또한 과정이다(Booth and Wheeler 2010; Booth 2007). 한편 이와는 전혀 다른 인식론적 근거를 토대로 하고 있는 '지역공동체'는, 역내 구성원들이 정치적, 경제적, 사회적 차원에서 이해하고 정의한 공간을 보호하며, 또한 평화적인 방법의 인식과 세계관의 공유를 통해 지역 전체를 하나의 '결사 방식

(forms of association)'으로 이해하는 안보 실천과정이다.[34] 이들 두 가지 상이한 안보를 이해하는 방식은 현실적으로 많은 차이를 보이지만, 가장 대표적으로 '안보 실천 주체'의 문제와 '안보위협 요인의 내용과 유래'의 문제를 놓고서 첨예한 대립을 보이게 된다.

따라서 세계적으로 다른 어느 곳에서도 유사한 예를 찾기 어려운, 동북아에서 발견되는 안보구조의 특징은 바로 '동맹제도'와 '공동체적 현실'의 공존인 것이다. 문재인 정부에 들어서도 정부 차원에서 반복적으로 한미동맹의 미래지향적 발전과 한중관계의 심화를 동시에 강조하고 있는 배경에는 이처럼 동북아 안보구조에서 발견되는 특수성이 작용하고 있는 것으로 판단된다.

2) 네트워크적 외교안보환경

다음으로 동북아 차원의 외교안보환경을 넘어서는 글로벌 차원의 특징적 현상을 짚어보기로 하겠다. '네트워크'는 학문 영역에 따라 다소 상이한 강조점을 가지고 설명될 수 있으나, 본 논문에서는 '21세기 국제관계에는 매우 다양한 권력관계의 허브가 존재하며 이들 허브를 연결시켜주는 조정자의 역할이 중요하다'는 차원에서 이해하고자 한다(김상배

34 세계 개별 주요 지역이 보이는 안보공동체적 특징을 비교 분석하면서 지역공동체적 인식이 어떻게 형성 및 변화하는 지에 대한 연구는 참고, Barry Buzan and Ole Weaver, *Regions and Power: The Structure of International Security* (Cambridge: Cambridge University Press, 2004), pp. 40-60; Emanuel Alder and Michael Barnett, *Security Communities* (Cambridge: Cambridge University Press, 1998), pp. 30-37.

2008a; Nye 2005). 과거 냉전기처럼 글로벌 차원의 힘의 중심이 군사력을 바탕으로 한 양극(bipolarity)으로 설명되지 않음은 물론, 탈냉전기 이후 미국이 단극적 패권(unipolar momnet)을 행사하고 있지만 실제 권력관계에서는 매우 다양한 수준과 성격의 '권력의 중심'들이 존재하며, 이들 권력들 간에는 복잡한 방식의 인적교류, 지식공유, 정보교환, 영향력 등이 작용하고 있음을 발견하게 된다. 한 마디로 국제사회가 '개체 중심'의 외교적 실천에서 '관계 중심'의 외교적 실천으로 변모하고 있는 것이다(김상배 2008b; 민병원 2006).

이러한 국제관계의 네트워크화는 외교의 수단과 형태, 외교의 내용, 그리고 외교의 주체에 이르기까지 포괄적인 영역에 걸쳐 중요한 변화를 야기하고 있다(Nye 2008; Nye 2005). 대표적인 예로서 국경을 초월한 조직력을 가지는 국제비정부기구(INGO)는 통상 19세기 초 영국에서 시작되었다고 알려져 있는데 현재 1만여 개를 훨씬 상회하는 것으로 알려져 있다. 또한 초국가적 차원에서 경제활동을 전개하는 기업의 수가 전 세계적으로 70만 개가 넘으며, 다수의 국가에서 접근할 수 있는 인터넷 사이트의 수는 1억 개를 넘어섰다고 한다. 글로벌 사회 내부에서 진행되고 있는 관계의 양태와 내용의 혁명적인 변화는 이제 더 이상 국제(inter-national)관계라는 표현으로는 설명할 수 없는 경지에 이르렀다.

이러한 외교환경의 변화에 적극적으로 맞서기 위해서는 두 가지 관점에서의 현실적인 고민이 필요하다고 본다. 우선 '개체중심'에서 '관계중심'으로의 외교력의 전환은 다양한 외교자원의 등장과 개발이라는 특징을 보이고 있으며, 또한 이의 결과로써 새로운 외교자원을 개발하고 조정하는 전문가 중심의 다양한 외교정책 참여자를 필연적으로 요구하고 있다. 글로벌 사회의 시민들은 무수히 다양한 이익을 추구하며 또한 다양한 이해관계에 놓이게 된다. 앞서 소개한 우리 외교정책에서 발견되는 비효율적인 국가 에너지의 소모와 국론 분열적 현상도 결국 이와 같은 시민들의 다양한 이해관계에서 비롯되었다고 볼 수 있다. 따라서 국가의 전통적인 역할인 '책임성(accountability)'의 차원에서 국가는 더 이상 자국 시민들의 이익과 요구를 충실히 만족시키는 '유일한' 행위자가 될 수 없다. 대신 행정부와 함께 국민들의 요구와 이익을 지속적으로 충족시켜 줄 수 있는 다양한 외교전문가 및 외교자원 개발의 필요성이 더욱 증대되고 있는 실정이다.

이러한 필요성을 '네트워크적' 외교관계로 설명하자면 국민들의 다양한 요구를 해소할 수 있도록 글로벌사회 도처에 존재하는 힘의 중심(허브)을 찾아내거나, 혹은 국제사회가 필요로 하는 새로운 유형의 힘을 개발하여 스스로 국제정치의 '허브'로서 등장하여야 함을 의미한다. 또한 이들 허브를 자국으로 연결시킬 수 있는 '연결망(connectness)'를 구축하여야 하는 것이다. 즉, 네트워크적 특징의 외교관계에서 국가 행위자를 포함하여 다양한 외교관계 참여자를 적극적으로 활용하여 효율적이고 유연한 '연결망'을 확보해야 할 것이다.

3. G2 시대와 한반도 안보 위기

1) 북핵문제의 새로운 국면

이상에서 설명한 글로벌 및 동아시아 미중경쟁 시대는 한반도 안보에 어떻게 반영되었을까? 특히 만약 김정은 시대 이후에 발견되는 북한의 생존전략에 중요한 변화가 발생했다면, 이러한 변화는 미중경쟁으로 대표되는 한반도를 둘러싼 외교안보 환경에서 비롯된 결과가 아닐까? 이러한 질문들에 대해서 잠시 생각해 보기로 하겠다.

2012년 이후 지금까지 김정은이 추구한 외교전략을 돌이켜보면, 상대적으로 짧은 시간에 외부세계와의 극단적인 고립을 감수하면서 북한 정권의 생존을 확보하기 위해 사력을 다하는 모습을 발견하게 된다. 미국, 중국 등과의 다양한 외교적 접촉을 통해 생존을 위한 담판의 시간표를 길게 잡았던 김일성 및 김정일과 비교하면, 쉽게 납득하기 어려운 부분이 있다. 북한은 미중경쟁 심화, 동아시아 지역의 각축전, 최근들어 트럼프 행정부의 등장 등과 같은 상황들을 자신에게 유리한 일종의 전략적 공간의 기회 제공으로 해석한 것으로 보여진다. 상대적으로 젊은 나이에 북한의 지도자가 되어 장기적인 집권을 계획하면서, 국가 생존의 안전을 보장받지 못한 상태에서는 정상적인 통치가 이뤄질 수 없다는 부분 역시 고려되었을 것으로 판단된다.

물론 군사력을 포함한 다양한 기준에서 중국은 아직 미국에 한참 뒤쳐져 있다는 지적이 다수 있으나, 그럼에도 불구하고 미중 사이의 경쟁이 특히 동아시아를 중심으로 전개되고 있는 점은 분명해 보인다(Shambaugh 2012). 한반도적 맥락에서 문제의 핵심은 김정은의 북한이 아시아에서 미국과 중국의 경쟁이 심화되는 환경을 자국의 안보적 입지를 강화하는 결정적인 기회로 인식하고 있다는 점이다. 특히 이러한 인식은 대미관계에서는 물론이고 대중관계에서도 나타나고 있다는 점이 흥미로운데, 글로벌한 상황의 국제정치 전반에 걸쳐서는 아니더라도 향후 적어도 동아시아에서는 중국이 보다 확고한 지역 패권을 차지할 가능성이 크다고 인식하고 있다. 미국과 중국이 비록 북한에게 결코 동일한 의미를 가지는 강대국일 수는 없으나, 궁극적으로는 중국 역시 북한이 모든 것을 신뢰할 수 없는 대상이라는 점을 인지하고 있다는 점을 잘 보여주고 있다.

북한이 입장에서 동아시아에서 전개되고 있는 미중 간 경쟁관계를 전략적 공간의 확장 기회로 삼은 점은 현명한 판단인 것으로 보인다. 역사적으로 한반도가 가지는 지정학적 특성을 고려할 때, 각각 해양세력과 대륙세력을 대표하는 미국과 중국의 대립이 심할수록 두 국가는 한반도 전체가 어느 특정 세력의 영향력 하에 놓이는 것을 꺼릴 것이기 때문이다. 특히 남중국해 문제, 무역분쟁, 영토분쟁, 지적재산권 문제 등 미중간 외교전선이 다양한 차원에서 동시 다발적으로 진행된다면, 향후 언젠가는 북한문제에 대한 관심의 분산은 불가피해 보인다. 핵개발이라는 국제안보의 최대 현안을 제기했다는 차원에서 지금 당장은 미중의 적극적인 공동대응이 수반될 수 있지만, 멀지 않은 시점에서 미중이 북핵문제를 바라보는 시각차가 커질 것은 분명하기 때문이다.

또한 지금의 북한은 미국에 트럼프 행정부가 들어선 점 역시 어떤 의미에서는 생존을 위한 기회로 해석될 수 있을 것이다. 김정은이 최초 집권을 시작하던 시점인 2012년은 오바마 행정부 시절이다. 당시 오바마 행정부는 전임 부시 행정부가 감행했던 아프가니스탄 전쟁과 이라크 전쟁의 수습과 뒤처리가 핵심 외교과제였고, 또한 시리아 내전이 악화되고 우크라이나 사태가 터지면서 외교자원을 북한에 충분히 투입하지 못한 점이 인정된다. 당시 힐러리 클린턴 국무장관을 중심으로 '아시아 재균형정책'을 과감하게 추진했지만, 아시아로의 회귀가 북한문제의 해결까지 맞닿지는 않았다. 이러한 배경에서 2016년 트럼프 대통령의 당선은 북한에게 중요한 의미를 던져주었을 것으로 판단된다.

물론 트럼프 행정부의 북한에 대한 비판은 최고조에 달하고 있지만, 현실적으로 여전히 미국 정부가 군사적 옵션을 사용할 가능성이 커지 않다는 차원에서, 현재 진행되는 북미 간 비난은 만에 하나 있을 수 있는 북미 간 외교담판에서 각자가 더욱 유리한 국면을 확보하기 위한 수사 차원의 엄포라는 해석도 있을 수 있다.

이런 맥락에서 김정은은 불과 집권 5~6년차 만에 미국을 상대로 한 생존을 건 담판을 시작했다는 해석이 가능하다. 돌이켜 보면 미국 역사에서 커다란 전환적 외교사건은 모두 공화당 행정부 때에 단행되었다고 해도 과언이 아니다. 제2차 세계대전 이후만 놓고 보면, 미중 데탕트, 구소련의 붕괴, 이라크 전쟁, 테러와의 전쟁 등 굵직한 외교안보적 사안들은 모두 공화당 정부가 주도한 공통점이 있다. 전임 오바마 행정부의 경우 미얀마, 쿠바 등 오랜 기간 동안 미국의 외교적 숙제로 남아 있던 사안들을 해결한 업적을 쌓았고, 트럼프 행정부의 경우 2018년 중간선거의 중요성 등을 고려할 때 북한문제를 해결해서 미국인이 느끼는 불안감을 해소해주고, 동시에 트럼프 대통령이 '미국 우선주의'를 취하면서 국제안보의 커다란 현안을 해결했다는 이미지를 미국 국민들에게 각인시킬 수 있다면, 이는 트럼프 행정부에게 매우 의미 있는 성과가 아닐 수 없을 것이다.

2) 미중경쟁과 한미중 관계

미중경쟁의 글로벌 안보환경은 외교안보 전략 차원에서 한국 정부에 보다 직접적이고 구체적인 고민으로 다가오고 있다. 과거 노무현 정부가 '동북아균형자론'을 제기한 이후, 이후 모든 정부는 동북아 지역에서 한국의 안보이익을 극대화하기 위한 고민을 거듭하고 있으며, 그러한 고민의 핵심에는 미국과 중국 사이에서 어떻게 조화로운 외교정책을 구사하느냐의 문제가 자리 잡고 있다. 특히 북한 문제라는 한반도 안보의 특수성으로 인해 미국과 중국 어느 한 쪽과도 소원한 관계를 맺을 수 없다는 현실을 우리는 잘 알고 있다.

한반도 문제에 핵심적인 이해관계를 가지고 있는 미국과 중국의 대한반도 전략이 우리의 대북 및 통일정책에 우호적으로 전개될 수 있도록 이들 국가를 상대로 한 외교전략은 한국의 사활적인 이익이 아닐 수 없기 때문이다. 사실 과거 정부의 경우, 우리의 의도와는 달리 한국 정부의 정책 옵션에 따라서 미국과 중국 중 어느 한 나라를 선택하는 것처럼 비쳐질 때가 많았는데, 문재인 정부 등장 이후 외교적으로 이러한 구조적 한계를 극복하고자 하는 시도가 진행중인 것으로 이해된다.

주변국과 비교할 때 매우 제한적인 가용 외교자원에도 불구하고, 우리 정부가 의도하는 균형 잡히고 안정적인 한미중 관계는 조금씩 성과를 거둬가고 있다. 유일한 동맹 파트너국가인 미국과는 북핵 문제의 위기가 고조되는 가운데 지속적으로 한미동맹의 견고함을 더욱 높여 나가고 있으며, 경제적으로 또한 궁극적인 북한 문제 해결 과정에서 매우 중요한 파트너 국가인 중국과도 양국 모두에게 호혜적인 외교관계 정립을 위해서 많은 노력을 기울이고 있는 실정이다.

다만 안타까운 점은, 미국과 중국을 상대로 한 일종의 '실용적 균형외교'가 아직까지는 제도적 차원으로까지는 발전하지 못한 것으로 평가된다. 특히 한중관계의 경우 양 정부 간 협력관계가 다양한 영역 및 차원에 있어서 제도적으로 정착되었기 보다는, 양국 정상 간 개인적인 차원에서 강화된 관례가 많았기 때문에, 새로운 정부가 들어서거나 할 경우 지속적으로 이어지지 못 할 가능성이 있다. 또한 한중관계의 경우 특정 위기가 발생했을 때 외교적으로 유연하게 대처하지 못하고, 그 위기에 한중 관계 전반에 걸쳐 타격을 입는 상황이 드러나곤 하였다. 예를 들어, 2016년 1월 4차 북핵 실험 이후 우리 정부가 중국을 상대로 마치 미국과 비슷한 수준의 협력과 대북 강경기조를 요구하는 듯한 모양새를 취한 것은 외교적으로 커다란 손실로 판단된다. 그 이전까지 쌓아온 한중외교관계의 성과가 근본적으로 침식됨은 물론 사드 배치 문제까지 더해지면서, 한 마디로, 한미동맹과 한중관계 사이의 실용적 균형외교가 크게 손상받은 바 있다.

특히 한중관계의 경우 특정 외교 사안이 불거질 때마다 개별 정책 영역에서 자율성을 가지고 문제가 관리되는 것이 아니라, 정책 영역 간 횡적으로 서로 보이지 않게 연관되어 있어서, 특정 사건의 발생이 다른 영역으로 전파되어 과거 외교성과를 침해하는 결과로 이어지고 안타까운 현실이 반복되는 측면 역시 확인되고 있다.

그렇다면, 지금까지의 교훈을 토대로 한미–한중 실용적 균형외교의 핵심 과제는 무엇인가? 가장 대표적으로 북한 문제를 다루는 데에 있어서 한미 및 한중 간 협력체제가 조화를 이뤄야 한다는 데에 있다. 잘 알려진 바와 같이, 무엇보다도 미국과 중국은 대한반도 이해관계 및 한반도 평화통일에 대한 차별적인 접근법을 가지고 있다. 미국과 중국은 한반도 문제에 서로 개별적인 이익구조(interest structure)에 기반 한 국가이익을 가지고 있기때문에, 이 둘 사이의 간극을 좁히는 일은 매우 어려워 보인다. 영토, 군사력, 경제규모, 외교적 영향력, 동맹관계 등 우리와는 비교가 되지 않을 만큼 풍부한 외교자원을 가지고 있는 미국과 중국을 상대로 우리가 희망하는 대로 대한반도 관점을 조정해 달라고 요구할 수는 없는 노릇이다. 결국 문제는 우리 스스로 대미 및 대중 관계에 투입 가능한 외교자원을 개발하고 또한 지속적으로 확장시키는 노력이 필요해 보인다.

한미동맹은 명백히 우리의 사활적인 외교안보이익을 지켜주는 핵심 외교안보 자산임에는 틀림이 없다. 하지만 동시에 우리가 활용하고 의지할 외교안보 자산이 한미동맹뿐이어서는 안 될 것이다. 한미동맹을 활용하여 우리 국민의 안보 불안을 불식시키는 노력은 중요하지만, 만일 그러한 노력이 대중관계에서 불가피하게 외교적 마찰을 야기한다면, 한미동맹의 효용성과는 또 다른 차원에서 사용할 수 있는 외교자산을 확보하고 있어야 할 것이다. 기본적으로 북한 핵개발 등은 우리의 관점에서는 명백하게 한반도 안보상황의 악화로 받아들여지지만, 경우에 따라서 미국과 중국에게는 현상유지적인 측면도 있을 수 있다는 점을 이해하여야 한다.[35] 아직까지는 과거의 노력에도 불구하고, 한반도 통일이 미국 및 중국의 관점에서 구체적인 이익으로 전환되지 않고 있다. 이를 위해서는 한반도적 게임과 미중 간 게임의 경계를 우리가 효과적으로 설정하여 미중 양국에게 설명하는 노력 역시 매우 중요하다고 판단된다.

4. 한국형 발전모델과 국가안보전략

한국형 발전모델을 수립하고 추진하는 일이 국가안보전략에도 가능할 것인가? 경제, 정치제도 등의 영역에서 존중되는 효율성, 합의, 공감대, 설득 등의 가치들이 안보 영역에서는 적용되기 어려운 측면이 있다. 무엇보다도 안보의 영역은 우리가 독립적으로 관리하기 어려운 변수들이 너무도 많기 때문이다. 본 글에서 핵심 주제로 삼고 있는 미중경쟁구도를 우리 국가안보 이익에 맞게 조정하거나 수정하는 일은 불가능하다는 것은 너무도 자명한 사실이다. 그럼에도 불구하고 우리의 입장에서 현재의 글로벌 안보질서에 적극적으로 또한 국익 우선적으로 맞서는 방안은 무엇일까? 본 글에서는 마지막으로 다음과 같은 6개의 핵심 국가

35 이와 관련하여, 북한의 핵능력 고도화는 미국과 중국에게도 명백히 한반도 및 동북아 안보상황의 악화로 이해되지만, 그 문제를 해결하는 과정에서 미중이 서로 충돌을 감수하면서까지 정책 옵션을 적용하기에는 어려움이 있다는 점을 지적하고자 한다.

안보전략을 제시함으로써 일종의 안보영역에서의 한국형 발전모델로 대체하고자 한다.

'모델'이라는 이름에서 생겨나는 사회과학적 정교함을 고려할 때, 아래의 제안들을 하나의 일관된 원칙과 인과 관계 안에 묶어 두는 것이 바람직하겠지만, 여기서는 일단 G2 시대의 글로벌 안보환경에 한국의 국가정체성이 가장 효율적으로 반영된 전략의 제시만으로 만족하고자 한다.

1) 한반도–동북아 안보의 연계성을 이해하는 한미동맹

한반도안보는 동북아 안보와 밀접하게 연계되어 있다. 북한이 야기하는 안보 위협은 한반도는 물론 동북아 전체의 위협으로 해석 및 확산되고 있으며, 특히 핵문제의 경우 한반도적 수준을 넘어서는 국제안보 현안으로서의 특징을 가지고 있다. 또한 한국이 가진 가장 중요한 국가 정체성의 하나는 바로 '동북아 국가'라는 사실이다. 한국을 제외하고, 동북아 역내에 존재하는 다른 어떤 나라도 동북아 국가로 규정되지는 않는데, 이러한 사실은 동북아 지역의 외교안보적 안정성이 한국의 국가이익에 가장 중요한 전제조건이라는 사실을 의미한다. 따라서 한미동맹 역시 이러한 한반도 안보의 특징에 주목하면서, 한반도적 안보상황을 위한 노력이 의도하지 않게 동북아 안보의 불안정성으로 연결되지 않도록 노력해야 할 것이다. 예를 들어, 한미–한중관계의 병행 발전이라는 본 연구의 문제의식과 관련해서는, 사드(THAAD)를 둘러싼 논쟁이 대표적인 사례인데, 사드의 효용성이 한반도적 적실성만을 가진다는 한국과 미국의 지속적인 입장 표명에도 불구하고, 중국은 매우 심각한 우려를 표명한 바 있다. 따라서 차제에 사드 배치의 당위성, 대북 억지효과, 군사기술적 정밀성, 배치를 위한 논리 개발 등에 있어서 더욱 정교한 외교안보적 정당성이 확보되어야 할 것으로 생각한다.

2) 인류 보편적인 가치의 지향과 도덕적 정당성을 확보한 한미동맹

북한 문제의 해결과 한반도 통일이 평화로운 방법을 통해서 이뤄지기를 희망한다면, 우리 스스로 먼저 평화를 실천하는 '자기 실천적인' 모습이 필요하다고 본다. 한국 사회 스스로 평화로운 방법으로 다양한 국내적 문제들을 해결하는 모습을 보여주고, 또한 국제사회의 각종 현안들을 평화롭게 해결하기 위해 적극적으로 참여하는 모습을 보여줄 때에만, 한반도 평화통일에 대한 국제사회의 지지를 확보할 수 있을 것이다. 이러한 원칙과 가치는 한미동맹의 추진 과정에도 적극적으로 반영되어야 한다.

구체적으로, 국제사회에서 한국은 동아시아 국가들 중에서 가장 앞선 민주주의를 이룩한 나라로 알려져 있다. 상대적으로 짧은 현대사의 경험에도 불구하고 성공적인 민주화와 사회 다원화를 이룩한 데에는 한미동맹의 적극적인 기여가 있었던 것으로 평가된다. 그렇다면, 이러한 전통은 향후에도 지속적으로 이어져야 할 것이다. 한미 간 포괄적 정책영역에 걸친 전략동맹은 지속적으로 인권, 민주주의, 다원주의 등과 같은 인류보편적인 가치를 실현하는 노력을 경주해야 할 것이다. 한미동맹의 이러한 실천 및 관련한 한국의 지위는 주변국인 중국, 일본 등과 비교하여 더욱 선진화된 사회의 실천을 가능케 하여, 결과적으로 한미동맹이 한반도 및 동북아에서 더욱 적극적인 역할을 담당할 수 있게 만드는 논리적 토대로 작용될 수 있을 것이다.

3) 한미동맹과 한중관계 사이에 한반도 통일 과정에의 국제 분업구조

2016년 1월 북한의 4차 핵실험 이후부터 지금까지 형성되고 있는 대북 제재국면에서 발견되었듯이, 북한 문제 해결 과정에서 미국과 중국의 역할 그리고 기타 국제사회의 역할에 대해서 우리 스스로 혼란스러운 모습을 보이는 경향이 있었던 것이 사실이다. 물론 미국, 중국, 국제사회 등 이들 사이의 역할이 명확하게 구분되는 것은 아니지만, 예를 들어 북한에 대한 제재정책을 전개하는 과정에서 여러 가지 요소들을 종합적으로 고려할 때 미국의 대응방식과 중국의 대응방식이 동일하기를 기대할 수는 없는 상황이다.

한미동맹이라는 외교자산이 북한 문제 해결 과정에서 필요에 따라 즉각적으로 투입할 수 있는 전략 자원이라면, 한중관계는 큰 그림에서는 한중 간 정책공조가 이뤄지면서 세부적인 액션에서는 중국의 자율성을 인정해 주는 차원에서 외교적 합의가 이뤄져야 할 것이다. 이러한 배경에서, 미국과 중국을 포함한 다양한 국제행위자들 간 국제분업구조에 대한 고민이 필요하고, 관련한 정교한 정책 대안이 필요한 시점이로 판단된다.

특히 미국과 중국은 각각 해양국가와 대륙국가로 상징되듯이 스스로의 국가정체성이 차별적이고 관련한 국가발전전략 역시 매우 상이하다. 북한과 국경을 맞대고 있는 중국의 주변국 전략 역시 미국의 대북한 전략과는 서로 다를 것이다. 이러한 배경에서 북한 문제 해결과 궁극적인 한반도 통일 과정에 기여하는 양국의 역할 역시 차별적일 수밖에 없다는 점을 적극적으로 이해할 필요가 있다.

4) 한미동맹의 한반도적 이익이 미중 간 게임으로 전환되지 않도록 차단

한미동맹과 한중관계의 병행발전이라는 핵심 외교안보적 목표와 관련하여, 우리 정부의 의지와 능력을 넘어서는 가장 어려운 과제의 하나는, 한반도적 상황에서 이해되고 추진되어야 할 외교안보적 실천 과제들이 많은 경우 의도하지 않게, 미중 간 경쟁 구도의 차원에서 이해된다는 점이다. 한반도적 적실성을 가지는 외교안보 실천 과제와 동북아적 적실성을 가지는 외교안보 실천 과제들이 적절한 수준에서 분리되어야만 한국의 국가역량이 발휘되고 또한 미국과 중국이라는 외교 동반자를 활용할 수 있을 것임에도 불구하고, 한반도의 외교안보 상황이 미중 간 게임의 차원에서 이해되는 경향은 가능한 한 예방되어야 할 것이다.

주지하는 바, 2016년 상반기 이후 한반도를 둘러싸고 전개되는 사드 배치를 포함한 다양한 외교안보 사안들이 미국과 중국의 입장에서 해석되는 경향을 보이고 있다. 즉, 한반도 문제 및 이와 연동된 남북한 간 통일 관련 이슈가 미중 간 경쟁구도의 대표적인 각축장이 된 것이다. 두

개 초강대국과의 국가이익이 복잡하게 얽혀있는 한국의 입장에서 이러한 현상은 어려운 외교안보적 딜레마로 다가오고 있다. 따라서 우리 정부 당국 및 관련 전문가들은 이와 관련한 철저한 준비와 정책개발이 요구된다. 논란의 여지가 있지만, 사드 배치를 희망한 미국의 입장도 또한 사드 배치를 반대한 중국의 입장도, 한국의 안보를 먼저 염려했다기 보다는 미국과 중국 각자의 동북아 및 한반도 전략에 대한 이해관계가 우선시 되었을 것임은 당연한 사실이다. 이러한 사실에 수긍하게 될수록, 한반도에서 미중게임이 악화되는 안보위기를 선제적으로 차단할 수 있도록 최선의 노력을 기울여야 할 것이다.

5) 특정 리더십과 정치적 이해관계를 넘어서는 한미 및 한중 관계

외교안보 영역은 다른 어떤 정책 영역보다도 국가 리더십의 역할이 두르러진 특징을 보인다. 한국에서 미국과 중국을 상대하는 문제 그리고 북한문제는 일종의 대통령 고유의 정책 영역으로 인식되고 있다. 결과적으로 한미동맹의 역사와 탈냉전 이후의 한중관계의 역사를 되돌아볼 때, 특정 국가 지도자의 비전과 성향에 따라 한미 및 한중 간 양국관계가 발전과 정체를 거듭하는 특징을 보이곤 하였다. 하지만 21세기 미래 지향적인 실용적 균형외교를 추구하는 입장에서 한미동맹이 합의한 동맹의 방향성 및 목표는 특정 리더십 및 정치집단에 의해서 수정되거나 조정되어서는 안 될 것이다. 과거 의도하지 않게 한미 양국의 특정 리더십 간 동맹이익을 정의하는 접근방식이 달랐던 관계가 양국관계가 잠시 순조롭지 못한 경험이 있는데, 경우에 따라 이러한 견해차이가 발생한다고 하더라도 한미동맹이 지향하는 거시적인 목표의식 및 이익이 훼손되어서는 안 될 것이다. 한미동맹이 합의하고 있는 동맹이익은 특정 정치적 집단의 견해가 과도하게 개입하지 않는 보편성과 포괄성을 추진 원칙으로 해야 한다.

한중관계 역시 마찬가지인데, 한국과 중국에서 과거의 경우 박근혜 정부와 시진핑 정부 등장 이후 한중관계가 역대 최고 상황이라는 평가가 잠시 동안 있었던 것이 사실이다. 하지만 그러한 외교적 유대는 특정 리더십 간 개인 차원의 성과에 그쳐서는 안 되고, 외교관계의 제도화를 제고시키는 방향으로 이어져야 할 것이다.

6) 한반도 및 동북아 안보환경을 반영한 '외교안보자산'의 지속적인 개발

한반도의 지정학적 특성 상, 특히 통일문제의 경우 한국보다 외교자원이 월등히 풍부한 주변국, 특히 미국과 중국을 상대로 외교를 전개해야 하는 한계에 부딪치게 된다. 따라서 한국만이 특화할 수 있는 정책자산을 발굴하여 현재보다 양적으로 또한 질적으로 확충된 '외교자산'을 상시적으로 확보할 필요가 있다. 대표적으로 인적 자원(외교관 활용 방식), 효율적이고 강력한 국가 리더십, 지식 & 정보 인프라 등 상대적으로 국가 중심의 자원은 물론, 상대적으로 지금까지 관심을 덜 받았던, 전문화되고 역동적인 글로벌 네트워크(NGO 포함), 시민사회의 사적 행위자들, 문화자원(한류), 국가 이미지 및 브랜드 관리 등을 적극 활용하여 외교안보자산을 넓혀 나가야 한다.

이 과정에서 한 가지 유념해야 할 점은, 북핵문제로 인한 안보위협의 증대에도 불구하고, 북한문제는 "Korea Discount"라는 부정적인 접근에서 탈피하여, 북한문제를 해결하는 과정을 통해 한국의 국제정치적 지위 향상의 기회로 삼고자 하는 역발상의 노력이 필요하다고 본다. 예를 들어, 동북아국가 정체성의 한계를 극복하고, 동북아평화를 세계 평화의 중심으로 설정하는 노력을 통해 미국과 중국의 영향력을 활용한 '동북아안보대화'를 현실화하여, 국제사회를 상대로 '두 개 강대국 외교(대미 & 대중)'의 모델을 제시하고자 하는 비전이 필요한 시점이다.

5. 맺음말

우리는 외교를 잘 하는 나라인가? 안보를 유지하고 북한문제로 대표되는 최대의 안보 위기를 극복할 역량이 우리에게 있는가? 우리가 성취한 경제성장과 정치민주화의 경험처럼 한반도 안보의 확보에서도 우리는 고유의 전략과 모델을 가질 수 있을까? 이러한 질문들에 성공적으로 대답하기 위해서는 무엇보다도 한반도 차원의 변수, 지역 차원의 변수, 그리고 글로벌 차원의 변수들을 잘 구분하고, 각 변수들마다의 중요한 특징을 이해하려는 노력이 우선되어야 할 것이다.

미국과 대부분의 유럽 국가들을 포함한 서구 문명의 선진국들이 걸어온 과거의 경험을 살펴보면, 이들 국가들은 대부분 산업화에 성공하고, 이러한 국가부의 축적을 통해 민주주의 발전이라는 정치적 성장을 하였으며, 나아가 이 두 가지 국가자산을 바탕으로 마지막으로는 외교 무대의 강국으로 자리매김하게 되는 일련의 역사적 단계를 걸어왔음을 발견하게 된다. 한국의 국가운명이 바로 이러한 시점에 다다랐다고 생각한다. 물론 여전히 우리 경제의 질적 및 양적 발전을 위해 많은 과제가 남아 있고, 보다 성숙한 민주주의의 발전을 위한 노력들이 요구되지만, 한편으로는 외교 강국으로서의 국가역량을 확보하기 위해 적합한 시기라는 목소리가 높아지고 있다.

이러한 상황에서 우리에게는 한반도 평화통일이라는 다른 어느 국가에게도 주어져 있지 않은 숙명적 민족의 과제가 남아 있다. 강대국으로 둘러싸인 지정학적 굴레가 역설적으로 우리에게 신속하고 효율적인 산업화를 달성하게 만드는 자극제가 되었고 또한 정치사회적으로도 역동적이고 선진적인 체제를 갖추게 만들었듯이, 안보를 달성하고 나아가 평화와 통일을 달성하고자 하는 부단한 노력과 역량강화가 외교안보 분야의 핵심 과제들을 성공적으로 실천하게 만드는 계기가 되어야 할 것이다.

참고문헌

강만길. 1997. 『분단시대의 역사인식』. 서울: 창비사.

구갑우. 2008. "한반도적 맥락의 비판적 평화·안보담론: '평화국가담론' 재론." 『한국과 국제정치』 24권 3호, 95-124.

______. 2007. 『비판적 평화연구와 한반도』. 서울: 후마니타스.

구영록. 1994. "대외정치의 핵심개념으로서의 국가이익." 『한국과 국제정치』 통권 19호.

김근식. 2011. 『대북포용정책의 진화를 위하여』. 파주: 한울아카데미.

김병문. 2005. "한·미의 대북정책의 전개와 변화: 김대중 정부시기 클린턴 행정부와 부시 행정부의 대북정책을 중심으로." 『세계지역연구논총』 23권 2호.

김상배. 2008a. "네트워크 권력의 세계정치: 전통적인 국제정치 권력이론을 넘어서." 『한국정치학회보』 42권 4호.

______. 2008b. "지식네트워크의 세계정치," 『세계정치』 29권 1호.

김용직. 2014. 『대한민국 정부수립과 국가체제 구축』. 서울: 대한민국역사박물관.

김일영. 2001. "5·16 군사쿠데타, 군정 그리고 미국." 『국제정치논총』 41권 2호.

민병원. 2009. "안보개념의 경합성과 왜곡: 탈냉전시대의 개념 확대에 대한 평가." 『국제지역연구』 18권 1호, 1-36.

______. 2006. "세계화시대의 국가변환: 네트워크국가의 등장에 대한 이론적 고찰." 『국가전략』 12권 3호.

박명림. 2011. "한국의 48년 체제: 정치적 대안이 봉쇄된 보수적 패권체제의 기원과 구조." 『의정연구』 17권 2호, 233-242.

______. 2009. "탈냉전기 한국의 동아시아 구상과 인식: 김대중을 중심으로." 『한국정치학회보』 43권 4호.

______. 1996. 『한국전쟁의 발발과 기원』. 서울: 나남.
박인휘. 2013. "북핵 20년과 한미동맹: 주어진 동맹 vs. 선택적 동맹." 『국제정치논총』 53권 3호.
______. 2011. "한반도 안보–안보부재의 정치학: 한미–남북 관계의 모순적 결합." 『한국정치학회보』 45집 2호, 229–50.
______. 2010. "안보와 지역: 안보개념의 정립과 동북아안보공동체의 가능성." 『국가전략』 16권 4호, 33–61.
______. 2007. "북핵문제의 복합성, 미국의 딜레마, 그리고 동북아안보의 변화." 『한국정치외교사논총』 28집 2호, 229–254.
______. 2005. "동북아 국제관계와 한국의 국가이익: 미중일 세력관계를 중심으로." 『국가전략』 11권 3호.
박태균. 2013. 『원형과 변용: 한국경제개발계획의 기원』. 서울: 서울대 출판문화원.
______. 2006. 『우방과 제국, 한미관계의 두 신화』. 파주: 창작과비평사.
백학순. 2010. 『북한권력의 역사』. 서울: 한울아카데미.
서보혁. 2008. "탈냉전기 한반도 안보질서 변화에 관한 연구." 『국가전략』 14권 2호. 63–85.
______. 2004. 『탈냉전기 북미관계사』 서울: 선인.
신욱희. 2010. 『순응과 저항을 넘어서: 이승만과 박정희의 대미정책』. 서울: 서울대출판문화원.
역사비평편집위원회. 2010. 『갈등하는 동맹: 한미관계 60년』. 서울: 역사비평사.
우승지. 2009. "김정일시대 북한의 국제관계론." 곽승지 외. 『김정일의 북한 어디로 가는가?』. 서울: 한울.
______. 2008. "남북한관계 60년 분석, 1948~2008." 『국제지역연구』 17권 2호.
유시민. 2007. 『후불제 민주주의』. 파주: 돌베개.
유용태·박진우·박태균. 2011. 『동아시아 근현대사』. 파주: 창비.

이상현. 2003. "한미동맹 50년의 성찰과 한미관계의 미래." 『국가전략』 9권 1호.

이완범. 2000. 『한국전쟁–국제전적 조망』. 서울: 백산서당.

이종석. 1998. 『분단시대의 통일학』. 서울: 한울.

임혁백. 1994. 『시장, 국가, 민주주의: 한국민주화와 정치경제이론』. 서울: 사회비평사.

______. 1999. 『시장, 국가, 민주주의』. 서울: 나남.

______. 2005. "유신의 역사적 기원: 박정희의 마키아벨리적인 시간(하)." 『한국정치연구』 14집 1호.

장달중·임수호. 2004. "부시행정부의 패권전략과 동아시아의 안보딜레마." 『국가전략』 10권 2호.

전재성. 2006. "동아시아 지역주의와 안보협력의 미래: 유럽과의 비교." 손열 외 편, 『동아시아 지역주의: 지역의 인식, 구상, 전략』. 서울: 지식마당.

______. 2004. "동맹이론과 한국의 동맹정책." 『국방연구』 47권 2호.

차상철. 2004. 『한미동맹 50년』. 서울: 생각의 나무.

홍석률. 2012. 『분단의 히스테리』. 파주: 창비.

______. 2005. "1960년대 한미관계와 박정희 군사정권." 『역사와 현실』 56권 1호.

______. 2004. "1970년대 전반 북미관계: 남북대화, 미중관계 개선과의 관련하에서." 『국제정치논총』 44권 2호.

Adler, Emanuel and Michael Barnett. 1998. *Security Communities*. Cambridge: Cambridge University Press.

Armstrong, K. Charles. 2006. *Korean Society: Civil Society, Democracy and the State*. London: Routledge.

Bennett, Lance and Rnobert Entman. 2000. *Mediated Politics: Communication in the Future of Democracy*. Cambridge: Cambridge University Press.

Bluth, Christoph. 2011. *Crisis on the Korean Peninsula*. New York: Potomac Books.

Branzinsky, Gregg. 2006. *Nation-Building in South Korea: Koreans, Americans, and the Making of A Democracy*. Chapel Hill: The University of North Carolina Press.

Booth, Ken and Nicholas J. Wheeler. 2010. *The Security Dilemma: Fear, Cooperation, and Trust in World Politics*. Houndmills: Palgrave McMillan.

Buckley, Roger. 1992. *US-Japan Alliance Diplomacy, 1945-90*. Cambridge: Cambridge University Press.

Burchill, Scott. 2006. *The National Interest in International Relations Theory*. N.Y.: Palgrave McMillan.

Buzan, Barry. 1987. "Common Security, Non—provocative Defence and the Future of Western Europe." *Review of International Studies* 13(4): 265—80.

Buzan, Barry and Lene Hansen. 2009. *The Evolution of International Security Studies*. Cambridge: Cambridge University Press.

Buzan, Barry and Ole Weaver. 2004. *Regions and Power: The Structure of International Security*. Cambridge: Cambridge University Press.

Buzan, Barry, Ole Wæver and Jaap de Wilde. 1998. *Security: A New Framework for Analysis*. Boulder, CO: Lynne Rienner.

Byman, Daniel and Jennifer Lind. 2010. "Pyongyang's Survival Strategy: Tools of Authoritarian Control in North Korea." *International Security* 35(1): 44—74.

Calder, Kent and Min Ye. 2010. *The Making of Northeast Asia*. Stanford: Stanford University Press.

Campbell, David. 1998. *Writing Security: United States Foreign Policy and the Politics of Identity*. Manchester: Manchester University Press.

Cha, Victor. 2012. *Impossible State: North Korea, Past and Future*. New York: Ecco.

______. 2009/10. "Powerplay Origins in of the US Alliance System in Asia." *International Security* 34(3): 158–96.

______. 2000. *Alignment Despite Antagonism: The United States-Korea-Japan Security Triangle.* Stanford: Stanford University Press.

Christensen, Thomas. 1996. *Useful Adversaries: Grand Strategy, Domestic Mobilization, and Sino-American conflict*. Princeton: Princeton University Press.

Christensen, Thomas. 1999. "China, the US–Japan Alliance, and the Security Dilemma in East Asia." *International Security* 23(4).

Dalby, Simmon. 1990. *Creating the Second Cold War: The Discourse of Politics*. N.Y.: Guilford Press.

Deudney, Daniel H. 2008. *Bounding Power: Republican Security Theory from the Polis to the Global Village*. Princeton: Princeton University Press.

Foot, Rosemary and Andrew Walter. 2010. *China, the United States, and Global Order*. Cambridge: Cambridge University Press.

Gaddis, John Lewis. 1982. *Strategies of Containment: A Critical Appraisal of Postwar American National Security Policy*. Oxford: Oxford University Press.

______. 1990. *The Long Peace: Inquiries Into the History of the Cold War*. Oxford: Oxford University Press.

. 1998. *We Now Know: Rethinking Cold War*. Oxford: Clarendon Press.

Guzzini, S. and D. Jung, eds. 2003. *Contemporary Security Analysis and Copenhagen Peace Research*. London: Routledge.

Hill, Christopher R. 2013. "The Elusive Vision of a Non–Nuclear North Korea", *Washington Quarterly*, Vol. 36, No. 2 (2013)

Huysmans, Jef. 2008. *The Politics of Insecurity: Security, Migration and Asylum in the EU.* London: Routledge.

______. 2003. "Discussing Sovereignty and Transnational Politics." in N. Walker, ed. *Sovereignty in Transition*. Oxford: Hart.

Jervis, Robert. 1980. "The Impact of the Korean War on the Cold War." *Journal of Conflict Resolution* 2494: 563–592.

Jones, David Martin and Michael L. R. Smith. 2007. "Constructing Communities: The Curious Case of East Asian Regionalism." *Review of International Studies* 33(2): 175–94.

Katzenstein, Peter. 2005. *A World of Regions: Asia and Europe in the American Imperium*. Ithaca: Cornell University Press.

Keohane, Robert and Joseph Nye, Jr. 2011. *Power and Interdependence* (4th edition). New York: Pearson.

Khong, Yuan Foong. 1992. *Analogies at War: Korea, Munich, Dien Bien Phu, and the Vietnam Decision of 1965*. Princeton: Princeton University Press.

Kim, Samuel. 2000. *Korea's Globalization.* Cambridge: Cambridge University Press.

Kim, Samuel and Thomas Berger. 2004. *The International Relations of Northeast Asia*. Durham, NC: Rowman and Littlefield Publishers.

Kolodziej, Edward A. 2005. *Security and International Relations*. Cambridge: Cambridge University Press.

Krause, Keith and Michael C. Williams. 1996. "Broadening the Agenda of Security Studies: Politics and Methods." *Mershon International Studies Review* 40(2): 229–54.

Krauss, Ellis, Ellis S. Krauss and T. J. Pempel. 2003. *Beyond Bilateralism: US-Japan Relations in the New East Asia*. Stanford, CA: Stanford University Press.

Lake, David and Patrick Morgan. 1997. *Regional Orders: Building Security in a New Order*. University Park, PA: Penn. State University Press.

Layne, Christopher. 2007. *Peace of Illusions: American Grand Strategy from 1940 to the Present.* Ithaca: Cornell University Press.

Lee, Chae–jin. 2006. A Troubled Peace: U.S. Policy and the Two Koreas. Baltimore, MA: Johns Hopkins University Press.

Levy, Jack S and William R. Thompson. 2011. "Sea Powers, Continental Powers and Balancing Theory." *International Security* 36(2).

Morgan, Patrick. 2003. *Deterrence Now*. Cambridge: Cambridge University Press.

______. 1983. *Deterrence: A Conceptual Analysis*. N.Y.: Sage Publishing.

Morrow, J. D. 1991. "Alliances and Asymmetry: An Alternative to the Capability Aggregation Model of Alliances," *American Journal of Political Science* 35(3).

Neocleous, Mark. 2006. "From Social to National Security," *Security Dialogue* 37(3): 363–84.

Nye ,Joseph S. 2008. *The Powers to Lead*. Oxford: Oxford University.

______. 2005. *Soft Power: The Means to Success in World Politics.* New York: Public affairs.

Oberdorfer, Don. 2002. *The Two Korea: A Contemporary History*. New York: Basic Books, 2001.

Park, Ihn–hwi. 2013. "Alliance Theory and Northeast Asia." *Korean Journal of Defence Analysis* 25(3).

Ross, Robert. 2004. "Bipolarity and Balancing in East Asia." in T. V. Paul, et al. *Balance of Power*. Stanford: Stanford University Press.

Rothschild, Emma. 1995. "What is Security," *Daedalus* 124(3): 53–98.

Saymore, Gary. 2003. "The Korean Nuclear Crisis." *Survival* 45(1).

Shambaugh, David. 2013. *China Goes Global: The Partial Power*. Oxford: Oxford University Press.

Snyder, Glenn H. 2002. "Mearsheimer's World Offensive Realism and the Struggle for Security: A Review Essay." *International Security* 27(1).

______. 1994. "Alliance Theory: A Neorealist First Cut." *Journal of International Affairs* 44(1).

Snyder, Jack. 2007. *Electing to Fight: Why Emerging Democracies Go to War*. Cambridge, MA: The MIT Press.

Steinberg, James and Michael O'Hanlon. 2014. *Strategic Reassurance and Resolve: US-China Relations in the Twenty-first Century*. Princeton: Princeton University Press.

Sutter, Robert. 2010. *US-China Relations: Perilous Past, Pragmatic Present*. Durham, NC: Rowman and Littlefield Publishers.

Vasquez, John. 1998. *The Power of Power Politics: From Classical Realism to Neotraditionalism*. Cambridge: Cambridge University Press.

Walt, Stephen. 2006. *Taming American Power: The Responses to U.S. Primacy*. New York: W.W. Norton & Company.

Waltz, Kenneth. 1979. *Theory of International Politics*. N.Y.: McGraw-Hill.

Wæver, Ole and Berry Buzan. 2007. "After the Return to Theory: The Past, Present and Future of Security Studies." in Alan R. Collins, ed. *Contemporary Security Studies*. Oxford: Oxford University Press.

Weldes, Jutta. 1996. "Constructing National Interest." *European Journal of International Relations* 2(3): 275–318.

Williams, Michael C. 2007. *Culture and Security: Symbolic Power and the Politics of International Security*. London: Routledge.

______. 2003. "Words, Images, Enemies: Securitization and International Politics." *International Studies Quarterly* 47(4): 511–31.

______. 1998. "Identity and the Politics of Security." *European Journal of International Relations* 4(2): 204–25.

Williams, M. J. 2008. "(In)security Studies, Reflexive Modernization and the Risk Society." *Cooperation and Conflict* 43(1); 57–79.

Wyn Jones, Richard. 1995. *Security, Strategy and Critical Theory*. Boulder: Lynne Rienner.

한국형 발전모델의 대외관계사

발행일 1쇄 2018년 6월 1일
지은이 김병로 · 전재성 · 박인휘
펴낸이 여국동

펴낸곳 도서출판 인간사랑
출판등록 1983. 1. 26. 제일-3호
주소 경기도 고양시 일산동구 백석로 108번길 60-5 2층
물류센타 경기도 고양시 일산동구 문원길 13-34(문봉동)
전화 031)901-8144(대표) | 031)907-2003(영업부)
팩스 031)905-5815
전자우편 igsr@naver.com
페이스북 http://www.facebook.com/igsrpub
블로그 http://blog.naver.com/igsr
인쇄 하정인쇄 **출력** 현대미디어 **종이** 세원지업사

ISBN 978-89-7418-381-3 93340

* 책값은 뒤표지에 있습니다. * 잘못된 책은 바꿔드립니다.

이 도서의 국립중앙도서관 출판시도서목록(CIP)은 서지정보유통지원시스템 홈페이지(http://seoji.nl.go.kr)와 국가자료공동목록시스템(http://www.nl.go.kr/kolisnet)에서 이용하실 수 있습니다.(CIP제어번호: CIP2018016006)